***ACCESO GRATIS** a la Lectura en la Nube*

Para visualizar el libro electrónico en la nube de lectura envíe junto a su nombre y apellidos una fotografía del código de barras situado en la contraportada del libro y otra del ticket de compra a la dirección:

ebooktirant@tirant.com

En un máximo de 72 horas laborables le enviaremos el código de acceso con sus instrucciones.

REFLEXIONES ACERCA DE UN ESTATUTO DEL TRABAJO PARA EL SIGLO XXI

REFLEXIONES ACERCA DE UN ESTATUTO DEL TRABAJO PARA EL SIGLO XXI

Dirección y coordinacióna cargo de

TOMÁS SALA FRANCO

Catedrático de Derecho del Trabajo y Seguridad Social
de la Universidad deValencia
Estudio General

tirant lo blanch

Valencia, 2024

En caso de erratas y actualizaciones, la Editorial Tirant lo Blanch publicará la pertinente corrección en la página web www.tirant.com.

EDITA: TIRANT LO BLANCH
C/ Artes Gráficas, 14 - 46010 - Valencia
TELFS.: 96/361 00 48 - 50
FAX: 96/369 41 51
Email:tlb@tirant.com
www.tirant.com
Librería virtual: www.tirant.es
DEPÓSITO LEGAL: V-3231-2024
ISBN: 978-84-1071-643-8
MAQUETA: Tink Factoría de Color

Si tiene alguna queja o sugerencia, envíenos un mail a: *atencioncliente@tirant.com*. En caso de no ser atendida su sugerencia, por favor, lea en *www.tirant.net/index.php/empresa/politicas-de-empresa* nuestro procedimiento de quejas.

Responsabilidad Social Corporativa: http://www.tirant.net/Docs/RSCTirant.pdf

Autores:

Carlos Alfonso Mellado
Ángel Blasco Pellicer
Luis Miguel Camps Ruiz
Amparo Esteve Segarra
Fernando Fita Ortega
Valeriano Gómez Sánchez
Jesús Lahera Forteza
Eva López Terrada
Luis Enrique Nores Torres
Tomás Sala Franco
Margarita Tarabini-Castellani Aznar
Adrián Todolí Signes

Índice

Introducción 17

I. LA REFORMA DE LA NORMATIVA REGULADORA DE LAS FUENTES DE LAS RELACIONES LABORALES

TOMÁS SALA FRANCO

1. Consideraciones generales 25
2. Propuestas acerca de los denominados principios del derecho del trabajo 26
3. Propuestas acerca de las distintas manifestaciones de la autonomía colectiva y las relaciones entre ellas 35
4. Propuestas acerca de las relaciones de complementariedad y de articulación normativa 36
5. Propuestas acerca de la estructura de las normas laborales 38
6. Propuesta de artículo referido a las fuentes de la relación laboral 40

II. LA REFORMA DE LA NORMATIVA REGULADORA DE LA REPRESENTACIÓN DE LAS PERSONAS TRABAJADORAS EN LA EMPRESA

TOMÁS SALA FRANCO

JESÚS LAHERA FORTEZA

1. Las características esenciales del actual modelo legal de representación de las personas trabajadoras en la empresa 43
2. Los problemas que plantea el actual modelo legal de representación de las personas trabajadoras en la empresa 50
3. Propuestas para una reforma de la representación de las personas trabajadoras en la empresa 55

III. LA REFORMA DE LA NORMATIVA REGULADORA DE LA NEGOCIACIÓN COLECTIVA

TOMÁS SALA FRANCO

EVA LÓPEZ TERRADA

1. El actual sistema de negociación colectiva 65
2. La doble dimensión de la negociación colectiva 66
3. La complejidad del actual sistema de negociación colectiva 67
4. Propuestas en materia de legitimación para negociar 68
5. Propuestas en materia de ámbitos funcionales de los convenios colectivos 77

6. Propuestas en materia de articulación y concurrencia de los convenios colectivos. 79
7. Propuestas en materia de sucesión de convenios colectivos ... 82
8. Propuestas en cuanto a las comisiones paritarias ... 85
9. Propuestas en cuanto al procedimiento de descuelgue e inaplicación de un convenio colectivo ... 86
10. Propuestas en materia de contenido de los convenios colectivos ... 88
11. Propuestas en materia de procedimiento de negociación ... 94

IV. LA REFORMA DE LA NORMATIVA REGULADORA DE LOS PROCEDIMIENTOS EXTRAJUDICIALES DE SOLUCIÓN DE LOS CONFLICTOS LABORALES

TOMÁS SALA FRANCO
CARLOS ALFONSO MELLADO

1. Consideraciones preliminares ... 97
2. La inexistencia de una normativa internacional sobre los procedimientos extrajudiciales de solución de los conflictos laborales ... 105
3. El régimen jurídico actual de los procedimientos extrajudiciales de solución de los conflictos laborales ... 106
4. Valoración crítica y propuestas de reforma ... 122

V. LA REFORMA DE LA NORMATIVA REGULADORA DEL DERECHO DE HUELGA

TOMÁS SALA FRANCO
FERNANDO FITA ORTEGA

1. Consideraciones generales ... 127
2. La actual regulación de la huelga ... 129
3. Juicio crítico acerca del RDLRT 17/1977 ... 130
4. El derecho de huelga de los funcionarios públicos ... 131
5. La titularidad del derecho de huelga ... 134
6. Las huelgas prohibidas ... 136
7. La renuncia al derecho de huelga ... 138
8. La regulación del comité de huelga ... 139
9. La regulación legal de los piquetes ... 140
10. La regulación de la política de información empresarial durante la huelga ... 142
11. El esquirolaje externo durante la huelga ... 142
12. Las huelgas abusivas ... 144
13. La regulación de los servicios de mantenimiento y seguridad durante las huelgas.. 145
14. La regulación de las huelgas en los servicios esenciales para la comunidad ... 151
15. Los efectos de las huelgas sobre las personas trabajadoras huelguistas y no huelguistas ... 157
16. Los efectos de la huelga sobre otras empresas ... 160

VI. LA REFORMA DE LA REGULACIÓN DE LAS PLATAFORMAS DIGITALES

Jesús Lahera Forteza
Valeriano Gómez Sánchez

1. La DA 23ª del ET tras la Ley 21/2021: la presunción de laboralidad en plataformas digitales de reparto 171
2. La aplicación de la presunción de laboralidad de la DA 23ª del ET: causas de una frustración........ 176
3. La Directiva europea de plataformas digitales 178
4. Vías de reforma de plataformas digitales de reparto: La reforma de la DA 23ª del ET con criterios claros de laboralidad y espacios para el trabajo autónomo 181
5. Vías de reforma de las plataformas digitales de reparto: la Relación laboral especial en plataformas digitales........ 181
6. Vías de reforma de las plataformas digitales de reparto: el modelo de la externalización de actividad a través de empresas contratistas: la necesidad de reformular la contrata legal y cesión ilegal de los Arts. 42 y 43 del ET........ 187
7. Vías de reforma de las plataformas digitales de reparto: el trabajador autónomo económicamente dependiente en las plataformas digitales y un nuevo modelo social.. 190

VII. LA REFORMA DE LA NORMATIVA REGULADORA DE LA TRANSMISIÓN DE EMPRESA

Tomás Sala Franco
Luis Miguel Camps Ruiz
Luis Enrique Nores Torres

1. Consideraciones generales........ 193
2. El concepto legal de transmisión de empresa 194
3. Los procedimientos de transmisión de empresa 196
4. Los efectos de la transmisión de empresa........ 202
5. Conclusiones propositivas 211

VIII. LA REFORMA DE LA NORMATIVA REGULADORA DE LA SUBCONTRATACIÓN

Tomás Sala Franco
Luis Enrique Nores Torres

1. Consideraciones generales........ 215
2. El sistema de responsabilidades........ 216
3. La equiparación de derechos de las personas trabajadoras de las empresas contratistas y subcontratistas y de la empresa principal 224
4. Conclusiones propositivas 226

IX. LA REFORMA DE LA NORMATIVA REGULADORA DE LA CONTRATACIÓN LABORAL

Jesús Lahera Forteza

1. La reforma pactada de los contratos de trabajo de 2021 231
2. El contrato temporal de circunstancias de la producción 235
3. El contrato temporal de sustitución 238
4. Los contratos fijos discontinuos 239
5. Problemas jurídicos significativos en la aplicación del nuevo sistema de contratación laboral 246
6. Una reforma que ofrezca más seguridad jurídica y certidumbre a los contratos de trabajo 251
7. Una reforma que extienda el modelo de contrato indefinido específico en otros sectores de actividad 254
8. Una reforma que reduzca la temporalidad empírica y no sólo la contractual 256

X. LA REFORMA DE LA NORMATIVA REGULADORA DEL TIEMPO DE TRABAJO

Tomás Sala Franco
Jesús Lahera Forteza

1. Los factores de la regulación vigente del tiempo de trabajo 259
2. La propuesta de reducción de la jornada máxima legal 263
3. La modernización de la definición legal de tiempo de trabajo efectivo 271
4. La redefinición de la distribución irregular de la jornada y la ampliación de la flexibilidad horaria 273
5. Un mayor control de las horas extraordinarias y de los incentivos a su compensación con descanso retribuido 275
6. La mejora técnica de la regulación de vacaciones 277
7. Una mejor solución de los conflictos de la fortalecida conciliación laboral y familiar 278

XI. LA REFORMA DE LA NORMATIVA REGULADORA DE LA FORMACIÓN CONTINUA EN EL TRABAJO

Tomás Sala Franco
Adrián Todolí Signes

1. Consideraciones generales 281
2. La regulación actual de la formación continua 283
3. Los factores a tener en cuenta para la concreción del derecho a la formación continua 285
4. El tipo de formación a que se tiene derecho 285

5. El sujeto que decide la formación a la que se tiene derecho 289
6. El sujeto que paga la formación 291
7. El sujeto que controla la efectividad y calidad de la formación 292
8. Conclusiones operativas 293

XII. LA REFORMA DE LA NORMATIVA REGULADORA DEL DEBER DE BUENA FE CONTRACTUAL DE LA PERSONA TRABAJADORA

Tomás Sala Franco
Adrián Todolí Signes

1. Propuestas generales sobre el deber de buena fe contractual de la persona trabajadora 295
2. La prohibición de competencia con el empresario 297
3. La prohibición de competencia desleal 297
4. La prohibición de competencia postcontractual 298
5. El pacto de plena dedicación 300
6. El pacto de permanencia en la empresa 301
7. El deber de la persona trabajadora de no violar los secretos de la empresa 302
8. La protección legal de las personas trabajadoras que denuncian situaciones de ilegalidad en su empresa 308
9. La regulación en el Estatuto del Trabajo 313

XIII. LA REFORMA DE LA NORMATIVA REGULADORA DE LA PARTICIPACIÓN FINANCIERA DE LAS PERSONAS TRABAJADORAS EN LA EMPRESA

Tomás Sala Franco
Adrián Todolí Signes

1. Concepto y objetivos de la participación financiera de las personas trabajadoras en la empresa 315
2. La imposibilidad de pretender un salario fijo en el siglo XXI 319
3. La necesaria intervención del Estado 322
4. La regulación propuesta 326

XIV. LA REFORMA DE LA NORMATIVA REGULADORA DEL DERECHO A LA INTIMIDAD PERSONAL Y DEL CONTROL DEL TRABAJADOR

Tomás Sala Franco
Margarita Tarabini-Castellani Aznar

1. La normativa aplicable 329
2. Las manifestaciones de los derechos del trabajador a la intimidad y a la protección de datos personales y el poder de control empresarial 334

3. El poder de control empresarial en el momento de contratar 334
4. Los límites a las indagaciones del empresario 335
5. La protección jurídica del trabajador 350
6. Propuestas operativas 352
7. El poder de control empresarial durante la relación laboral y sus límites 354
8. El derecho a la intimidad 355
9. Los derechos a la intimidad y a la protección de datos personales: el control por medios tecnológicos 362
10. El secreto de las comunicaciones 376
11. El control extralaboral: los detectives privados 377
12. El derecho a la propia imagen 378
13. La protección jurídica del trabajador 381
14. Propuestas operativas 383

XV. LA REFORMA LA NORMATIVA REGULADORA DE LAS EXCEDENCIAS VOLUNTARIAS

Tomás Sala Franco

1. La situación normativa actual 387
2. Valoración crítica y propuestas normativas 389

XVI. LA REFORMA DE LA NORMATIVA REGULADORA DE LA EXTINCIÓN DEL CONTRATO DE TRABAJO

Tomás Sala Franco
Amparo Esteve Segarra

1. Introducción 401
2. El despido disciplinario: la embriaguez habitual y la toxicomanía 405
3. El despido disciplinario: la notificación del despido a la persona trabajadora 406
4. La posibilidad de rebajar la sanción disciplinaria de despido, la libertad de elección del empresario de la sanción y la teoría gradualista: un primer elemento para adecuar la normativa española a la Carta social Europea 409
5. El replanteamiento de la supresión parcial de los salarios de tramitación en despidos improcedentes un segundo elemento para adecuar la normativa española a la Carta Social Europea 412
6. Los despidos nulos: de la readmisión al derecho de opción para la persona trabajadora 415
7. Los despidos nulos cuando el restablecimiento de la relación no es posible: un tercer elemento para adecuar la normativa española a la Carta Social Europea 417
8. Destopar las indemnizaciones por despido injustificado para recuperar la causalidad del despido: criterios para reparar y disuadir de los despidos y, proteger la capacidad económica de las empresas, en particular, las medianas y pequeñas 417

9. La extinción del contrato por causas objetivas: un replanteamiento normativo de algunas causas 422
10. La necesidad de reinterpretar las causas organizativas y productivas en los supuestos de externalización de servicios 424
11. De la valoración de la continuidad de la relación laboral en los despidos por necesidades empresariales y, en particular, en los grupos y redes de empresa 426
12. El aprovechamiento de determinadas estructuras empresariales para favorecer la continuidad de la relación laboral 429
13. La valoración de la estructura empresarial de las empresas de plataforma y sus contratistas en los despidos en relación con medidas de flexibilidad interna 432
14. La extinción del contrato por voluntad de la persona trabajadora 436
15. La terminación del contrato por causas que afectan a la persona de los contratantes 438
16. Conclusiones críticas acerca de las limitaciones de una tutela iusprivatista de la terminación del contrato de trabajo 441

XVII. LA REFORMA DE LA NORMATIVA REGULADORA DE LOS DESPIDOS COLECTIVOS

Tomás Sala Franco
Ángel Blasco Pellicer

1. Consideraciones preliminares 443
2. El régimen jurídico actual de los despidos colectivos: aspectos sustantivos 444
   2.1. La configuración del concepto de despido colectivo 444
   2.2. La fase colectiva del procedimiento 448
   2.3. La fase individual de los despidos colectivos 450
   2.4. Previsiones especiales 451
3. El régimen jurídico actual de los despidos colectivos: aspectos procesales 454
4. Valoración crítica y propuestas de modificación 456

XVIII. LA REFORMA DE LA NORMATIVA REGULADORA DE LA RELACIÓN LABORAL ESPECIAL DEL PERSONAL LABORAL DE LAS ADMINISTRACIONES PÚBLICAS

Tomás Sala Franco

1. Una relación laboral especial de empleo público 475
2. El alcance objetivo de la relación laboral especial de empleo público 476
3. El alcance subjetivo de la relación laboral especial de empleo público 478
4. La normativa aplicable al personal laboral de las Administraciones Públicas 482
5. La negociación colectiva del personal laboral 485
6. Los derechos individuales y colectivos del personal laboral 489
7. La duración del contrato y las modalidades de contratación laboral 492

8. El acceso al empleo público 493
9. La ordenación de la actividad profesional y, en especial, la clasificación profesional, la provisión de puestos de trabajo y la movilidad del personal laboral 498
10. La carrera profesional y la promoción del personal laboral 502
11. Las retribuciones del personal laboral 506
12. El tiempo de trabajo 507
13. Los deberes del personal laboral 508
14. Las situaciones del personal laboral 509
15. El régimen disciplinario 510
16. La extinción de la relación laboral 513
17. Los sistemas de solución extrajudicial de conflictos 518
18. El derecho de participación institucional 519
19. El derecho de reunión 520

Introducción

Tomás Sala Franco
Catedrático Emérito de Derecho del Trabajo y de la Seguridad Social
Universidad de Valencia. Estudio General

1. En la introducción al libro *"Propuestas para un debate sobre la reforma laboral"* (Ediciones Lefebvre. 2018), cuya edición ahora se actualiza, corrige y aumenta en este Libro, se decía que solamente perseguía el deliberado propósito de abrir un debate sobre la reforma de alguna de las instituciones jurídicas que configuran nuestro modelo de relaciones laborales. Esta misma continúa siendo la intención en este segundo intento de hacer propuestas renovadoras para una reforma laboral.

Frente al comportamiento político de los distintos Gobiernos en muchas de las reformas laborales habidas, en las que, o bien fracasó el diálogo social o ni siquiera se intentó, donde el debate político fue intencionadamente corto —utilizando primariamente la técnica legislativa del Decreto-ley transformado más tarde en ley—, donde el debate doctrinal no fue en casi ningún caso interdisciplinar sino material y formalmente separado entre economistas y iuslaboralistas y con un escaso eco inicial en los medios de comunicación, creemos que se hace por el contrario necesario ahora un debate doctrinal interdisciplinar serio y pausado con participación cruzada de todos los expertos en relaciones laborales, un diálogo social fructífero entre los interlocutores sociales más representativos, un debate político transparente y lo suficientemente alargado en el tiempo y una amplia repercusión en los medios de comunicación que hagan a la ciudadanía tomar conciencia de donde se encuentran los principales problemas laborales y las distintas soluciones que a éstos pueden darse desde distintas ópticas interesadas e ideológicas.

Las distintas propuestas que se hacen en este libro no tienen otra finalidad que la de establecer un punto de partida concreto, a modo de *"tesis provocadora"*, sobre los distintos aspectos críticos planteados, así como sobre las soluciones apuntadas a los mismos. No hay por ello, en absoluto, un afán dogmático cerrado sino al contrario un talante abierto a la crítica de todo lo que en él se expone.

2. A mi juicio, la futura Reforma Laboral debería ser una reforma global. Una reforma global se encuentra plenamente justificada en la actualidad. Vivimos un *"final de etapa"* en lo político, en lo económico y en lo social y la Reforma Laboral debería encontrar su sitio en el momento actual.

Pero ¿cómo justificar la necesidad de una reforma global? Ciertamente, no exige mucho tiempo el demostrarlo:

1º) Por un lado, el Estatuto de los Trabajadores, norma laboral básica nacida en 1980 al calor de la recién estrenada Constitución democrática de 1978, que tuvo sin duda una reconocida virtud de salida —la de haber conseguido un cierto consenso en la que desde luego vino a ser una verdadera *"Constitución Social"*— poseyó sin embargo de entrada importante defectos en su elaboración, por cuanto pecó —cosa por otra parte lógica— al mantener algunos aspectos del Antiguo Régimen y muy pronto comenzó a ser modificado —alrededor de cincuenta veces hasta hoy— y no siempre en la misma dirección —lo que para un jurista impide o dificulta hacer las necesarias interpretaciones teleológicas o finalistas de una norma con *"filosofías políticas"* distintas—.

2º) Por otra parte, desde entonces ha surgido una nueva realidad laboral (redes sociales, teletrabajo, robótica, plataformas digitales, inteligencia artificial, medio ambiente, trabajo a resultado, etc.) y nuevas sensibilidades (defensa de la igualdad frente a la discriminación laboral y un mayor respeto a los derechos fundamentales de la persona trabajadora y al medio ambiente) que exige nuevas soluciones que proporcionen la necesaria seguridad jurídica que las relaciones laborales demandan frente a los muchos silencios y ambigüedades normativas que la ley presenta, solucionados, a veces contradictoriamente, por nuestra jurisprudencia que, a su vez, ha tenido que acomodarse a las exigencias del derecho comunitario, en ocasiones de signo o alcance normativo distinto.

3. Por tanto, en una futura reforma laboral deberían resultar afectadas, en mayor o menor medida, prácticamente todas las instituciones del derecho colectivo del trabajo (la representación y participación de las personas trabajadoras en gestión de la empresa, la negociación colectiva, la acción institucional de los agentes sociales, los procedimientos extrajudiciales de solución de los conflictos laborales o la huelga) y del derecho individual del trabajo (la contratación laboral —temporal, a tiempo parcial o formativa—, la subcontratación, la transmisión de empresa, la formación profesional continua de las personas trabajadoras, el tiempo de trabajo y la conciliación de la vida laboral, profesional y personal, el derecho a la igualdad y a la no discriminación en todas sus manifestaciones, el derecho a la intimidad de la persona trabajadora, el deber de buena fe contractual, el secreto de empresa, el salario, la modificación de las condiciones de trabajo, la clasificación profesional, la movilidad funcional y geográfica o la extinción del contrato de trabajo en todas sus manifestaciones), sin olvidar en la futura reforma el importante capítulo de las fuentes de la relación laboral, cuya regulación actual se encuentra claramente obsoleta y las relaciones laborales en el seno de las Administraciones Públicas, sector en el que se aprecian notables contradicciones o inconsecuencias derivadas de la doble inspiración jurídico-pública y jurídico-privada de sus normas reguladoras.

4. Ahora bien, ¿cuándo hacer esa Reforma Laboral global? Es ésta una cuestión de oportunidad política y en las cuestiones de oportunidad política los juristas podemos decir bien poco. Son los agentes sociales y sobre todo los agentes políticos (parlamentarios y gubernamentales) los que tienen la palabra.

Soy desde luego consciente, en primer término, de que la ideología que cada uno sustente sobre las distintas cuestiones planteadas y sus eventuales soluciones debe cohonestarse dialéctica, y no mecánicamente, con la realidad social y, en segundo lugar, de que no hace falta ser un genio de la política para constatar que el actual momento político —de confrontación socio-política— que estamos viviendo no es el más propicio para hacer una Reforma Laboral global.

En todo caso, es importante tener un *"norte"* para la Reforma Laboral, aunque a veces, forzados por las circunstancias, haya que *"cambiar el rumbo"* pareciendo ir, y yendo efectivamente a veces, contra ese norte marcado, pero siendo en todo caso *"conscientes"* de que se ha cambiado el rumbo.

Esta última y elemental idea no parece, desgraciadamente, constatable muchas veces en los *"bandazos"* normativos producidos en nuestra historia normativa y ello es grave.

Falta, a mi juicio, una definición política mucho más nítida del *"modelo de relaciones laborales"* que se pretende, aun aceptando que obviamente las ciencias sociales —y el Derecho sin duda alguna forma parte de ellas—, no son ciencias exactas sino *"de aproximación"*. Lo que no excusa en ningún caso de utilizar en ellas el denominado *"método científico"* de *"la prueba y el error"*, echando pie a tierra si una concreta reforma no funciona y cambiando el rumbo de la misma. Por el contrario, se aprecia en demasiadas ocasiones, primero, un incumplimiento generalizado de los compromisos legalmente adquiridos por el Gobierno y los agentes sociales para estudiar en una comisión tripartita, prevista normalmente en la propia norma, el funcionamiento de ésta y, en su caso, reformar su contenido, manteniéndose así normas laborales que se contradicen con otras posteriores que, a modo de aluvión acumulativo, se suceden en el tiempo.

Para salir de este bucle, parecería de interés que los sucesivos Gobiernos se comprometieran con el Parlamento a dar formalmente cuenta pública y periódica de los resultados obtenidos con las normas sociales aprobadas, al estilo de las prácticas parlamentarias de otros países de nuestro entorno.

5. En cualquier caso, se hace necesario un paulatino, pero continuado, cambio en el tradicional modelo de relaciones laborales existente en España, basado en una *"competitividad empresarial en costes"*, apoyada básicamente en los tres pilares de una precariedad (temporalidad y parcialidad) excesiva o *"patológica"* en la contratación, de una política de bajos salarios vinculados mínimamente a la productividad y del uso de las extinciones contractuales para los ajustes del personal en situaciones de crisis.

Habría, en este sentido, que aspirar a un nuevo modelo de relaciones laborales basado en la *"competitividad empresarial en productividad"*, apoyada básicamente en una mayor inversión en I+D+I, en unas técnicas de *"management"* más modernas, en el desarrollo de la formación profesional continua de las personas trabajadoras, en la lucha contra la precariedad laboral patológica, en medidas de flexibilidad interna como alternativa a la flexibilidad de entrada y salida, en la participación económica de las personas trabajadoras en la gestión y en los resultados positivos de las empresas —en los negativos ya participan—, en un pacto de rentas y en la lucha contra el fraude laboral allá donde éste se manifieste. Y todo ello con el más absoluto respeto a los derechos fundamentales de las personas trabajadoras reconocidos constitucionalmente (derechos a la propia imagen y a la intimidad, a las libertades de expresión e información, a las libertades ideológica y religiosa y, en especial, a la igualdad de trato y a la no discriminación en todas sus facetas).

6. Son, en este sentido, muchas las propuestas importantes de reforma que se sugieren en el presente libro en cualquiera de las instituciones analizadas. Así, a modo de ejemplo, cabría citar la defensa de la seguridad jurídica respetando siempre la necesaria estructura tripartita de las normas laborales (mandato normativo, alcance imperativo del mandato y sanción imponible en caso de incumplimiento) y estableciendo un nuevo modelo de relaciones entre la ley, la autonomía colectiva y la autonomía individual; la efectiva promoción de las mediaciones y arbitrajes en la perspectiva de la prevención del conflicto; un salario más vinculado a la productividad y a los beneficios de la empresa; o el desarrollo normativo de la formación profesional continua de las personas trabajadoras, verdadera *"clave de bóveda"* de una reforma laboral moderna y efectiva.

7. Así pues, las líneas generales de un nuevo Estatuto del Trabajo para el Siglo XXI deberían, posiblemente, discurrir por los siguientes cauces:

1º) En su elaboración, habría que huir de la imposición gubernamental del Decreto-ley, acudiendo al diálogo social con los agentes sociales y al mayor de los consensos políticos y profesionales, como única garantía de la efectividad del mismo.

2º) Habría que establecer una nueva normativa, más segura jurídicamente, de las fuentes del derecho regulador de las relaciones laborales, resultando necesaria, por razones de una elemental seguridad jurídica, una regulación legal unitaria de las relaciones entre las distintas fuentes de los derechos y obligaciones concernientes a las relaciones laborales que, partiendo como el actual Art. 3 del ET de una enumeración, si bien más completa que la actual, de las distintas fuentes (comunitarias, internacionales, constitucionales, legales, reglamentarias, convencionales y contractuales), regule detalladamente las relaciones entre todas ellas. Así:

a) Debería corregirse el actual desenfoque del tratamiento de los denominados principios del derecho del trabajo (de imperatividad legal, de norma mínima o de norma más favorable) desde la perspectiva de la aplicación de las normas laborales y llevarse al momento de la creación de las mismas, como sería lo oportuno, calificando siempre el grado de imperatividad de las mismas como normas absolutamente imperativas, máximos de derecho necesario, mínimos de derecho necesario compensables o incompensables, absolutamente dispositivas para la negociación colectiva y/o la contratación individual o normas mixtas.

b) Deberían incluirse en el Estatuto las distintas manifestaciones de la autonomía colectiva (convenios colectivos estatutarios, convenios colectivos extraestatutarios y pactos colectivos de empresa) y regularse las relaciones de concurrencia entre ellas, estableciendo los criterios para la solución de los conflictos de esta naturaleza.

c) Deberían establecerse las relaciones de complementariedad y de articulación normativa entre las distintas fuentes legalmente enumeradas.

d) Debería garantizarse en todo caso la seguridad jurídica en sus preceptos, como corresponde a un Estado de Derecho que se precie de serlo, estableciendo siempre normas completas, esto es, que incluyan un mandato normativo, el alcance imperatívo de ese mandato y las sanciones a imponer en caso de incumplimiento.

3º) Habría que dar un nuevo contenido regulador a las relaciones laborales individuales y colectivas de las personas trabajadoras por cuenta ajena y de las personas trabajadoras autónomas, con importantes incorporaciones y modificaciones respecto de la situación actual, producto de los cambios sociales y de la amplia jurisprudencia interna y externa sobre las mismas: las transformaciones digitales de la economía, los profundos cambios demográficos derivados de la próxima jubilación de las generaciones del baby boom, la incidencia de los problemas ambientales en las relaciones laborales, la falta de adaptación de las instituciones de autonomía colectiva a la realidad social presente y futura, las nuevas formas de organización postindustrial de las empresas (digitalización, robótica o inteligencia artificial), el cada vez mayor papel de las normas europeas en nuestro ordenamiento y los efectos laborales de la internalización económica y de la diversidad de las sociedades liberales y abiertas construidas en torno a la igualdad y no discriminación por razones personales de cualquier tipo.

Para ello, se haría necesario incluir en el Estatuto las regulaciones de todas las relaciones laborales existentes: de las personas trabajadoras dependientes y por cuenta ajena, de las personas trabajadoras con relaciones laborales especiales, incluyendo todas las actualmente existentes (incluyendo el teletrabajo, las becas y la relación laboral especial de los empleados públicos laborales) y de las personas trabajadoras autónomas, aclarando su concepto legal y estableciendo el régimen jurídico aplicable.

4º) Sería oportuno, finalmente, por razones elementales de una mínima seguridad jurídica, elaborar, tarea hoy relativamente fácil técnicamente, un Código del Trabajo, incluyendo todos los contenidos legales y reglamentarios, Código que fue prometido en el original Estatuto de los Trabajadores de 1978 y que nunca fue desarrollado.

Deberían incluirse, en este sentido dentro del mismo, a modo de bloques normativos homogéneos, el contenido reformado de las actuales normas legales y reglamentarias del estatuto de los trabajadores, de la libertad sindical, de la huelga y de los conflictos colectivos, de la prevención de riesgos laborales, de las empresas de trabajo temporal, de las infracciones y sanciones en el orden social, de la igualdad, del empleo, de las medidas para la protección del denunciante, de la Inspección de Trabajo y Seguridad Social y de la Jurisdicción Social.

8. Finalmente, una idea que me parece fundamental es la de subrayar que la Reforma laboral no habrá de hacerse solamente en la Ley —elaborando un nuevo Estatuto de los Trabajadores, lo que acaso sea lo de menos— sino también en la negociación colectiva, que debería enriquecerse cualitativa e imaginativamente.

Disponemos en este sentido de muchos convenios colectivos que, paradójicamente, no cubren todo el espectro social, tratándose en demasiadas ocasiones de convenios colectivos pobres y faltos de imaginación (especialmente, los convenios colectivos provinciales), faltando, desde luego, una verdadera articulación dentro de la negociación colectiva sectorial, lo que constituiría sin duda el *"sueño de la razón"*.

I. La reforma de la normativa reguladora de las fuentes de las relaciones laborales

Tomás Sala Franco
Catedrático Emérito de Derecho del Trabajo y de la Seguridad Social
Universidad de Valencia. Estudio General

Sumario: 1. Consideraciones generales. 2. Propuestas acerca de los denominados principios del derecho del trabajo. 3. Propuestas acerca de las distintas manifestaciones de la autonomía colectiva y de las relaciones entre ellas. 4. Propuestas acerca de las relaciones de complementariedad y de articulación normativa. 5. Propuestas acerca de la estructura de las normas laborales. 6. Propuesta de artículo referido a las fuentes de la relación laboral.

1. CONSIDERACIONES GENERALES

Actualmente, el Art. 3 del ET constituye la única norma frontalmente reguladora en nuestro ordenamiento de las *"fuentes de la relación laboral"*, habiéndose convertido en la actualidad con el paso de los años en un precepto claramente obsoleto y, por ello, insuficiente, ambiguo y desenfocado.

Precepto insuficiente, por cuanto solamente se refiere a las disposiciones legales y reglamentarias del Estado, a los convenios colectivos, al contrato individual de trabajo y a los usos y costumbres locales y profesionales, obviando referencia alguna a las normas comunitarias e internacionales y a las *"decisiones unilaterales del empresario de efectos colectivos"* a las que se refieren más tarde los Arts. 17.1 y 41.2 del ET.

Precepto ambiguo, por cuanto no se refiere a las distintas modalidades de expresión de la autonomía colectiva ni a las distintas condiciones más beneficiosas contractuales, individuales y colectivas, escritas y no escritas.

Y precepto desenfocado, en la medida en que el juego combinado de las distintas fuentes viene regulado en el plano aplicativo y no en el plano normativo como se merece.

Por otra parte, en ninguna de las anteriores Reformas Laborales se ha abordado esta importante cuestión, absolutamente básica para manejarse con una mínima seguridad jurídica en la aplicación de las normas laborales en sus múltiples relaciones entre ellas y con los contratos individuales de trabajo, evitando conflictos gratuitos, existiendo por ello un grave problema de inseguridad jurídica que, desgraciadamente, va acompañada de una jurisprudencia del Tribunal Supremo en esta materia con algunas contradicciones y lagunas.

2. PROPUESTAS ACERCA DE LOS DENOMINADOS PRINCIPIOS DEL DERECHO DEL TRABAJO

El tratamiento de los denominados principios del Derecho del Trabajo constituye un tema comúnmente *"desenfocado"* por la legislación y la jurisprudencia por cuanto suele abordarse desde la perspectiva de la aplicación del Derecho del Trabajo y no desde la de la creación de las normas laborales y porque se habla de *"principios"*—de imperatividad legal, de norma mínima o de norma más favorable— como si de *"principios generales del Derecho"* se tratara.

En efecto, comienza la propia ley en el Art. 3.3 del ET hablando de *"conflictos aplicativos"*, sembrando así la confusión. Dirá este precepto legal:

> *"Los conflictos originados entre los preceptos de dos o más normas laborales, tanto estatales como pactadas, que deberá respetar en todo caso los mínimos de derecho necesario, se resolverán mediante la aplicación de lo más favorable para el trabajador, apreciado en su conjunto, y en cómputo anual, respecto de los conceptos cuantificables".*

Así pues, la ley habla de *"conflictos de aplicación"* de normas, situando el problema en el momento aplicativo y no en el momento legislativo o de creación de las normas laborales mismas que es donde se plantean estos problemas.

A mi juicio, sin embargo, más que de conflictos aplicativos o de concurrencia de normas, se trata de problemas de legalidad de las mismas y, por ello, de un problema de validez normativa.

Así, una norma convencional ilegal no podrá concurrir con una norma legal. Sencillamente, se tratará de una norma nula, no existiendo por tanto concurrencia aplicativa de normas. Sólo a partir de normas válidas es posible que se plantee un conflicto de concurrencia normativa que, por lo demás, deberá resolverse, normalmente aplicando la norma especial, siempre que esté válidamente establecida.

Si hablamos de concurrencia entre normas pactadas, esto es, entre convenios colectivos estatutarios de eficacia normativa, el Art. 84 del ET establece el principio de no concurrencia entre los mismos y la aplicación del principio de prioridad en el tiempo salvo que lo permita expresamente un convenio marco o se trate de materias excluidas legalmente de la prohibición de concurrencia negociadas por un convenio colectivo de ámbito de comunidad autónoma o de empresa, grupo de empresas o una pluralidad de empresas vinculadas por razones organizativas o productivas y nominativamente identificadas, en cuyo caso habrá que estar a lo dispuesto en el convenio marco o se aplicará el convenio colectivo posterior, no aplicándose por tanto el Art. 3.3 del ET.

Y si nos referimos a la concurrencia entre convenios colectivos de eficacia contractual —los denominados convenios colectivos extraestatutarios— o entre éstos y los convenios estatutarios de eficacia normativa, al no ser normas los primeros, tampoco debería aplicarse el Art. 3.3 del ET, ya que habla de conflicto entre *"normas pactadas"*; sin embargo, los Tribunales lo aplicaron criticablemente en alguna ocasión (por todas, STS de 30 de noviembre de 1998, Rec. 68/1998), si bien con posterioridad se mantenga que la regla del Art. 3.3 del ET *"no rige para la concurrencia de un convenio colectivo estatutario y un pacto extraestatutario"*(por todas, STS de 15 de noviembre de 2005, Rec. 1300/2006), resolviendo el conflicto a través de la aplicación del Art. 3.1 c) del ET (por todas, SS.TS de 18 de febrero de 2003, Rec. 1/2002, de 11 de septiembre de 2003, Rec. 144/2002; de 24 de noviembre de 2015, Rec. 237/2014; o de 30 de diciembre de 2015, Rec. 255/2014).

La jurisprudencia, por su parte, ha sido la creadora de las denominaciones de *"principio de norma mínima"* y de *"principio de norma más favorable"*, refiriendo los mismos a la solución de *"conflictos de concurrencia"* entre normas laborales.

Finalmente, la doctrina científica viene situando igualmente el problema en el plano de la concurrencia aplicativa de normas y no en el plano legislativo o momento creador de las normas laborales, que es su lugar idóneo. Ejemplos de ello los tenemos en la mayoría de los Manuales de Derecho del Trabajo al uso, donde se tratan estos principios en el correspondiente capítulo referido a la aplicación de las normas laborales.

A mi juicio, el problema es más sencillo y, al mismo tiempo, más complejo. Sin duda, la principal diferencia que existe entre las normas laborales y las normas del Derecho Común (civil o mercantil) reside en su naturaleza jurídica, entendida como alcance de su imperatividad, constituyendo ésta la principal peculiaridad del Derecho del Trabajo frente a otros sectores del ordenamiento jurídico.

Así, mientras en el Derecho Común las normas o son de naturaleza imperativa —de obligado cumplimiento en todo caso, impidiendo que normas inferiores en jerarquía o pactos/contratos puedan ser contrarias a las normas superiores (Art. 6.1 del Código Civil)—, o son de naturaleza dispositiva —sólo aplicables en ausencia de un pacto/contrato en contrario (Art. 6.2 del Código Civil)—, en el Derecho del Trabajo las normas laborales pueden ser, además de absolutamente imperativas o de absolutamente dispositivas como en el Derecho Común, *"relativamente imperativas"* —las denominadas normas de *"derecho necesario relativo"*—, por oposición a las normas absolutamente imperativas y a las absolutamente dispositivas. Estas normas constituyen así un *"tertium genus"* y son sin duda las más frecuentes.

Pero aún dentro de estas *"normas de derecho necesario relativo"*, es preciso diferenciar entre aquellas normas —las menos— que establecen *"máximos"* o *"techos"* y aquellas otras —las más— que establecen *"mínimos"* o *"suelos"* de derecho imperativo o necesario para la negociación colectiva y/o para la contratación individual.

El esquema anterior, de por sí complejo, se complica a su vez enormemente en la medida en que algunas de estas *"normas de derecho necesario relativo"* —los *"suelos"* o *"mínimos"* imperativos—, pueden ser compensables o incompensables por la negociación colectiva y/o por la contratación individual, según se admita o no rebajar estos mínimos por el libre juego de la voluntad de las partes en los convenios colectivos y/o en los contratos individuales de trabajo a cambio de alguna compensación. No sucede lo mismo con los *"máximos imperativos"* que son siempre incompensables.

En definitiva, la mayor o menor imperatividad de una norma laboral —la absoluta o relativa imperatividad— se establece por razones de *"orden público"*, esto es, de defensa de los intereses colectivos de la comunidad. Solo que en algunas ocasiones los intereses generales coinciden con los de los empresarios —caso de las normas máximas—, en otras con los intereses de las personas trabajadoras —caso de las normas mínimas—, y en otras más con el interés de todos los ciudadanos —caso de las normas imperativas absolutas o de derecho necesario absoluto—.

De todo lo cual se deduce que las normas laborales (legales y reglamentarias) cara a la negociación colectiva y/o la contratación individual y las normas laborales convencionales cara a la contratación individual pueden ser de cinco clases en atención al alcance de su imperatividad:

a) Normas absolutamente imperativas que impiden siquiera la negociación colectiva y la contratación individual sobre las materias por ellas reguladas.

b) Normas relativamente imperativas configuradoras de *"máximos de derecho necesario"*, que permiten la negociación colectiva y la contratación individual sobre las materias por ellas reguladas, siempre y cuando se respeten esos máximos.

c) Normas relativamente imperativas configuradoras de *"mínimos de derecho necesario"*, que permiten la negociación colectiva y/o la contratación individual sobre las materias por ellas reguladas, siempre y cuando respeten esos mínimos. Mínimos que, a su vez, pueden ser incompensables o compensables por la negociación colectiva y/o la contratación individual.

d) Normas absolutamente dispositivas que permiten la negociación colectiva y/o la contratación individual sobre las materias por ellas reguladas sin límite alguno, siendo aplicables únicamente en defecto de convenio colectivo y/o contrato individual.

e) Normas mixtas, en parte mínimas imperativas —cara a la contratación individual— y en parte dispositivas —cara a la negociación colectiva en general o a cierta negociación colectiva, normalmente sectorial—.

Trasladando este esquema de posibilidades normativas en atención al grado de imperatividad de las normas al ordenamiento laboral español, tan sólo es posible encontrar hoy tres preceptos legales en el Estatuto de los Trabajadores que, con carácter general, se refieran a los problemas de calificación del grado de imperatividad de las normas laborales, preceptos que, a nuestro juicio y avanzando conclusiones posteriores, no satisfacen mínimamente:

a) En primer lugar, el Art. 85.1 del ET que, al regular el posible contenido de los convenios colectivos, señala que existirá una libertad plena de negociación *"dentro del respeto a las leyes"*, entendidas en un sentido amplio comprensivo de leyes y reglamentos, aunque sin otra especificación, lo cual, si bien se mira, es decir bien poco ya que lo que se quiere decir es que el convenio colectivo habrá de respetar lo que de imperativo tengan esas leyes.

b) En segundo lugar, el antecitado Art. 3.3 del ET, precepto criticable en la medida en que es el único que pretende calificar el grado de imperatividad de las normas laborales estatales (legales y reglamentarias) en conflicto con las normas pactadas, esto es, con los convenios colectivos estatutarios, y no lo consigue. Es cierto que el Art. 3.3 del ET señala que *"las normas pactadas deberán respetar los mínimos de derecho necesario"* pareciendo indicar que las normas estatales son siempre mínimas imperativas, indicando además la posibilidad de que el convenio colectivo mejore globalmente en cómputo anual lo dispuesto en ellas, esto es, pareciendo calificar esos mínimos (legales y reglamentarios) de absolutamente compensables. Pero se olvida el precepto de que hay normas estatales imperativas absolutas y dispositivas y de que existen mínimos que son incompensables. Así pues, el Art. 3.3 del ET no soluciona ni claramente ni en su totalidad los problemas de calificación del grado de imperatividad de las normas laborales estatales en relación con los convenios colectivos.

c) En tercer lugar, el Art. 3.1 c) del ET que aborda la calificación de las normas estatales y convencionales respecto de la contratación individual, prohibiendo el establecimiento de *"condiciones* (contractuales) *menos favorables o contrarias a las mismas"*, pero sin calificar en ningún momento el grado de imperatividad de las mismas y no diciendo nada acerca de la compensabilidad de las normas mínimas.

Fuera de estos tres imprecisos e incompletos preceptos legales del ET no existe otra posibilidad que la de deducir trabajosamente de la literalidad de las normas el alcance de su concreta imperatividad. Y sucede, entonces, que en la mayoría de los casos no es posible deducir nada claramente por esta vía. Solamente en casos contados existen normas que se autocalifican claramente de absolutamente imperativas, de máximas, de mínimas (llegando en algún caso raro a calificarse de no compensables) o de dispositivas.

A título de ejemplo de esto último, cabría citar, entre otras, las siguientes:

a) Art. 17.2 del ET: *"Podrán establecerse por ley las exclusiones, reservas y preferencias para ser contratado libremente"*. Con ello se está autocalificando de norma imperativa absoluta por cuanto impide la negociación colectiva en estas materias.

b) Art. 26.4 del ET: Prevé la nulidad de *"todo pacto en contrario"* a la prohibición legal de asumir empresarialmente las cargas fiscales y de seguridad social de las personas trabajadoras. Se trata por ello de una norma imperativa absoluta.

c) Art. 34.1 del ET: *"La duración de la jornada de trabajo será la pactada en los convenios colectivos o contratos de trabajo. La duración máxima de la jornada ordinaria de trabajo será de cuarenta horas semanales de trabajo efectivo de promedio en cómputo anual"*. Se trata de una norma mínima mejorable por convenio colectivo o por contrato individual de trabajo en beneficio de la persona trabajadora, pudiendo establecerse una duración máxima de la jornada menor.

d) Art. 35. 1 del ET: Se establece que la retribución de las horas extraordinarias *"en ningún caso podrá ser inferior al valor de la hora ordinaria"*, configurando así una norma mínima mejorable por convenio colectivo o por contrato individual.

e) Art. 37.1 del ET: En él se establece que el *"descanso mínimo semanal"* será de día y medio ininterrumpido, autocalificándose también de norma imperativa mínima.

f) Art. 38.1 del ET: *"En ningún caso la duración* (de las vacaciones) *será inferior a treinta días naturales"*. Se trata igualmente de una norma claramente mínima por razón de su redacción.

g) Art. 38.1 del ET: Señala que el período de vacaciones anuales retribuidas *"no* (es) *sustituible por compensación económica"*. En este caso la norma se autocalifica de mínima incompensable económicamente.

h) Art. 84 del ET: Establece el principio general de la no concurrencia entre convenios colectivos estatutarios *"salvo pacto en contrario"*, autocalificándose de norma dispositiva.

i) Art. 86.2 del ET: Establece la prórroga anual del convenio colectivo en el caso de falta de denuncia *"salvo pacto en contrario"*, autocalificándose de norma dispositiva para determinados tipos de negociación colectiva.

Fuera de los casos, ciertamente excepcionales, de autocalificación de las propias normas laborales, existe una gran inseguridad en orden a la calificación del grado de imperatividad de las normas laborales estatales cara a la negociación colectiva y/o a la contratación individual.

Así pues, será la jurisprudencia de los Tribunales la que tendrá que interpretar la *"ratio"* pretendida por la norma y deducir dificultosamente su concreta naturaleza jurídica como norma imperativa absoluta, mínima (compensable o incompensable), máxima o dispositiva.

No parece, pues, como conclusión a todo lo señalado, que la actual situación normativa sea la más adecuada, ni desde el plano técnico-jurídico ni desde el plano de la política del derecho, ya que, lejos de estar clara una cuestión capital como es la de las relaciones entre las normas estatales y convencionales y de todas ellas con los contratos individuales, se mantiene una notable inseguridad jurídica, solo salvada por una jurisprudencia a su vez contradictoria.

A mi juicio, de cara al futuro, habría que apostar decididamente por la seguridad jurídica, aun siendo conscientes de las dificultades que sin duda ello conlleva, y establecer unas bases normativas sólidas y claras. Y si se quiere flexibilizar o hacer más rígido el ordenamiento laboral, hágase enhorabuena pero por la vía legislativa y no por la vía judicial, comprometiéndose los correspondientes sujetos creadores de las normas laborales (el Parlamento de las leyes, la Administración Pública de los reglamentos y los agentes sociales de los convenios colectivos) a calificar jurídicamente su alcance imperativo, liberando de tal faena a los Tribunales dado su carácter exquisitamente normativo y no aplicativo y, por ello, político y no judicial.

En este sentido, propondría el siguiente esquema de regulación legal de las fuentes de la relación de trabajo en un nuevo Art. 3 del ET:

1º) En primer lugar, mantener el actual párrafo primero, enumerativo de las fuentes, si bien completándolo con la referencia a las normas comunitarias, internacionales y constitucionales.

2º) En segundo lugar, en el plano de las relaciones entre normas estatales legales y reglamentarias mantener el principio de jerarquía normativa actualmente vigente, según el cual *"las disposiciones reglamentarias desarrollarán los preceptos que establecen las normas de rango superior, pero no podrán establecer condiciones de trabajo distintas a las establecidas por las leyes a desarrollar"*, so pena de declararse por ello nulas de pleno derecho (Art. 3.2 del ET).

3º) En tercer lugar, en el plano de las relaciones entre las normas estatales y los pactos colectivos, sería necesaria la sustitución del *"principio de norma más favorable"* actualmente vigente en el Art. 3.3 del ET por el anterior *"principio de jerarquía normativa"*.

4º) En cuarto lugar, en el plano de las relaciones entre las normas estatales con los contratos individuales de trabajo rige actualmente el *"principio de condición más beneficiosa"*(Art. 3.1 c) del ET) y el *"principio de indisponibilidad"* por vía individual de los derechos reconocidos por disposiciones legales (y reglamentarias) de derecho necesario (Art. 3.5 del ET).

A mi juicio, como en el caso de los pactos colectivos, debería sustituirse en la ley el *"principio de condición más beneficiosa"* por el *"principio de jerarquía normativa"*, con las mismas consecuencias anteriores.

Por su parte, debería dejarse claro en la ley el carácter indisponible, antes o después de su adquisición, de los derechos reconocidos por disposiciones legales de derecho necesario, salvo pacto en contrario, aclarando igualmente el alcance de la *"disponibilidad"* (transacciones y/o renuncias).

5º) En quinto lugar, finalmente, en el plano de las relaciones entre los distintos pactos colectivos y el contrato individual de trabajo, falta también claridad en cuanto al margen de la autonomía individual frente a la autonomía colectiva en el actual Art. 3.1 c) y 5 del ET. En este último sentido, si bien la ley establece el *"principio de indisponibilidad"* de los derechos reconocidos por convenio colectivo *"como indisponibles"*, habiendo sido jurisprudencia tradicional la de considerarlos derechos indisponibles salvo pacto en contrario, la jurisprudencia, criticablemente, sin llegar a invertir la regla anterior, extiende la salvedad indicando que *"también han de ostentar tal consideración aquellos mandatos convencionales que supongan desarrollo de normas de derecho necesario, o de carácter mínimo"* (por todas, STS de 6 de febrero de 2000, Rec. 1394/1999).

A mi juicio, debería prohibirse expresamente en la ley la denominada *"contratación individual en masa"* para eludir o modificar el convenio colectivo aplicable y el establecimiento por contrato individual de condiciones contrarias o menos favorables (según se tratara de normas imperativas absolutas o mínimas) no solo de los convenios colectivos sino también de los acuerdos colectivos. El Tribunal Constitucional ha mantenido que son admisibles las mejoras cuantitativas, pero no las modificaciones cualitativas de lo pactado colectivamente, aun cuando pudieran representar una mejora (STC 225/2001, de 26 de noviembre).

Y debería igualmente establecerse en la ley claramente la opción por la disponibilidad o la indisponibilidad de los derechos reconocidos en los convenios colectivos (Art. 3.5 del ET), dado el cambio producido en la jurisprudencia acerca de la anterior presunción de indisponibilidad de tales derechos. En todo caso, mientras no se modifique la ley en tal sentido, sería conveniente que los convenios colectivos manifestasen expresamente su voluntad de disponibilidad o indisponibilidad de los derechos en él reconocidos para evitar problemas de interpretación por parte de los Tribunales.

3. PROPUESTAS ACERCA DE LAS DISTINTAS MANIFESTACIONES DE LA AUTONOMÍA COLECTIVA Y LAS RELACIONES ENTRE ELLAS

En nuestro ordenamiento coexisten varios tipos de pactos colectivos, todos ellos amparados por el Art. 37.1 de la Constitución, cuyo régimen jurídico no está lo suficientemente claro, planteando especiales problemas de concurrencia entre ellos. Así:

a) Los convenios colectivos (pactos colectivos de contenido amplio) y los acuerdos colectivos (pactos colectivos de contenido reducido).

b) Dentro de los convenios colectivos, los convenios colectivos estatutarios y los convenios colectivos extraestatutarios, según estén o no regulados por el Título III del ET.

c) Dentro de los convenios colectivos estatutarios, los convenios colectivos ordinarios, los convenios colectivos marco y los convenios colectivos mixtos.

d) Y, dentro de los acuerdos colectivos, los acuerdos colectivos interprofesionales (marco o sobre materias concretas) y los acuerdos colectivos supraempresariales o de empresa de muy distinta finalidad:

 - Los acuerdos colectivos de empresa sustitutivos de convenios colectivos estatutarios en determinadas materias (Art. 22.1 del ET: el sistema de clasificación profesional; Art. 24.1 del ET: el régimen de los ascensos; Art. 29.1 del ET: el recibo de salarios; Art. 31.1 del ET: la fijación de la fecha de cobro de la segunda paga extraordinaria; Art. 34.2 del ET: la distribución irregular de la jornada a lo largo del año; Art. 34.3 del ET: el límite de nueve horas ordinarias diarias de trabajo efectivo; Art. 67.1 del ET: la acomodación de la representación de las personas trabajadoras a las disminuciones significativas de plantilla).

- Los acuerdos colectivos de empresa de inaplicación de convenios colectivos estatutarios.
- Los acuerdos colectivos que ponen fin a una huelga o a un conflicto colectivo.
- Los acuerdos colectivos de empresa modificativos de condiciones de trabajo de naturaleza contractual y sobre traslados.
- Y los acuerdos colectivos de fusión o absorción de empresas.

A la vista de la anterior complejidad, ésta debería a mi juicio clarificarse mediante el establecimiento de dos medidas absolutamente básicas para garantizar una mínima seguridad jurídica. A saber:

1ª) En primer lugar, delimitar en la ley la eficacia jurídica (normativa o contractual) y personal (general o limitada) de todos y cada uno de los pactos colectivos (convenios y acuerdos) en función de las partes que los negociaron.

2ª) Y, en segundo lugar, regular la concurrencia entre las distintas manifestaciones de la autonomía colectiva, estableciendo los criterios para la solución de los conflictos de esta naturaleza, bien de acuerdo con el principio de jerarquía normativa —entre los convenios colectivos estatutarios de eficacia normativa y los convenios colectivos extraestatutarios, de mantenerse su eficacia contractual—, bien mediante la aplicación de otros criterios distintos: principio de prioridad en el tiempo, principio de especialidad, principio de favorabilidad para la persona trabajadora o de complementariedad, debiendo dejar sin duda un margen de libertad a las propias partes negociadoras.

4. PROPUESTAS ACERCA DE LAS RELACIONES DE COMPLEMENTARIEDAD Y DE ARTICULACIÓN NORMATIVA

Si nos situamos en el plano de las *"normas convencionales llamadas para complementar o regular las leyes"*, tampoco existe seguridad jurídica alguna, surgiendo infinidad de problemas de carácter interpretativo. Básicamente, los tres siguientes:

a) En primer lugar, cuando una ley llama a un convenio colectivo para complementar un determinado precepto, se plantea la cuestión de si existe libertad para negociar colectivamente esos aspectos complementarios o si, por el contrario, hay una obligación de negociarlos. En principio, hay que decir que existe libertad de negociación con base en el Art. 85.1 del ET, aunque cabe que la ley exija obligatoriamente la negociación. Así sucede, por ejemplo, en el caso de las *"cláusulas de inaplicación convencional"* a que se refiere el Art. 85.3 del ET (*"procedimientos para solventar de manera efectiva las discrepancias que puedan surgir para la no aplicación de las condiciones de trabajo a que se refiere el Art. 82.3"*) y, más dudosamente, con los derechos de formación profesional de los Arts. 12.4 f) (*"Los convenios colectivos establecerán medidas para facilitar el acceso efectivo de los trabajadores a tiempo parcial a la formación profesional continua, a fin de favorecer su progresión y movilidad profesionales"*) y 23.2 del ET (*"En la negociación colectiva se pactarán los términos del ejercicio de estos derechos, que se acomodarán a criterios y sistemas que garanticen la ausencia de discriminación, tanto directa como indirecta, entre trabajadores de uno y otro sexo"*).

b) En segundo lugar, se plantea la cuestión de cuáles son los límites legales que el acuerdo complementario del convenio colectivo tiene. El problema se ha planteado respecto del Art. 15. 1 a) del ET, referido al contrato temporal de obra o servicio determinado. En él se remite a los convenios colectivos para *"identificar aquellos trabajos o tareas con sustantividad propia dentro de la actividad normal de la empresa que puedan cubrirse con contratos de esta naturaleza"* y tal remisión plantea la cuestión de saber si el convenio colectivo viene o no limitado por la previa definición que la ley hace de lo que entiende por *"obra o servicio determinado"* a estos efectos.

c) En tercer lugar, en el caso de remisiones de la ley al convenio colectivo para complementar su mandato, se plantea igualmente en ocasiones la cuestión de cuando surge el derecho: ¿Del mero reconocimiento legal o a partir de la concreción convencional? Así, por ejemplo, esto sucede con el Art. 36.2 del ET, relativo a las retribuciones del trabajo nocturno, donde se establece que *"el trabajo nocturno tendrá una retribución específica que se determinará en la negociación colectiva"*; o con el Art. 23.2 del ET, respecto de los derechos de formación profesional

Así pues, tampoco en lo relativo a las relaciones de complementariedad entre normas estatales y convencionales existe una claridad suficiente en la actuación legislativa, constatándose igualmente un importante déficit de seguridad jurídica, déficit que debería colmarse estableciéndose en todos los supuestos de *"normas llamadas"* con una claridad meridiana cual sea la voluntad del legislador.

5. PROPUESTAS ACERCA DE LA ESTRUCTURA DE LAS NORMAS LABORALES

Entiendo, por lo demás, que, en buena lógica jurídica, la estructura de una norma laboral debe tener siempre tres partes:

a) En primer lugar, el mandato pretendido.

b) En segundo lugar, su alcance imperativo.

c) En tercer lugar, el régimen sancionatorio aplicable en caso de incumplimiento.

Sólo así una norma es completa y su creador ha cumplido con su obligación de normar. En caso contrario, el Tribunal correspondiente tendrá que *"suplir"* una *"faena inacabada"* creando de algún modo derecho, cosa que no debería suceder en un Estado de Derecho.

En la práctica normativa, sin embargo, una gran cantidad de normas solamente se ocupan de establecer el mandato, obviando así los dos restantes elementos estructurales de la misma.

Por todo lo anterior, propondría, en fin, una de estas tres alternativas:

a) Bien una gran claridad en la redacción de todos y cada uno de los preceptos (legales y reglamentarios) en orden a la autocalificación del grado de su imperatividad normativa.

b) Bien la modificación del Art. 3.1 c) y 3 del ET, como precepto general que estableciese los límites de la negociación colectiva y de la contratación individual. Se trataría de un precepto que vendría a establecer la libertad negocial y contractual sin otros límites que el respeto de las normas imperativas (absolutas, máximas y mínimas), indicando lógicamente qué normas son de cada clase. Así, según se ha dicho, el precepto se situaría en el plano normativo que le es propio y no en el aplicativo como sucede ahora. Acaso, podría incluirse, como principio general aplicativo en caso de concurrencia normativa el *"principio de norma especial válidamente celebrada"*.

c) O bien una cláusula o disposición adicional en todas y cada una de las leyes, reglamentos laborales o convenios colectivos que, a semejanza de las normas legales sobre el Estatuto de la Función Pública, donde siempre hay una disposición adicional que establece qué concretos preceptos son *"básicos"* a los efectos de la legislación autonómica complementaria, que concrete expresamente qué preceptos son absolutamente imperativos, máximos o mínimos (compensables o incompensables) o dispositivos. Y, para el caso de que se reconociese la imperatividad relativa mínima de una norma, debería establecerse el criterio a seguir en la comparación de las normas que, a mi juicio, debería ser el de comparar condición por condición o, en su caso, los bloques de conceptos cuantificables de la misma naturaleza (normas sobre tiempo de trabajo o normas retributivas) globalmente y en cómputo anual.

En todo caso, lo que en algún tiempo pudo estar claro —tradicionalmente existía la *"presunción"* de que todas las normas laborales eran normas mínimas salvo las *"estructuras institucionales del Derecho del Trabajo"* (normas sobre capacidad, procesales o de representación de las personas trabajadoras, por ejemplo) y las dispositivas que aparecían con la apostilla *"salvo pacto en contrario"*—, hoy no lo está, constatándose un cambio de sensibilidad interpretativa importante en este sentido.

6. PROPUESTA DE ARTÍCULO REFERIDO A LAS FUENTES DE LA RELACIÓN LABORAL

Así pues, como corolario de todo lo anterior, propondría la siguiente literalidad del Artículo referido en el futuro Estatuto a las fuentes de la relación laboral:

> "***Fuentes de la relación laboral.*** *1. Los derechos y obligaciones concernientes a la relación laboral se regulan:*
>
> *a) Por los Reglamento y Directivas comunitarias, de acuerdo con los Tratados Comunitarios y la jurisprudencia del Tribunal de Justicia de la Unión Europea.*
>
> *b) Por los tratados internacionales, válidamente celebrados, una vez publicados oficialmente en España.*
>
> *c) Por los preceptos constitucionales.*
>
> *d) Por las disposiciones legales y reglamentarias del Estado.*
>
> *e) Por los convenios colectivos negociados de acuerdo con lo dispuesto en el Estatuto del Trabajo.*
>
> *f) Por la voluntad de las partes manifestada en el contrato de trabajo, tanto de forma expresa como tácita. Los convenios colectivos y los pactos de empresa extraestatutarios solamente se aplicarán como condiciones contractuales.*
>
> *g) Por los usos y costumbres locales y profesionales.*
>
> *2. Las disposiciones comunitarias, internacionales, legales, reglamentarias o convencionales laborales podrán ser de tres clases:*
>
> *a) Normas absolutamente imperativas, no admitiendo normas o pactos inferiores en contrario.*
>
> *b) Normas mínimas imperativas, admitiendo solamente normas y pactos inferiores más favorables para los trabajadores en su conjunto y en cómputo anual.*
>
> *c) Normas dispositivas, admitiendo normas inferiores en contrario.*
>
> *3. Las relaciones entre las distintas fuentes enumeradas serán las siguientes:*
>
> *a) Los Reglamentos comunitarios serán directamente aplicables, si bien las Directivas comunitarias necesitarán de su transposición en el derecho interno.*
>
> *b) Los Tratados Internacionales y los preceptos constitucionales estarán sometidos a lo dispuesto por el derecho comunitario.*
>
> *c) Las normas legales y reglamentarias estarán sometidas a las normas comunitarias, internacionales y constitucionales.*
>
> *c) Las disposiciones reglamentarias están sometidas al principio de jerarquía normativa respecto de las leyes, limitándose a desarrollar y concretar los preceptos*

legales y sin poder establecer condiciones de trabajo distintas de las establecidas en las leyes.

d) Los convenios colectivos y los pactos individuales deben respetar las normas imperativas de ámbito superior.

e) Los usos y costumbres solo se aplicarán en defecto de disposiciones legales, convencionales o contractuales, a no ser que cuenten con una recepción o remisión expresa en ellas.

4. Las personas trabajadoras no podrán disponer válidamente, antes o después de su adquisición, de los derechos que tengan reconocidos por disposiciones legales o convencionales imperativas".

II. La reforma de la normativa reguladora de la representación de las personas trabajadoras en la empresa

Tomás Sala Franco
Catedrático Emérito de Derecho del Trabajo y de la Seguridad Social
Universidad de Valencia
Estudio General

Jesús Lahera Forteza
Catedrático de Derecho del Trabajo y de la Seguridad Social
Universidad Complutense

Sumario: 1. Las características esenciales del actual modelo legal de representación de las personas trabajadoras en la empresa. 2. Problemas que plantea el actual modelo legal de representación de las personas trabajadoras en la empresa. 3. Propuestas para una reforma de la representación de las personas trabajadoras en la empresa.

1. LAS CARACTERÍSTICAS ESENCIALES DEL ACTUAL MODELO LEGAL DE REPRESENTACIÓN DE LAS PERSONAS TRABAJADORAS EN LA EMPRESA

En España existe un modelo dual de representación de las personas trabajadoras en la empresa: una representación electiva o unitaria y una representación sindical.

Por un lado, el Título II del ET diseña y regula los órganos unitarios de representación de las personas trabajadoras, esto es, los denominados delegados de personal y el comité de empresa. Estos representantes son elegidos democráticamente por toda la plantilla del centro de trabajo o empresa con la siguiente configuración:

a) En los centros de trabajo de seis a diez personas trabajadoras, si así lo decidiera la mayoría de la plantilla, se podrá elegir un delegado de personal; en los centros de once a treinta, un delegado de personal; y en los centros de treinta y uno a cuarenta y nueve, tres delegados de personal (Art. 62.1 del ET).

b) En los centros de trabajo de cincuenta o más personas trabajadoras, se podrá elegir un comité de empresa con la composición dictada por el Art 66 del ET, que, dependiendo del número de la plantilla, va de cinco a veintiún miembros, con un máximo de sesenta y cinco (Art. 63.1 del ET).

c) En los centros de trabajo de una misma provincia o limítrofe, con menos de cincuenta personas trabajadoras pero que en su conjunto sumen más de cincuenta, se podrá elegir un comité de empresa conjunto con el número de miembros que indica la escala establecida en el Art. 66 del ET (Art. 63.2 del ET).

d) A través del convenio colectivo se podrá diseñar un comité intercentros con respeto de la proporcionalidad de los sindicatos según los resultados electorales en todos los centros de la empresa (Art. 63.3 del ET).

El fundamento de la legitimación de los delegados de personal y comités de empresa es electivo. Así, los delegados de personal y los miembros de los comités de empresa son elegidos para un mandato representativo de cuatro años. La clave de esta representación es la promoción de las elecciones en la unidad electoral correspondiente, estando legitimados para convocarlas los sindicatos más representativos, los sindicatos representativos que cuenten un diez por ciento de audiencia electoral en la empresa y los propios trabajadores de la misma por acuerdo mayoritario (Art. 67 del ET y 2 del RD 1884/1994).

Los delegados de personal son elegidos por mayoría y los comités de empresa con criterios de proporcionalidad según la representatividad de las candidaturas. A partir de ese momento, la función de estos órganos es la de defender los intereses de todos las personas trabajadoras del centro de trabajo o de la empresa frente al empresario, actuando por acuerdo mayoritario de sus miembros respecto de las amplias facultades establecidas en el Art. 64 del ET y en otras normas complementarias, con las garantías (prohibición de despidos y sanciones discriminatorias; exigencia de expediente disciplinario para la imposición de sanciones por faltas graves y muy graves; derecho de opción de los representantes en los despidos improcedentes; no discriminación en la promoción económica y profesional; y prioridad de permanencia en los supuestos de extinción o suspensión de contratos por causas económicas, técnicas, organizativas o productivas y por fuerza mayor) y facilidades (libertad de expresión de opiniones; publicación y distribución de informaciones; derecho a un tablón de anuncios; derecho a un local adecuado; y derecho a un crédito de horas laborales retribuidas) establecidas en el Art 68 del ET.

Ambas representaciones vendrán obligadas a mantener un sigilo profesional respecto *"a aquella información que, en legítimo y objetivo interés de la empresa o centro de trabajo, le haya sido expresamente comunicada con carácter reservado"* (Art. 65.2 del ET).

Por otro lado, la LOLS reconoce la acción del sindicato en la empresa a través de las secciones sindicales, representadas en su caso por los delegados sindicales. Así, todo sindicato tiene derecho a regular en sus estatutos la constitución de secciones sindicales en los lugares de trabajo y todo afiliado tiene derecho a constituirlas conforme a dicha regulación (Art. 8.1 de la LOLS).

El fundamento de la legitimación de las secciones y delegados sindicales es afiliativo. Estos órganos de representación se constituyen por los afiliados al sindicato correspondiente en la empresa. Es por tanto expresión de la propia libertad sindical y se canaliza mediante la autoorganización interna de cada sección sindical. La sección sindical es una instancia organizativa interna del sindicato y, a la vez, una representación sindical externa con derecho a la actividad sindical *"ex Art 2.2.d) de la LOLS"*.

A las secciones sindicales no se le reconocen derechos específicos distintos de los de los miembros que la integran (Art. 8.1.b) y c) de la LOLS), si bien la LOLS concede una serie de derechos adicionales a las secciones sindicales de los sindicatos más representativos y a las de aquellos que cuenten con representación en los órganos de representación unitaria de las personas trabajadoras (Art. 8.2): derecho a un tablón de anuncios, derecho a la negociación colectiva en los términos establecidos en su legislación específica y derecho a un local adecuado.

A su vez, en las empresas o centros de trabajo de más de doscientos cincuenta personas trabajadoras las secciones sindicales de los sindicatos con presencia electoral tienen derecho a elegir uno o varios delegados sindicales conforme a la escala establecida en el Art. 10.2 de la LOLS o en el convenio colectivo aplicable.

El delegado sindical tiene reconocidos una serie de derechos: derecho de asistencia a todas las reuniones del comité de empresa y de los órganos correspondientes en materia de seguridad e higiene, con voz pero sin voto; derecho a ser oído por la empresa previamente a la adopción de medidas de carácter colectivo que afecten a los trabajadores en general y a los afiliados a su sindicato en particular; acceso a la misma información y documentación que la empresa ponga a disposición del comité de empresa (Art. 10.3 de la LOLS), disfrutando de las garantías que el Art 68 del ET establece para los representantes unitarios.

Así pues, en nuestro modelo de representación de las personas trabajadoras en la empresa conviven un canal electivo, con fundamento electivo, y un canal sindical, con fundamento afiliativo. El origen de la implantación de este modelo dual fue el resultado de un equilibrio salomónico entre las tesis de entonces de CC.OO, favorable a dar protagonismo a la representación electiva, y las de UGT, defensora de la sindicalización de la empresa mediante las secciones y delegados sindicales. El resultado de esta controversia fue el reconocimiento de los representantes sindicales en la empresa, desarrollado en la LOLS de 1985, a cambio de la potenciación y protagonismo de las funciones sindicales de los representantes electivos o unitarios, convertidos, además, en el eje del sistema, al adoptar el legislador un modelo de representatividad sindical sobre la base de la audiencia electoral y no de la afiliación.

Efectivamente, en este modelo de doble canal, la representación electiva es la clave de nuestro sistema de relaciones laborales porque, además de asumir la defensa de los intereses de las personas trabajadoras en los centros de trabajo de las empresas, determina, en el marco de los Arts. 6 y 7 de la LOLS, la representatividad sindical y, en consecuencia, la titularidad del derecho de negociación colectiva de eficacia general desarrollada en los Arts. 87 a 89 del ET, siendo imprescindible, para ejercer el poder sindical y negocial, la infiltración del sindicato en estos órganos de representación. Una consecuencia clara de esta opción es la sindicalización de los delegados de personal y comités de empresa. El sindicato actúa, así, por regla general, indirectamente, a través de representantes no sindicales en los centros de trabajo y en las empresas.

Son muchas e intensas las relaciones que, además de la anterior, unen a ambas representaciones. Así, en la promoción de las elecciones a los órganos de representación unitaria, en la presentación de candidaturas, en la proporcionalidad sindical legalmente exigida en la composición de los comités intercentros, en la necesaria preexistencia de representantes unitarios para poder designar delegados sindicales en las secciones sindicales, en el derecho de los delegados sindicales para asistir a las reuniones de los representantes unitarios o en la posibilidad de que una misma persona trabajadora pueda ser miembro del comité de empresa y delegado sindical.

Estas vinculaciones, generadas por el propio ordenamiento laboral, no afectan, sin embargo, al modelo dual porque las diferencias entre el representante electivo y el sindical son, formal y jurídicamente, muy claras. El predominio de una u otra dependerá de cada empresa, donde, a partir de la inevitable sindicalización de los delegados de personal y comités, los sindicatos pueden optar por dar más protagonismo a las secciones sindicales, sustituyendo realmente en sus funciones a la representación unitaria, o, como resulta bastante frecuente, apostar por los órganos electivos para desarrollar las funciones sindicales.

Los representantes electivos y sindicales de las personas trabajadoras en la empresa tienen en nuestro modelo de representación la doble función de participación y reivindicación, por lo que el modelo de doble canal de representación de las personas trabajadoras en la empresa se confunde así con un modelo de doble participación y reivindicación.

Por una parte, los delegados de personal y comités de empresa, originariamente configurados como órganos de participación en el Art. 61 del ET, asumen, dentro del elenco de competencias del Art. 64 del ET, competencias de información trimestral sobre las materias del Art. 64.2 del ET, de información anual en las materias del Art. 64.3 del ET, de información periódica en las cuestiones del Art. 64.4 del ET, y de información y consulta-negociación en las decisiones de la empresa que pudieran provocar cambios relevantes en cuanto a la organización del trabajo, los contratos de trabajo y el empleo, así como en las más específicamente establecidas en el Art. 64.5 del ET. Son representantes, por tanto, con un alto grado de participación en la empresa, como también queda demostrado a lo largo del ET, cuando se mencionan distintos procedimientos de información y consulta, como sucede, por ejemplo, con las contratas del Art. 42.4 y 5 del ET, con las transmisiones empresariales del Art. 44.6 a 9 del ET, con los traslados del Art. 40.2 del ET o con los despidos colectivos del Art. 51 del ET.

Pero, además de estas funciones participativas, que giran sobre la información y la consulta de la empresa, bajo el espíritu de cooperación que menciona el Art. 64.1 del ET, los delegados de personal y miembros del comité de empresa tienen también atribuidas funciones reivindicativas, como la vigilancia en el cumplimiento de las normas laborales y de los contratos colectivos utilizando las acciones legales oportunas y la vigilancia más específica de la normativa de prevención de riesgos laborales e igualdad de trato por razón de género (Art. 64.7 del ET). De igual manera, como órganos reivindicativos, estos representantes tienen derecho a la negociación colectiva de eficacia general *"ex Art. 87.1 del ET"*, a la convocatoria de huelgas *"ex Art. 3.2 del RDLRT"* y a plantear acciones extraprocesales y procesales de conflicto colectivo *"ex Art. 153 de la LJS"*.

De esta manera, la representación electiva o unitaria canaliza la participación en la empresa, con un espíritu de cooperación, pero, a la vez, es expresión de la autonomía colectiva, negocial y de autotutela, y del control reivindicativo del cumplimiento de las normas laborales y contratos colectivos, estableciéndose una doble acción concentrada en el mismo órgano de representación.

Por otra parte, las secciones y delegados sindicales son, desde su creación por el Art. 8.1 y 10 de la LOLS, órganos de reivindicación de intereses frente a la empresa. Así, las secciones sindicales ejercen el derecho a la negociación colectiva, en el marco de los Arts. 87.1 del ET y 8.2 b) de la LOLS, y tienen la capacidad de convocar huelgas (en la adecuada interpretación del Art. 3.2 del RDLRT realizada por la STC 11/1981) así como la de plantear acciones extrajudiciales y judiciales de conflicto colectivo del Art. 153 de la LJS.

Pero los delegados sindicales, en virtud del Art. 10.3 de la LOLS, llevan a cabo también funciones participativas, al tener los mismos derechos de información que los delegados de personal y comités, así como la presencia en sus reuniones aún sin voto, debiendo ser escuchados en las decisiones que adopte la empresa que afecten a los trabajadores y, especialmente, a sus afiliados.

De esta manera, las secciones y los delegados sindicales tienen funciones esencialmente reivindicativas, pero también con un margen de posible participación en la empresa.

A este modelo dual de doble función hay que unir el sistema de delegados de prevención y comités de salud con competencias específicas en materia de prevención de riesgos laborales, conforme a los Arts. 33 a 40 de la LPRL.

El sistema de elección de los delegados de prevención, disponible por convenio colectivo, conecta a su vez ambas representaciones ya que el órgano especializado está elegido por y de entre los delegados de personal o los miembros de los comités de empresa. Así, los delegados de prevención efectuarán la doble función de participación y de reivindicación en materia de prevención de riesgos laborales encomendada en el Art. 36.1 de la LPRL; y, con este fin, tienen atribuidas las facultades singulares y las garantías de los Arts. 36.2 y 37 de la LPRL. El comité de seguridad y salud, por su parte, es un órgano paritario y colegiado destinado exclusivamente a la participación de las personas trabajadoras en la protección empresarial de la salud laboral con las competencias del Art. 39 de la LPRL.

Esta especialización competencial contrasta, sin embargo, con el mantenimiento de las funciones de salud laboral por parte de los representantes generales unitarios y sindicales en el ET y en la LOLS, como declara expresamente el Art 34.2 de la LPRL. No hay, pues, tampoco aquí un reparto de funciones participativas y reivindicativas entre ambos órganos de representación.

Finalmente, no hay que olvidar que el Art. 5 del RDLRT obliga, una vez convocada la huelga por los representantes electivos o sindicales, a configurar un comité de huelga, distinto de los convocantes y encargado de gestionar y negociar con la empresa durante el conflicto. Esta escisión obliga a una adecuada coordinación entre el representante, sindical o electivo, convocante y dicho comité de huelga que gestiona el conflicto en el centro de trabajo o empresa correspondiente.

2. LOS PROBLEMAS QUE PLANTEA EL ACTUAL MODELO LEGAL DE REPRESENTACIÓN DE LAS PERSONAS TRABAJADORAS EN LA EMPRESA

Este modelo legal de representantes de las personas trabajadoras anteriormente descrito plantea una serie de problemas, tanto desde una perspectiva organizativa como funcional o competencial.

Así, desde la perspectiva organizativa:

1º) En primer lugar, la exclusión de la representación unitaria de las personas trabajadoras en un amplio tejido productivo empresarial y la paradójica saturación de esta misma representación en las grandes empresas, por ser un modelo electoral excesivamente rígido.

Las reglas de configuración de los delegados de personal y comités de empresa, antes expuestas, son normas rígidamente imperativas y no disponibles ni por la autonomía negocial colectiva ni por los promotores electorales, según viene manteniendo la jurisprudencia, dado que estas elecciones sirven de base para delimitar la representatividad de los sindicatos (audiencia electoral y no afiliación) (por todas, SS.TS de 31 de enero de 2001, Rec.1959/2000, de 19 de marzo de 2001, Rec. 2012/2000 o de 20 de febrero de 2008, Rec.77/2007).

Quedan, por tanto, fuera de la representación legal las empresas unicelulares y los centros de trabajo de menos de seis a diez personas trabajadoras, sin que, por analogía con el Art. 63.2 del ET, sea posible designar delegados de personal para varios centros cuando no alcanza ninguno de ellos el mínimo de once personas trabajadoras ni se puedan agrupar centros en una misma provincia, para constituir comité conjunto, cuando no sumen en total más cincuenta personas trabajadoras. El número total de personas trabajadoras de la empresa resulta así indiferente en la configuración de la representación legal electiva, que se mueve entre estos rígidos umbrales en los centros de trabajo. La rigidez del modelo electoral por centros de trabajo provoca un déficit de representación en una buena parte del tejido productivo de pequeñas empresas y de empresas de mayor tamaño organizadas en centros de trabajo pequeños.

Por el contrario, en las grandes empresas con centros de trabajo muy densos existe una saturación de representantes de las personas trabajadoras. Los cerca de 300.000 representantes de trabajadores en nuestro país están concentrados en el sector público y en las grandes empresas, sin proyección en el resto de buena parte del tejido productivo, con una abrumadora presencia de pequeña y mediana empresa. Hay, por tanto, muchos representantes de personas trabajadoras, pero repartidos de manera muy desigual.

2º) En segundo lugar, la falta de adaptación a la realidad social vigente de la unidad electoral del centro de trabajo en las elecciones a delegados de personal y comités de empresa.

Si el legislador quiso con esta opción aproximar los representantes a los representados, la realidad ha desbordado el propósito, porque, a través de distintas fórmulas organizativas, precisamente lo que ocurre es que muchos trabajadores desempeñan su actividad fuera del centro de trabajo donde se eligen a los representantes. El modelo sindical descentralizado por centros puede ser útil en un ámbito típicamente industrial pero no lo es en las nuevas formas de organización de la empresa, que tienden a alejar a los trabajadores de sus centros de trabajo y no digamos ya en la cada vez más importante tipología de empresas sin centros físicos de trabajo (en la denominada *"economía colaborativa"*, por ejemplo).

En efecto, la unidad electoral del centro de trabajo definido en el Art.1.5 del ET, bien diferente al lugar real de trabajo, aleja, en ocasiones, a los representantes de los representados, como sucede en las contratas, donde las elecciones se celebran en el centro de trabajo del contratista donde están adscritos las personas trabajadoras y no en el lugar de la empresa principal donde desempeñan su actividad, si bien el legislador estableció algunos mecanismos de relación entre las representaciones de las personas trabajadoras de la empresa principal y contratista (Art. 42.6 y 7 del ET).

Por otra parte, la definición de centro de trabajo del Art.1.5 del ET (*"a efectos de esta ley, se considera centro de trabajo la unidad productiva con organización específica, que sea dada de alta, como tal, ante la autoridad laboral"*) permite dejar prácticamente en manos de una utilización sesgada de la empresa la determinación de la unidad electoral del sistema, con los consiguientes riesgos de exclusión de representación de los trabajadores a resultas de una estrategia empresarial. Además, esta cuestión origina una abundante litigiosidad, con un papel importante de los árbitros electorales, pero con una enorme inseguridad jurídica y dispersión de criterios.

Desde la perspectiva funcional o competencial, las críticas al sistema de representación van dirigidas en una doble dirección:

1º) En primer lugar, la inadecuación de las competencias de los delegados de personal y comités de empresa con la unidad electoral de centro de trabajo.

Formalmente, los representantes legales de las personas trabajadoras son de centro de trabajo, pero las competencias atribuidas por el Art.64 del ET se articulan en torno a la empresa, de tal manera que la información, consulta y toma de decisiones se concentra en un ámbito empresarial mientras que los sujetos que ejercen los derechos de participación están implantados en los centros de trabajo. Hay así un desfase entre la toma de decisiones, por empresa o incluso por grupo de empresas, y la acción de la representación, por centro.

La descentralización puede ser útil para cuestiones puntuales, pero debilita las posibilidades de participación en la empresa, sólo realmente posibles, por la vía de la negociación colectiva, a través de los comités intercentros (el auténtico comité de empresa) o de comités de grupo de empresas.

2º) En segundo lugar, la confusión y colisión de competencias de los representantes electivos y sindicales.

El expuesto modelo de doble canal de representación corre el riesgo de provocar una colisión de competencias entre la representación unitaria y sindical en los centros de trabajo y empresas. La confusión entre la función participativa y reivindicativa de los órganos de representación de las personas trabajadoras en la empresa alcanza, en nuestro ordenamiento, un grado máximo. Por un lado, los representantes unitarios, naturales canales de participación, asumen importantes funciones reivindicativas. Por otro lado, las secciones y delegados sindicales, teóricos canales de reivindicación, llevan a cabo también funciones participativas. No existe en nuestro modelo un reparto de tareas, siendo, como en términos teóricos pudiera ser más coherente, la representación electiva participativa y la representación sindical reivindicativa. El problema se agrava cuando no existe siquiera reparto de estas funciones entre los delegados de prevención y los delegados de personal y los comités de seguridad y salud.

Como hemos apuntado anteriormente, la sindicalización del órgano electivo facilita que los sindicatos opten por desarrollar su acción bien a través de los delegados de personal y comités o bien directamente con sus secciones y delegados sindicales. De igual manera, la ausencia de reparto de funciones para los representantes electivos y sindicales facilita que, dependiendo de los casos, exista preponderancia de uno de los dos canales de representación. En unos casos, la representación unitaria será la instancia protagonista, siendo la sindical un mero soporte organizativo del sindicato; y, en otros, existirá prioridad de esta última, quedando aquélla como lugar de encuentro entre las opciones sindicales. Y en los supuestos de falta de preferencia, donde cohabiten los dos canales con las dos acciones, la sindicalización de los órganos de representación unitaria en las empresas tenderá a evitar la posible conflictividad entre instancias.

El modelo dual se va autorregulando de esta manera, pero ello no debe esconder un gran problema: el sacrificio de la participación en la empresa. La negociación colectiva y el conflicto lo invade todo, al ser la representación unitaria el eje en muchas realidades de las funciones sindicales o ésta mero encuentro de posiciones sindicales en su acción directa, sin que se desarrolle realmente un modelo de participación en las decisiones en la empresa desde una lógica distinta cooperativa.

3º) En tercer lugar, la desigual protección jurídica de la representación electiva y sindical en sus funciones reivindicativas.

La habitual acción del sindicato en la empresa canalizada a través de los representantes unitarios no estrictamente sindicales, como los delegados de personal y comités de empresa, plantea sin duda problemas de acción y protección porque, como viene sentando la jurisprudencia constitucional, los órganos de representación unitaria no son titulares ni ejercen la libertad sindical, con todas las consecuencias jurídicas que ello conlleva.

La sindicalización de los delegados de personal y de los comités de empresa ofrece algún tipo de protección de libertad sindical, en calidad individual, a la persona trabajadora perteneciente al órgano de representación, pero, en ningún caso, garantiza este amparo al propio órgano de representación (entre otras más, SS.TC 118/83, de 13 de diciembre; 45/84/, de 27 de marzo; 73/84, de 27 de junio; 197/90, de 29 de noviembre; 134/94, de 9 de mayo; 74/96, de 30 de abril; 95/96, de 29 de mayo; o 191/96, de 26 de noviembre). La consolidada lectura orgánica de la libertad sindical del Art. 28.1 de la CE y de la LOLS impide proyectar este derecho a órganos electivos, de configuración legal, como son los previstos en el Título II ET.

Como consecuencia de todo lo anterior, se produce una gran desincentivación de la afiliación sindical y una importante competencia electoral entre los sindicatos con el consiguiente coste económico que ello conlleva.

Desde una perspectiva sistemática, en términos sociopolíticos, la conexión entre los resultados electorales de la representación unitaria y la representatividad sindical puede tener el efecto perverso de la instrumentalización de las elecciones como cauce de obtención de la representatividad del sindicato, siendo indiferente la representación real en un ámbito concreto. La elección sindicalizada de representantes unitarios puede servir exclusivamente a la obtención de representatividad sindical y quebrar, después de producida, convirtiéndose en un instrumento artificial de aumento de poder sindical, dado el protagonismo material del sindicato en el sistema. Y, en sentido contrario, esta conexión genera un electoralismo sindical, con competencia entre las organizaciones sindicales, que tienen que asumir un gran coste económico y de medios para obtener la necesaria representatividad sindical. La dinámica electoral puede desenfocar la funcionalidad de estos representantes, teniendo en cuenta que el sindicato compite para, dentro de los mismos, ejercer su poder sindical/negocial conforme a los resultados electorales obtenidos.

Desde un punto de vista social, la triada de *"representantes electivos/ representatividad sindical por audiencia electoral/negociación colectiva de eficacia general"*, que sostiene nuestro singular sistema de relaciones colectivas, conduce siempre a una desincentivación de la afiliación sindical, porque la persona trabajadora votante ve más cercana al órgano elegido que al sindicato que realmente actúa en su interior y porque el poder sindical y negocial se obtiene por la vía electoral, siendo intrascendente el dato afiliativo. La paradoja del modelo, donde el sindicato es el eje utilizando las máscaras de sujetos no sindicales, se multiplica cuando el sistema asume, si no incentiva, la desafiliación sindical.

Todos los problemas enunciados anteriormente podrían resumirse en las tres grandes disfunciones que presenta nuestro sistema de representación de las personas trabajadoras en la empresa:

a) Un modelo electoral desfasado de los representantes unitarios.

b) Un reparto inadecuado de las competencias entre los dos tipos de representantes existentes.

c) Un insuficiente un papel directo del sindicato en la empresa.

3. PROPUESTAS PARA UNA REFORMA DE LA REPRESENTACIÓN DE LAS PERSONAS TRABAJADORAS EN LA EMPRESA

Las posibles medidas de reformas del modelo español de representación de las personas trabajadoras en la empresa, a nuestro juicio, deberían ir dirigidas a solucionar estas tres disfunciones señaladas:

a) Un nuevo modelo electoral.

b) Un nuevo reparto de competencias entre los representantes unitarios y sindicales de las personas trabajadoras.

c) Un fortalecimiento del sindicato en el ámbito de la empresa.

Son reformas que, creemos, fortalecerían la autonomía colectiva y la participación en la empresa que sufren, hoy en día, en España, una gran debilidad por factores normativos, institucionales y sociales.

Así, en cuanto al modelo electoral de los representantes unitarios, constatados los problemas que origina la descentralización por centros de trabajo, podrían plantearse a debate dos cambios sustanciales:

1º) En primer lugar, un cambio generalizado en los umbrales de la representación unitaria y de las elecciones sindicales sobre la base de una nueva unidad electoral —la empresa— con al menos tres efectos positivos:

a) El primero, el aumento de empresas con capacidad para tener representantes unitarios, al medirse los umbrales por empresas y no por centros de trabajo, eliminando así el riesgo de su diversificación en centros pequeños.

b) El segundo, la racionalización de los representantes en las grandes empresas, sin perjuicio de que, como luego apuntaremos, existan representantes especializados por centro, con un interlocutor único entre la empresa y los trabajadores.

c) El tercero, la eliminación de la multiplicidad de la información y consulta, centralizada en su mayor parte en un ámbito empresarial, dejando tan sólo las cuestiones puntuales a cada centro.

Con este fin proponemos la reforma de los Arts. 62 y 63 del ET sustituyendo el ámbito electoral del centro de trabajo por el de empresa, de tal modo que los delegados de personal y comités sean elegidos en este ámbito centralizado. Los umbrales de trabajadores podrían partir de empresas de más de diez personas trabajadoras con la escala vigente de elección de un delegado de personal en empresas de hasta treinta, tres delegados de personal de treinta y uno a cuarenta y nueve y comité de empresa de cincuenta trabajadores en adelante manteniendo la escala del Art. 66 del ET, que podría ser adaptada en su número de miembros en atención al nuevo modelo centralizado.

Proponemos también que esta unidad electoral de empresa sea disponible para la negociación colectiva sectorial y de empresa, que podría constituir unidades electorales de centros de trabajo con los umbrales pactados de personas trabajadoras y número de representantes elegidos, abriendo, también, la posibilidad a delegados y comités conjuntos en los ámbitos acordados; el concepto de unidad electoral podría ser determinado también por la negociación colectiva abarcando contratas, franquicias, centros conjuntos en provincias o Comunidades Autónomas. Partiendo en la ley de la empresa como unidad electoral, el modelo ofrecería la flexibilidad suficiente de adaptación a cada realidad sectorial y empresarial heterogénea, y en muchos casos descentralizada, mediante la negociación colectiva. Este modelo dispositivo y de autorregulación colectiva es, al fin y al cabo, el que rige en la normativa europea sobre los comités de empresa europeos y sociedades anónimas europeas, al igual que en nuestro ordenamiento respecto de los delegados de prevención en los Arts. 33 a 40 de la LPRL.

Esta combinación de ley (unidad electoral de empresa) y negociación colectiva (otras unidades electorales distintas a la empresa) podría respetar un periodo transitorio, que podrían ser dos años, en el que se continuaría aplicando el sistema actualmente vigente hasta completar la transición de sistemas. A los dos años, en todas las empresas y sectores que no hubieran alcanzado acuerdo en la negociación colectiva, se aplicaría la unidad electoral de empresa. En los supuestos de delegados de personal y comités de empresa centralizados se debería prever que el reglamento interno de funcionamiento (Art. 66.2 del ET) contemplara posibles delegaciones en concretos miembros para ejercer competencias en el ámbito de concretos centros de trabajo. Y en los supuestos convencionales de otras unidades electorales descentralizadas se debería prever que el convenio colectivo pactara un *"comité intercentros"*, como contempla el vigente Art. 63.3 del ET.

Otra alternativa a valorar, con estas mismas variables, sería la de aplicar este sistema centralizado dispositivo a empresas, por ejemplo, de menos de quinientos trabajadores, manteniendo, en las que superen este umbral, el vigente modelo descentralizado por centros de trabajo, salvo que el convenio colectivo configure una unidad electoral de empresa.

Donde no alcance la reforma, tras el cambio de unidad electoral de empresa de más de diez trabajadores, que ya extendería el sistema a un numeroso tejido productivo, y tras la negociación colectiva de adaptación electoral a la realidad sectorial/empresarial, que podría ampliar también el sistema a más realidades productivas que las actuales, la solución sería la de mantener los actuales *"comités ad hoc"* del Art. 41.4 del ET, elegidos por asamblea de la plantilla de la empresa, con un máximo de tres miembros, para tramitar asuntos puntuales de participación (Arts. 40, 41, 47 y 51 del ET).

2º) En segundo lugar, en esta misma línea de reforma, proponemos que un nuevo Art. 63.3 del ET, además de mantener la posibilidad de negociar la constitución de *"comités intercentros"*, permita que la negociación colectiva pueda acordar también *"comités de grupo de empresas"*, con la proporcionalidad electoral sindical de todas sus empresas y con las facultades atribuidas por el convenio colectivo.

Por lo que se refiere a un nuevo reparto de competencias entre los representantes unitarios y sindicales de los trabajadores y al fortalecimiento del sindicato en el ámbito de la empresa, proponemos a debate las siguientes medidas:

1º) En primer lugar, dado que el sindicato es en la realidad el actor principal de la representación en la empresa, constitutiva sin duda de la mayor distorsión del sistema de representación español, planteamos un protagonismo exclusivo de la sección sindical y de los sindicatos de empresa —de los representantes sindicales— en las funciones reivindicativas, junto con un desvío exclusivo de las tareas participativas hacia los representantes unitarios. Esta opción, que es la presente en la función pública, es complicada de introducir en el mundo empresarial porque los representantes electivos están muy arraigados y porque la afiliación sindical es muy escasa, aunque sin duda sería la más acorde con un modelo donde el sindicato es el actor principal del sistema de relaciones colectivas en la empresa. La sindicalización de la empresa debería ser, por tanto, un objetivo razonable y motivaría el rearme sindical en los lugares de trabajo, incentivando a su vez la afiliación sindical.

Proponemos, en este sentido, reformar el Art. 87.1 del ET, atribuyendo en exclusiva la legitimación para la negociación colectiva estatutaria en los ámbitos de empresa y de centro de trabajo a las representaciones sindicales, excluyendo así la actual legitimación negocial de los comités de empresa y delegados de personal. En coherencia, proponemos también reformar el Art. 82.3 del ET y atribuir en exclusiva la negociación de las inaplicaciones convencionales en empresas y centros de trabajo a las representaciones sindicales. Las reglas de legitimación negocial en ambos casos —de un convenio propio y de la inaplicación convencional— serían las previstas en el actual Art. 87.1 del ET, con la mayoría del 50 por 100 de representantes unitarios y un reparto proporcional al número de representantes de cada sección sindical legitimada. En el caso de inexistencia de representantes sindicales, no se podría firmar un convenio colectivo propio de empresa, aunque sí las inaplicaciones convencionales del Art. 82.3 del ET a través de la *"comisión ad hoc"* del actual Art. 41.4 del ET pero, a diferencia de la negociación/consulta en los asuntos de participación, se trataría de una comisión exclusivamente sindicalizada.

Proponemos igualmente reformar el Art. 3 del RDLRT y atribuir en exclusiva el derecho de huelga en ámbitos de empresa y de centro de trabajo a las representaciones sindicales, excluyendo las actuales convocatorias por parte de comités de empresa y delegados de personal, así como de las asambleas.

Proponemos también reformar el Art. 64.7 del ET y el Art. 154.c) de la LJS y atribuir en exclusiva la vigilancia del cumplimiento de la normativa laboral y la legitimación activa en los procesos de conflicto colectivo de ámbito empresarial o inferior a las representaciones sindicales, excluyendo la actual competencia y legitimación de los delegados de personal y comités de empresa. Todo ello tendría consecuencias en el acceso a los sistemas convencionales de solución extrajudicial de bloqueos de negociación colectiva, huelgas y conflictos colectivos, de exclusiva activación por los representantes sindicales.

2º) En segundo lugar, paralelamente al reconocimiento en exclusividad de las funciones reivindicativas a los representantes sindicales de las empresas, las competencias de participación de las personas trabajadoras en la empresa deberían quedar en manos de la representación unitaria (los delegados de personal y los comités), recuperando así su configuración inicial como órganos participativos (Art. 61 del ET) con espíritu de cooperación (Art. 64.1 del ET).

Las amplias competencias de información y consulta del Art. 64 del ET serían así ejercidas exclusivamente por los delegados de personal y comités, guiados por este espíritu de cooperación, puesto que la confrontación de intereses pertenece a las representaciones sindicales, como sucede en los países donde la dualidad de representaciones viene también acompañada de una dualidad de funciones o competencias.

Este monopolio de participación de la representación electiva sería ejercido también en los traslados (Art. 40 del ET), en la modificación sustancial de condiciones contractuales (Art. 41 del ET), en las reducciones y suspensiones de jornada (Art. 47 del ET) y en los despidos colectivos (Art. 51 del ET), así como en la participación exigida en las contratas (Art. 42.4 a 7 del ET) y en las transmisiones de empresa (Art. 44.6 a 10 del ET), dada su naturaleza más participativa (*"consultas con vistas a un acuerdo"*) que negocial. Acaso, podría suprimirse la opción por la comisión *"ad hoc"* elegida por las personas trabajadoras de entre ellas cuando no existen representantes institucionales (unitarios o sindicales), comisión *"peligrosa"* tanto para las personas trabajadoras como para los empresarios, y mantener únicamente la opción representativa sindical.

Cualquier referencia en otras normas distintas de las anteriores a la participación (información, consulta o cogestión) debería ser gestionada también en exclusiva por la representación unitaria, incluyendo las funciones participativas previstas en la negociación colectiva en virtud del Art. 64.9 del ET.

Proponemos paralelamente, en coherencia con lo anterior, modificar el Art.10 de la LOLS y suprimir las actuales funciones de participación de los delegados sindicales.

Como complemento de esta reforma, creemos oportuno establecer un régimen unitario del desarrollo del período de consultas y de toda la tramitación del procedimiento cuando una reestructuración comporte simultáneamente medidas de diversa naturaleza: movilidad geográfica, modificaciones sustanciales, transmisiones de empresa, suspensiones contractuales y despidos colectivos. Se debería contemplar en estos casos un procedimiento unitario, con una presentación global de las medidas que se pretenden acometer, así como un único procedimiento de consultas, que hagan innecesario un período de consultas diferenciado para cada una de las medidas. Esta innovación se podría incorporar en el Art. 51 del ET.

Con esta reforma el modelo dual de representación quedaría ordenado en representantes sindicales con funciones reivindicativas (de negociación colectiva, vigilancia del cumplimiento laboral, huelga y conflicto colectivo) y representantes unitarios con funciones participativas (de información, consulta y cogestión). Esta reforma probablemente potenciaría a los sindicatos en su papel esencial de defensa reivindicativa de los trabajadores en las empresas y centros de trabajo. Y, a la vez, fortalecería los mecanismos de participación (información, consulta y cogestión) de los delegados de personal y comités desde un renovado espíritu colaborativo y cooperativo de estos órganos.

3º) En tercer lugar, con este preciso fin, proponemos también que los delegados de personal y miembros de los comités, aunque provengan de candidaturas sindicales, no tengan responsabilidades ni capacidades ejecutivas en las secciones sindicales o sindicatos de empresa ni puedan ser delegados sindicales. Estamos convencidos de las bondades de una adecuada combinación entre un sindicalismo reivindicativo y una representación electiva colaborativa. La normativa europea está inspirada en estos principios y es frecuente por ello en los modelos europeos comparados este reparto de funciones entre representantes electivos y sindicales. España tendría, así, la capacidad de unirse a esta corriente profundamente europea.

4º) En cuarto lugar, finalmente, se deberían modificar, a nuestro juicio, los Arts. 34.2 y 36 de la LPRL, atribuyendo en exclusiva las funciones participativas en prevención de riesgos laborales a los delegados de prevención, sin ninguna competencia al respecto de los delegados de personal y comités de empresa.

La lógica de este sistema especializado sería la misma. Correspondería a los representantes sindicales la vigilancia del cumplimiento normativa y las acciones procesales mientras que los delegados de prevención cumplirían exclusivamente funciones participativas con un espíritu de cooperación y colaboración con la empresa, como ya inspira una parte de esta regulación.

Todas estas reformas vendrían a cumplir el triple objetivo marcado de inicio: un nuevo modelo electoral adaptado a la realidad social, un reparto ordenado de competencias entre representantes de las personas trabajadoras y una recuperación del sindicato en el ámbito de la empresa._Estas medidas no sólo fortalecerían y mejorarían, a nuestro juicio, la representación de los trabajadores en la empresa, sino que también otorgarían mayor legitimidad a la representatividad sindical por la audiencia electoral.

En cualquier caso, estos cambios en la representación de las personas trabajadoras en la empresa deberían, para evitar distorsiones en función de las unidades electorales pactadas o legales, conllevar un cálculo de la representatividad sindical en función del número de votos y no de representantes de las personas trabajadoras. Y sería de interés, también, para medir la representatividad sindical, en una renovación de sus umbrales, combinar la audiencia electoral en votos con el criterio de la afiliación a las organizaciones sindicales. Ambas reformas exigen desde luego modificar los Arts. 6 y 7 de la LOLS, así como los Arts. 87 y 88 del ET.

Finalmente, entendemos que, dada la inercia durante tanto tiempo de un sistema de representación de las personas trabajadoras en la empresa como el descrito y cuestionado y las dificultades que un cambio de esta naturaleza sin duda pudiera conllevar en orden a distinguir, por ejemplo, el posible contenido de la negociación colectiva frente al contenido de la participación institucional, todos los cambios propuestos deberían partir de una iniciativa política liderada por el Gobierno correspondiente y presentada a las organizaciones sindicales más representativas y representativas para su estudio y valoración, en búsqueda de un acuerdo. Al fin y al cabo, como hemos expuesto, el origen del modelo vigente fue un pacto salomónico entre las posiciones históricas de UGT y CC.OO. Es hora de renovar este pacto entre ambas organizaciones sindicales, y si es posible, con la suma de otros sindicatos. Creemos que una reforma política unilateral, sin el consenso sindical, en esta materia, dificultaría o imposibilitaría su implementación.

Este acuerdo sindical debería ser más tarde sometido al debate parlamentario con las enmiendas políticas correspondientes. Recomendamos buscar, por tanto, este consenso sindical previo, pero con la activación de una iniciativa política inicial y sin menoscabar la posterior y legítima tarea parlamentaria.

III. La reforma de la normativa reguladora de la negociación colectiva

Tomás Sala Franco
Catedrático Emérito de Derecho del Trabajo y de la Seguridad Social
Universidad de Valencia
Estudio General.

Eva López Terrada
Catedrática de Derecho del Trabajo y de la Seguridad Social
Universidad de Valencia
Estudio General

Sumario: 1. El actual sistema de negociación colectiva. 2. La doble dimensión de la negociación colectiva. 3. La complejidad del actual sistema de negociación colectiva. 4. Propuestas en materia de legitimación para negociar. 5. Propuestas en materia de ámbitos funcionales de los convenios colectivos. 6. Propuestas en materia de articulación y concurrencia de los convenios colectivos. 7. Propuestas en materia de sucesión de convenios colectivos. 8. Propuestas en materia de ultraactividad de los convenios colectivos. 9. Propuestas en cuanto a las comisiones paritarias. 10. Propuestas en cuanto al procedimiento de descuelgue e inaplicación de un convenio colectivo. 11. Propuestas en materia de contenido de los convenios colectivos. 12. Propuestas en materia de procedimiento de negociación.

1. EL ACTUAL SISTEMA DE NEGOCIACIÓN COLECTIVA

No es preciso abundar demasiado en la justificación de la importancia que para un moderno Modelo de Relaciones Laborales posee la negociación colectiva, como el instrumento más adecuado para conseguir una razonable distribución de la renta y del poder dentro de la empresa, para obtener un óptimo ajuste de las condiciones de trabajo a establecer en el sector o empresa de que se trate y para pacificar el conflicto social.

El actual sistema de negociación colectiva nace con en el ET en 1980, habiendo sido objeto de múltiples modificaciones (las más importantes han sido las de 1994 y 2011 del gobierno socialista, la de 2012 del gobierno del partido popular y la de 2024 del Gobierno de coalición

PSOE/SUMAR) que desarrollaron algunos aspectos importantes del modelo.

Aunque el sistema de negociación colectiva ha ido mejorando en general por la acción de los propios interlocutores sociales en las mesas de negociación, existen sin duda importantes disfunciones que convendría reformar.

Parece en este sentido oportuno conseguir un modelo de relaciones laborales alejado a la vez del intervencionismo estatal y de la individualización de las relaciones laborales, potenciando la autonomía colectiva y los procedimientos extrajudiciales de solución de los conflictos laborales.

Son, en este sentido, a nuestro juicio, muchos y variados los aspectos de la negociación colectiva que deberían abordarse en una futura reforma de la misma.

2. LA DOBLE DIMENSIÓN DE LA NEGOCIACIÓN COLECTIVA

Ahora bien, la negociación colectiva posee una doble dimensión:

a) Una dimensión estructural, cuya reforma implica una modificación legal.

b) Y una dimensión coyuntural, cuya reforma implica, sobre todo, una reforma de la negociación colectiva por las propias partes contratantes.

Así, las solas reformas legales no pueden acabar con todos los problemas existentes, pareciendo además claro que los principales problemas que tiene la negociación colectiva española dependen posiblemente más de los interlocutores sociales que de la ley.

Precisamente por esta razón, el diálogo social y el consenso entre los agentes sociales es probablemente más importante en tema de negociación colectiva que en otras materias laborales, siendo sin duda necesario un gran pacto entre ellos para que la reforma de la negociación colectiva no quede "*coja*" por falta de consenso social. Sin embargo, conviene no olvidar que los intentos de negociación bipartita fracasaron en los últimos tiempos por culpa de todos (Gobiernos e interlocutores sociales) y provocaron que los Gobiernos, primero el Socialista y más tarde el Popular, ante la falta de acuerdo, tuvieran que intervenir aprobando dos Reales Decretos Leyes sucesivos de reforma laboral. No parece que en la actual situación de confrontación polarizada vaya a resultar más fácil este acuerdo.

3. LA COMPLEJIDAD DEL ACTUAL SISTEMA DE NEGOCIACIÓN COLECTIVA

Sin ánimo de exhaustividad, cabría mencionar, en primer lugar, las disfunciones procedentes de la coexistencia en nuestro ordenamiento de varios tipos de pactos colectivos, todos ellos amparados por el Art. 37.1 de la CE, cuyo régimen jurídico no está lo suficientemente claro, planteando especiales problemas de concurrencia entre ellos. Así:

– Los convenios colectivos (pactos colectivos de contenido amplio) y los acuerdos colectivos (pactos colectivos de contenido reducido).
– Dentro de los convenios colectivos, los convenios colectivos estatutarios y los convenios colectivos extraestatutarios, según estén o no regulados por el Título III del ET.
– Dentro de los convenios colectivos estatutarios, los convenios colectivos ordinarios, los convenios colectivos marco y los convenios colectivos mixtos.
– Y, dentro de los acuerdos colectivos, los acuerdos colectivos interprofesionales (marco o sobre materias concretas) y los acuerdos colectivos supraempresariales o de empresa de muy distinta finalidad: acuerdos colectivos de empresa sustitutivos de convenios colectivos estatutarios en determinadas materias (Art. 16.3 del ET: los criterios objetivos y formales por los que debe regirse el llamamiento de las personas fijas-discontinuas; Art. 16.7 del ET: procedimientos de conversión voluntaria de los puestos de trabajo fijos-discontinuos en fijos ordinarios en caso de existir vacantes; Art. 22.1 del ET: el sistema de clasificación profesional; Art. 24.1 del ET: el régimen de los ascensos; Art. 29.1 del ET:

el recibo de salarios; Art. 31.1 del ET: la fijación de la fecha de cobro de la segunda paga extraordinaria; Art. 34.2 del ET: la distribución irregular de la jornada a lo largo del año; Art. 34.3 del ET: el límite de nueve horas ordinarias diarias de trabajo efectivo; Art. 34.9: la organización y documentación del registro diario de la jornada; y Art. 67.1 del ET: la acomodación de la representación de las personas trabajadoras a las disminuciones significativas de plantilla); acuerdos colectivos de empresa de inaplicación de convenios colectivos estatutarios; acuerdos colectivos que ponen fin a una huelga o a un conflicto colectivo; acuerdos colectivos de empresa modificativos de condiciones de trabajo de naturaleza contractual y sobre traslados; acuerdos colectivos de fusión o absorción de empresas; y acuerdos reguladores de planes de igualdad.

A la vista de la anterior complejidad, ésta debería a nuestro juicio clarificarse mediante el establecimiento de dos medidas absolutamente básicas para garantizar una mínima seguridad jurídica. A saber:

1ª) En primer lugar, delimitar en la ley la eficacia jurídica (normativa o contractual) y personal (general o limitada) de todos y cada uno de los pactos colectivos (convenios y acuerdos) en función de las partes que los negociaron.

2ª) Y, en segundo lugar, regular la concurrencia entre las distintas manifestaciones de la autonomía colectiva, estableciendo distintos criterios para la solución de los conflictos: el principio de jerarquía normativa, el principio de prioridad en el tiempo, el principio de especialidad, el principio de favorabilidad para la persona trabajadora o el principio de complementariedad, debiendo dejar sin duda un margen de libertad a las partes negociadoras.

4. PROPUESTAS EN MATERIA DE LEGITIMACIÓN PARA NEGOCIAR

En la actual regulación de la legitimación para negociar se detectan varias cuestiones oscuras que convendría aclarar:

1ª) En primer lugar, habría que plantear un serio debate acerca de la posibilidad de dar un paso más y pasar de la prioridad de las secciones sindicales sobre los representantes unitarios en la negociación colectiva de empresa al reconocimiento de una legitimación negocial exclusiva de las mismas, eliminando la legitimación de los comités de empresa y delegados de personal.

Razones justificativas habría sin duda. De una parte, la exclusividad sindical está reconocida en los países comunitarios de nuestro entorno. Por otra parte, permitiría una mejor gestión sindical de la estructura y contenidos de la negociación colectiva. Y, de hecho, salvo excepciones, la representación unitaria se encuentra fuertemente sindicalizada, por lo que generalmente no se trataría sino de llevar al plano jurídico lo que en la realidad de hecho ya sucede.

Ello no obstante, la exclusividad sindical supondría desde luego cambiar el modelo de relaciones colectivas existente en nuestro país desde el cambio de régimen político, con las consiguientes dificultades, exigiendo con seguridad un cambio en los roles de los distintos representantes de las personas trabajadoras (la negociación colectiva para los representantes sindicales y la participación en la empresa para los representantes unitarios), lo que plantea un paralelo debate sobre la representación de las personas trabajadoras en la empresa.

En todo caso, en los procesos de reestructuración empresarial (movilidades geográficas, modificaciones sustanciales de condiciones contractuales, suspensiones y extinciones contractuales colectivas) debería atribuirse la competencia a los representantes unitarios de las personas trabajadoras, ya que se trata de procesos de naturaleza participativa más que negocial.

2ª) En segundo lugar, de mantenerse la legitimación de los representantes unitarios para negociar convenios colectivos de empresa, sería oportuno que la ley se refiriese expresamente a los supuestos de empresas multicentro, pues la interpretación judicial del principio de correspondencia y de las consecuencias de su vulneración hace inviable en muchos casos la negociación de convenios de aplicación general en la empresa. En efecto, a juicio del Tribunal Supremo, vulneran el principio de correspondencia —que exige que el ámbito de actuación del órgano de representación de las personas trabajadoras en el convenio de empresa se corresponda estrictamente con el de afectación de éste—, los convenios de empresa negociados únicamente por los representantes unitarios de uno o varios centros de trabajo, independientemente de que ello se deba a la inexistencia de representantes en los restantes centros de trabajo o a la inexistencia de otros centros de trabajo en el momento de la publicación del convenio (por todas, SS.TS de 20 de mayo de 2015, Rec. 6/2014 y de 22 de marzo de 2017, Rec. 126/2016).

La consecuencia de tal vulneración es, además, según la jurisprudencia, la nulidad íntegra del convenio, sin que resulten subsanables, ni siquiera reduciendo su ámbito al centro o centros de trabajo correspondientes a la representación unitaria que formó parte de la misma al no ser tal la voluntad de las partes ni la finalidad con la que se constituyó (por todas, SS.TS de 7 de marzo de 2012, Rec. 37/2011 y de 9 de junio de 2015, Rec. 194/2014).

3ª) En tercer lugar, no está claro en la ley quién deba formar parte de la comisión negociadora en la negociación de convenios colectivos de empresa, cuando exista un número excesivo de secciones sindicales con derecho a ello.

De acuerdo con el Art. 8.2 b) de la LOLS, pueden negociar convenios de empresa las secciones sindicales de los sindicatos más representativos y de los que tengan representación en los comités de empresa o cuenten con delegados de personal *"en los términos establecidos en su legislación específica"*; conforme al Art. 87.1 del ET, se exige que las secciones sindicales, en su conjunto, sumen la mayoría de los miembros del comité; según el Art. 88.1 del ET, el reparto de miembros dentro de la comisión negociadora se efectuará *"en proporción a su representatividad"* y su designación *"corresponderá a las partes negociadoras"*, no pudiendo exceder su número de trece (Art.88.4 del ET).

Hasta ahora, la jurisprudencia tradicional (STC 137/1991, de 20 de junio; SS.TS de 5 de diciembre de 2000, Rec. 4374/1999, o de 19 de noviembre de 2010, Rec. 63/2010, entre otras muchas) venía entendiendo que no todas las secciones sindicales con presencia en los órganos de representación unitaria tendrían derecho a formar parte de la comisión negociadora, al remitirse la ley a la autonomía de las partes para fijar su composición en aplicación del principio de proporcionalidad con el tope legal de 13 miembros, pudiendo ello implicar que algún sindicato quedara sin presencia, salvo que se acreditara el ejercicio abusivo de este derecho, esto es, cuando el móvil de la reducción del número de miembros fuera la exclusión de un sindicato por parte del que tuviera la mayoría de los representantes del personal.

La reciente STS de 12 de abril de 2023 (Rec 267/2023) ha venido a modificar esta doctrina interpretativa, al señalar que todas las secciones sindicales que hayan obtenido algún representante en las elecciones tienen derecho a participar en la comisión negociadora, con la excepción de *"que exista un fuerte obstáculo para ello"*, lo que se traduciría en la existencia de *"un número de secciones sindicales legitimadas para negociar que convierta en especialmente disfuncional la presencia de todas en la comisión negociadora"*.

Se plantea, en consecuencia, cuándo sería excesivo el número de sindicatos legitimados. Ante el silencio de la ley, creemos que sería acertada la aplicación por analogía de lo dispuesto en el Art. 87.2 c) del ET para los convenios colectivos sectoriales, esto es, dando entrada solamente a aquellas secciones sindicales que hubiesen obtenido un 10 por 100 de audiencia electoral como *"punto de equilibrio razonable y seguro entre la libertad sindical y el desarrollo eficiente de los procesos de negociación"* [1].

4ª) En cuarto lugar, por lo que se refiere a la válida constitución de la comisión negociadora en los convenios de sector, el Art. 88.2 del ET establece que la comisión negociadora quedará válidamente constituida cuando los sindicatos (más representativos a nivel estatal o de Comunidad Autónoma o simplemente representativos), representen como mínimo *"a la mayoría absoluta de los miembros de los comités de empresa y delegados de personal, en su caso"*, admitiendo excepcionalmente que *"en aquellos sectores en los que no existan órganos de representación de los trabaja-*

---

1 GOERLICH PESET, J. M., "Intervención de las secciones sindicales en la negociación del convenio de empresa (y en los procedimientos de consulta): STS 267/2023, de 12 de abril", en https://www.elforodelabos.es/2023/05/intervencion-de-las-secciones-sindicales-en-la-negociacion-del-convenio-de-empresa-y-en-los-procedimientos-de-consulta-sts-267-2023-de-12-de-abril/.

dores, se entenderá válidamente constituida la comisión negociadora cuando la misma esté integrada por las organizaciones sindicales que ostenten la condición de más representativas en el ámbito estatal o de comunidad autónoma".

La STS de 4 de mayo de 2021 (Rec. 164/2019) exige, para aplicar esta última regla, de un lado, que no haya ningún representante en el sector, no siendo suficiente que haya un número muy bajo de representantes y, de otro, que para que la comisión negociadora quede válidamente constituida no basta que una organización sindical más representativa comparezca a la constitución de la misma, sino que deben hacerlo "*todas*" las que compartan esa cualidad. El problema de esta interpretación literal —alejada del espíritu y finalidad de la norma[2] y que, a nuestro juicio, habría que revisar— es que obstaculiza la consecución de un objetivo de máxima trascendencia, vinculado con el mantenimiento de tasas elevadas de cobertura negocial, como es el de facilitar la negociación de convenios sectoriales de eficacia general en los supuestos de inexistencia de órganos de representación de los trabajadores en ese ámbito.

5ª) En quinto lugar, resulta denunciable la ausencia de reconocimiento de la representación sindical en los grupos de empresa, aplicando a sus convenios colectivos las reglas del Art. 87.2 del ET para los convenios colectivos sectoriales (donde existen intereses contrapuestos, cosa que no existe en los grupos de empresas), existiendo, sin embargo, el precedente normativo de la ley 10/1997, que reconoce los comités de grupo multinacionales a nivel comunitario.

Además, debería clarificarse si con la remisión al Art. 87.2 del ET pretende excluirse como sujetos legitimados para negociar convenios de grupo de ámbito estatal a los sindicatos más representativos de Comunidad Autónoma (interpretación literal sostenida por la STS de 6 de Julio de 2016, Rec. 288/2015) o si, por el contrario, la legitimación otorgada por el legislador para negociar convenios de grupo de empresas es la misma que la regulada para negociar convenios sectoriales.

---

2 CASAS BAAMONDE, M. E., "La representatividad sindical de las comisiones negociadoras de convenios colectivos sectoriales", *Revista de Jurisprudencia Laboral*, nº 7, 2021.

6ª) En sexto lugar, resulta igualmente criticable la situación de anomia legal respecto de la legitimación para negociar convenios colectivos de franja o de grupo de trabajadores de ámbito supraempresarial y la solución jurisprudencial dada al tema, aplicando, ante el silencio legal, las reglas de legitimación negocial establecidas en el Art. 87.2 del ET para los convenios colectivos sectoriales, según las cuales están legitimados los sindicatos que tengan una determinada representatividad medida en audiencia electoral, esto es, en el número de representantes unitarios elegidos en su ámbito de aplicación.

El problema se planteaba en relación con determinados colectivos de personas trabajadoras (deportistas profesionales, por ejemplo), donde no suele haber representantes unitarios por la ausencia de elecciones en los clubes, siendo negociados tradicionalmente los convenios colectivos por los sindicatos de deportistas profesionales que, teniendo mucha afiliación, no gozan sin embargo de la *"representatividad"* legalmente exigida (medida en número de representantes unitarios), por lo que los convenios negociados por ellos podían ser calificados jurídicamente en caso de impugnación judicial de extraestatutarios.

La solución pasaría por extender las reglas de legitimación de los convenios colectivos de franja empresariales (Art. 87.1 del ET) a los convenios colectivos de franja supraempresariales, pudiendo negociar aquellos sindicatos que hubieran sido designados mayoritariamente por sus representados en las correspondientes asambleas. Así se ha reconocido en el caso de los deportistas profesionales, ya que la Disposición adicional 17ª de la Ley 39/2022, del Deporte, ha dispuesto en este sentido que "En los convenios colectivos dirigidos a las personas deportistas profesionales, estarán legitimadas para negociar las organizaciones sindicales constituidas en cada modalidad o especialidad deportiva que hayan sido designadas mayoritariamente por sus personas representadas a través de votación personal, libre, directa y secreta" y que "Cuando se trate de convenios colectivos de ámbito superior al de empresa, estarán legitimados para negociar los sindicatos que hubieran obtenido un mínimo del 10 por ciento del total de votos válidos emitidos en las elecciones para designar a la comisión representativa de los trabajadores".

7ª) En séptimo lugar, en cuanto a las propuestas incluidas en el Pacto PSOE-Sumar que puedan afectar a la legitimación, convendría destacar la referente a la representatividad de las organizaciones empresariales: *"Se desarrollarán las reglas de representatividad empresarial, especialmente las relativas a la mayor representatividad de las PYMES en el ámbito del diálogo social, la negociación colectiva y la participación institucional. Asimismo, se actualizará la representatividad del colectivo de autónomos mediante un sistema basado en principios democráticos".*

En relación con esta propuesta, habría que destacar lo siguiente:

a) Existe consenso a la hora de subrayar que el mayor problema en relación con la representatividad empresarial es la dificultad para acreditarla, dado que las asociaciones empresariales, a diferencia de los sindicatos, no cuentan con la garantía de datos fiables incorporados a registros oficiales. Por ello, la jurisprudencia ha dado valor al reconocimiento mutuo de los interlocutores en el procedimiento negociador y posterior presunción *"iuris tantum"* de legalidad del convenio publicado, correspondiendo a la asociación demandante la difícil prueba de la falta de representatividad de la asociación empresarial firmante con los censos de la Tesorería General de la Seguridad Social, el Registro Mercantil, el Censo Fiscal de Actividades Comerciales e Industriales, los documentos de cotización a la Seguridad Social o los datos del SEPE, de la EPA u otros (por todas, SS.TS de 7 de julio de 2004, Rec. 121/2002).

   La superación de estas deficiencias en la comprobación del cumplimiento de los requisitos de representatividad de las organizaciones empresariales podría pasar, según se ha propuesto desde la doctrina[3], bien por una mejora de los mecanismos de recopilación de información de la Administración laboral (perfeccionando algunos datos de registro, como la comunicación por cada empresa en el momento de los actos de afiliación y alta del convenio aplicable a dicha empresa y el número de trabajadores ocupados), bien por la creación por la norma estatal de un procedimiento de arbitraje obligatorio similar al existente para el control de legali-

---

3 CRUZ VILLALÓN, J., "La representatividad empresarial: diagnóstico y propuestas de reforma", Derecho de las relaciones laborales, nº 2, 2019, 165-166.

dad de las elecciones a representantes unitarios, aplicable cuando los interesados pongan en cuestión la representatividad de las asociaciones empresariales.

b) Parece, sin embargo, más seguro que se esté pensando en modificar las reglas de legitimación del ET que, a través de sucesivas reformas, han ido otorgando peso al criterio del número de trabajadores (tanto en el caso de la legitimación básica como en el de la negociadora) que, a diferencia del criterio de la afiliación, favorece a las grandes empresas.

   Ya existen, en este sentido, propuestas que reclaman una reforma que adecúe la medición de la representatividad empresarial a la realidad del tejido productivo español[4], mejorando la capacidad de representación de intereses empresariales en la negociación colectiva estatutaria.

c) En cuanto a los trabajadores autónomos, el acuerdo parece aludir a los criterios de representatividad de las asociaciones de trabajadores autónomos enunciados en el artículo 21 de la Ley 20/2007, de 11 de julio, del Estatuto del trabajo autónomo, que repercuten, en realidad, en su posibilidad de interlocución ante las Administraciones Públicas, dado que tales asociaciones carecen de la consideración de organizaciones empresariales stricto sensu y de la consiguiente posibilidad de participar en procesos de negociación colectiva[5]. No se hace referencia, sin embargo, a la necesidad, planteada abiertamente por la Comisión Europea[6], de buscar una vía para reconocer el derecho a negociar colectivamente a todos aquellos autónomos sin asalariados que lo precisen, con independencia de su calificación, necesidad esta que existe a todas luces en nuestro país, dada la eficacia limitada y el escaso arraigo

---

4 LAHERA FORTEZA, J., *La negociación colectiva tras la reforma laboral de 2021*, *Valencia*, Tirant lo Blanch, 2022, p. 55.

5 CRUZ VILLALÓN, J., "La representatividad empresarial...", *op. cit.*, 153 y 160.

6 *Vid.* Directrices de la Comisión Europea de 30 de septiembre de 2022 sobre la aplicación del Derecho de la competencia de la UE a los convenios colectivos relativos a las condiciones laborales de los trabajadores por cuenta propia sin asalariados.

de los acuerdos de interés profesional y de la propia figura de los TRADE, y la estricta definición de estos[7].

8ª) Finalmente, resulta igualmente denunciable la existencia de una jurisprudencia contradictoria en cuanto a la aplicación de los convenios colectivos supraempresariales del sector privado al personal laboral de las Administraciones Públicas. Así, por ejemplo, la STS de 7 de octubre de 2004, Rec. 2182/2003, admitiendo la aplicabilidad de un convenio colectivo sectorial a una Administración Pública en defecto de convenio colectivo propio frente a las SS.TS que mantienen la imposibilidad de que una Administración Pública se afilie a asociaciones empresariales (por todas, STS de 21 de diciembre de 1999, Rec. 4295/1998).

Esta doctrina ha sido modificada por la STS de 6 de mayo de 2019 (Rec. 409/2018), ratificada posteriormente por la STS de 10 de noviembre de 2020 (Rec. 2338/2018), en el sentido de que los convenios sectoriales no deben ser aplicados en ausencia de convenio propio para regular la actividad de un trabajador contratado por una Administración Pública ya que la Administración no puede estar sujeta a normas convenidas por organizaciones patronales guiadas por intereses diferentes a los públicos.

Debería, a nuestro juicio, aclararse legalmente si las Administraciones Públicas en su condición de empleadores pueden o no estar representadas por las asociaciones empresariales negociadoras de los convenios colectivos supraempresariales y si, en consecuencia, se puede o no aplicar estos convenios a los empleados públicos.

---

7 En los estudios comparados sobre el tema, la eficacia atribuida a los acuerdos de interés profesional se presenta, junto a la reducida aceptación de la figura, como una de las principales debilidades del sistema español, ya que se da cuenta de la existencia de prácticas consistentes en la firma, vigente un acuerdo, de otro con peores condiciones por parte de otra asociación representativa de los TRADE, y en la posterior presión a los TRADE para unirse a esa organización y firmar su acuerdo. FULTON L., *Trade unions protecting self-employed workers*, Bruselas, ETUC, 2018, p. 62.

5. PROPUESTAS EN MATERIA DE ÁMBITOS FUNCIONALES DE LOS CONVENIOS COLECTIVOS

En cuanto a los ámbitos funcionales de los convenios colectivos supraempresariales, su principal problema es el derivado de su mala concreción negocial, que impide saber con certeza cuál es el convenio colectivo aplicable a determinadas empresas de un sector que desarrollan actividades nuevas y desconocidas por el ámbito funcional del convenio colectivo sectorial, ya que las más de las veces las partes negociadoras copian el ámbito funcional del convenio colectivo anterior sin tener en cuenta los cambios y nuevos subsectores de actividad habidos en el sector con posterioridad. Sin embargo, los ámbitos funcionales plantean también problemas que afectan a su regulación legal, derivados de la inexistencia de criterios legales, convencionales o jurisprudenciales claros para distinguir entre las actividades principales y las accesorias de las empresas, a los efectos de la aplicación funcional de un convenio colectivo supraempresarial.

Acaso la solución pase por recoger en la ley los criterios utilizados por la jurisprudencia, tales como los de que la actividad principal es la actividad real y no la que figura en el objeto social (por todas, STS de 20 de enero de 2009, Rec. 3737/2007), el número de personas trabajadoras adscritas a una actividad, el volumen de negocio y/o las mayores inversiones de la empresa, no rigiendo, desde luego, el "principio de unidad de empresa", pudiendo haber varias actividades principales en una misma empresa y, por ello, varios convenios colectivos aplicables (STS de 17 de marzo de 2023, Rec.933/2020).

En todo caso, los principales problemas se plantean respecto al convenio sectorial aplicable en ausencia de convenio propio a las empresas contratistas y subcontratistas que será, como regla general, el del sector de la actividad específicamente desarrollada en la contrata o subcontrata. La última reforma laboral incidió sobre esta cuestión en un confuso Art.42.6 del ET, cuyos términos exigen invertir el orden del artículo para determinar con éxito el convenio colectivo aplicable[8]:

---

8 DE LA PUEBLA PINILLA, A., *"El impacto de la reforma laboral en la prestación de trabajo en contratas y subcontratas. Convenio colectivo aplicable y régimen de contratación laboral"*,

1ª) En primer lugar, cuando la empresa contratista o subcontratista cuente con un convenio propio, se aplicará este, *"en los términos que resulten del artículo 84"*. Dada la finalidad de la reforma (y lo anunciado expresamente en la Exposición de Motivos) es más que razonable cuestionarse si se trata, en realidad, de una remisión al Art. 84.2 del ET en exclusiva, pues ello implicaría que, en materia salarial, no se aplicará, salvo mayor favorabilidad, el convenio de la empresa contratista o subcontratista, sino el convenio sectorial de la actividad desarrollada en la empresa principal[9]. La literalidad de la norma, sin embargo, que envía al artículo 84 en su totalidad, ha llevado a la doctrina mayoritaria a entender que en estos casos no se están introduciendo excepciones a las reglas generales de concurrencia de convenios, por lo que la regla del *prior in tempore* podrá resultar de aplicación[10].

2ª) En segundo lugar, el Art. 42.6 ET envía a ese enigmático *"otro convenio sectorial aplicable conforme a lo dispuesto en el título III"* que, tras provocar una perplejidad generalizada, está siendo objeto de lecturas contradictorias. Las opciones hermenéuticas son, en cualquier caso, diversas y no necesariamente excluyentes entre sí.

Así, además de pensar en la hipotética negociación de un convenio colectivo de las empresas multiservicios[11], se habla de los convenios concluidos por empresas contratistas en determinados y concretos sectores

---

Trabajo y derecho: nueva revista de actualidad y relaciones laborales, nº 88, 2022, p.5. Sin olvidar, además, que la Disposición adicional 27ª del ET excluye la aplicación del régimen general del Art. 42.6 para el caso de los centros especiales de empleo.

9 SALA FRANCO, T., *La reforma laboral. La contratación temporal y la negociación colectiva*, Valencia, Tirant lo Blanch, 2022, p. 86.

10 Entre otros, NORES TORRES, L. E., *"La reforma del art. 42 en el RDL 32/2021, de 28 de diciembre"*, *LABOS* Revista de Derecho del Trabajo y Protección Social, 3, Número extraordinario *"La reforma laboral de 2021"*, 2022, pags. 80-81; DE LA PUEBLA PINILLA, A., *"Convenio colectivo aplicable al trabajo prestado en el marco de contratas y subcontratas"*. En: J. M. Goerlich Peset; J. Mercader Uguina; A. De la Puebla Pinilla, *La reforma laboral de 2021. Un estudio del Real Decreto-ley 32/2021*, Valencia, Tirant lo Blanch, 2022, pag. 147; BALLESTER PASTOR, M. A., *La reforma laboral de 2021. Más allá de la crónica*, Madrid, Ministerio de Trabajo y Economía Social, 2022, pag. 166 o LAHERA FORTEZA, J., *La negociación colectiva tras la reforma laboral de 2021*, Valencia, Tirant lo Blanch, 2022, p. 54.

11 VICENTE PALACIO, A., *Obituario. contrato para obra o servicio determinado: descanse en paz. ¡Viva el contrato fijo-discontinuo!*, en: Los Briefs de la Asociación Española de Dere-

de actividad[12] o de los supuestos, existentes en la práctica negocial (en hostelería, fundamentalmente), en los que el convenio sectorial impone a las empresas incluidas en su ámbito de aplicación que externalicen alguna de sus actividades la obligación de garantizar la aplicación de sus condiciones a las personas que trabajen en contratas (práctica avalada por la jurisprudencia: SS.TS de 12 de marzo de 2020 Rec. 209/2018, de 13 de julio de 2022, Rec. 161/2020 o de 13 de septiembre de 2022, Rec. 10/2021).

Más cuestionable, por vulnerar las exigencias del Título III en materia de representatividad, es que la redacción del Art. 42.6 del ET permita aplicar el convenio colectivo de la empresa principal cuando la actividad desarrollada por las personas trabajadoras en la contrata tenga las *"especialidades y las condiciones o contenidos específicos"* definidos en él (por ejemplo, las funciones de las camareras de piso en el Acuerdo Laboral Estatal de Hostelería)[13].

6. PROPUESTAS EN MATERIA DE ARTICULACIÓN Y CONCURRENCIA DE LOS CONVENIOS COLECTIVOS

Por lo que se refiere a la articulación y concurrencia de los convenios colectivos, son varias las cuestiones a plantear a la vista de la oscura regulación de la ley actualmente vigente:

1ª) En primer lugar, el fin de la prioridad aplicativa del convenio de empresa en materia salarial. En este sentido, habría que poner de

---

cho del Trabajo y de la Seguridad Social. Las claves de 2022. Madrid, Cinca, 2022, p. 69.

12 MERCADER UGUINA, J. R., La determinación del convenio aplicable a contratas y subcontratas: la vida sigue igual…, en https://www.elforodelabos.es/2023/02/la-determinacion-del-convenio-aplicable-a-contratas-y-subcontratas-la-vida-sigue-igual/.

13 Por todos, DE LA PUEBLA PINILLA, A., *"El impacto de la reforma laboral…"*, op. cit., pags. 8-9; THIBAULT ARANDA, J., Las condiciones de trabajo aplicables a los trabajadores empleados en las contratas, en: F. PÉREZ DE LOS COBOS ORIHUEL (dir.), *La regulación laboral de las contratas y subcontratas: puntos críticos,* Valencia, Tirant lo Blanch, 2023, pags. 125-128.

relieve que la desaparición de la prioridad aplicativa del convenio de empresa en materia salarial no garantiza, por sí misma, la existencia de mínimos salariales en el sector ni el desarrollo de una correcta relación entre los niveles sectoriales y de empresa. Su consecución implica una tarea de renovación de los proyectos de articulación de la negociación colectiva contenidos en convenios marco, y se ve afectada por las reglas de concurrencia, especialmente por el *prior in tempore*, vistas las incertidumbres que suscita el complejo juego de los cambios de unidad de negociación, carentes de una regulación legal adecuada, y su cambiante interpretación jurisprudencial.

2ª) En segundo lugar, como ha señalado la jurisprudencia (por todas, STS de 1 de diciembre de 2015, Rec. 349/2014), la ley debería dejar claro en cuanto al principio de no concurrencia de los convenios colectivos del Art. 84 del ET que lo que se prohíbe no es tanto negociar otro convenio colectivo sino solamente que éste se aplique durante la vigencia de otro anterior, salvo pacto en contrario en los convenios colectivos de ámbito estatal o de Comunidad Autónoma y salvo en determinadas materias de tratarse de un convenio colectivo de empresa o similar.

Por otra parte, debería también estar claro en la ley que *"afectar"* significa *"ser modificado, total o parcialmente, lo pactado en el convenio colectivo anterior"*, estableciendo una regulación contraria o divergente, no si el nuevo convenio establece una regulación complementaria o suplementaria del anterior, como ha puesto de relieve la jurisprudencia(por todas, STS de 1 de diciembre de 2015, Rec. 349/2014).

También sería conveniente que se aclararse en la ley que el Art. 84 del ET se refiere a la concurrencia entre convenios colectivos estatutarios y no a los convenios colectivos extraestatutarios, como igualmente ha señalado la jurisprudencia (por todas, STS de 12 de diciembre de 2006, Rec. 21/2006).

3ª) En tercer lugar, en cuanto a los *"descuelgues autonómicos"*, sería conveniente que la ley previera el modo de solucionar los posibles conflictos entre los convenios marco estatales y autonómicos acudiendo a la fórmula de la prioridad en el tiempo, sin duda la más respetuosa con la autonomía colectiva.

No ha sido sin embargo esta la solución dada por el Real Decreto-ley 2/2024, como resultado del Acuerdo entre PSOE y PNV, modificando el Art. 84.3 y 4 del ET en el doble sentido de:

a) Primero, admitiendo la posibilidad de que, "*en el ámbito de una comunidad autónoma, los sindicatos y las asociaciones empresariales que reúnan los requisitos de legitimación de los artículos 87 y 88, podrán negociar convenios colectivos y acuerdos interprofesionales de comunidad autónoma que tendrán prioridad aplicativa sobre cualquier otro convenio sectorial o acuerdo de ámbito estatal, siempre que dichos convenios y acuerdos obtengan el respaldo de las mayorías exigidas para constituir la comisión negociadora en la correspondiente unidad de negociación y su regulación resulte más favorable para las personas trabajadoras que la fijada en los convenios o acuerdos estatales*".

b) Y, segundo, que "*podrán tener la misma prioridad aplicativa prevista en el apartado anterior los convenios colectivos provinciales cuando así se prevea en acuerdos interprofesionales de ámbito autonómico suscritos de acuerdo con el articulo 83.2 y siempre que su regulación resulte más favorable para las personas trabajadoras que la fijada en los convenios o acuerdos estatales*".

c) En ambos casos, "*se considerarán materias no negociables el periodo de prueba, las modalidades de contratación, la clasificación profesional, la jornada máxima anual de trabajo, el régimen disciplinario, las normas mínimas en materia de prevención de riesgos laborales y la movilidad geográfica*".

Habrá que reconocer que la introducción del criterio de la mayor favorabilidad resulta problemática, al menos, desde dos puntos de vista:

a) El criterio de la mayor favorabilidad no parece de aplicación cuando se trata de convenios exclusivamente marco. Así pues, en principio, cabe entender que la regla se refiere a los convenios colectivos o, en su caso, a la regulación de condiciones de un convenio marco mixto. Seguramente por ello, el Real Decreto-ley 2/2024, de 21 de mayo, incorpora en el apartado 4 de forma expresa, al modo del acuerdo vasco de estructura, la prioridad aplicativa de la articulación propuesta en el convenio marco autonómico cuando implique la preferencia de los convenios provinciales de la CA siempre que estos sean más favorables.

b) No resulta fácil la aplicación del criterio de la mayor favorabilidad. Su interpretación ha llevado a descartar la interpretación global (dada la heterogeneidad de las materias a comparar) y a optar por el criterio analítico, descartando también una solución *"radicalmente atomizadora"* pues la referencia a los *"preceptos"* como unidades de comparación supone atender a los mandatos normativos que responden a una misma *ratio*[14], lo que no resulta fácil dado que se trata de dos regulaciones distintas; de no ser así, se produciría la alteración del equilibrio interno del convenio colectivo y, como señala la STS de 8 de junio de 2009 (Rec. 67/2008), *"la aplicación del criterio de la norma más favorable ha de hacerse respetando la unidad de regulación de la materia"*.

7. PROPUESTAS EN MATERIA DE SUCESIÓN DE CONVENIOS COLECTIVOS

Los cambios de unidad de negociación plantean en la actual regulación problemas interpretativos importantes:

1°) En primer lugar, el Art. 84.1 del ET establece el principio de no concurrencia entre convenios colectivos estatutarios (consecuencia del principio *"pacta sunt servanda"*) de acuerdo con un criterio de prioridad temporal (hasta que deje de estar vigente, ya que un convenio colectivo válido y vigente debe ser respetado por otro convenio distinto posterior), pero sin señalar cuando acaba la vigencia de un convenio colectivo y, con ello, el final de la prohibición de concurrencia.

A nuestro juicio, aunque está claro que durante la vigencia pactada por las partes y durante la vigencia prorrogada del Art. 86.2 del ET (de un año por falta de denuncia) rige la prohibición de concurrencia (SS. TS de 5 de junio de 2001, Rec. 2160/2000, de 9 de marzo de 2009,

---

14 CAMPS RUIZ, L. M., "Las fuentes del derecho del trabajo (III): La aplicación del derecho del trabajo". En: ALBIOL MONTESINOS, I., *et al.*, *Compendio de Derecho del Trabajo. Tomo I. Fuentes y relaciones colectivas*, Valencia, Tirant lo Blanch, 5ª ed., 2010.

Rec. 70/2008 o de 27 de enero de 2022, Rec. 33/2022), no lo está si entra dentro de la prohibición el periodo de vigencia ultraactiva del convenio colectivo, habiendo habido en este sentido cambios jurisprudenciales sustantivos.

Así, aunque tradicionalmente, el Tribunal Supremo mantenía que la prohibición no afectaba a la vigencia ultraactiva de un convenio colectivo *"para evitar la petrificación de la estructura negocial"* (por todas, (por todas, SS.TS de 2 de febrero de 2004, Rec. 3069/2002 o de 17 de mayo de 2004, Rec. 101/2003), esta regla general se exceptuó para proteger la negociación colectiva inferior frente a la absorción por la negociación colectiva superior y, con ello, la autonomía colectiva de las unidades de negociación inferiores mientras estuviese activa la negociación (por todas, SS.TS de 17 de Mayo de 2004, Rec. 101/2003 o de 30 de diciembre de 2015, Rec. 255/2014), llegando, incluso, en otros casos a extender la excepción sin hacer distinciones a supuestos referidos a la negociación colectiva superior (SS.TS de 30 de diciembre de 2015, Rec. 255/2014 o de 21 de enero de 2019, Rec. 25/2018).

La STS de 5 de octubre de 2021, Rec. 4815/2018, ha supuesto la vuelta a la posición interpretativa tradicional del Tribunal Supremo sobre el tema. En ella se indica que la prohibición de concurrencia entre convenios colectivos se extiende durante la vigencia del convenio preexistente, entendida *"como la referida a la vigencia inicial prevista en el convenio o prorrogada expresamente por las partes, pero no al período posterior a tal vigencia, una vez el convenio ha sido denunciado, conocido como de vigencia ultraactiva, ya sea prevista en el propio convenio o, en su defecto, la establecida en el Art. 86.3 del ET"*.

Este cambio de orientación plantea, no obstante, la duda de si la vuelta a la postura *"clásica"* comprende o no también la impermeabilización de las unidades inferiores de negociación antes descrita que esa tesis incluía. A nuestro juicio, ello no debería descartarse, pese a que la rotundidad con la que se manifiesta la sentencia pudiera hacer pensar que la vuelta a la tesis clásica se ha hecho *"sin fisuras"*, ya que en el supuesto planteado era el convenio colectivo sectorial el *"ultraactivo"* y no el de empresa[15].

En todo caso, vistas las dificultades que presenta la determinación del convenio aplicable sería deseable, en definitiva, por evidentes razones de seguridad jurídica, que una eventual reforma de las reglas del Título III del ET —a ser posible, fruto del diálogo social— incidiera en este importante aspecto.

2º) En segundo lugar, se plantea el problema de la fecha en que comienza la prohibición de concurrencia entre convenios colectivos (en qué momento se entiende existente un convenio colectivo y puede reclamar para sí su prioridad aplicativa frente a otros).

Ante el silencio legal, caben en este sentido tres interpretaciones distintas:

a) A partir de la fecha de la aprobación y firma del convenio colectivo por las partes en la comisión negociadora (STS de 12 de junio de 2009, Rec. 83/2007).

b) A partir de la fecha de publicación del convenio colectivo en el Boletín Oficial correspondiente (SS.TS de 7 de mayo de 1992, Rec.1755/1991, de 28 de noviembre de 2004, Rec. 5174/2003 o de 11 de febrero de 2014, Rec. 27/2013).

c) A partir de la fecha de solicitud de registro del convenio colectivo, fórmula no aplicada hasta ahora por la jurisprudencia.

A nuestro juicio, la fecha de solicitud de inscripción en el Registro de Convenios cumple ciertamente con los dos requisitos fundamentales exigibles. De un lado, esta solución es respetuosa con la autonomía colectiva de las partes negociadoras, constitucionalmente exigible, por cuanto la solicitud de inscripción registral corresponde a ellas (Art. 90.2 del ET). De otro lado, cumple suficientemente con los principios de seguridad jurídica y de publicidad, al existir una prueba fehaciente y pública de la misma.

---

15 De hecho, en la posterior STS de 12 de septiembre de 2023 (Rec. 127/2021), si bien en un *obiter dicta*, el Tribunal parece inclinarse por la impermeabilización de las unidades inferiores.

Aunque, obviamente, esta solución no está exenta de críticas —fundamentalmente, la relativa incomunicabilidad entre los distintos Registros— entendemos, por todas las razones anteriores, que la fecha de la solicitud de inscripción registral de los convenios colectivos debe ser la que determine la afectación de la prohibición de concurrencia aplicativa del Art. 84.1 del ET.

8. PROPUESTAS EN CUANTO A LAS COMISIONES PARITARIAS

Dentro de lo que se ha dado en llamar la *"administración o gestión del convenio colectivo"*, las comisiones paritarias de representación de las partes negociadoras están llamadas a cumplir un papel estelar en la negociación colectiva, constituyendo una de las instituciones más importantes, dado que la negociación colectiva constituye un proceso continuo y dinámico que no concluye con el acuerdo, sino que se prolonga durante su vigencia. Sin embargo, nuestro sistema de negociación colectiva peca todavía de ser un proceso periódico, formalizado y estático, a imitación del proceso normativo legislativo y reglamentario del Estado, en el que la actuación de las comisiones paritarias constituye una verdadera asignatura pendiente.

En España, actualmente, las comisiones paritarias están reguladas en los Arts. 82.3, 85.3 e) y 91.1, 3 y 4 del ET y, pese a las modificaciones sufridas por esta normativa legal, ésta sigue siendo muy imprecisa y generadora de cuestiones interpretativas que debe resolver la jurisprudencia.

A nuestro juicio, son tres las cuestiones interpretativas que deben aclararse en la ley:

a) En primer lugar, debería introducirse en la ley una clara delimitación de las funciones de las comisiones paritarias, refiriéndose a la distinción entre las funciones de interpretación y aplicación del convenio colectivo (actos de administración) y las funciones de negociación de nuevos aspectos a añadir al convenio (actos de negociación).

b) En segundo lugar, como consecuencia de la anterior distinción, exigir explícitamente que, en los casos en que se atribuyan en el convenio colectivo funciones de negociación a la comisión par¡taria, formen parte de ella todos aquellos sindicatos que, aun no habiendo negociado y firmado el convenio, quisieran no obstante participar, siguiendo el criterio de proporcionalidad en la representación, como en las comisiones negociadoras ocurre.

c) En tercer lugar, dejar claro en la ley que las comisiones paritarias se mantendrán en su actuación durante el periodo de ultraactividad normativa del convenio colectivo.

9. PROPUESTAS EN CUANTO AL PROCEDIMIENTO DE DESCUELGUE E INAPLICACIÓN DE UN CONVENIO COLECTIVO

En cuanto a la regulación de los descuelgues o inaplicaciones de los convenios colectivos en las empresas, cabría señalar que una de las medidas adoptadas por la Ley 3/2012 en materia de negociación colectiva fue la de establecer nuevas reglas sobre la inaplicación de los convenios colectivos en una empresa (Art. 82.3 del ET).

No hay duda de que la intención de la Reforma fue la de facilitar la inaplicación del convenio colectivo en las empresas mediante el establecimiento de nuevos procedimientos más rápidos frente a las alternativas negociadoras ya existentes con anterioridad a la Reforma para *"descolgarse"* de un convenio colectivo aplicable, garantizando que con el nuevo procedimiento de inaplicación de convenios el final se encuentra asegurado con un arbitraje obligatorio.

En todo caso, de esta solución legal se podrán criticar o no el alcance de las causas establecidas por *"excesivas"* y el procedimiento diseñado (singularmente, el arbitraje obligatorio de la Comisión Consultiva Nacional de Convenios Colectivos u órgano autonómico equivalente) pero, en su conjunto, resulta razonable.

El Acuerdo de Gobierno PSOE-SUMAR ha venido a establecer que *"reforzaremos las garantías de las personas trabajadoras ... en los descuelgues. Revisaremos las causas para que solo en situaciones que afecten a la viabilidad de la empresa se pueda recurrir a estos procedimientos, que deberán ser negociados, dando prioridad a la negociación con las organizaciones sindicales y garantizando el carácter reversible de las medidas adoptadas".*

En cuanto a la revisión de las causas, acaso exigir *"situaciones que afecten a la viabilidad de la empresa"*, por ser demasiado laxa la admisión de pérdidas *"previstas"* o la definición de la disminución persistente del nivel de ingresos.

Y, en cuanto al procedimiento, el problema se plantea en las empresas sin representantes de los trabajadores.

A nuestro juicio, la fórmula *"asamblearia"*plantea problemas desde la perspectiva empresarial pues con ella se corre el riesgo de *"dumping social"* entre empresas de la competencia, pudiendo existir facilidades en una empresa para conseguir que los representantes elegidos sean *"afines"* a la misma que puede no tener otra de la competencia. Y, desde el punto de vista de los trabajadores, es difícil negar que las posibilidades de presión empresarial en la negociación con las comisiones asamblearias son elevadas, por lo que puede producirse un desgaste en el derecho a la negociación colectiva al incrementarse por esta vía el poder empresarial en la inaplicación del convenio colectivo. Cabría proponer, por ello, optar por una fórmula sindical en exclusiva o, al menos, otorgar preferencia al carácter *"sindicalizado"* de la comisión como propone el Acuerdo, permitiendo solo de manera subsidiaria, con objeto de permitir en todo caso la participación de los trabajadores en empresas sin representantes, su posible carácter "asambleario".

En cuanto a las materias, cabría reclamar que el carácter excepcional del régimen del Art. 82.3 del ET se tuviera siempre en cuenta en su interpretación judicial *"ex Art. 4.2 del Código Civil"*, evitando, por ejemplo, interpretaciones *"ampliatorias"* del listado material como las efectuada por las SS.TS de 27 de mayo de 2013 (Rec. 90/2012) y 13 de enero de 2021 (Rec. 104/2019). En dichos pronunciamientos, el Tribunal Supremo admite la validez de un acuerdo de descuelgue relativo al fraccionamiento del disfrute de las vacaciones por entender, en lo esencial, que, si bien las vacaciones no se mencionan expresamente en el precepto, está implícitas en los apartados relativos a la jornada, horario y distribución del tiempo de trabajo

10. PROPUESTAS EN MATERIA DE CONTENIDO DE LOS CONVENIOS COLECTIVOS

El contenido de los actuales convenios colectivos adolece a nuestro juicio en líneas generales de diversas carencias y defectos, procedentes unos pocos de la propia ley reguladora y los más de la propia negociación colectiva.

Así, el ET no deja suficientemente claro cuáles son las materias negociables y sus límites.

Por otra parte, respecto del contenido mínimo exigible por la ley a todo convenio colectivo estatutario, resulta criticable que el Art. 85.3 del ET siga sin resolver la contradicción que aparece al inicio del mismo entre el respeto a la voluntad de las partes negociadoras y el aparente mandato imperativo sobre el contenido mínimo necesario de los convenios colectivos.

Por lo que se refiere a los reenvíos de la ley al convenio colectivo, a nuestro juicio, la ley de remisión debería ser plenamente consciente del tipo de remisión que efectúa —si dispositiviza la regulación de una materia, si delega totalmente en el convenio colectivo su regulación o si la delega parcialmente—, dado que los efectos de cada uno de ellos son bien distintos:

a) En la dispositivización de la regulación de una determinada materia, admitiendo el pacto colectivo (e, incluso, en ocasiones, el pacto individual) en contrario, la norma legal solamente se aplicará en defecto de norma convencional sobre esa materia.

b) En el caso de delegación total de la regulación de una materia, de no existir una expresa regulación de la misma en el convenio colectivo, no existirá regulación y la ordenación de esa materia pertenecer al ámbito del poder de dirección y organización de la empresa del empresario o del trabajador.

c) En el caso de delegación parcial respecto de la regulación de una materia, se plantea el problema de saber cuándo nace para la persona trabajadora el derecho que la ley establece, en la medida en que resulta incompleta la regulación legal sin la asistencia del convenio colectivo.

Por lo demás, en unos y otros supuestos, las remisiones se hacen en unos casos a los convenios colectivos en general; en otros casos, tan solo a los convenios colectivos sectoriales supraempresariales; y, en otros más, a los acuerdos entre la empresa y los representantes del personal. En alguna ocasión se llega más lejos en la remisión legal, haciéndolo a la propia contratación individual.

Existen, finalmente, en los convenios colectivos las denominadas *"cláusulas convencionales peligrosas"*, respecto de las que cabría señalar lo siguiente:

a) Los *"errores"* más frecuentes constatables en los convenios colectivos se refieren a las referencias a normas derogadas o a instituciones desaparecidas.

Son, en este sentido, demasiados los convenios colectivos, sobre todo provinciales, que incurren en estos errores, producto de la inercia de las partes que copian el convenio colectivo anterior en lo no modificado y de las autoridades administrativas laborales que no ejercen eficazmente su obligación legal de control de legalidad.

Así, resulta muy frecuente referirse en el convenio colectivo a la derogada Ordenanza de Seguridad e Higiene en el Trabajo o a las igualmente derogadas Reglamentaciones de Trabajo u Ordenanzas Laborales del sector o al *"vigilante de seguridad"* en materia de prevención de riesgos laborales.

Actuar de esta manera en la redacción de los convenios colectivos no resulta gratuito muchas veces, en la medida en que el remitirse a normas derogadas implica el riesgo, no ya de que no resulten aplicables por encontrarse derogadas, sino, al contrario, de que resulten aplicables como precepto convencional al haberse *"convencionalizado"*, siendo las más de las veces la remisión a la Ordenanza de Trabajo una remisión *"en bruto"* que planteará también problemas interpretativos posteriores.

Otra de las prácticas más frecuentes en los convenios colectivos es la de las *"reiteraciones"* en el texto de estos preceptos normas legales o reglamentos laborales vigentes.

Con una intención seguramente pedagógica de llevar al texto del convenio lo que ya está en la ley por su más fácil acceso a aquel que a esta última, se corre el riesgo, en el caso de no copiar correctamente la norma, modificando alguna palabra o incluso algún signo ortográfico, de plantear problemas interpretativos posteriores.

Por todo ello, en aras de una mayor seguridad jurídica en la interpretación de los convenios colectivos, se recomienda muy encarecidamente a las partes negociadoras, y a sus asesores, lo siguiente:

1°) Que, bien eviten la repetición innecesaria de preceptos legales o reglamentarios vigentes, total o parcialmente, que nada añaden y que dificultan en ocasiones su correcta interpretación, en el convencimiento de que, aunque no se trascriban, resultarán igualmente aplicables o bien, de entenderse oportuna su inclusión, cuiden de una manera especial que la copia de la norma sea absolutamente correcta.

2°) Que eviten, en general, la remisión a normas derogadas y que, en el caso de que sea su expresa y clara voluntad regular una determinada materia en los términos establecidos por aquellas (Reglamentaciones de Trabajo normalmente o, incluso, algún otro precepto derogado), que transcriban el precepto literalmente incorporándolo claramente al contenido del convenio colectivo sin necesidad de hacer referencia a la vieja norma derogada.

b) En la negociación colectiva española existen de antiguo determinadas cláusulas convencionales que se pactan en ocasiones por inercia y por costumbre sin tener muy claro cuál es el verdadero significado y alcance jurídico de las mismas y, lo que es peor, sin tener conciencia de que su significado ha podido cambiar con el paso del tiempo, bien por los modificaciones normativas legales operadas respecto de la negociación colectiva, bien por la cambiante interpretación jurisprudencial de las mismas. En todo caso, su equivocidad, los defectos de redacción o su escasa utilidad plantean en ocasiones una conflictividad que podría evitarse de suprimirse o de ajustarse a la verdadera finalidad pretendida por las partes.

Estas cláusulas son básicamente las cuatro siguientes: la cláusula de *"vinculación a la totalidad"* o *"de indivisibilidad del convenio colectivo"*, la cláusula de *"respeto de derechos adquiridos"* o de *"respeto de las condiciones más beneficiosas"*, la cláusula de "compensación y absorción de condiciones" y la cláusula de "derecho supletorio".

Casi todos los convenios colectivos, con uno u otro nombre, establecen una *"cláusula de vinculación a la totalidad"* o de *"indivisibilidad del convenio colectivo"*. En ella se parte de la consideración del convenio colectivo como "un todo orgánico e indivisible" para determinar los efectos que sobre el convenio colectivo deben tener las sentencias que anulen algunas de sus cláusulas.

La fórmula más utilizada viene a ser la siguiente: *"Siendo las condiciones pactadas un todo orgánico e indivisible, el presente convenio será nulo y quedará sin efecto en el supuesto en que la jurisdicción competente anulase alguno de sus pactos"*.

Inicialmente, la jurisprudencia del Tribunal Supremo aceptaba la validez de estas cláusulas, partiendo del necesario equilibrio interno del convenio colectivo y de la necesaria reciprocidad entre las prestaciones y contraprestaciones.

A partir de la STS de 22 de septiembre de 1998, Rec. 263/1997, sin embargo, el Tribunal Supremo viene manteniendo que una cláusula convencional de vinculación a la totalidad no puede provocar que una nulidad parcial produzca la nulidad total del convenio colectivo ni tampoco la suspensión de su vigencia. Argumenta, en este sentido, que la nulidad total del convenio por la nulidad de alguna de sus cláusulas produce una *"inmunidad frente a las impugnaciones del mismo"* y que, por ello, supone un portillo abierto para vulnerar el principio de legalidad y un fuerte obstáculo para la vigencia del derecho fundamental a la tutela judicial efectiva del Art. 24 de la CE. Ello no significa que estas cláusulas sean inútiles y sin efectos. Según el Tribunal Supremo, estas cláusulas permiten a las partes exigir a la contraparte la renegociación del convenio, pero mientras tanto el convenio continúa vigente, salvo las cláusulas declaradas judicialmente nulas.

Las cláusulas de *"garantía ad personam"*, de *"respeto de los derechos adquiridos"* o de *"respeto de las condiciones más beneficiosas"*, en algunas ocasiones, son cláusulas que imponen al empresario respetar aquellas condiciones (económicas o de otra índole, existiendo cláusulas restringidas a las primeras y otras que se extienden a las segundas) disfrutadas a título individual por las personas trabajadoras en base a su contrato de trabajo, más favorables (estimadas en su conjunto) que las establecidas en el convenio colectivo. Dicho de otra manera, lo que la cláusula establece es que el convenio colectivo debe respetar las condiciones contractuales, expresas o tácitas (las nacidas de concesión unilateral del empresario o de un convenio colectivo extraestatutario y convertido en derechos adquiridos o condiciones más beneficiosas de origen contractual por el paso del tiempo), dado el carácter mínimo de las condiciones convencionales.

Estas cláusulas, con este significado y finalidad, son perfectamente superfluas por cuanto, de no existir, habrían de respetarse igualmente las condiciones contractuales más favorables al convenio con base en lo dispuesto en el Art. 3.1.c) del ET.

En otras ocasiones, se pretende extender el respeto a las condiciones laborales y/o salariales nacidas de la costumbre anterior al convenio colectivo. En estos casos, ciertamente, son necesarias estas cláusulas por cuanto, según el Art. 3.4 del ET, *"los usos y costumbres sólo se aplicarán en defecto de disposiciones...convencionales...a no ser que cuenten con una recepción o remisión expresa"*. Así, dado el carácter naturalmente subsidiario de la costumbre, de no existir cláusula expresa en el convenio colectivo de respeto y mantenimiento (de *"recepción"* o *"remisión expresa"* en la terminología de la ley) se aplicaría el convenio colectivo y no la costumbre. Ahora bien, hay que reconocer que son muy escasas las costumbres laborales locales y profesionales existentes, tratándose más bien de usos de empresa, perfectamente identificables con concesiones unilaterales del empresario convertidas en derechos adquiridos de las personas trabajadoras o condiciones más beneficiosas de origen contractual, subsumibles pues en el supuesto anterior.

Finalmente, es también frecuente que, a la vez, se exija el respeto de las condiciones más favorables para los trabajadores disfrutadas por éstos en base al convenio colectivo anterior, estableciendo de esta manera un trato desigual entre los trabajadores contratados con anterioridad a la fecha de aplicación del convenio y los contratados con posterioridad, sin otra justificación que la fecha de la contratación.

Con independencia de su carácter atentatorio o no del principio de igualdad de trato del Art. 14 de la CE (tema en el que no entramos), lo cierto es que, del lado empresarial, tal situación no parece recomendable de cara a mantener la paz social en el futuro; y, sindicalmente, tampoco parecen de recibo tales situaciones, por lo que sería recomendable una mejora de su redacción para evitar confusiones y dudas interpretativas.

Las cláusulas de *"absorción y compensación de condiciones"* (salariales o laborales en general) pretenden la neutralización de los aumentos efectuados en el convenio colectivo cuando las condiciones efectivamente disfrutadas por las personas trabajadoras sean superiores a las convencionales o cuando, con posterioridad al convenio colectivo, se modifiquen las condiciones legales.

Ahora bien, si se trata de condiciones salariales, el Art. 26.5 del E.T., con carácter general, ya establece la absorción y compensación salarial, con lo que la cláusula convencional resulta inútil por superflua. Y pensar en otro tipo de condiciones que planteen problemas de compensabilidad o absorbibilidad por su carácter cuantitativo no es fácil. Acaso, la duración de los permisos, el crédito de horas laborales retribuidas de los representantes del personal o la duración de la jornada. Tan sólo para estas condiciones de naturaleza cuantitativa tendría sentido la cláusula convencional.

Sólo que la mayoría de las veces la cláusula convencional de *"absorción y compensación de condiciones"* se confunde con la de *"garantía ad personam"* y se refiere, además, a las disposiciones legales y convencionales anteriores, organizando un *"totum revolutum"* de muy difícil operatividad e interpretación.

Finalmente, las cláusulas de *"derecho supletorio"*, como su nombre indica, tienen por finalidad establecer el derecho supletorio aplicable en lo no regulado por el convenio colectivo y resultan criticables en su mayoría, pese a su pretendido carácter pedagógico.

En efecto, las hay que se remiten a la *"legislación vigente"*, esto es, al E.T. y normas concordantes. Esta remisión resulta perfectamente superflua ya que, de no hacerse, es obvio que se aplicará ésta. Y aún cabría señalar que la *"legislación vigente"* se aplica no sólo supletoriamente, sino que deberá ser *"respetada"* en sus aspectos imperativos por los convenios colectivos.

Pero lo peor es cuando se remiten expresamente a la derogada Ordenanza Laboral, en cuyo caso las partes deben ser conscientes de que lo que hacen es *"convencionalizar"* la vieja Ordenanza.

Por todo ello recomendamos lo siguiente:

a) En cuanto a las *"cláusulas de vinculación a la totalidad"*, comoquiera que, según la jurisprudencia, estas cláusulas no producen el efecto pretendido por las partes al negociarlas, sería por ello recomendable su reconducción a los términos jurisprudenciales expuestos.

b) Por lo que se refiere a las *"cláusulas de respeto de los derechos adquiridos"*, dado que el primer tipo de cláusulas descrito resulta superfluo, el segundo infrecuente y el tercero poco recomendable, nada sucedería si desaparecieran estas cláusulas de los convenios colectivos.

c) En cuanto a las cláusulas de *"absorción y compensación de condiciones"*, la cláusula convencional que puede tener sentido es la de *"no absorción y compensación de condiciones"* (salariales u otras), siempre que se especifiquen muy bien las condiciones no compensables o absorbibles.

d) Finalmente, en cuanto a las cláusulas de *"derecho supletorio"*, nuestra recomendación es su desaparición por superflua.

11. PROPUESTAS EN MATERIA DE PROCEDIMIENTO DE NEGOCIACIÓN

Por lo que se refiere a la regulación estatutaria y convencional del procedimiento de negociación del convenio colectivo, sería deseable que se precisaran, al menos, los siguientes aspectos:

a) En primer lugar, deberían determinarse con claridad los sujetos legitimados para llevar a cabo la denuncia del convenio colectivo, teniendo en cuenta que la denuncia del convenio a que se refiere el Art. 86 del ET no equivale necesariamente a la comunicación exigida para abrir nuevas negociaciones que regula el Art. 89, aunque en bastantes ocasiones tales actos se lleven a cabo conjuntamente (por todas, SS.TS de 1 de junio de 1990 y de 27 de septiembre de 1997, Rec. 3311/1996). Así, cabría incorporar a la ley el criterio seguido por la STS de 2 de diciembre de 2016 (Rec. 14/2016) que, matizando la anterior de 21 de mayo de 1997 (Rec. 3312/71996), considera que quien promueve simultáneamente denuncia y promoción de la nueva negociación del convenio colectivo debe contar con legitimación plena, pero la mera denuncia del convenio puede activarse por cualquiera de los sujetos con legitimación inicial, siempre controlada por referencia al momento en que se lleva a cabo.

b) En segundo lugar, cabría incorporar a la regla legal sobre la adopción de acuerdos en el seno de la comisión negociadora contenida en el Art. 89.3 del ET (*"Los acuerdos de la comisión requerirán, en cualquier caso, el voto favorable de la mayoría de cada una de las dos representaciones"*) la interpretación jurisprudencial en virtud de la cual el término *"representaciones"* equivale a partes negociadoras y no a miembros de la comisión negociadora, de forma que el voto favorable de cada una de las dos representaciones se refiere al voto proporcional o *"mayoría representada en la mesa de negociación y no al número de los componentes de cada uno de los bancos que integran la mesa"* (por todas, SS.TS de 3 de junio de 2008, Rec. 3490/2006 y de 1 de marzo de 2010, Rec. 27/2009).

c) Finalmente, y con el fin de evitar los problemas que implica su falta de concreción, los agentes sociales deberían especificar el contenido integrante del deber de negociar de buena fe mediante la elaboración de un *"código de buena conducta negocial"* cuya aplicación podría ampliarse a los distintos productos derivados de la autonomía colectiva. Hasta el momento, esta exigencia legal se ha ido concretando en recomendaciones plasmadas en sucesivos Acuerdos Interconfederales de Negociación Colectiva, tales como:

1º) Iniciar de inmediato los procesos de negociación una vez producida la denuncia de los convenios.

2º) Intercambiar la información que facilite la interlocución en el proceso de negociación y una mayor corresponsabilidad en la aplicación de lo pactado.

3º) Mantener la negociación abierta por ambas partes hasta el límite de lo razonable.

4º) Formular propuestas y alternativas por escrito, en especial ante situaciones de dificultad en la negociación.

5º) De acuerdo con lo previsto en los sistemas de autocomposición de los conflictos de carácter estatal o de Comunidad Autónoma, acudir a ellos sin dilación cuando existan diferencias sustanciales que conlleven el bloqueo de la negociación correspondiente.

IV. La reforma de la normativa reguladora de los procedimientos extrajudiciales de solución de los conflictos laborales

Tomás Sala Franco
Catedrático Emérito de Derecho del Trabajo y de la Seguridad Social
Universidad de Valencia
Estudio General.

Carlos Alfonso Mellado
Catedrático Jubilado de Derecho del Trabajo y de la Seguridad Social
Profesor Honorario de la Universidad de Valencia
Estudio General

Sumario: 1. Consideraciones preliminares. 2. La inexistencia de una normativa internacional sobre los procedimientos extrajudiciales de solución de los conflictos laborales. 3. El régimen jurídico actual de los procedimientos extrajudiciales de solución de los conflictos laborales. 4. Valoración crítica y propuestas de reforma.

1. CONSIDERACIONES PRELIMINARES

Antes de describir la situación actual de la normativa reguladora de los procedimientos extrajudiciales, parece oportuno reflexionar mínimamente acerca de los conflictos laborales y de los distintos procedimientos extrajudiciales de solución de conflictos existentes.

Los conflictos laborales pueden ser colectivos o individuales. La diferencia fundamental entre ellos reside, no tanto cuantitativamente en el número de personas trabajadoras afectadas —normalmente una pluralidad de personas trabajadoras en los conflictos colectivos, aunque pueda quedar afectado un solo trabajador y un solo trabajador en los conflictos individuales, aunque pueda quedar también afectado una pluralidad de personas trabajadoras—, cuanto cualitativamente, en el objeto controvertido. Los conflictos colectivos afectan a los *"intereses colectivos"* de las personas trabajadoras, a diferencia de los conflictos individuales o plurales, que afectan a intereses singulares o individuales yuxtapuestos. Como veremos, pese a esa delimitación conceptual, a efectos procesales se ha producido una cierta expansión del conflicto colectivo, admitiendo tramitar procesalmente como tales litigios que se ajustan difícilmente al concepto tradicional.

El concepto tradicional de conflicto colectivo, por oposición al de conflicto plural, viene definido legalmente en los Arts. 17.1 del RDLRT ("*situaciones conflictivas que afecten a intereses generales de los trabajadores*") y 153.1 de la LJS ("*demandas que afecten a intereses generales de un grupo genérico de trabajadores*") y concretado por la jurisprudencia en cada caso.

Así pues, el conflicto colectivo se caracteriza por la concurrencia de dos elementos —una pluralidad de personas trabajadoras y un interés colectivo afectados por el conflicto—, de los que, sin duda, el más importante es el segundo de ellos (por todas, SS.TS de 4 de julio de 2002, Ar/9204 o de 17 de noviembre de 2003, Ar/8820).

En la práctica, sin embargo, no es fácil distinguir entre un conflicto plural y un conflicto colectivo, dándose casos de reclamaciones individuales de trascendencia colectiva de muy difícil clasificación (así, por ejemplo, en los conflictos individuales motivados por la disconformidad con un sistema de valoración de puestos de trabajo). Seguramente, como se ha señalado, "*el interés colectivo no es una realidad ontológica, sino un modo de mirarla; es, por tanto, el producto de un juicio de valor, de una calificación*" (GIUGNI) y "*la misma cuestión puede ser tratada como individual (plural) o como colectiva según el valor que le sea atribuido por las organizaciones sindicales*" (BORGHESI).

De esta manera, al no existir un concepto ontológico de interés colectivo, no es posible saber en términos objetivos lo que sea un conflicto colectivo; las reclamaciones colectivas poseerán siempre una "*latente eficacia individual*" y las reclamaciones individuales "*una evidente trascendencia colectiva*".

Acaso, la doctrina jurisprudencial que aparece en algunas Sentencias del Tribunal Supremo (por todas, SS.TS de 10 de mayo de 2004, Rec. 170/2003 o de 7 de diciembre de 2005, Ar/10181) pueda ser la que siente las bases para definir el conflicto colectivo: "*lo esencial en definitiva para diferenciar el proceso especial de conflicto colectivo y el ordinario que, aun siendo individual en su ejercicio, tiene naturaleza plural, está en la forma de hacer valer el derecho, de tal modo que, afectando la cuestión a un conjunto de trabajadores, si se hace una petición genérica para todo el grupo, será el proceso de conflicto colectivo el procedimiento adecuado, mientras que si se hacen peticiones individualizadas y concretas para cada uno de los trabajadores, resultará adecuado el procedimiento ordinario*". En definitiva, todo dependerá de lo que se pida en la acción, según sea la petición abstracta o concreta.

La importancia de esta distinción es manifiesta por cuanto, según se trate de uno u otro tipo de conflicto, se solucionará en derecho de uno u otro modo, con uno u otro procedimiento.

En todo caso, los Tribunales (por todas, SAN de 19 de abril de 1990, Ar/74) consideran que es también conflicto colectivo el denominado "*conflicto colectivo impropio o por asimilación*". Se trata del conflicto planteado por un sujeto colectivo (un sindicato o un comité de empresa, por ejemplo) cuando reclama un derecho propio (el crédito de horas laborales retribuidas o las competencias del comité de empresa, por ejemplo).

Por su parte, los Arts. 40.2 y 41.5 del ET prevén que contra las decisiones empresariales de traslados colectivos y de modificaciones sustanciales de carácter colectivo, respectivamente, se podrá reclamar en conflicto colectivo. La novedad que aquí resulta constatable es la clarificación legal en estos casos del concepto de "*conflicto colectivo*", en la medida en que un "*criterio cuantitativo*" y no "*cualitativo*" —que se trate de un traslado colectivo o de una modificación sustancial de condiciones colectiva y no individuales—, es el que delimita el concepto.

Por lo demás, existe abundante jurisprudencia en la que se señala la imposibilidad de someter a dictamen de un tribunal, a través del procedimiento de conflicto colectivo, la interpretación de un precepto antes de que éste hubiese sido aplicado, esto es, cuando el conflicto es potencial o futuro y aún no se ha producido (por todas, SS.TS de 14 de octubre de 1999, Ar/8144 o de 7 de abril de 2000, Ar/3289).

Ahora bien, la imposibilidad de someter al procedimiento judicial un conflicto colectivo potencial, no se extenderá, sin embargo, a los procedimientos extrajudiciales (conciliación/mediación, arbitraje, dictamen de la comisión paritaria de un convenio colectivo, etc.). En este sentido, habrá dos conceptos jurídicos de conflicto colectivo: uno, restringido, necesariamente actual y concreto, a los efectos de un procedimiento judicial; y otro, ampliado, actual o potencial, incluyendo las consultas interpretativas, a los efectos de un procedimiento extrajudicial.

Realmente, la amplitud de contenido posible de los acuerdos que regulan los procedimientos autónomos de solución de los conflictos colectivos permite que estos extiendan su eficacia a fases preconflictuales, precisamente para que las intervenciones que se produzcan eviten el surgimiento posterior de conflictos o faciliten su solución. Algún texto se refiere ya a esa intervención preventiva como el Acuerdo interprofesional de Cantabria que alude a la posibilidad de colaboración en la negociación colectiva o a la elaboración de planes de actuación ante probables conflictos futuros; en la misma medida, la posibilidad legal a la que luego nos referiremos de sustituir los períodos de consulta por trámites de mediación camina en la misma dirección. Incluso los Acuerdos pueden colaborar promocionando la recuperación de figuras como la de los presidentes de comisiones negociadoras o paritarias y otras similares que pueden facilitar la obtención de acuerdos o el desbloqueo de situaciones de dificultad negocial.

En este sentido, no es malo insertar la mediación desde el principio en las posibles situaciones que puedan dar lugar a una futura conflictividad; posiblemente figuras como las citadas presidencias de negociaciones, la asistencia a las comisiones paritarias, la intervención en procedimientos de quejas internos en las grandes empresas, etc., sean intervenciones a las que habría que estar abiertos; plantean problemas culturales, de tiempo y de costes, pero con prudencia pueden ser muy interesantes en situaciones concretas y muy positivas para generar dinámicas de consenso y evitar conflictividad.

La combinación, por ejemplo, en la asistencia técnica a las comisiones negociadoras y paritarias con la presencia de intervenciones preventivas puede ofrecer aspectos muy positivos, aunque hay que ser consciente de las limitaciones numéricas para estas intervenciones por las propias limitaciones de medios humanos y materiales.

Incluso en estas labores hay perspectivas novedosas; por ejemplo, modernamente se va abriendo camino en las empresas el tratamiento de los riesgos de violencia en el trabajo, de los que el más extremo es el acoso. Pues bien, las Notas Técnicas de Prevención del Instituto Nacional de Seguridad e Higiene en el Trabajo números 891 Y 892 establecen los criterios a los que tendría que sujetarse el tratamiento de estos problemas en el ámbito interno de las empresas, aconsejando que su tratamiento (Nota Técnica 892) se haga por comisiones tripartitas, en la que un miembro sea imparcial, técnico experto en materias preventivas y designado por un organismo externo a la empresa. Lógicamente este sistema solo tiene sentido en medianas y grandes empresas, pero en ellas, la colaboración que podrían prestar los organismos que gestionan los sistemas de solución extrajudicial para facilitarles la designación de ese tercer miembro imparcial, podría ser otra vía de actuación preventiva o, cuando menos, de actuación temprana en los conflictos.

En parecido sentido, normas más recientes, como las reguladoras de los planes de igualdad hacen remisiones, explícitas o implícitas, al acogimiento a los procedimientos de solución extrajudicial (autónoma) en los casos de desacuerdo en la negociación, de seguimiento y revisión de los citados planes de igualdad, incluso con una cierta visión dinámica de la negociación colectiva. Esas remisiones son evidentes por ejemplo y de modo explícito en el Art. 5.6. del RD 901/2020, de 13 de octubre, por el que se regulan los planes de igualdad y su registro, que establece que las partes deberán negociar de buena fe, con vistas a la consecución de un acuerdo y que en caso de desacuerdo, la comisión negociadora podrá acudir a los procedimientos y órganos de solución autónoma de conflictos, si así se acuerda, previa intervención de la comisión paritaria del convenio correspondiente, si así se ha previsto en el mismo para estos casos; y en el Art 8.2.k) del mismo RD, aunque aquí en cuanto al seguimiento y revisión de esto planes y de modo más implícito, al exigir como contenido del plan de igualdad que este determine el *"procedimiento de modificación, incluido el procedimiento para solventar las posibles discrepancias que pudieran surgir en la aplicación, seguimiento, evaluación o revisión, en tanto que la normativa legal o convencional no obligue a su adecuación"*.

Además, la función esencial de potenciar la negociación colectiva obliga a contemplar estos procedimientos como algo diferente a la solución estricta en Derecho, sobre todo por las propias partes que han de alcanzar un acuerdo y sitúa el éxito no tanto en la solución del conflicto ya surgido, cuanto en la evitación del conflicto.

Ya no se trata de plantearse, siempre y en todos los conflictos, si la norma da o no esto, sino de introducir, cuando sea conveniente, otras consideraciones más en la línea del carácter complejo e interdisciplinar que tienen las relaciones laborales en las que están presentes muchos elementos económicos, organizativos, productivos, de equidad, etc., y en la dirección de buscar las soluciones que mejor garanticen el futuro de las relaciones entre las partes cuando están destinadas a seguir conviviendo en la empresa.

Si queremos tener empresas ágiles, competitivas, flexibles, capaces de adaptarse a demandas y circunstancias cambiantes, hay que tener en cuenta que esto solo puede conseguirse mediante empresas participadas. Se trata de entender que una empresa no puede resolver la gestión de su situación mediante la voluntad unilateral del empresario, lo que sin duda genera conflictividad y desafecto; la ha de resolver dialogando con las personas trabajadoras, con sus interlocutores naturales —fundamentalmente los sindicatos—. Ello no significa negar el conflicto, que no es malo, sino asumir que el mismo no impide que ambas partes estén interesadas en una adecuada situación de la empresa, en su rentabilidad, pero también en la existencia de unas buenas condiciones de trabajo. Por eso es posible alcanzar acuerdos y es siempre mejor hacerlo que ir a una situación de conflicto, pero desde luego ello requiere un clima de confianza entre las partes y éste no creemos que se pueda conseguir sin cuatro elementos esenciales:

- Una circulación fluida de la información entre los interlocutores.
- La consulta habitual en los temas trascedentes, partiendo de la información correcta.
- La utilización de los mecanismos de consulta no solo para gestionar la crisis y por tanto para negociar el ajuste, sino también para gestionar el crecimiento y, por tanto, para la participación en la mejora de la empresa.

- La opción, la apuesta decidida por mecanismos negociales de solución de los bloqueos negociales, basados sobre todo en la mediación y, en su caso, en el arbitraje. Es aquí donde, obviamente, los sistemas de solución autónoma de conflictos laborales tienen mucho que aportar y ya lo están haciendo.

Es cierto que nuestro marco productivo, dominado por la microempresa, difícilmente se adaptará a este tipo de empresa, pero en la mediana y gran empresa ese es el futuro y en relación con las PYMES, la negociación sectorial debería tener muy presente la posibilidad de ayudar a esta gestión más razonable y negociada de los problemas de la empresa, para prevenir los conflictos, evitar que surjan cuando sean solucionables o, cuando menos, para solucionarlos tempranamente si han surgido ya.

Otra distinción importante es la existente entre los conflictos colectivos jurídicos y los conflictos colectivos económicos o de intereses.

Los conflictos colectivos jurídicos presuponen la existencia de una norma (legal, reglamentaria o convencional) y en ellos se discute su aplicación o interpretación.

Los conflictos colectivos económicos o de intereses se plantean, por el contrario, cuando una de las partes quiere introducir una nueva norma (normalmente convencional) o pretende que se modifique o derogue una norma existente. Así, el conflicto colectivo de intereses típico es el que se produce con la ruptura de las negociaciones de un convenio colectivo.

La jurisprudencia distingue, en este sentido, entre ambos tipos de conflicto colectivo al señalar que jurídicos son *"aquellos que se basan en la realidad de un pretendido derecho que trate de ampararse en una norma preexistente, que se quiere sirva de fundamento a su pretensión, y donde la discrepancia entre las partes respecto de la aplicación o interpretación de dicha norma constituya precisamente la razón de ser del conflicto"* y económicos o de intereses *"aquellos que no descansa(n) sobre la existencia de una norma previa, cuyo significado, alcance o cumplimiento se reclama, sino que surge(n) del propósito de modificar el ordenamiento existente a través del cambio de condiciones que integran ese ordenamiento o de crear condiciones nuevas ab origine"* (por todas,

SS.TS de 30 de octubre de 1992, Ar/ 7858 o de 5 de julio de 2002, Rec. 1277/2001).

Esta distinción viene recogida básicamente en la normativa vigente, como evidencian los Arts. 25.a) del RDLRT (*"discrepancias relativas a la interpretación de una norma preexistente, estatal o convenida colectivamente"*) y 153.1 de la LJS (*"aplicación e interpretación de una norma estatal, convenio colectivo, cualquiera que sea su eficacia, pactos o acuerdos de empresa, o decisión empresarial de carácter colectivo... o de una práctica de empresa"*) al referirse a los conflictos colectivos jurídicos.

La importancia de esta distinción radica, igualmente, en que uno y otro tipo de conflicto colectivo laboral poseen distintos procedimientos de solución.

La importancia de la distinción anterior, no nos debe hacer olvidar que existen conflictos que pueden ser calificados de jurídicos y que son susceptibles de solución judicial, pero en los que los componentes jurídicos de la solución pueden ser muy escasos, muchas veces casi de equidad (por ejemplo, la determinación de las fechas de vacaciones o las situaciones de conciliación de la vida familiar, laboral o personal) o muy técnicos (por ejemplo, las cuestiones de seguridad y salud laboral) o inicialmente condicionados por factores extrajurídicos (las decisiones basadas en criterios técnicos, organizativos, productivos o económicos). En todos ellos, puede detectarse, al menos en las fases iniciales, bastante similitud con los problemas que plantean los conflictos de intereses y, por ello, aunque al final la solución judicial sea posible, es más adecuada una solución autónoma basada en la negociación o que, cuando menos, tenga en cuenta los factores no estrictamente jurídicos presentes en el conflicto; en estos casos, obviamente, la solución autónoma o extrajudicial aparece como especialmente interesante y debe ser potenciada.

Por lo que se refiere a los procedimientos de solución de los conflictos colectivos, cabe distinguir entre los *"procedimientos de presión"* (huelgas, boicots, manifestaciones, encierros, etc.) y los que se han dado en llamar *"medios pacíficos"*, que pueden ser de dos clases: judiciales y extrajudiciales.

Los procedimientos extrajudiciales pueden producirse a su vez sin intervención de tercero (la negociación) o con intervención de tercero (la conciliación, la mediación y el arbitraje). En la conciliación interviene un tercero (el conciliador) con la única función de propiciar el diálogo entre las partes para que lleguen a un acuerdo. En la mediación interviene un tercero (el mediador) con la misma función anterior a la que se añade la de proponer una base de acuerdo. En el arbitraje interviene un tercero (el árbitro) con la función de solucionar el conflicto sometido. En la práctica se confunden muchas veces la conciliación y la mediación y el arbitraje en ocasiones se produce combinándose con la mediación.

2. LA INEXISTENCIA DE UNA NORMATIVA INTERNACIONAL SOBRE LOS PROCEDIMIENTOS EXTRAJUDICIALES DE SOLUCIÓN DE LOS CONFLICTOS LABORALES

Por lo demás, no existen normas internacionales sobre los procedimientos extrajudiciales de solución de los conflictos colectivos. Tan sólo la Recomendación nº 92 de 1951 de la OIT, sobre conciliación y arbitraje, cuyas líneas generales son las siguientes:

1ª) La utilización de la conciliación, mediación y arbitraje en modo alguno puede menoscabar el derecho de huelga. En este sentido, el Comité de Libertad Sindical de la OIT ha señalado que no atenta a la libertad sindical la exigencia previa de acudir al procedimiento de solución pacífica de conflictos colectivos (conciliación, mediación o arbitraje) antes de declarar una huelga lícita, siempre que estos procedimientos sean *"adecuados, imparciales y rápidos, en que los interesados puedan participar en todas las etapas"*.

2ª) Se recomienda *"estimular"* a las partes para que se abstengan de recurrir a la huelga o al cierre patronal mientras dura el procedimiento de conciliación o mediación.

3ª) Se recomienda igualmente la constitución de organismos de conciliación con representatividad paritaria de personas trabajadoras y empresarios, gratuitos y rápidos en el procedimiento y en los que el resultado se plasme en un documento con valor de contrato.

4ª) Finalmente, se recomienda que los arbitrajes sean voluntarios, esto es, iniciados a solicitud de ambas partes en conflicto.

Adicionalmente a esta Recomendación algunos Convenios de la OIT se refieren, aunque muy limitadamente, a la solución extrajudicial de los conflictos laborales.

En este sentido el Convenio nº 154, de 1981, de la OIT, sobre el fomento de la negociación colectiva, se refiere en su Art. 5 a que los órganos y procedimientos de solución de los conflictos laborales estén concebidos de tal manera que contribuyan a fomentar la negociación colectiva. De todas maneras, se trata de una referencia en general a los órganos de solución y no exclusiva de los procedimientos extrajudiciales.

A su vez, el Convenio nº 151, de 1978, de la OIT, sobre la protección del derecho de sindicación y los procedimientos para determinar las condiciones de empleo en la Administración Pública, establece en su Art. 8 que la solución de los conflictos que plantee la determinación de las condiciones de empleo se deberá tratar de lograr por medio de la negociación entre las partes o mediante procedimientos independientes e imparciales, tales como la mediación, la conciliación y el arbitraje, establecidos de modo que inspiren la confianza de los interesados.

3. EL RÉGIMEN JURÍDICO ACTUAL DE LOS PROCEDIMIENTOS EXTRAJUDICIALES DE SOLUCIÓN DE LOS CONFLICTOS LABORALES

Los fundamentos normativos constitucionales de los procedimientos extrajudiciales de solución de los conflictos laborales colectivos en nuestro ordenamiento son los siguientes:

1º) En primer lugar, el Art. 37.2 de la CE, según el cual *"se reconoce el derecho de los trabajadores y empresarios a adoptar medidas de conflicto colectivo. la ley que regule el ejercicio de este derecho, sin perjuicio de las limitaciones que pueda establecer, incluirá las garantías precisas para asegurar el funcionamiento de los servicios esenciales de la comunidad"*.

La STC 74/1982, de 30 de junio, señaló en este sentido que "*el derecho de los trabajadores y empresarios a adoptar medidas de conflicto colectivo, entre las que se encuentra sin duda el propio planteamiento formal del conflicto, aparece reconocido en el Art. 37.2 de la CE*".

Más tarde, la STC 217/1991 señaló que el fundamento constitucional de estos procedimientos se encontraba en los derechos constitucionales de negociación colectiva (Art. 37.1 de la CE) y de adopción de medidas de conflicto (Art. 37.2 de la CE), calificando a estos procedimientos extrajudiciales de "*eficaces para la solución de los conflictos laborales por cuanto están decididos por las partes interesadas*", siendo "*beneficiosos para el sistema de relaciones laborales y para el sistema judicial, que ve aliviada su carga de trabajo*".

2°) En segundo lugar, los límites constitucionales a estos procedimientos extrajudiciales se encuentran, de un lado, en el derecho a la tutela judicial efectiva (Art. 24.1 de la CE) y de otro, en el derecho de negociación colectiva (Art. 37.2 de la CE).

Así, el arbitraje obligatorio solamente será posible sobre la base del respeto del derecho fundamental a la tutela judicial efectiva ("*el derecho a la tutela judicial efectiva no consiente la imposición obligatoria e imperativa del sometimiento al arbitraje*": STC 136/2010) y a la negociación colectiva, salvo en casos extraordinarios o excepcionales (STC 11/1981).

Por su parte, la regulación legal ordinaria de los procedimientos extrajudiciales de solución de los conflictos colectivos se encuentra en una serie dispersa de preceptos legales. Así:

a) En primer lugar, en los Arts. 9. 10.1 y 17 y ss. del RDLRT, si bien la STC 11/1984, de 8 de abril, modificó sustancialmente determinados aspectos de los citados artículos.

b) En segundo lugar, en los Arts. 4 y 6 del RDL 5/1979, de 26 de enero y 2 del RD 2756/1979, de 23 de noviembre, no derogados.

c) En tercer lugar, en los Arts. 63 a 68, 156.2, 236 y 237 y ss. de la LJS.

d) En cuarto lugar, en una serie de preceptos dispersos del ET reguladores de los mecanismos de conciliación, mediación o arbitraje, tales como los Arts. 82.3, 85.1, 85.3, 89.4 y 91.

e) En los acuerdos interprofesionales (estatales o de comunidad autónoma) y en los convenios colectivos (marcos u ordinarios), estableciendo procedimientos de conciliación, mediación o arbitraje y atribuyendo tales funciones a las comisiones paritarias (Arts. 85.3.e) y 91 del ET) o encomendándolas a otros sujetos (conciliadores, mediadores o árbitros).

f) Cabe, en fin, que por acuerdo *"ad hoc"* en el caso de un concreto conflicto colectivo, se establezca entre las partes un procedimiento específico de solución del mismo.

g) También pueden citarse otras disposiciones que prevén posibilidades de mediación y arbitraje en conflictos de trabajo, como el Art. 18 del Estatuto del Trabajo Autónomo que contemplaba la posibilidad de solución extrajudicial, incluso arbitral, para la solución de los conflictos que afectaban a ciertos conflictos en el ámbito del trabajo autónomo económicamente dependiente; o las previsiones del Art. 45 del EBEP, que se refieren a la posibilidad de desarrollar sistemas de mediación y arbitraje para solucionar los problemas derivados de la negociación, aplicación e interpretación de los Pactos y Acuerdos que el propio EBEP regula.

Se trata, ciertamente, como hemos visto, de una normativa legal inconexa, en cascada, que responde a filosofías políticas muy diversas y que debería ser objeto, a nuestro juicio, de una regulación unitaria y coordinada.

Así pues, existe una normativa preconstitucional que prevé y desarrolla, sin que se haya derogado, un procedimiento administrativo regulado en los Arts. 17 y ss. del RDLRT, cuya utilización práctica, si bien siempre ha sido escasa, actualmente es casi inexistente, dado que, o se acude directamente al procedimiento judicial de solución de conflictos colectivos jurídicos, o se utilizan los procedimientos extrajudiciales establecidos en los acuerdos interprofesionales o en los convenios colectivos.

En nuestro ordenamiento legal se prevén otros procedimientos de conciliación y mediación, fuera del procedimiento administrativo de conflicto colectivo del RDLRT, prácticamente obsoleto. Así:

1°) El Art. 89.4 del ET, referido a la negociación colectiva, prevé una mediación voluntaria al señalar que *"en cualquier momento de las deliberaciones, las partes podrán acordar la intervención de un mediador, designado por ellas"*.

Se trata de una mediación excepcional más allá de la que realiza normalmente el presidente de la comisión negociadora designado de común acuerdo por las partes negociadoras (Art. 88.2 del ET). Su utilización práctica es realmente escasa.

2°) Los Arts. 6 del RDL 5/1979 y 2 del RD 2756/1979, no derogados, establecen que *"los trabajadores y empresarios podrán solicitar del IMAC la designación de un mediador imparcial en cualquier momento de una negociación o de una controversia colectiva"*.

Así pues, se prevé un supuesto de mediación voluntaria durante la negociación colectiva —se trata del mismo supuesto anterior canalizado a través del IMAC— o durante una huelga o la tramitación del procedimiento de conflicto colectivo.

Hay que tener en cuenta que a partir del RD 530/1985, de 8 de abril, por el que se determina la estructura orgánica básica del Ministerio de Trabajo y Seguridad Social, se suprimió el IMAC, atribuyendo las funciones de sus servicios centrales al Ministerio y la de sus servicios periféricos no transferidos a las distintas comunidades autónomas a las direcciones provinciales del ministerio.

El Art. 6° del RDL 5/1979 prevé también un aparente supuesto de mediación obligatoria: *"la Administración Laboral podrá exigir al IMAC la designación de un mediador, cuando las circunstancias lo demanden y previa audiencia de los interesados"*. Su utilización en la práctica es casi nula.

3°) Los Arts. 9 del RDLRT y 6 del RDL 5/1979 prevén la mediación de oficio de la Inspección de Trabajo potestativa durante la huelga. Se trata de una mediación cuyo procedimiento no se encuentra formalizado en norma alguna. Tan solo el Art. 9 del RDLRT señala que *«la Ins-*

pección de Trabajo podrá ejercer su función de mediación desde que se comunique la huelga hasta la solución del conflicto".

En nuestro ordenamiento legal se prevén también otros supuestos de arbitraje fuera del procedimiento administrativo de conflicto colectivo del RDLRT, prácticamente obsoleto. Así:

1º) En el Art. 4º del RDL 5/1979, se prevé la creación de los llamados *"tribunales de arbitraje laboral"*. Este decreto-ley no ha sido, sin embargo, desarrollado en este punto reglamentariamente, no existiendo tales tribunales arbitrales.

2º) Por su parte, el Art. 10.1 del RDLRT prevé un arbitraje obligatorio impuesto por el gobierno como modo de terminación de una huelga, *"teniendo en cuenta la duración o las consecuencias de la misma, las posiciones de las partes y el perjuicio grave de la economía nacional"*, habiendo admitido la STC de 8 de abril de 1981 su constitucionalidad como *"medio idóneo de solución posible de la huelga... siempre que se garanticen las condiciones de imparcialidad del árbitro"*.

3º) El Art. 12.3 de la Ley 23/2015 prevé la posibilidad de un arbitraje facultativo en conflictos laborales y huelgas, si bien no establece la regulación del mismo, salvo el establecimiento de la incompatibilidad con el ejercicio de la facultad inspectora sobre las mismas empresas afectadas por el conflicto sometido a arbitraje.

4º) El Art. 76 del ET prevé un arbitraje, obligatorio y de imposición legal, aunque con muy amplia posibilidad de posterior recurso judicial, para resolver las reclamaciones en materia electoral que plantean las elecciones a órganos representativos en la empresa, procedimiento arbitral que se aplica igualmente a las reclamaciones electorales relativos a los órganos representativos en el empleo público conforme al Art. 44 f) del EBEP.

Aunque cabrá, desde luego, que los convenios colectivos ordinarios prevean instrumentos de conciliación, mediación o arbitraje, encomendando tales funciones a la comisión paritaria del convenio (Art. 85.3.e) del ET) o a otros sujetos (Art. 82.2 del ET; SS.TS de 12 de noviembre de 2002, Ar/2326 o de 10 de diciembre de 2003, Ar/9189), ello no obstante, el Art. 91 del ET prevé expresamente la posibilidad de que sean los convenios marco o los acuerdos interprofesionales sobre materias concretas, a los que se refiere el Art. 83.2 y 3 del ET, los que establezcan procedimientos de solución extrajudicial de los conflictos colectivos jurídicos de aplicación o interpretación de los convenios colectivos, tales como mediaciones o arbitrajes, proporcionando la infraestructura jurídica necesaria acerca de su naturaleza y régimen jurídico.

Actualmente, existe un Acuerdo Interprofesional Estatal de solución autónoma de conflictos laborales (el ASAC), de 10 de diciembre de 2020 y existen Acuerdos Interprofesionales de ámbito autonómico en todas las comunidades autónomas. Y, desde luego, existen convenios colectivos ordinarios (incluso de empresa) que establecen procedimientos extrajudiciales de solución de los conflictos colectivos.

Las características generales de los acuerdos interprofesionales sobre procedimientos extrajudiciales de solución de conflictos colectivos (estatal y autonómicos) son las siguientes:

a) Todos ellos son acuerdos interprofesionales sobre materias concretas de carácter estatutario (Art. 83.3 del ET), si bien algunos de ellos no poseen eficacia aplicativa inmediata, exigiéndose su expresa adhesión en el convenio colectivo aplicable.

b) En cuanto al ámbito objetivo de aplicación, todos los acuerdos se refieren a conflictos colectivos jurídicos y de intereses, refiriéndose algunos, además, a los conflictos derivados de la designación de servicios de mantenimiento y seguridad en caso de huelga y a las discrepancias derivadas de los periodos de consulta en los procedimientos de traslado, modificación sustancial de condiciones de trabajo, suspensión o extinción (Arts. 40, 41,47 y 51 del ET). Sólo algunos acuerdos, aunque en número creciente, incluyen a determinados conflictos individuales dentro de su ámbito de aplicación (Aragón, Baleares, Cantabria, Castilla y León, Cataluña, La Rioja, Madrid y Navarra, aunque alguno los ha incorporado muy recientemente y alguno más, aunque los incluyó en su ámbito, suspendió temporalmente la aplicación a estos conflictos como Castilla-La Mancha).

c) Desde la perspectiva de las empresas afectadas, con la salvedad de los Acuerdos de Baleares, Cantabria, Castilla y León y Andalucía, los restantes Acuerdos excluyen de su ámbito de aplicación los conflictos en que sea parte el Estado, las Comunidades Autónomas, las Entidades Locales y los Organismos Autónomos dependientes de todos ellos.

Las razones para su exclusión residen en la legitimación de los sujetos pactantes de los acuerdos interprofesionales, que no representan legalmente a las Administraciones Públicas. En todo caso, algunos prevén la posibilidad de una ulterior extensión a dichos conflictos, al menos en cuanto al personal laboral, previos los conciertos o acuerdos necesarios con los colectivos afectados (por ejemplo, el Acuerdo de la Comunidad Valenciana).

d) Los procedimientos establecidos son siempre la conciliación-mediación y el arbitraje, no exigiéndose normalmente un necesario escalonamiento, esto es, acudir primero la conciliación-mediación, siendo raro que se diferencie entre dos trámites, uno de conciliación y otro de mediación, y, fracasada aquella, al arbitraje. En todo caso, la previa intervención de la comisión paritaria está prevista en todos los acuerdos respecto de los conflictos jurídicos relacionados con el convenio colectivo con carácter obligatorio, coincidiendo con la actual regulación legal.

e) En cuanto a la voluntariedad de los procedimientos establecidos, el arbitraje siempre es voluntario y la mediación en ocasiones es obligatoria. La mayor parte de los acuerdos no contemplan la posibilidad de que existan pactos de previo sometimiento a arbitraje a cuyo cumplimiento se niegue alguna de las partes, lo que debería motivar la existencia de reglas en el acuerdo sobre cómo proceder en esos casos, que algún texto (por ejemplo, el VI ASAC o el de Aragón) sí que contempla.

f) En materia de legitimación para iniciar estos procedimientos, la variedad de previsiones es absoluta en los distintos Acuerdos, dependiendo en general del tipo de conflicto.

g) Otra característica común a todos ellos es el establecimiento de la incompatibilidad de los procedimientos del arbitraje con la huelga y el cierre patronal y con otros procedimientos judiciales o administrativos de solución de los conflictos colectivos laborales. Al contrario, esta misma incompatibilidad solo se establece a partir del momento de solicitud de la conciliación-mediación en algunos acuerdos.

h) En todos los acuerdos se prevén listas de árbitros y de mediadores designados de común acuerdo, entre los firmantes del acuerdo interprofesional.

i) Finalmente, la financiación de estos procedimientos es siempre pública y se gestionan bien a través de Fundaciones o en el marco de los Consejos de Relaciones Laborales Autonómicos, de carácter bipartito o tripartito.

j) Los resultados de estos procedimientos son en general bastante aceptables y van cobrando creciente importancia. Se evidencia que la conflictividad individual sigue residenciada mayoritariamente en los órganos administrativos, mientras que la colectiva se ha residenciado casi totalmente en los órganos autonómicos que obtienen además mejores resultados.

En cuanto a la naturaleza jurídica de los actos de conciliación o laudos arbitrales, todos ellos, con la única excepción de los laudos arbitrales *"ex Art. 10.1 RDLRT"* y de los dictados en materia de elecciones a representantes de las personas trabajadoras en la empresa, poseen idéntica naturaleza jurídica.

Se trata de formas de expresión de la autonomía colectiva distintas formalmente de los convenios colectivos pero cuyo fundamento último es idéntico al de éstos —el acuerdo directo de las partes, solucionando el conflicto en el caso del acuerdo conciliatorio o delegando su solución a terceros en el caso de acuerdo arbitral— por lo que se equiparan a los convenios colectivos en eficacia jurídica y personal (STS de 13 de octubre de 1995, Ar/8668). Así lo reconocen expresamente una serie de disposiciones:

a) El Art. 8.2 del RDLRT, referido a los acuerdos del comité de huelga y el empresario o de los representantes de ambos o pactos que ponen fin a la huelga señala que "*tendrán la misma eficacia que lo acordado en convenio colectivo*".

b) El Art. 24 del RDLRT, referido a los actos de conciliación y laudos arbitrales conseguidos en el procedimiento de conflicto colectivo establece que "*dicho acuerdo (conciliatorio) tendrá la misma eficacia que lo pactado en convenio colectivo*", y que "*la decisión que adopten (los árbitros) tendrá la misma eficacia que si hubiera habido acuerdo entre las partes*".

c) El Art. 2 del RD 2756/1979, respecto de los acuerdos en mediación del IMAC (rectius, Administración Laboral sucesora), establece que "*la aceptación por las partes de las propuestas del mediador tendrá la misma eficacia de un convenio colectivo, si legalmente pudiera concertarse*".

d) El Art. 156.2 de la LJS, respecto de la conciliación o mediación preprocesal obligatoria prevista en su párrafo primero: "*lo acordado en conciliación tendrá, según su naturaleza, la misma eficacia atribuida a los convenios colectivos por el Art.82 del ET, siempre que las partes que concilien ostenten la legitimación y adopten el acuerdo conforme a los requisitos exigidos por las citadas normas*".

e) El Art. 91 del ET: "*el acuerdo logrado a través de la mediación y el laudo arbitral tendrán la eficacia jurídica y tramitación de los convenios colectivos regulados en la presente ley, siempre que quienes hubiesen adoptado el acuerdo o suscrito el compromiso arbitral tuviesen la legitimación que le permita acordar, en el ámbito del conflicto, un convenio colectivo conforme a lo previsto en los Arts. 87, 88 y 89* ".

Para el resto de los supuestos, aunque no exista norma expresa que reconozca su naturaleza convencional, deberá ésta admitirse por analogía con los supuestos anteriores, en la medida en que se trata de supuestos amparados en el Art. 37.1 de la CE, que reconoce el derecho a la negociación colectiva laboral entre los representantes de las personas trabajadoras y empresarios.

Así pues, la eficacia jurídica —normativa o contractual— y personal de aplicación —general o limitada a los representados por los representantes que plantearon el conflicto colectivo— dependerá de la representatividad ostentada por éstos últimos y de la toma de decisiones:

a) De ostentarse la representatividad exigida por los Arts. 87 y 88 del ET y de haberse tomado el acuerdo (conciliatorio o arbitral) con el voto favorable de la mayoría de cada una de las representaciones de las partes (Art. 89.3 del ET), éste será equiparable a los convenios colectivos estatutarios, de eficacia jurídica normativa y personal general o *"erga omnes"*.

b) En caso contrario, la equiparación habrá de hacerse a los convenios colectivos extraestatutarios, de eficacia jurídica discutible y discutida (contractual para unos y normativa para otros) y de eficacia personal limitada a los representados por los negociadores de la solución del conflicto, como se desprende de los Arts. 91 del ET y 156.2 de la LJS.

El régimen jurídico de los actos conciliatorios y laudos arbitrales será, naturalmente, el derivado de su naturaleza convencional, esto es, el mismo que el de los convenios colectivos estatutarios o extraestatutarios a los que se equiparan (Art. 91 del ET):

a) El contenido posible de los acuerdos conciliatorios o laudos arbitrales que pongan fin a un conflicto colectivo económico o de interés, cualquiera que sea su naturaleza convencional (estatutario o extraestatutario), vendrá limitado por la normativa legal y reglamentaria imperativa (Arts. 3.3 y 85.1 del ET).

b) El Art. 84 del ET, que prohíbe la concurrencia entre convenios colectivos estatutarios, jugará como límite igualmente de los acuerdos conciliatorios y laudos arbitrales de conflictos colectivos de intereses de naturaleza convencional estatutaria.

c) Tanto los acuerdos conciliatorios como los laudos arbitrales deberán establecer su período de duración o vigencia, del mismo modo que el ET exige como contenido mínimo obligatorio de los convenios colectivos el ámbito temporal, a efectos del juego de las denuncias. De no establecerse, habrá que entender que se trata de acuerdos conciliatorios o de laudos de duración indefinida con posibilidad de denuncia en cualquier momento con el único límite de la buena fe. Naturalmente, de tratarse de conflictos de interpretación de normas, la duración de estos actos será la misma que la de la norma interpretada.

d) Los acuerdos y laudos arbitrales serán susceptibles de impugnación "*por los motivos y conforme a los procedimientos previstos para los convenios colectivos*" (Art. 91 del ET), esto es, a través del procedimiento previsto en los Arts. 163 y ss. de la LJS. Específicamente, los laudos arbitrales podrán ser objeto de recurso en el caso de que el árbitro no hubiera cumplido el procedimiento señalado en la norma o compromiso arbitral que lo previera o se hubiera extralimitado de las funciones encomendadas (*"cuando el laudo hubiese resuelto sobre puntos no sometidos a su decisión"*: actuación *"ultra vires"*: Art. 91 del ET). Y, naturalmente, en los casos en que el laudo contradiga normas vigentes de derecho necesario o resulte *"lesivo"* gravemente para los intereses de terceros.

En cuanto a los acuerdos en conciliación y mediación y laudos con eficacia distinta a la del convenio colectivo y que no tengan establecido procedimiento específico de impugnación, se impugnarán, en el caso de los acuerdos, conforme al procedimiento específico establecido en el Art. 67 de la LJS, y en cuanto a los laudos por el procedimiento ordinario como dispone el Art. 65.4 de la LJS, que establece en este caso como motivos de impugnación el exceso sobre el arbitraje y la solución de aspectos no sometidos al mismo — expresiones literales de la norma que aluden sin duda a los diferentes supuestos de la actuación *"ultra vires"*, la existencia de vicio esencial de procedimiento o la contravención de normas imperativos.

En ambos casos la acción caduca a los 30 días hábiles del acuerdo —de su conocimiento por posibles terceros perjudicados o de la notificación del laudo—.

e) Los acuerdos conciliatorios y laudos arbitrales vincularán a los tribunales, en la medida en que se ajusten a derecho. Esto significa que aquellos acuerdos o laudos en solución de conflictos colectivos económicos o jurídicos referidos a convenios colectivos que no contraríen la normativa estatal vincularán plenamente a los tribunales. No así los acuerdos o laudos que interpreten o apliquen normas estatales (legales o reglamentarias) en cuyo caso parece que la competencia de la jurisdicción es plena para resolver conforme a las normas estatales la impugnación de los acuerdos o laudos o de los conflictos que se planteen posteriormente.

f) Para los acuerdos logrados en conciliación-mediación, el Art. 68.1 de la LJS establece que *"lo acordado en conciliación constituirá título para iniciar acciones ejecutivas sin necesidad de ratificación ante el juez o tribunal, y podrá llevarse a efecto por los trámites previstos en el libro cuarto de esta ley* (de ejecución de sentencias)". El art. 68.2 de la LJS establece por su parte que "*se entenderán equiparados a las sentencias firmes a efectos de ejecución definitiva los laudos arbitrales igualmente firmes, individuales o colectivos, dictados por el órgano que pueda constituirse mediante los acuerdos interprofesionales y los convenios colectivos a que se refiere el Art. 83 del ET*".

Un problema común a la ejecutividad judicial de los acuerdos y laudos es el de determinar el concreto momento en que adquieren firmeza, dado que la LJS no fija plazo. Una solución podría ser la de entender firmes los acuerdos y laudos una vez dictados con independencia de su posible impugnación judicial posterior, si bien en tal caso no podría volverse sobre los efectos ya producidos por el acuerdo o laudo ejecutados por aplicación de los efectos de cosa juzgada del Art. 160.5 de la LJS. En todo caso, si el acuerdo regula la firmeza del laudo, a esa regulación habrá que estar.

g) Según el Art. 65.3 de la LJS, la suscripción de un compromiso arbitral, "*celebrado en virtud de los acuerdos interprofesionales y los convenios colectivos a que se refiere el Art. 83 del ET*", suspenderá los plazos de caducidad e interrumpirá los de prescripción. En estos casos, el cómputo de la caducidad se reanudará al día siguiente de que adquiera firmeza el laudo arbitral. De interponerse un recurso judicial de anulación del laudo, la reanudación tendrá lugar desde el día siguiente a la firmeza de la sentencia que se dicte.

Se trata de un precepto que expresamente se refiere a los arbitrajes previstos en los convenios o acuerdos del Art. 83 del ET, lo que, "*a sensu contrario*", significa que no es de aplicación a otros arbitrajes (previstos en la ley o en convenio colectivo ordinario), aunque por aplicación de las normas generales sobre prescripción parece que se interrumpirá por cualquier otra reclamación judicial o extrajudicial.

La Ley 3/2012, de Reforma Laboral, introdujo algunas modificaciones en cuanto a los procedimientos de solución extrajudicial de los conflictos colectivos, algunas de ellas modificadas por regulaciones posteriores; en concreto siguen vigentes en la actualidad y, teniendo en cuenta las aludidas modificaciones, en los términos que se indican las siguientes:

1º) En primer lugar, a la posibilidad de sustitución de los procedimientos de consulta por los procedimientos de mediación y arbitraje aplicables en la empresa. En este sentido, se ha establecido, con carácter general, la posibilidad, *"en cualquier momento"* y por *"acuerdo entre la empresa y los representantes de los trabajadores"*, de sustituir los procedimientos de consulta en materia de traslados (Art. 40.2 del ET) y modificaciones sustanciales de condiciones de carácter colectivo (Art. 41.4 del ET), de suspensiones contractuales y reducciones de la jornada laboral (Art. 47.1 del ET) y de despidos colectivos (Art. 51.2 del ET) por causas económicas, técnicas, organizativas o de producción, por los procedimientos de mediación y arbitraje *"que sean de aplicación en el ámbito de la empresa"*.

Estos procedimientos de mediación y arbitraje *"de aplicación en el ámbito de la empresa"* pueden ser los establecidos con carácter general por los acuerdos interprofesionales de solución extrajudicial de conflictos colectivos o los establecidos por un convenio colectivo ordinario aplicable a esa empresa.

Tanto el acuerdo logrado en mediación como en su caso el laudo arbitral deberán estar justificados en las causas económicas, técnicas, organizativas o de producción alegadas por la empresa y *"deberán desarrollarse dentro del plazo máximo señalado para dicho periodo"*.

Esto último (el cumplimiento del plazo legal establecido para el periodo de consulta) se hace especialmente difícil de cumplir si, como la propia ley establece, el acuerdo de sustitución se puede adoptar *"en cualquier momento"*; así, por ejemplo, en el último día de plazo para el periodo de consultas. Parece más lógico entender que una vez acogidas a un procedimiento de mediación este se desarrollará en el plazo regulado en el correspondiente acuerdo entendiéndose que así lo aceptan las partes al acogerse al mismo, salvo que otra cosa dispongan.

Por otra parte, tanto el acuerdo logrado en mediación como en su caso el laudo arbitral deberán entrar a conocer *"las causas motivadoras de la decisión empresarial"* (de traslado colectivo, de modificación sustancial de carácter colectivo, de suspensión contractual o de reducción de jornada o de despido colectivo), *"la posibilidad de evitar o reducir sus efectos"* y *"las medidas necesarias para atenuar sus consecuencias para los trabajadores afectados".*

Desde luego, los acuerdos logrados en conciliación/mediación y los laudos arbitrales tendrán la misma eficacia del acuerdo logrado en el periodo de consultas al que sustituyen.

La duda que plantean, sin embargo, es la de si rige para ellos lo dispuesto en la ley para los acuerdos logrados en el periodo de consultas: *"cuando el periodo de consultas finalice con acuerdo se presumirá que concurren las causas justificativas...y solo podrá ser impugnado ante la jurisdicción competente por la existencia de fraude, dolo, coacción o abuso de derecho en su conclusión".*

2º) En segundo lugar, en el caso de pretender una empresa la inaplicación (el descuelgue o modificación) de determinadas condiciones del convenio colectivo estatutario (jornada de trabajo, horario y distribución del tiempo de trabajo, régimen de trabajo a turnos, sistema de remuneración y cuantía salarial, sistema de trabajo y rendimiento, funciones y mejoras voluntarias de seguridad social), por causas económicas, técnicas, organizativas o de producción, el nuevo Art. 82.3 del ET establece una serie de procedimientos para lograrlo:

a) Por acuerdo entre la empresa y los representantes de los trabajadores en la empresa logrado en el periodo de consultas, debiendo determinar con exactitud *"las nuevas condiciones de trabajo aplicables en la empresa y su duración".*

   En ausencia de representación legal de los trabajadores (sindical o unitaria), actuará, bien una comisión asamblearia o una comisión sindical por delegación de la asamblea de personas trabajadoras afectadas, con los consiguientes problemas que plantean ambas soluciones legales: falta de garantías para las personas trabajadoras representantes, posibilidad de manipulación empresarial, riesgo de *"dumping social"* entre empresas y *"desafección sindical"* de las pymes y de las personas trabajadoras de las pymes.

b) En caso de desacuerdo en el periodo de consultas y a solicitud de *"cualquiera de las partes"*, intervendrá la comisión paritaria, con *"escasas probabilidades de éxito"*, dada la falta de voluntad que en muchos casos se da en los representantes empresariales y sindicales para asumir soluciones lógicas, pero no favorables para sus respectivos representados.

c) En caso de falta de solicitud de intervención de la comisión paritaria o de acuerdo en el seno de ésta, *"cualquiera de las partes"*, las partes *"deberán recurrir"* a los procedimientos de mediación y arbitraje establecidos en los acuerdos interprofesionales (estatal o autonómicos) de solución extrajudicial de los conflictos colectivos.

   El Art. 85.3 c) del ET viene a establecer, como parte del *"contenido mínimo"* de los convenios colectivos ordinarios *"los procedimientos para solventar de manera efectiva las discrepancias que puedan surgir para la no aplicación de las condiciones de trabajo a que se refiere el Art. 82.3, adaptando, en su caso, los procedimientos que se establezcan a este respecto en los acuerdos interprofesionales de ámbito estatal o autonómico conforme a lo dispuesto en tal artículo"*. Lo que plantea a su vez el problema de saber cuál deba ser el alcance de la obligación de los convenios colectivos ordinarios de *"adaptar"* los procedimientos de solución extrajudicial de los acuerdos interprofesionales.

d) Cuando el periodo de consultas finalice sin acuerdo y no fueran aplicables los procedimientos anteriores (comisión paritaria y procedimientos de solución extrajudicial de los conflictos), *"cualquiera de las partes"* podrá someter la discrepancia a la CCNCC (o equivalente autonómica si existe), que arbitrará, bien directamente, bien por árbitro externo designado por la CCNCC *"con las debidas garantías para asegurar su imparcialidad"*, que dictará el laudo arbitral en el plazo de 25 días a contar desde la fecha del sometimiento del conflicto ante tal órgano.

   De hecho, normalmente será la representación gubernamental en la CCNCC (u órgano autonómico equivalente) la que decidirá el arbitraje (el laudo interno o, en su caso, la decisión de someterlo a laudo externo y el nombramiento del árbitro externo), dada la práctica ya comentada de los interlocutores sociales, siendo por tanto un arbitraje obligatorio y con intervención decisiva de la Administración Pública, lo que pese al respaldo del Tribunal Constitucional a tal posibilidad, nos sigue planteando serias dudas de constitucionalidad desde la perspectiva del derecho de a la tutela judicial efectiva (Art. 24 de la CE) y del derecho a la autonomía colectiva (Art. 37.1 de la CE), a la vista de otros precedentes del Tribunal Constitucional (STC de 8 de abril de 1981) y que en todo caso se mitigan algo por la amplia posibilidad de impugnación judicial de la solución que se pueda adoptar por la CCNCC.

A nuestro juicio, la deseable solución se encuentra en el *"arbitraje voluntario/obligatorio"* pactado por los agentes sociales en los acuerdos interprofesionales de solución extrajudicial de los conflictos laborales, de *"impecable legalidad constitucional"* por no ser propiamente *"obligatorio"* sino *"voluntario"* para los agentes sociales firmantes del acuerdo interprofesional y ciertamente *"obligatorio"* para las empresas y representantes de las personas trabajadoras en conflicto. El problema que se plantea es que falta *"voluntad política"* en los agentes sociales para acordar estos *"arbitrajes voluntarios/obligatorios"*. Las razones, que en todo caso nos parecen poco justificadas, pueden ser éstas: 1ª) desconfianza en los árbitros. 2ª) pérdida de protagonismo de los agentes sociales que pudiera conllevar esta fórmula. 3ª) dificultad para que las correspondientes *"bases"* lo acepten.

Los acuerdos logrados y los laudos arbitrales dictados en los procedimientos de conciliación/mediación de los acuerdos interprofesionales y los laudos arbitrales (internos o externos) de la CCNCC (u órgano autonómico equivalente) tendrán la eficacia del acuerdo logrado en el periodo de consultas (equiparado al convenio colectivo inaplicado) y solamente podrá ser impugnado conforme al procedimiento y en base a los motivos establecidos en el Art. 91 del ET, esto es, por el procedimiento y los motivos previstos para la impugnación de los convenios colectivos.

La duda que plantean, también, es la de si rige para ellos lo dispuesto en la ley para los acuerdos logrados en el periodo de consultas: *"cuando el periodo de consultas finalice con acuerdo se presumirá que concurren las causas justificativas...y solo podrá ser impugnado ante la jurisdicción competente por la existencia de fraude, dolo, coacción o abuso de derecho en su conclusión"*.

3º) En tercer lugar, la regulación de la ultraactividad normativa de los convenios colectivos estatutarios del Art. 86.4 del ET, para el caso de que no exista acuerdo de revisión de un convenio denunciado y concluida la duración pactada, establece que,*"transcurrido un año desde la denuncia del convenio colectivo sin que se haya acordado un nuevo convenio, las partes deberán someterse a los procedimientos de mediación regulados en los acuerdos interprofesionales de ámbito estatal o autonómico previstos en el Art. 83, para solventar de manera efectiva las discrepancias existentes. Asimismo, siempre que exista pacto expreso, previo o coetáneo, las partes se someterán a los procedimientos de arbitraje regulados por dichos acuerdos interprofesionales, en cuyo caso el laudo arbitral tendrá la misma eficacia jurídica que los convenios colectivos y solo será recurrible conforme al procedimiento y en base a los motivos establecidos en el Art. 91."*

En la redacción vigente se ha omitido cualquier referencia a una cierta obligatoriedad legal del arbitraje —que parecía establecerse en el texto de 2012—, manteniendo solo la de la mediación y fomentando la solución deseable, a nuestro juicio, que se encuentra también aquí en los *"arbitrajes voluntarios/obligatorios"* pactados en los acuerdos interprofesionales de solución extrajudicial de los conflictos laborales o en los convenios colectivos, evitándose así los problemas de inconstitucionalidad del arbitraje obligatorio, al tratarse, la solución que proponemos, de un *"arbitraje obligatorio desde el convenio colectivo"*, lo que parece constitucionalmente posible.

4. VALORACIÓN CRÍTICA Y PROPUESTAS DE REFORMA

La actual legislación merece sin duda un repaso crítico detenido y por ello proponemos las siguientes modificaciones normativas:

1ª) La supresión de las *"comisiones ad hoc"* no sindicalizadas y con capacidad de negociar los períodos de consulta en las empresas sin representantes de las personas trabajadoras. En estos casos la representación de las personas trabajadoras debería atribuirse a comisiones integradas por las organizaciones sindicales con legitimación negocial en el sector.

2ª) La mejor regulación de la eficacia de los acuerdos conciliatorios y laudos arbitrales, especialmente determinando hasta donde llega su equiparación al acuerdo directo entre las partes.

3ª) La modificación del plazo fijado para el periodo de consultas en el supuesto de que las partes se acojan a mediación, para establecer que, en ese supuesto, la mediación se desarrollará, salvo que otra cosa establezcan, en el plazo previsto en el correspondiente acuerdo aplicable en el ámbito de la empresa.

4ª) La supresión de la intervención de la CCNCC o el órgano equivalente autonómico en los supuestos de inaplicación de condiciones establecidas en los convenios. En estos casos debería establecerse la obligatoriedad de que en los Acuerdos Interprofesionales que se suscriban en la materia — o adicionalmente en los convenios colectivos — se establezcan compromisos de sometimiento obligatorio de estas controversias al arbitraje previsto en los correspondientes Acuerdos Interprofesionales.

5ª) La extensión de los efectos suspensivos de la caducidad e interruptorios de la prescripción a cualquier procedimiento de conciliación, mediación o arbitraje al que las partes deban o pacten acogerse.

6ª) La derogación de los preceptos del RDLRT relativos a la solución de conflictos laborales (especialmente, los Arts. 17 y ss.) que han quedado obsoletos y están prácticamente en desuso.

7ª) La derogación de los preceptos del RDL 5/1979 y del RD 2756/1979 en todo lo que se refiere a la intervención del SMAC en la conflictividad colectiva, especialmente en cuanto a la mediación y al arbitraje, no solo por la obsolescencia de estos preceptos, en buena parte nunca desarrollados, sino porque la conflictividad colectiva debe hoy residenciarse en los órganos que gestionan los Acuerdos Interprofesionales. En todo caso podrían — y deberían — mantenerse las funciones de conciliación en conflictos colectivos exclusivamente en aquellos casos en los que la aplicación de los instrumentos de solución diseñados en el Acuerdo Interprofesional, requiera la ratificación o adhesión al mismo y ésta no se hubiera producido.

En cuanto a las modificaciones a sugerir en los Acuerdos Interprofesionales de solución extrajudicial de conflictos, señalaríamos las siguientes:

1ª) Asumir y regular la obligatoriedad del acogimiento al procedimiento arbitral en los conflictos derivados de la inaplicación de condiciones establecidas en convenios colectivos estatutarios y, en su caso, sobre posible ultraactividad del convenio colectivo denunciado.

2ª) Establecer expresamente reglas para el supuesto de que deba actuarse obligatoriamente en un arbitraje, por disponerlo así el convenio colectivo o un pacto de previo sometimiento, sin colaboración de una de las partes en los trámites del procedimiento arbitral.

3ª) A la vista de la obligatoriedad de la intervención de las comisiones paritarias de los convenios en determinados conflictos y de la conveniencia de su intervención en otros, los acuerdos deberían abordar el establecimiento de reglas subsidiarias, especialmente en materia de plazos para considerar agotado el trámite y de lugar para dirigir la solicitud de intervención (si es que no hay referencia clara a algún domicilio de la comisión o a que se le puede hacer llegar la solicitud a través de las partes firmantes), que puedan suplir las insuficiencias de regulación de esta intervención en el convenio colectivo aplicable.

Ciertamente, algunos Acuerdos han establecido estas reglas (ASAC, Aragón, Madrid, Castilla-La Mancha, Castilla y León).

Adicionalmente debería establecerse que, en el caso de desacuerdos en las comisiones paritarias, si no hay previsto otro sistema de solución, las partes se acogerán obligatoriamente al arbitraje establecido en los correspondientes Acuerdos Interprofesionales, que es la solución más coherente con la importancia que debe darse a los mismos.

4ª) Profundizar en el estudio, y en su caso regulación, de posibles intervenciones preventivas en la conflictividad laboral (asistencia en negociaciones, quejas, procedimientos sobre violencia y acoso en el trabajo, etc.), en la línea de lo que es deseable y algunos acuerdos sugieren como el de Cantabria.

Una cuestión pendiente es la del análisis de la ampliación subjetiva de los procedimientos de solución extrajudicial para implantar los mismos definitivamente en los dos ámbitos en los que ello está previsto: el empleo público y el trabajo autónomo económicamente dependiente.

En el empleo público es posible asumir los conflictos del personal laboral en los órganos que gestionan los acuerdos de solución en el ámbito laboral, como se ha hecho en algunos casos, pero ello requiere seguramente una adhesión expresa por los problemas de legitimación de quienes han firmado esos Acuerdos que, propiamente, no representan a las Administraciones Públicas y, dudosamente, a los funcionarios públicos y personal laboral de estas últimas. En cuanto al personal funcionario, corresponde al desarrollo reglamentario previsto en el EBEP —y de algún modo obligado como se analizó por el respeto a la normativa de la OIT—, desarrollar esos órganos de solución extrajudicial que, en aprovechamiento de lo ya existente, podrían ser los mismos que asumen la solución de la conflictividad laboral si así lo aceptan y, en su caso, con las adaptaciones necesarias, lo que por otro lado garantiza la máxima imparcialidad de los mismos.

En el ámbito del trabajo autónomo económicamente dependiente, por la proximidad con el ámbito laboral, la solución más lógica sería también el aprovechamiento de la capacidad y experiencia de los órganos ya existentes, aunque sin duda surge igualmente el problema de la legitimación negocial, debiendo en su caso adoptarse esta solución por las partes legitimadas para negociar en este específico ámbito, estableciendo en su caso los convenios necesarios con los órganos que solucionan la conflictividad laboral lo que, sin duda, requeriría igualmente la adaptación de los acuerdos ya firmados en ese ámbito o la creación de estructuras relativamente paralelas como por ejemplo se ha hecho en Cataluña con el Tribunal TRADE.

A nuestro juicio, los procedimientos de solución extrajudicial de los conflictos laborales han alcanzado *"carta de naturaleza"* en nuestro ordenamiento jurídico, tanto a nivel constitucional como en los niveles legal y jurisprudencial. En este sentido:

a) La jurisprudencia del Tribunal Constitucional ha sido ciertamente importante para allanar los problemas que planteaba la *"tutela judicial efectiva"* del Art. 24 de la CE.

b) Los Tribunales ordinarios, partiendo ciertamente de una postura de *"recelo"* frente a ellos, en la medida en que constituyen en cierto modo su *"rival"* a la hora de *"juzgar y ejecutar lo juzgado"*, van acomodándose paulatinamente a ellos, en la medida, sobre todo, que suponen *"un alivio a su carga de trabajo"*, ejemplar, además, por su celeridad.

c) Cabría distinguir, en este sentido, entre las conciliaciones/mediaciones (en definitiva, la negociación del conflicto mediante la ayuda de un tercero), que deberían potenciarse al máximo, y los arbitrajes, sin desmerecerlos, que hoy día funcionan bien porque son pocos, ya que si fueran muchos surgirían los *"mecanismos de defensa procesal"* típicos de la jurisdicción (por ejemplo, las excepciones procesales de todo tipo) y perderían sin duda *"calidad"*; y para multiplicar el número de los árbitros, acaso fuera preferible aumentar el número de los jueces y magistrados.

d) La LJS ha constituido sin duda un instrumento de institucionalización procesal y de seguridad jurídica para estos procedimientos.

f) En definitiva, una vez superada la crisis económica, podrían representar estos procedimientos un intento de superación de la vía jurisdiccional a la hora de aplicar las normas laborales, del mismo modo que la negociación colectiva tiene que suponer una alternativa positiva a la legislación laboral, alcanzándose así la deseable *"mayoría de edad"* de los interlocutores sociales y, por ende, del modelo de relaciones laborales.

V. La reforma de la normativa reguladora del derecho de huelga

Tomás Sala Franco
Catedrático Emérito de Derecho del Trabajo y de la Seguridad Social
Universidad de Valencia
Estudio General

Fernando Fita Ortega
Profesor Titular de Derecho del Trabajo y de la Seguridad Social
Universidad de Valencia
Estudio General

Sumario: 1. Consideraciones generales. 2. La actual regulación de la huelga. 3. Juicio crítico acerca del RDLRT 1771977. 4. El derecho de huelga de los funcionarios públicos. 5. La titularidad del derecho de huelga. 6. Las huelgas prohibidas. 7. La renuncia al derecho de huelga. 8. La regulación del comité de huelga. 9. La regulación legal de los piquetes. 10. La regulación de la política de información empresarial durante la huelga. 11. El esquirolaje externo durante la huelga. 12. Las huelgas abusivas. 13. La regulación de los servicios de mantenimiento y seguridad durante las huelgas. 14. La regulación de las huelgas en los servicios esenciales para la comunidad. 15. Los efectos de las huelgas sobre las personas trabajadoras huelguistas y no huelguistas y sobre otras empresas. 16. Los efectos de la huelga sobre otras empresas.

1. CONSIDERACIONES GENERALES

El derecho de huelga consagrado en el Art. 28.2 de la Constitución no ha experimentado, tras el fracasado intento de 1992, un desarrollo legislativo posterior a la entrada en vigor de aquella, siendo el Tribunal Constitucional el que en su Sentencia 11/1981, de 8 de abril, realizó un verdadero *"desarrollo legal"* del derecho de huelga respetuoso con el texto constitucional al resolver el recurso de inconstitucionalidad promovido contra diversos preceptos del Real Decreto-Ley 17/77, de 4 de marzo.

Desde ese momento no se ha producido una reforma de la legislación laboral reguladora del derecho de huelga, lo que ha provocado que hayan sido las decisiones judiciales, de los Tribunales Constitucional y

Supremo, las que han ido conformando el régimen jurídico del derecho de huelga.

Sin embargo, ni la regulación contenida en el Real Decreto-Ley 17/77 ni la posterior reinterpretación por vía judicial han tenido presente la transformación del proceso productivo, ni las relaciones triangulares, cada vez más numerosas, que se desarrollan en su seno. En efecto, es notorio que el recurso a la descentralización productiva por parte de las empresas se ha incrementado a raíz de las mayores facilidades que las empresas encontraron para eludir la contratación directa de personas trabajadoras.

Esta circunstancia supuso una alteración del carácter bilateral del que parte la normativa laboral, salvo algunas excepciones, al regular las relaciones de trabajo. En esencia el Derecho del Trabajo, tanto individual como colectivo, ha venido a intervenir en el conflicto de intereses que surge entre un empresario y las personas trabajadoras, individual o colectivamente considerados. Sin embargo, la aparición de las relaciones triangulares producidas como consecuencia de la interposición de un tercero entre quien presta los servicios retribuidos y por cuenta ajena y quien los recibe, suscita la necesidad de replantearse el derecho de huelga.

La huelga sigue moviéndose, en virtud de las decisiones de los tribunales laborales, en un plano eminentemente bilateral, matizado, si acaso, por las sentencias del Tribunal Supremo y Constitucional acerca de la vulneración del derecho de huelga mediante la asunción de la actividad de las personas trabajadoras en huelga por parte de otras empresas pertenecientes a un mismo grupo empresarial (SS.TS de 11 de febrero de 2015, Rec. 95/2014 o de 20 de abril de 2015, Rec. 354/2014) o del despido de los trabajadores de la empresa contratista derivado de la extinción de la contrata por parte de la empresa principal como consecuencia de la huelga de aquellos (SS.TC 75, 76 y 101/2010). De este modo, ni cabe exigir a la empresa principal que forme parte del comité de huelga del conflicto promovido en la empresa contratistas (STS de 23 de enero de 2017, Rec. 60/2016) ni cabe entender vulnerado el derecho de huelga por el hecho de que la empresa usuaria de las instalaciones de otra decida sustituir a las personas trabajadoras de ésta, declarados en huelga, por sus propios trabajadores (STS de 7 de febrero de 2017, Rec. 412/2016) o formalice una contrata puntual, mientras dura la situación de huelga, para que le preste los servicios que debían haber efectuado las personas trabajadoras de la contratista declarados en huelga (STS de 16 de noviembre de 2016, Rec. 59/2016).

2. LA ACTUAL REGULACIÓN DE LA HUELGA

Con base en el Art. 28.2 de la CE, se ha mantenido vigente el viejo Real Decreto-Ley 17/1977, de 4 de Marzo, sobre relaciones de trabajo (en adelante, RDLRT), si bien la STC de 8 de Abril de 1981, dictada frente a un recurso de inconstitucionalidad, anuló algunos preceptos del RDLRT, fijándose respecto de otros la interpretación constitucionalmente ajustada, existiendo, además, otras Sentencias posteriores del Tribunal Constitucional, dictadas en amparo o en conflictos de competencia, que también matizan lo dispuesto en el RDLRT.

Las características básicas del derecho de huelga son actualmente las siguientes:

1ª) Se trata, por su ubicación y redacción, de un derecho de eficacia jurídica inmediata y no programática, no necesitando ley de desarrollo para poder ser alegado y aplicado por los Tribunales. Por otra parte, el derecho de huelga forma parte del contenido esencial del derecho de libertad sindical (SS.TC de 8 de abril de 1981 o de 27 de junio de 1984).

2ª) El derecho de huelga es un derecho fundamental y, por ello, exige una ley orgánica para su desarrollo constitucional (Art. 81.1 de la CE), no consintiendo regulaciones autonómicas diferenciadas (STC de 5 de noviembre de 1981).

3ª) Conforme al Art. 53.2 de la CE, el derecho de huelga está sometido a una especial protección, en la medida en que se podrá recabar su tutela ante los Tribunales ordinarios por un procedimiento basado en los principios de preferencia y sumariedad (Arts. 177 a 184 de la LJS) y, en su caso, a través del recurso de amparo ante el Tribunal Constitucional.

4ª) El derecho de huelga no es un derecho autónomo, por cuanto necesita para su ejercicio de otros derechos y libertades civiles (Resolución de la OIT sobre los derechos sindicales, de 25 de junio de 1970).

Son tantas las interpretaciones jurisprudenciales hechas al RDLRT 17/1977 y tantas también las cuestiones ayunas de una norma legal segura, que creemos necesaria desde la perspectiva jurídica una ley de huelga que las contemple y resuelva, con independencia de una valoración de su oportunidad, tema que no nos corresponde.

3. JUICIO CRÍTICO ACERCA DEL RDLRT 17/1977

A nuestro juicio, los aspectos más criticables del RDLRT son los siguientes:

1º) En primer lugar, su ámbito de aplicación excluyente de los funcionarios públicos.

2º) En segundo lugar, la falta de claridad acerca de si se trata de un derecho de titularidad individual o colectiva.

3º) En tercer lugar, la regulación de las prohibiciones de huelgas por razón de sus motivaciones, esto es, el alcance de la ilegalidad de las huelgas políticas, de las huelgas de solidaridad y de las huelgas novatorias.

4º) En cuarto lugar, la ausencia de una clara regulación de la renuncia al ejercicio del derecho de huelga.

5º) En quinto lugar, la deficiente regulación del comité de huelga.

6º) En sexto lugar, la regulación penal de los piquetes en una huelga.

7º) En séptimo lugar, la ausencia de regulación de la política de información empresarial durante la huelga.

8º) En octavo lugar, la deficiente regulación del esquirolaje externo durante las huelgas y la ausencia de regulación del esquirolaje tecnológico.

9º) En noveno lugar, la oscura regulación del abuso en el ejercicio del derecho de huelga, referido a las huelgas rotatorias, intermitentes y estratégicas.

10º) En décimo lugar, la mejorable regulación de los servicios de mantenimiento y seguridad durante las huelgas.

11º) En undécimo lugar, la igualmente mejorable regulación de las huelgas en los servicios esenciales para la comunidad.

12º) En duodécimo lugar, la ausencia de una clara regulación de los efectos de las huelgas sobre las personas trabajadoras huelguistas y no huelguistas y sobre otras empresas.

4. EL DERECHO DE HUELGA DE LOS FUNCIONARIOS PÚBLICOS

La CE no reconoce explícitamente el derecho de huelga a los funcionarios públicos, sino que hay que deducirlo dificultosamente —y no pacíficamente— del texto constitucional a base de delicadas interpretaciones. Así, el Art. 28.2 de la CE señala que *"se reconoce el derecho a la huelga de los trabajadores para la defensa de sus intereses"*, planteando el problema interpretativo de aclarar si cuando la Constitución habla de *"trabajadores"* lo hace en un sentido restringido de trabajadores sometidos a la legislación laboral o en un sentido amplio comprendiendo también a los funcionarios públicos, personal estatutario y contratados administrativos.

La STC de 8 de abril de 1981 *"pasó de puntillas"* sobre este motivo y eludió afirmar la inconstitucionalidad de una norma que excluía a los funcionarios públicos del derecho de huelga.

Actualmente, el derecho de huelga se encuentra reconocido con carácter general a los funcionarios públicos en el Art. 15 c) del EBEP. Sin embargo, los funcionarios militares (Código de Justicia Militar y Reglamento de la Guardia Civil), los Magistrados, Jueces y Fiscales (Ley Orgánica del Poder Judicial) y los funcionarios de policía (Art. 8.3 a) de la Ley Orgánica 9/2015, de 28 de Julio, de Régimen de Personal de la Policía Nacional) se encuentran excluidos del derecho de huelga, existiendo opiniones que dudan acerca de la constitucionalidad de estas exclusiones.

En cuanto al régimen jurídico del derecho de huelga de los funcionarios públicos, cabría señalar lo siguiente:

1º) Que, aun estando reconocido el derecho de huelga de los funcionarios en el Art. 15 c) del EBEP, existe un vacío normativo solo cubierto parcialmente por el Art. 95.2 m) del EBEP, calificando de falta muy grave *"el incumplimiento de la obligación de atender los servicios esenciales en caso de huelga"*.

2º) Que, en consecuencia, mientras no haya ley orgánica de desarrollo constitucional, los funcionarios públicos pueden ejercitar su derecho de huelga con los límites establecidos en los preceptos constitucionales interpretados judicialmente por los tribunales (por todas, la STS de 10 de Mayo de 1986), los cuales vienen efectivamente aplicando por analogía (según unos), bien como directriz o marco de referencia (según otros), lo dispuesto en el RDLRT en cuanto a los límites al derecho de huelga del personal laboral, en cuanto a las motivaciones de la huelga (huelgas políticas, de solidaridad, motivadas por conflictos jurídicos o novatorias), y en cuanto al procedimiento y modalidades de huelga (legitimación, preaviso, publicidad, comité de huelga, convocatoria, piquetes, ocupación de locales, huelgas articuladas —intermitentes, rotatorias o estratégicas—, servicios mínimos y servicios esenciales, esquirolaje o terminación de la huelga).

3º) Ahora bien, comoquiera que la aplicación del RDLRT no puede ser mecánica sino con las razonables salvedades que imponen las peculiaridades de las *"condiciones estatutarias"*, se plantean sin duda problemas aplicativos importantes. Así, por ejemplo:

a) La configuración de la *"huelga novatoria"* en el caso de los funcionarios, dada la existencia en todo caso de un Estatuto de la Función Pública y de un *"sucedáneo"* de negociación colectiva por cuanto los pactos y acuerdos colectivos regulados por el EBEP no poseen eficacia jurídica interna como tales ni duración temporal prevista en muchas ocasiones. ¿Serían en este sentido todas las huelgas de funcionarios públicos novatorias y, por tanto, ilegales?

b) En tema de legitimación para convocar las huelgas, si bien habría que admitir la legitimación genérica de los propios funcionarios, de los representantes sindicales y de los representantes unitarios de los mismos por analogía con lo dispuesto en el Art. 3.2.a) del RDLRT cabría no obstante dudar de que los delegados de personal y las juntas de personal estén facultados para acordar la declaración de huelga, a la vista de las funciones asignadas por el Art. 40 del EBEP y, sobre todo, en la medida en que son los sindicatos los únicos legitimados para la *"negociación colectiva"*.

4º) Que los efectos de las huelgas legales e ilegales se regirán por su normativa específica, establecida en el EBEP. Así, para las huelgas legales:

a) Cabrá la retención de los haberes sin necesidad de expediente disciplinario, ya que *"no tendrá carácter de sanción"* (Art. 30.2 del EBEP).

b) En cuanto a las vacaciones, los periodos de huelga legal mantenidos por los funcionarios no permiten la reducción del número días. El art. 50 del EBEP establece que todos los funcionarios tendrán derecho a disfrutar como mínimo, durante cada año natural, de unas vacaciones retribuidas de veintidós días hábiles o de los días que correspondan proporcionalmente si el tiempo de servicio durante el año fue menor. La norma establece el principio de proporcionalidad entre el tiempo en que los funcionarios se encuentran en servicio activo y la duración de las vacaciones, por lo que, dado que en la situación de huelga legal el funcionario permanece en situación de servicio activo, no cabe la posibilidad de descontar por razón de huelga el tiempo correspondiente a las vacaciones (por todas, STS de 21 de junio de 1993).

c) La huelga no afectará al *"régimen respectivo de sus prestaciones sociales"* (Art. 30.2 del EBEP). Así, a diferencia del RDLRT (Art. 6.3), el EBEP establece que el período de huelga no afecta a la cobertura de la Seguridad Social. Lo que significa que se continuará cotizando y, en su caso, percibiendo las prestaciones devengadas durante ese tiempo.

d) Y, en caso de huelga ilegal, las sanciones imponibles serán las previstas en los Arts. 93 y ss. del EBEP.

Son, por ello, tantas las lagunas, incongruencias y dudas que la actual *"regulación"* de la huelga de funcionarios plantea, que un serio debate sobre todas ellas y una nueva legislación aclaratoria se hacen sin duda necesarios.

5. LA TITULARIDAD DEL DERECHO DE HUELGA

El Art. 28.2 de la CE atribuye la titularidad del derecho de huelga a las concretas personas trabajadoras (titularidad individual) y no a los sujetos colectivos que los representan (titularidad colectiva y, menos aún, sindical), habiéndose interpretado tradicionalmente que el legislador constitucional ha atribuido a los trabajadores no sólo el derecho a ir o no ir a la huelga sino también el derecho de convocatoria (establecimiento de las reivindicaciones, publicidad o proyección exterior, negociación y decisión de darla por terminada) que corresponde también a las personas trabajadoras y no sólo a sus representantes (en este sentido, STC de 8 de abril de 1981).

El Art. 3.1 del RDLRT, por su parte, exigía que la declaración de huelga, cualquiera que fuese su ámbito, debería ser adoptada por acuerdo expreso en tal sentido *"en cada centro de trabajo"*. Y el Art. 3.2 del RDLRT establecía que los sujetos facultados para acordar la declaración de huelga eran: a) De un lado, los *"representantes"* de las personas trabajadoras por decisión mayoritaria de los mismos, debiendo asistir a la reunión al menos el 75 por 100 de los representantes, levantando acta que debían firmar todos los asistentes. b) Y, de otro lado, las propias personas trabajadoras del centro de trabajo afectados por el conflicto, cuando el 25 por 100 de la plantilla decidiese someter a votación dicho acuerdo. La votación habría de ser secreta, decidiéndose por mayoría simple y haciendo constar el resultado en acta.

Todo ello suponía básicamente, lo siguiente:

1º) Que los sindicatos *per se* no podían declarar la huelga. No obstante, los Tribunales, a partir de la legalización de los sindicatos por ley de Asociación Sindical de 1 de abril de 1977, flexibilizaron esta prohibición, reconociendo la posibilidad para los sindicatos de declarar huelgas, pero siempre que fueran los sindicatos más representativos, limitando así la libertad sindical de los sindicatos minoritarios que no podían declarar huelgas legales (por todas, STCT de 6 de marzo de 1980).

2º) Que, pese a admitirse las huelgas de ámbito superior a la empresa, se establecía la necesidad de que la declaración de huelga fuese precedida de un acuerdo expreso en tal sentido en cada centro de trabajo, lo que suponía una limitación importante del derecho de huelga. No obstante, también aquí los Tribunales admitieron su incumplimiento (por todas, STCT de 8 de enero de 1980).

3º) Que se admitían las *"huelgas salvajes"* o *"no sindicales"*, pero limitando doblemente las declaraciones de huelgas de las personas trabajadoras, al exigir la mayoría simple en votación secreta, previa decisión del 25 por 100 de la plantilla de trabajadores del centro de trabajo.

La STC de 8 de abril de 1981 incidió sobre lo dispuesto en el RDLRT, viniendo a señalar:

a) En primer lugar, la inconstitucionalidad de la exigencia del Art. 3.1 del RDLRT de que el acuerdo de huelga se adopte en todo caso en el centro de trabajo.

b) En segundo lugar, que por *"representantes de los trabajadores"* había que entender tanto a los representantes unitarios como a los representantes sindicales *"con implantación en el ámbito laboral al que la huelga se extienda"* (Art. 3.2.a) del RDLRT). Por sindicatos *"con implantación en el ámbito laboral al que la huelga se extienda"* había que entender, bien a los sindicatos que tuvieran afiliados, bien que sus candidaturas hubieran obtenido puestos en las elecciones de representantes unitarios del personal, lo que resulta congruente con el derecho de huelga como contenido esencial de la libertad sindical.

c) En tercer lugar, que eran inconstitucionales las exigencias establecidas en el Art. 3 del RDLRT *"de que a la reunión de los representantes haya de asistir un determinado porcentaje (apartado 2.a) y la de que la iniciativa para la declaración de huelga haya de estar apoyada por un 25% de los trabajadores (apartado 2.b)"*.

A la vista de todo lo anterior, tras el oportuno debate acerca de si se debería o no mantener una interpretación amplia del término *"representantes de los trabajadores"* (referido a los representantes sindicales, unitarios o asamblearios) o una interpretación restringida (referida exclusivamente a los sindicatos), tesis esta última por la que nos inclinamos, parecería oportuno que una futura ley de huelga aclarara igualmente las exigencias requeridas a los sindicatos para actuar en estos casos.

6. LAS HUELGAS PROHIBIDAS

El Art. 11 del RDLRT, en su versión inicial, establecía la ilegalidad de las huelgas políticas, de solidaridad y novatorias.

En cuanto a las huelgas políticas, el Art. 11.a) del RDLRT establecía la ilegalidad de la huelga *"cuando se inicie o sostenga por motivos políticos o con cualquier finalidad ajena al interés profesional de los Tribunales afectados"*.

Aunque nada dijo expresamente la STC de 8 de abril de 1981 acerca de la constitucionalidad de la prohibición legal de las huelgas políticas, la interpretación actual es la de que la huelga política puede configurar un delito solamente cuando pretenda "*subvertir la seguridad del Estado*" pero no cuando se trate simplemente de presionar a los poderes públicos.

La jurisprudencia ordinaria viene haciendo esta interpretación restrictiva, considerando legales desde la perspectiva contractual a las huelgas políticas de trascendencia laboral (por todas, SS.TC de 8 de febrero de 1993, de 8 de febrero de 1993 o 37/1988) de corta duración (STS de 1 de febrero de 1991, Ar/1094).

Por lo que se refiere a las huelgas de solidaridad, el Art. 11.b) del RDLRT establecía la ilegalidad de la huelga "*de solidaridad o apoyo, salvo que afecte directamente al interés profesional de quienes la promuevan o sostengan*".

La STC de 8 de abril de 1981 fue en cuanto a las huelgas de solidaridad más explícita que respecto de las huelgas políticas, señalando que la exigencia de que la incidencia del interés profesional sea directa era inconstitucional y que el adjetivo *"profesional"* había de entenderse referido a los intereses que afectan a las personas trabajadoras en cuanto tales y no en cuanto miembros de una categoría laboral específica.

Así pues, pese a mantener formalmente la constitucionalidad de la prohibición de las huelgas de solidaridad o apoyo del RDLRT, la STC la vació materialmente de contenido al extender el ámbito de la excepción a prácticamente todas las huelgas de solidaridad (aquellas en las que está afectado el "*interés profesional*" de los huelguistas solidarios). Sobre esta línea abierta por la STC ha discurrido posteriormente la jurisprudencia ordinaria (por todas, STS de 24 de octubre de 1989, Ar/7422).

El Art. 11.c) del RDLRT declaraba también ilegal la huelga *"cuando tenga por objeto alterar, dentro de su período de vigencia, lo pactado en un convenio colectivo"*.

Con ello se establecía un deber legal de paz relativo, vinculante no solo para las partes contratantes del convenio y otros sujetos colectivos no firmantes del convenio sino también para las personas trabajadoras obligadas por él, consistente en la prohibición de realizar huelgas novatorias, sin necesidad de pacto expreso en el convenio colectivo.

La STC de 8 de abril de 1981 mantuvo la constitucionalidad del Art. 11.c) del RDLRT en sus propios términos, si bien interpretó la existencia de un deber de paz relativo en términos claramente restrictivos. Así, vino a señalar:

1°) En primer lugar, la legalidad de las huelgas cuyo objetivo fuese "*la interpretación de un convenio*".

2°) En segundo lugar, la legalidad de las huelgas para reivindicar un punto no regulado en el convenio colectivo, que no implique modificaciones del convenio.

3°) En tercer lugar, la legalidad de las huelgas por incumplimiento contractual del empresario y novatorias por aplicación de la cláusula *"rebus sic stantibus"*.

Por su parte, los Tribunales ordinarios han dejado muy claro que la ilegalidad de la huelga novatoria se limita a aquellas huelgas que pretendan la alteración de un convenio estatutario y no de uno extraestatutario (por todas, STCT de 22 de junio de 1988, Ar/300), salvo que el propio convenio extraestatutario hubiere establecido el deber de paz relativo (STS de 1 de marzo de 2001, Ar/2829).

Así pues, las únicas huelgas declaradas legales por el RDLRT son las huelgas motivadas por conflictos jurídicos o de interpretación de normas y las huelgas de presión en la negociación colectiva.

Sin embargo, el alcance de la legalidad de estas últimas viene, no obstante, limitado por la prohibición (amplia o restrictiva, según los casos) de concurrencia de las huelgas con el procedimiento de conflicto colectivo de trabajo previsto en los acuerdos interprofesionales sobre solución de conflictos colectivos. Se ha venido a establecer así, el "*principio de concentración de la acción*" mediante el cual *"electa una vía, non datur recursus ad alteram"*.

Se trata, como hemos constatado, de una regulación legal resultante de la *"depuración"* del viejo RDLRT por parte de la doctrina jurisprudencial establecida por la STC de 8 de abril de 1981 y por la actuación de los Tribunales ordinarios, que debería a nuestro juicio recogerse ordenadamente en un nuevo texto legislativo, tras el oportuno y debido debate.

7. LA RENUNCIA AL DERECHO DE HUELGA

Los Arts. 82.2 del ET y 8.1 del RDLRT posibilitan la renuncia al ejercicio del derecho de huelga en términos absolutos durante la vigencia del convenio colectivo si se pacta expresamente en él un *"deber convencional de paz absoluto"*.

Cuestionada ante el Tribunal Constitucional la constitucionalidad de este último precepto por cuanto supone que los representantes de las personas trabajadoras en la negociación colectiva pueden renunciar a un derecho de titularidad individual, la STC de 8 de abril de 1981 afirmó la plena constitucionalidad del Art. 8.1 del RDLRT con base en los dos razonamientos siguientes:

1º) No existe propiamente una "*genuina renuncia*" por cuanto es temporal y transitoria; y, en todo caso, se produce a cambio de obtener determinadas compensaciones, siendo, por ello una transacción.

2º) Las partes contratantes en una negociación colectiva, en ejercicio de las reglas civiles de la representación, pueden renunciar al derecho de huelga.

En consecuencia, de existir una cláusula en el convenio colectivo donde se estableciese un "*deber de paz absoluto*", la huelga devendría ilegal, no pudiendo convocarla los sujetos colectivos firmantes del convenio ni seguirla las personas trabajadoras afectadas por ese convenio, planteándose dudas razonables acerca de si otros sujetos colectivos no firmantes del convenio podrían lícitamente convocar una huelga en ese ámbito.

La STC de 14 de junio de 1993 corrigió posteriormente esta doctrina al señalar que *"tales cláusulas, al establecer derechos y obligaciones únicamente entre las partes firmantes, se integran en el contenido obligacional del convenio colectivo, sin incidencia en el plano de las relaciones individuales encuadradas en el ámbito de aplicación del convenio"*.

Ello motivará que las acciones por ilegalidad de la huelga se centren fundamentalmente en la reclamación a los sindicatos incumplidores del pacto de paz laboral de los daños y perjuicios derivados de dicho incumplimiento, sin que una huelga declarada por otros sujetos colectivos distintos de los negociadores del convenio colectivo o por los propios trabajadores resulte por ello ilegal.

Se trata de una cuestión de amplias consecuencias que debería quedar también lo suficientemente clara en un nuevo texto legislativo sobre la huelga.

8. LA REGULACIÓN DEL COMITÉ DE HUELGA

El RDLRT establecía la necesidad de constituir un comité de huelga como condición de legalidad de la misma con el siguiente régimen jurídico:

1°) Necesidad de constituirlo con la antelación suficiente para que su composición pudiera hacerse constar en la comunicación escrita de declaración de huelga (Art. 3.3 in fine del RDLRT).

2°) Sólo podían ser elegidos personas trabajadoras del propio centro de trabajo, afectados por el conflicto, no pudiendo exceder de 12 personas (Art. 5.1 del RDLRT).

3°) Las funciones del comité de huelga habrían de ser las de *"participar en cuantas actuaciones sindicales, administrativas o judiciales se realicen para la solución del conflicto"* (Art. 5 in fine del RDLRT) y las de *"garantizar durante la huelga la prestación de los servicios necesarios para la seguridad de las personas y de las cosas, mantenimiento de los locales, maquinarias, instalaciones, materias primas y cualquier otra atención que fuese precisa para la ulterior reanudación de las tareas de la empresa"* (Art. 6.7 del RDLRT).

La STC de 8 de abril de 1981 vino a declarar su plena justificación y adecuación constitucional. Tan sólo se señala en el fallo que *"el apartado 1 del Art. 5* (referido a la necesidad de que solo puedan ser elegidos trabajadores del propio centro de trabajo) *no es inconstitucional referido a huelgas cuyo ámbito no exceda de un solo centro de trabajo, pero que lo es en cambio cuando las huelgas comprenden varios centros de trabajo"*. Y ello por razones de coherencia con la admisión de la legalidad de huelgas de ámbito superior al centro de trabajo.

Por su parte, la limitación numérica ha sido interpretada flexiblemente por los Tribunales ordinarios, entendiendo que su incumplimiento no genera la ilegalidad de la huelga si no ha existido perjuicio para la empresa.

A nuestro juicio, la actual regulación legal peca de innecesariamente reglamentista, debiendo bastar con que la ley exija la constitución de un comité de huelga entre los trabajadores en huelga que realicen las actuaciones correspondientes durante la huelga y que en su caso respondan por su incumplimiento.

9. LA REGULACIÓN LEGAL DE LOS PIQUETES

La regulación actual de los piquetes se encuentra en el Art. 6.6 del RDLRT (*"los trabajadores en huelga podrán efectuar publicidad de la misma, en forma pacífica, y llevar a efecto recogida de fondos sin coacción alguna"*), limitado por lo dispuesto en el Art. 6.4 del RDLRT (*"se respetará la libertad de trabajo de aquellos trabajadores que no quisieran sumarse a la huelga"*), previéndose en el Art. 315.2 y 3 del Código Penal un tipo específico de delito de coacciones en caso de piquetes de huelga.

Por lo demás, el Tribunal Constitucional ha reconocido explícitamente en varias ocasiones que los piquetes forman parte del contenido esencial del derecho de huelga (por todas, SS.TC de 17 de febrero de 1988, de 9 de mayo de 1994, de 19 de diciembre de 1994 o de 17 de febrero de 1998).

El criterio general aplicable en esta materia es, pues, el de que la participación de las personas trabajadoras en la huelga debe obtenerse por la persuasión y no por la violencia o por la coacción física o verbal (por todas, STC de 21 de julio de 1997). No cabe identificar, en consecuencia, *"publicidad"* con simple *"información"*, debiendo admitirse también la *"persuasión"* (por todas, STS de 20 de marzo de 1991, Ar/1884). Será, desde luego, labor jurisprudencial el concretar cuanto hay *"persuasión"* y cuando *"violencia"* en un caso concreto, debiendo establecer un difícil equilibrio entre el derecho de huelga y el derecho al honor de las personas en los casos de insultos y coacciones efectuados por los huelguistas al personal no huelguista (por todas, STS de 20 de marzo de 1991, Ar/1884). Así, se ha mantenido que el *"animus iniuriandi"* queda mitigado por el clima de tensión existente en una huelga, por lo que un intercambio de insultos entre huelguistas y no huelguistas no resulta sancionable (STS de 24 de noviembre de 1987, Ar/8053).

Un concreto problema que plantea la actual regulación de los piquetes es el de las consecuencias de la ilicitud de la actividad de los piquetes. A primera vista podría suponerse la ilegalidad de la huelga *"ex Art. 11.d) del RDLRT"*. Sin embargo, el Tribunal Constitucional (SS.TC de 21 de diciembre de 1988 o de 23 de febrero de 1995) ha señalado que el delito de coacciones es personal y no puede responsabilizarse a otros —los huelguistas— por el comportamiento ilícito de los miembros del piquete.

Por lo demás, las personas trabajadoras componentes de un piquete ilegal podrán ser objeto de sanción disciplinaria o de despido procedente (por todas, STS de 10 de mayo de 1990, Ar/3992).

No es ciertamente fácil imaginar una regulación legal alternativa a la actual, si bien creemos que la regulación penal de un tipo especial de delito de coacciones por la actuación de los piquetes resulta a nuestro juicio criticable, dado que una huelga debería considerarse más una circunstancia atenuante que no una agravante de determinados comportamientos delictivos.

10. LA REGULACIÓN DE LA POLÍTICA DE INFORMACIÓN EMPRESARIAL DURANTE LA HUELGA

La política de información empresarial a las personas trabajadoras durante una huelga se encuentra actualmente ausente de regulación en el RDLRT 17/1977, habiendo sido el Tribunal Constitucional y los Tribunales ordinarios los que la han abordado en supuestos concretos.

Así, el Tribunal Constitucional ha considerado lesivo del derecho de huelga que el empleador se dirija a todos los trabajadores señalando que la huelga es ilegal y amenazando con sanciones (STC 80/2005, de 4 de abril). Esta misma ha sido la doctrina tradicional mantenida por el Tribunal Supremo: la empresa puede pronunciarse sobre la licitud o ilicitud de la huelga, siempre que no desarrolle conductas amenazadoras o coactivas que interfieran el derecho de huelga (por todas, STS de 23 de diciembre de 2003, Ar/2004/2004).

La STS de 14 de abril de 2014, Rec. 2013/830, ha dado sin embargo un paso más, al mantener que el simple hecho de que el empleador declare públicamente que la huelga es ilegal constituye una presión indirecta sobre las personas trabajadoras constitutiva de un acto lesivo del derecho de huelga.

La importancia del tema hace necesaria a nuestro juicio una intervención del legislador para establecer una doctrina equilibrada entre la posible libertad de expresión e información del empresario y el necesario respeto al derecho de huelga de las personas trabajadoras, limitando probablemente la doctrina sentada por esta última Sentencia por excesiva.

11. EL ESQUIROLAJE EXTERNO DURANTE LA HUELGA

Por lo que se refiere a la prohibición legal del esquirolaje externo, entendido como *"sustitución de* trabajadores huelguistas por trabajadores no *vinculados a la empresa al tiempo de ser comunicada la huelga"* (Art. 6.7 del RDLRT), los principales problemas que se han planteado han sido los referidos al alcance de la prohibición legal, siendo la jurisprudencia la que trabajosamente ha ido desbrozando distintas soluciones interpretativas. Así:

1º) Se excepcionan expresamente de la prohibición legal en las huelgas legales los supuestos de incumplimiento de la prestación de servicios de mantenimiento y de los servicios mínimos en las huelgas en servicios esenciales para la comunidad (Arts. 6.5 y 10.2 del RDLRT) y, en general, las huelgas ilegales (por todas, STS de 23 de octubre de 1987, Ar/6908), si bien el problema será el de saber, en este último caso, sin riesgo para la empresa, cuando una huelga es legal o ilegal hasta que lo diga *"a posteriori"* un Tribunal.

2º) La prohibición alcanza obviamente a la sustitución de huelguistas por personas trabajadoras directamente contratadas por la empresa, como indefinidos o interinos, ya que ello equivaldría a un despido nulo de las personas trabajadoras huelguistas sustituidas (Art. 55.5 del ET).

3º) La prohibición alcanza igualmente a las personas trabajadoras contratadas indirectamente a través de empresas de trabajo temporal (Art. 8 a) de la Ley 14/1994, de 1 de junio, por la que se regulan las empresas de trabajo temporal).

4º) La prohibición legal alcanza también a los contratos de arrendamiento de servicios o de ejecución de obra con personas trabajadoras autónomas, a las contratas de obras o servicios con empresas contratistas y a la utilización durante la huelga de personas trabajadoras excluidas de la legislación laboral como pudieran ser las personas trabajadoras benévolas o los familiares del empresario. Y ello con base en una interpretación finalista del precepto legal: garantizar la eficacia de la huelga, impidiendo que se vacíe su contenido esencial. Los Tribunales, a falta de una jurisprudencia unificadora del Tribunal Supremo, se decantan por esta interpretación (por todas, SAN de 21 de noviembre de 2011, ROJ/2191/2011).

5º) La doctrina judicial (por todas, STSJ de Andalucía, de 29 de febrero de 2000, Rec.915) ha señalado que es lícita la contratación eventual durante la huelga para cubrir la mayor ocupación cíclica, en la medida en que aquella responde a una necesidad real, objetiva e irrefutable conocida con anterioridad a la huelga y prevista con antelación, siendo jurídicamente viable porque no tiene relación o vínculo alguno con la huelga y no persigue paliar sus efectos.

6º) En cuanto al denominado *"esquirolaje tecnológico"*, consistente en minorar los efectos de una huelga con medios técnicos sin sustituir propiamente a las personas trabajadoras en huelga, éste ha sido admitido por el Tribunal Supremo en repetidas ocasiones (SS.TS de 27 de septiembre de 1999, Ar/7304, de 4 de julio de 2000, Ar/6289, de 15 de abril de 2005, Ar/4513 o de 11 de junio de 2012, Ar/6841), argumentándose que *"sobre la empresa no recae la obligación de colaboración con los huelguistas en el logro de sus propósitos"* y que *"no hay precepto alguno que prohíba al empresario usar los medios técnicos de los que habitualmente dispone en la empresa, para atenuar las consecuencias de la huelga"* y, en definitiva, que lo que no está prohibido está permitido.

Más recientemente, sin embargo, el Tribunal Supremo ha cambiado de criterio, con base en la doctrina del Tribunal Constitucional sobre el esquirolaje interno (STC de 28 de marzo de 2011), entendiendo que lo que no está expresamente permitido está prohibido (STS de 5 de diciembre de 2012, Rec. 265/2011).

Hay, pues, a nuestro juicio, un importante margen para mejorar la actual legislación y dar una mínima seguridad jurídica a la institución del esquirolaje, regulando convenientemente todas las cuestiones que suscita el alcance de la prohibición legal, recogiendo en este sentido la jurisprudencia de los Tribunales sobre las mismas.

12. LAS HUELGAS ABUSIVAS

El Art. 7.2 del RDLRT establece que determinadas huelgas, por razón del procedimiento seguido en su ejercicio (*"las huelgas rotatorias, las efectuadas por los trabajadores que presten servicios en sectores estratégicos con la finalidad de interrumpir el proceso productivo y las de celo o reglamento"*) *"se considerarán actos ilícitos o abusivos"*.

Respecto de estas modalidades de huelga que la ley considera ilícitas o abusivas, la STC de 8 de abril de 1981 vino a señalar:

1ª) Que el contenido esencial del derecho de huelga consiste en una cesación del trabajo que no comprende las alteraciones colectivas del régimen del trabajo distintas de la cesación del trabajo, tales como la huelga de celo o reglamento.

2ª) Que el legislador puede limitar la facultad de los huelguistas de elegir la modalidad de huelga "*siempre que lo haga justificadamente, que la decisión legislativa no desborde el contenido esencial del derecho y que los tipos y modalidades que el legislador admita son bastantes por si solos para reconocer que el derecho existe como tal y eficaces para obtener las finalidades del derecho de huelga*" (en el mismo sentido, STC de 21 de marzo de 1984).

3ª) Que las modalidades de huelgas comprendidas en el Art. 7.2 del RDLRT no son huelgas en todo caso ilegales sino huelgas de las que se presume "*iuris tantum*" su ilegalidad por abusivas, pero que la presunción admite prueba en contrario por parte de los huelguistas que utilizaron tal modalidad.

4ª) Que los criterios para decidir acerca del carácter abusivo o no de estas modalidades de huelga serán los de la "*proporcionalidad en el daño*".

Por otra parte, la jurisprudencia del Tribunal Constitucional ha aceptado también la aplicación de la doctrina del "*abuso de derecho*" a supuestos de huelgas no previstas como abusivas en el RDLRT. Tal ha sucedido con las "*huelgas intermitentes*". Así, la STC de 2 de diciembre de 1982, ha venido a señalar que, al no estar entre los supuestos del Art. 7.2 del RDLRT que sufren una presunción "*iuris tantum*" de abusividad, en las huelgas intermitentes la carga de la prueba de su carácter abusivo corresponde al empresario, ya que se presupone su validez (en este mismo sentido, STC de 21 de marzo de 1984).

A la vista de la anterior situación normativa y jurisprudencial, se hace a nuestro juicio igualmente oportuno una regulación legal que establezca el mismo o un distinto régimen jurídico para las distintas modalidades de huelga en función de su ejercicio y, sobre todo, que aclare cuál deba ser el criterio a utilizar por los Tribunales para valorar su abusividad.

13. LA REGULACIÓN DE LOS SERVICIOS DE MANTENIMIENTO Y SEGURIDAD DURANTE LAS HUELGAS

El Art. 6.7 del RDLRT señala que "*el comité de huelga habrá de garantizar durante la misma la prestación de los servicios necesarios para la seguridad de las personas y de las cosas, mantenimiento de los locales, maquinaria, instalaciones, materias primas y cualquier otra atención que fuese precisa para la ulterior reanudación de las tareas de la empresa. Corresponde al empresario la designación de los trabajadores que deben efectuar dichos servicios".*

Una vez aceptada la constitucionalidad de la exigencia legal de la prestación de servicios de seguridad y mantenimiento, como límite funcional del derecho de huelga, basándose en la existencia de un interés social de que las personas no sufran daños y que los bienes del capital no se deterioren con la huelga (STC de 8 de abril de 1981), los principales problemas que plantea este precepto son, de un lado, la concreción del concepto legal de *"servicios de mantenimiento y seguridad"* y, de otro, el de a quién corresponde la designación de estos servicios y de los trabajadores que deban desempeñarlos.

En cuanto al concepto de *"servicios de mantenimiento y seguridad"*, ante el silencio de la ley, ha sido la jurisprudencia interpretativa la que, dificultosamente, se ha planteado la existencia de ciertos límites a la aparente libertad de apreciación de los responsables de su designación, debiendo por ello a nuestro juicio ser una futura ley de huelga la que aclare definitivamente el concepto, recogiendo posiblemente algunos de los criterios jurisprudenciales. Así:

a) El que el RDLRT hable de *"seguridad de personas"* y de *"cosas"* resulta ciertamente trascendente a efectos de la designación de los servicios, ya que no cabe hacer un reduccionismo excesivo que refiera al tema de los mismos tan solo al *"mantenimiento de los locales, maquinaria e instalaciones"*, sino que habrá que tener en cuenta la seguridad de las personas de dentro y fuera de la empresa en huelga.

b) Por otro lado, habrá que tener en cuenta la *"ratio"* perseguida por la ley que no es otra que permitir *"la ulterior reanudación de las tareas de la empresa"* (Art. 6.7 del RDLRT). En este sentido, los servicios de mantenimiento y seguridad han de ser suficientes para permitir que el trabajo *"pueda reanudarse sin dificultad tan pronto como se ponga fin a la huelga"* (SS.TC 11/1981, y 80/2005).

c) Existe doctrina judicial que ha entendido por *"servicios de seguridad y mantenimiento"* también los que se prestan a terceros, especialmente si éstos a su vez se consideran esenciales para la comunidad (los suministros prestados a otras empresas que sean necesarios para la conservación sin daños de sus instalaciones y la reanudación de los procesos),

d) Se consideran servicios de mantenimiento y seguridad aquellos trabajos que son necesarios para que se trabaje en una empresa.

e) Para el caso de que la huelga sea parcial, la designación de los servicios quedará afectada por este dato, en el sentido de que sean las personas trabajadoras no huelguistas los que desempeñen en la medida de lo posible los servicios, salvo que sean insuficientes en cantidad o en calidad.

f) En definitiva, la concreta designación de los servicios de seguridad y mantenimiento dependerá de cada empresa y de las circunstancias que rodean la huelga, esto es, de su extensión personal, territorial, funcional, temporal y del tipo de actividad de la empresa.

Por lo que se refiere a la designación de los concretos servicios y trabajadores, en el Art. 6.7 del RDLRT la obligación de garantizar estos servicios recaía —además de en las personas trabajadoras individualmente afectadas por la designación— en el comité de huelga. Ello, no obstante, correspondía al empresario la designación de los servicios y de las concretas personas trabajadoras para la realización de los mismos. Así las cosas, la obligación legal era de muy difícil cumplimiento por cuanto el comité de huelga no intervenía en la designación de los servicios y en el nombramiento de los trabajadores. El Art. 6.7 del RDLRT permitía, de esta manera, al límite, el boicot empresarial de las huelgas por una vía fáctica, pudiendo el empresario designar trabajadores para realizar estos servicios de entre los que componían el comité de huelga, descabezando la misma.

La STC de 8 de abril de 1981, declaró por ello la inconstitucionalidad del Art. 6.7 RDLRT "*cuando atribuye de manera exclusiva al empresario la facultad de designar los trabajadores que durante la huelga deban velar por el mantenimiento de los locales, maquinaria e instalaciones*", exigiendo que la designación se haga de mutuo acuerdo entre el empresario y el comité de huelga.

Distinguiendo entre la designación de los servicios y la designación de las personas trabajadoras que deban efectuar dichos servicios, cabe plantear dos debates distintos:

1ª) Un primer debate (que ya se ha producido en la doctrina y en la jurisprudencia) acerca de si los servicios y los concretos trabajadores deben designarse por acuerdo entre la empresa el comité de huelga o si sólo los servicios los debe designar el empresario unilateralmente y las personas trabajadoras deben ser designadas por mutuo acuerdo, pudiendo existir fundamento para ambas tesis interpretativas.

2ª) Y un segundo debate acerca de qué hacer si tal acuerdo no se produce. Aunque parece lógico pensar en una resolución judicial, el carácter preferente y sumario del procedimiento judicial que las circunstancias requieren y la ausencia de su reconocimiento en la actual ley procesal laboral impiden en ocasiones su operatividad práctica. Aunque se utilice el procedimiento de conflicto colectivo, los plazos de preaviso para la huelga puestos en relación con los plazos del procedimiento de conflicto colectivo dificultan su utilización. La instancia judicial resolutoria del desacuerdo en materia de servicios de mantenimiento y seguridad choca con el inconveniente funcional de que, por razón de trámites procesales, la sentencia se pronuncie una vez comenzada o, incluso, finalizada la huelga en cuestión. Debería por ello, a nuestro juicio, crearse un procedimiento especial idóneo.

Por otra parte, sería también recomendable que en el convenio colectivo se establecieran los mecanismos de fijación de los servicios y de las personas trabajadoras, fomentándose el uso del arbitraje en esta materia. Sólo que estas soluciones no resuelven qué es lo que ocurre cuando el compromiso arbitral no se logra.

En cualquier caso, todo lo anterior tiene sentido en las huelgas que no rebasen el ámbito de una empresa. Pero ¿quién debe designar los servicios y las personas trabajadoras en las huelgas supraempresariales?

Sucede que, en las huelgas de sector, la designación, incluso con acuerdo, de los servicios, no podría pasar en la mayoría de los casos de la fijación de directrices generales, a concretar posteriormente en el ámbito de cada empresa. Y, en todos los casos, lo que habría de concretarse a nivel de empresa serían las personas trabajadoras concretas para cubrir los servicios de mantenimiento. Pero dado que, en estos supuestos, no existirá a nivel de empresa un comité de huelga que pueda negociar con el empresario los servicios de mantenimiento, se hace preciso plantear una serie de situaciones hipotéticas:

a) Que entre el comité de huelga y las asociaciones empresariales se haya previsto el sistema de determinación de servicios de mantenimiento en cada una de las empresas. En este caso no parece haber inconveniente alguno en la observancia de este acuerdo; incluso en el supuesto en que el acuerdo consistiese en remitir al empresario en exclusiva la determinación de esos servicios. Y ello porque, aún en este caso, vendrían respetadas las exigencias de la STC de 8 de abril de 1981 sobre participación del comité de huelga en la designación de las concretas personas trabajadoras.

b) Para el caso de que no hubiese nada previsto entre comité de huelga y organizaciones empresariales, las vías de salida podrían ser las siguientes:

1ª) Dado que las huelgas de sector serán habitualmente convocadas por sindicatos, parece lógico que, a nivel de empresa, el tema de los servicios sea negociado por el empresario con las secciones sindicales de los sindicatos convocantes de la huelga. Se trataría así de reproducir a nivel de empresa la correlación de fuerzas existente en el comité de huelga.

2ª) Cuando no existan secciones sindicales de los sindicatos convocantes de huelga, se podría remitir la labor negociadora en materia de servicios a la representación unitaria de las personas trabajadoras. Lo que no sería forzado, dado que en el ET se configura como órgano encargado de la defensa de los intereses del conjunto de las personas trabajadoras, asignándoseles una labor de colaborar con la dirección de la empresa para conseguir el establecimiento de cuantas medidas procuren el mantenimiento y el incremento de la productividad.

Pueden surgir aquí problemas derivados de hecho de que el órgano de representación unitaria, no integrado por miembros del sindicato convocante de la huelga, sea contrario a la celebración de ésta. En tal caso cabe plantearse si eventuales servicios pactados entre los representantes unitarios y la empresa pueden ser impugnados por el sindicato convocante, en defensa del derecho de huelga y de libertad sindical, pues se admite que no solamente el empresario puede ser sujeto activo de conductas antisindicales (por todas, STS de 20 de mayo de 2010, Ar/2611).

3ª) Y para los casos en que tampoco existiese representación unitaria de las personas trabajadoras, entender que deben ser las propias personas trabajadoras las que directamente han de negociar con el empresario sobre dichos servicios.

Cabe plantear finalmente la naturaleza de la obligación del comité de huelga de garantizar la prestación de los servicios de seguridad y mantenimiento. A nuestro juicio, se trata de una obligación de medio y no de resultado, por lo que no existirá responsabilidad si la prestación no se hubiera efectuado por las personas trabajadoras designadas si, no obstante, el comité de huelga hubiera realizado de buena fe una diligente actividad de vigilancia de los servicios y de advertencia a las personas trabajadoras incumplidoras de las consecuencias de sus actos.

Una cuestión, de indudable importancia, es la relativa a los efectos del incumplimiento de las obligaciones exigidas en tema de mantenimiento de servicios durante la huelga, debiendo distinguirse entre las obligaciones del comité de huelga y las de las personas trabajadoras designadas para realizar los servicios. Así:

a) Los efectos del incumplimiento de la obligación del comité de huelga de garantizar la prestación de los servicios de seguridad y mantenimiento serán, como indica la propia STC de 8 de abril de 1981, los de convertir la huelga en ilícita, por abusiva, con la consecuencia de que el empresario podrá sancionar a todas las personas trabajadoras en huelga y no sólo a los que no hubiesen incumplido su obligación de prestar los servicios. De otro lado, surgirá una responsabilidad para el comité de huelga, o mejor, para los sujetos convocantes de la huelga, concretable seguramente en una indemnización de daños y perjuicios.

b) Los efectos del incumplimiento de la obligación de prestar los servicios por parte de los trabajadores afectados o designados, cuando el comité de huelga hubiese no obstante cumplido su obligación, serán estrictamente los de las posibles sanciones disciplinarias a las concretas personas trabajadoras incumplidoras' sin que la huelga se convierta por ello en ilícita por abusiva, no pudiéndose por ello sancionar a las restantes personas trabajadoras en huelga ni a los convocantes de la misma.

De cualquier modo, en caso de incumplimiento por parte de los trabajadores designados de su obligación de prestar los servicios, el empresario podrá sustituir a los huelguistas por personas trabajadoras que no estuviesen vinculadas a la empresa al tiempo de ser comunicada la misma (Art. 6.5 in fine del RDLRT).

Son así muchas las cuestiones que, como hemos visto, han de resolver, y resuelven, los Tribunales y que sería deseable que estuvieran previstas y solucionadas en el texto de una futura ley de huelga.

14. LA REGULACIÓN DE LAS HUELGAS EN LOS SERVICIOS ESENCIALES PARA LA COMUNIDAD

La regulación actual del tema se encuentra en el Art. 28.2 de la CE, cuando señala que *«la ley que regule el ejercicio de este derecho establecerá las garantías precisas para asegurar el mantenimiento de los servicios esenciales de la Comunidad"*; y en el Art. 10.2 del RDLRT, que establece que *"cuando la huelga se declare en empresas encargadas de la prestación de cualquier género de servicios públicos o de reconocida o inaplazable necesidad y concurran circunstancias de especial gravedad, la autoridad gubernativa podrá acordar las medidas necesarias para asegurar el funcionamiento de los servicios. El Gobierno, asimismo, podrá adoptar a tales fines las medidas de intervención adecuada"*.

Ambos preceptos plantean, no obstante, un importante número de cuestiones interpretativas que la jurisprudencia ha tenido que resolver:

1ª) En primer lugar, el concreto significado de los *"servicios esenciales para la comunidad"*. La postura del Tribunal Constitucional es la siguiente:

a) La STC de 8 de abril de 1981 entiende que no deben definirse *"a priori"* los servicios esenciales, remitiéndose a futuros pronunciamientos en los correspondientes recursos de amparo.

b) Las SS.TC de 24 de abril de 1986, de 5 de mayo de 1986 y de 15 de marzo de 1990 concretan restrictivamente el concepto de *"servicios esenciales"*, no *definiéndolos "en atención a la titularidad pública o privada del servicio, sino a través del carácter del bien satisfecho"*; y no en atención a la actividad desempeñada sino en atención a los resultados producidos, con la importante consecuencia de que *"a priori"* no existirá ningún tipo de actividad productiva que, por sí misma, pueda ser considera como esencial, siéndolo únicamente si satisfacen derechos o bienes constitucionalmente protegidos, y en la medida y con la intensidad con que los satisfagan.

c) Según la STC de 17 de julio de 1981 existen dos posibles conceptos de servicios esenciales:

   – Un primer concepto, según el que *«servicios esenciales»* serían aquellas actividades industriales o mercantiles de las que derivan prestaciones vitales o necesarias para la vida de la comunidad. Y así, en la definición de servicios esenciales entrarían el carácter necesario de las prestaciones y su conexión con atenciones vitales.

   – Y una segunda concepción haría recaer la esencialidad del servicio no tanto en la naturaleza de la actividad que se despliega como en el resultado que con dicha actividad se pretende: *"para que el servicio sea esencial deben ser esenciales los bienes o intereses satisfechos. Como bienes e intereses esenciales hay que considerar los derechos fundamentales, las libertades públicas y los bienes constitucionalmente protegidos"*, no resultando sólo tutelables los derechos fundamentales sino también otros derechos o bienes constitucionalmente protegidos no fundamentales.

   – Concluyendo el Tribunal que *"esta última línea interpretativa, que pone el acento en los bienes y en los intereses de la persona —y no la primera que se mantiene en la superficie de la necesidad de las organizaciones dedicadas a llevar a cabo las actividades—, es la que debe ser tenida en cuenta, por ser la que mejor concuerda con los principios que inspira la Constitución Española"*.

d) Consecuencia de lo anterior será que la delimitación del servicio esencial habrá de hacerse en términos relativos y concretos dependiendo de las circunstancias que rodean a una huelga, siendo preciso *"examinar en cada caso la extensión territorial que la huelga alcanza, la extensión personal y la duración"*(SS.TC de 17 de julio de 1981, de 9 de diciembre de 2003 o de 4 de octubre de 2004) o *"la alternatividad del servicio afectado por la huelga y la época de la misma"* (STC de 15 de marzo de 1990).

e) No cabe confundir servicio público y servicio esencial, a efectos de establecimientos de posibles limitaciones al ejercicio del derecho de huelga. Dichas limitaciones no cabrá establecerlas cuando se trate de servicios públicos que no reúnan las circunstancias anteriormente señaladas (STC de 17 de julio de 1981).

Partiendo de esta doctrina jurisprudencial interpretativa del Art. 28.2 de la CE, no parece que sea posible una fórmula legal que pretendiera concretar a estos efectos mediante una enumeración de los distintos servicios esenciales para la comunidad, aunque ello no obsta para que una futura ley de huelga se esfuerce en recoger las líneas generales de esta doctrina constitucional.

2ª) En segundo lugar, la concreción de las *"garantías precisas para asegurar el mantenimiento de los servicios esenciales de la comunidad"* a que se refiere el Art. 28.2 de la CE.

Cuestiones interpretativas importantes en relación con las garantías del mantenimiento de los servicios esenciales, son las de qué tipo de garantías cabe establecer, quién debe establecerlas y de acuerdo con qué procedimiento.

En cuanto al tipo de garantías a establecer, la STC de 8 de abril de 1981 no concreta, tan sólo limita. Así, señala que *"la autoridad gubernativa se encuentra limitada en el ejercicio de esa potestad. Son varios los límites con los que se topa. Ante todo, la imposibilidad de que las garantías en cuestión vacíen de contenido el derecho de huelga o rebasen la idea de contenido esencial; y, después, en el orden formal, la posibilidad de entablar contra las decisiones la acción de tutela jurisdiccional de derechos y libertades públicas y el recurso de amparo ante este Tribunal"*.

En cuanto a los límites, las SS.TC de 24 de abril de 1986 y de 5 de mayo de 1986 serán más precisas al señalar que *"la consideración de un servicio como esencial no significa la supresión del derecho de huelga de los traba-*

jadores ocupados en tal servicio" y que *"la adecuación del programa de servicios mínimos que ha de ser adoptada está en relación directa con el interés de la comunidad, que debe ser perturbado por la huelga sólo hasta extremos razonables"*.

Indicándose, además *"que el tipo de garantías ordenadas al mantenimiento de los servicios esenciales a adoptar sin menoscabo del derecho consagrado en el Art. 28.2 CE es cuestión que no puede ser resuelta apriorísticamente, remitiendo a la ponderación, de un lado, de las circunstancias concurrentes en la huelga y en la comunidad sobre la que incide (extensión territorial, duración, etc.) y, de otro, a la naturaleza de los derechos o bienes constitucionalmente protegidos sobre los que repercute. La valoración de estos factores ha de servir precisamente para enjuiciar la acomodación constitucional y de las «garantías» adoptadas, esto es, elucidar la adecuación y proporcionalidad entre la protección del interés de la comunidad y la restricción impuesta al ejercicio del derecho de huelga"* (en el mismo sentido, las SS.TC de 17 de julio de 1981, de 17 de julio de 1986 o de 3 de febrero de 1989).

En cualquier caso, *"la continuidad del servicio debe quedar asegurada en estos sectores, de modo que la huelga no pueda ser total y un servicio mínimo debe quedar asegurado"* (STC de 5 de noviembre de 1981).

Y es que *"se trata de fijar el programa de servicios mínimos con un criterio restrictivo, pues en el propio Art. 28.2 CE se utiliza la expresión mantenimiento, que dista de equivaler lingüísticamente a desarrollo regular del servicio. El criterio restrictivo, favorable al ejercicio el derecho de huelga ha de tener en cuenta que esta ha de mantener una capacidad de presión suficiente como para lograr sus objetivos frente a la empresa, en principio destinataria de la medida de conflicto, pero no deber serle añadida la presión adicional del daño innecesario que sufre la propia comunidad"* (STC de 24 de abril de 1986). En definitiva, *"mantener un servicio implica la prestación de los trabajos necesarios para la cobertura mínima de los derechos, libertades o bienes que el propio servicio satisface, pero sin alcanzar el nivel de rendimiento habitual"* (STC de 5 de mayo de 1986).

El principio de proporcionalidad en la fijación de los servicios mínimos implica una ponderación entre el sacrificio que para el derecho de huelga implican esos servicios mínimos y los bienes que estos últimos intentan proteger, de modo que el sacrificio ha de ser el necesario o inexcusable para la protección de estos bienes o derechos (SS.TS de 8 de octubre de 2004, Rec. 5980/2000 o de 15 de junio de 2005, Rec. 907/2002).

Normalmente, estas garantías se concretan en medidas garantizadoras de servicios mínimos y así se denominan los Decretos reguladores.

En cuanto a los sujetos que deban establecer estas medidas de garantía, el Art. 10 del RDLRT habla claramente de *"la autoridad gubernativa"* y del *"Gobierno"*, habiendo dicho el Tribunal Constitucional que *"el decidir si la empresa atiende a un servicio esencial para la comunidad... es una decisión eminentemente política que afecta a derechos y libertades públicas de los ciudadanos, y que por ello sólo la autoridad gubernativa puede tomar"* (por todas, SS.TC de 3 de febrero de 1989, de 18 de octubre de 2002 o de 11 de octubre de 2006).

Por *"autoridad gubernativa"*, a juicio del TC (por todas, STC de 18 de diciembre de 1997) debe entenderse aquellos *"órganos del Estado que ejercen directamente o por delegación potestades de gobierno"*, incluyendo así a las Comunidades Autónomas (SS.TC de 5 de noviembre de 1981 y de 2 de julio de 1990) y a los alcaldes (SS.TC de 26 de abril y 8 de mayo de 1985, de 3 de Febrero de 1989 y de 2 de julio de 1990), dentro de los lím¡tes territoriales de sus respectivas competencias.

Para la concreción de los puestos de trabajo necesarios para cubrir el mantenimiento de los servicios mínimos y para la designación de las personas trabajadoras que hayan de cubrir estos servicios, las SS.TC de 5 de mayo de 1986 y de 3 de febrero de 1989 han establecido algunas pautas al señalar que cabrá una delegación de la ejecución de los servicios mínimos en la dirección de la empresa, entendida ésta como concreta designación de las personas trabajadoras y no como designación de los puestos de trabajo (más lejos parece llegar la STC de 24 de abril de 1986, pareciendo delegar también la *"concreta fijación de los servicios"*).

Por lo demás, la autoridad gubernativa puede oir a los representantes de las personas trabajadoras o hacer suyas las propuestas u ofertas de las propias partes en conflicto (por todas, SS.TC de 16 de enero 1992 o de 24 de abril de 1986).

Por lo que se refiere al procedimiento para establecer las medidas de garantía de los servicios esenciales, habrá que tener en cuenta dos requisitos necesarios:

a) En primer lugar, la exigencia de motivación de la decisión administrativa (por todas, STC de 7 de octubre de 2008).

b) En segundo lugar, la exigencia de comunicación de la misma a los representantes de las personas trabajadoras, previa a su aplicación (STC de 24 de abril de 1986).

Ambos requisitos vienen configurados por el Tribunal Constitucional como requisitos de validez y ambos pretenden posibilitar la defensión procesal de las personas trabajadoras frente a eventuales excesos o abusos de la autoridad administrativa y el control de los Tribunales). La competencia para su control será del orden jurisdiccional contencioso-administrativo·

En cuanto a la eficacia jurídica de los decretos sobre servicios esenciales, se trata de actos administrativos y no de actos normativos, no teniendo vocación de permanencia sino solamente mientras dura la huelga: *"Se trata de un acto aplicativo del Art. 10.2 del RDL 17/1977, y no de ejercicio de potestades reglamentarias"* (STC de 5 de noviembre de 1981).

Para el supuesto de incumplimiento de las medidas anteriores sobre servicios mínimos, el Gobierno podrá acudir, con fundamento en los mismos preceptos, a otras medidas consistentes en la sustitución de los huelguistas por otros trabajadores o por efectivos militares con base en el Art. 6.5 del RDLRT, pudiendo llegar, incluso, en el caso del estado de alarma a la movilización del personal laboral (Arts. 4.c y 12.2 de la Ley 4/1981, de 1 de junio, sobre estados de alarma, excepción y sitio). Y en los casos extremos de declaración de los estados de excepción o de sitio cuando la alteración grave de los servicios esenciales de la comunidad pudiera justificarlos—, cabría llegar a la suspensión de los derechos de huelga y de planteamiento de conflicto colectivo (Art. 23 de la ley 4/1981).

Cabrá, en todo caso, el recurso al arbitraje obligatorio del Art. 10.1 del RDLRT. Así, el Gobierno, a propuesta del Ministro de Empleo y Seguridad Social, teniendo en cuenta la duración o las consecuencias de la huelga, las posiciones de las partes y el perjuicio grave para la economía nacional, podrá acordar un arbitraje obligatorio.

Un último problema a plantear es el de la posible calificación de la huelga y la suerte de las personas trabajadoras que, habiendo sido designadas, no acuden a cubrir los servicios mínimos.

En esta circunstancia, la eventual calificación como ilegal de la huelga podría basarse en el Art. 11.d) RDLRT (*"la huelga es ilegal... cuando se produzca contraviniendo lo dispuesto en el presente Real Decreto-Ley"*).

Por otra parte, el personal designado que no preste estos servicios mínimos quedarán incursos en causa justificada de despido, de modo análogo a lo que sucede en los supuestos de servicios de seguridad y mantenimiento, "*ex art. 16.2 RDLRT*", pudiendo igualmente la empresa recurrir lícitamente a la contratación de personas trabajadoras ajenas a la empresa en su sustitución (Art. 6.5 RDLRT; STC de 2 de julio de 1990).

Son, así, muchas las cuestiones que la actual legislación sobre la huelga deja en manos de los Tribunales y abundante también la jurisprudencia que las ha resuelto, siendo por ello especialmente oportuno en este tipo de huelgas de singular trascendencia disponer de una norma legal que las recoja y resuelva, previo un reposado debate sobre todas y cada una de ellas.

15. LOS EFECTOS DE LAS HUELGAS SOBRE LAS PERSONAS TRABAJADORAS HUELGUISTAS Y NO HUELGUISTAS

La actual regulación legal de los efectos de la huelga sobre las personas trabajadoras no huelguistas resulta a nuestro juicio criticable por su falta de definición respecto del denominado *"esquirolaje interno"*.

En efecto, un primer punto para el debate se plantea acerca de la utilización empresarial durante una huelga de las personas trabajadoras de la empresa no huelguistas, adscribiéndoles a distintas funciones, exigiéndoles un mayor rendimiento, aumentándoles la jornada, modificándoles el horario, cambiándoles de centro o incluso desplazándoles de localidad. Un comportamiento empresarial del género ¿vaciaría de contenido el derecho de huelga conculcando su contenido esencial? ¿Cuál es el contenido esencial del derecho de huelga? ¿La simple abstención de la persona trabajadora con la consiguiente desorganización productiva de la empresa o también la imposibilidad de producir, esto es, la imposibilidad para el empresario de reorganizar la producción de otra manera? O planteado de otra manera: ¿Durante una huelga el empresario mantiene su poder de dirección y organización en relación con los trabajadores huelguistas?

El conflicto se presenta, así, entre el interés de los personas trabajadoras huelguistas a que la huelga sea eficaz, el interés del empresario a defenderse de la huelga con los medios no prohibidos por la ley en orden a una reorganización productiva y el interés de las personas trabajadoras no huelguistas a que se respete su libertad de trabajo ya que en nuestro ordenamiento, según el Tribunal Constitucional, la huelga no es un deber sino un derecho *("existe abuso en aquellas huelgas que consiguen la ineludible participación en el plan huelguista de los trabajadores no huelguistas":* STC de 8 de abril de 1981) y esta libertad de trabajo resultaría atacada si, por la imposibilidad empresarial de modificación de las condiciones de trabajo como solución menor, hubiera que llegar al cierre patronal de la empresa o centro afectado, con la consiguiente suspensión de los contratos de trabajo *"ex Art. 12.2"* del RDLRT. El debate está servido. Así:

a) De un lado, los que admiten tal posibilidad, partiendo de que lo único que expresamente prohíbe el RDLRT es la sustitución de los huelguistas por *"trabajadores que no estuviesen vinculados a la empresa al tiempo de ser comunicada la huelga",* literalidad que podría permitir, *"a sensu contrario"* mantener la posibilidad de sustitución de los huelguistas por personas trabajadoras no huelguistas de la empresa a través de cualquiera de las modalidades señaladas: cambio y/o aumento de centro de trabajo, con desplazamiento o no de localidad.

Ahora bien, en todo caso, cualquiera de estas situaciones habría de hacerse previa utilización de las vías establecidas en la normativa vigente. Así, los cambios de funciones, según el Art. 39 del ET; los superiores rendimientos o cambios de horarios, según el Art. 41 del ET; los aumentos de jornada, según el Art. 35.3 del ET; o la movilidad geográfica, según el Art. 40 del ET. En este sentido se han manifestado los Tribunales (por todas, STSJ de Madrid, de 20 de julio de 1991, RL/1991/19), admitiendo la sustitución de los huelguistas por personas trabajadoras no huelguistas para *"desempeñar trabajos de inferior categoría que la suya propia"*.

b) Otro sector doctrinal y jurisprudencial (por todas, SS.TS de 23 y 24 de octubre de 1989, Ar/7533 y 7422) se ha manifestado, por el contrario, a favor de una interpretación extensiva de la prohibición de sustitución establecida en el Art. 6.5 del RDLRT a las personas trabajadoras no huelguistas.

Conviene no olvidar, sin embargo, que el argumento utilizado —de que lo no prohibido está permitido o de que si la ley hubiera querido prohibirlo lo habría hecho como con el esquirolaje externo— podría volverse en contra si se tiene en cuenta que la garantía de los servicios mínimos como mecanismo en defensa del empresario contra una huelga viene expresamente reconocida en el Art. 6.7 del RDLRT. Podría argumentarse, en sentido contrario, que cuando la ley ha querido permitir mecanismos defensivos empresariales contra las huelgas los ha reconocido expresamente, debiendo entenderse entonces que lo no reconocido atenta contra el contenido esencial del derecho de huelga. Todo ello, naturalmente, tan solo en el supuesto de que la huelga sea legal. En caso contrario, al no tener que respetar el legítimo ejercicio de derecho alguno, se mantendría por el empresario sin ningún lugar a dudas la totalidad de su poder de dirección y organización empresarial.

La STC de 28 de septiembre de 1992 ha interpretado que *"la preeminencia de este derecho (de huelga) produce, durante su ejercicio, el efecto de reducir y en cierto modo anestesiar, paralizar o mantener en vida vegetativa, latente, otros derechos que en situación de normalidad pueden y deben desplegar toda su capacidad potencial"* y que esto sucede *"con la potestad directiva del empresario, regulada en el Art. 20 ET, de la cual son emanación las facultades que le permiten la movilidad del personal"*.

Ahora bien, esto no quiere decir que el empresario no pueda hacer uso de su poder directivo respecto de las personas trabajadoras no huelguistas; lo único que se prohíbe es su ejercicio *"como instrumento para privar de efectividad la huelga"*. Así, podrán ejercitarse los poderes directivos (por ejemplo, de movilidad funcional o geográfica) en los casos de huelga ilegal o de incumplimiento de los servicios de mantenimiento y seguridad o de los servicios mínimos y, más dudosamente, en otros casos Naturalmente, las medidas de "*sustitución interna*" de los trabajadores serían contrarias al derecho de huelga con independencia de su voluntaria aceptación por las personas trabajadoras huelguistas (en este mismo sentido, SS.TS de 23 y 24 de octubre de 1989, Ar/7533 y 7422 o de 8 de mayo de 1995, Ar/3752).

En relación con los efectos de la huelga sobre las personas trabajadoras huelguistas, afirmar simplemente por parte de la ley que la huelga legal constituye una causa de suspensión del contrato de trabajo (Arts. 6.1. del RDLRT y 45.1.1) del ET), no es decir mucho, dado que la aplicación del principio de proporcionalidad a los posibles descuentos salariales por huelga plantea infinidad de problemas interpretativos que ha de resolver la jurisprudencia de los Tribunales, al afectar el descuento proporcional tanto al salario base —en metálico o en especie— como a los complementos salariales, con independencia de su origen (legal, convencional o contractual), incluidas las pagas extraordinarias y el salario de domingos, días festivos y vacaciones, excluyéndose únicamente las percepciones extrasalariales (por todas, STS de 29 de septiembre de 1995, Ar/6923).

Lo mismo cabría señalar en relación con el cómputo del tiempo de suspensión del contrato por causa de huelga legal a efectos de calcular la duración de vacaciones y su retribución, habiéndose configurado jurisprudencialmente un discutido "*principio de impermeabilidad*" de las vacaciones respecto de las huelgas legales, acudiendo al Convenio nº 132 de la OIT (por todas, STS de 11 de octubre de 1994).

Se hace necesario por razones de una mínima seguridad jurídica una regulación que aclare suficientemente todos estos puntos oscuros señalados.

16. LOS EFECTOS DE LA HUELGA SOBRE OTRAS EMPRESAS

El generalizado fenómeno de la descentralización productiva y el recurso a las contratas de obras o servicios y a las ETTs plantea una serie de problemas jurídicos en cuanto al ejercicio del derecho de huelga por parte de las personas trabajadoras de la empresa principal o usuaria y de la empresa contratista o ETT. Así, sobre:

1°) Las consecuencias jurídicas que puede producir una huelga de las personas trabajadoras de la empresa contratista en la empresa principal.

2°) Las consecuencias jurídicas que puede producir una huelga de las personas trabajadoras de la empresa principal en la empresa contratista.

3°) Las consecuencias jurídicas que puede producir una huelga de las personas trabajadoras de la ETT en la empresa usuaria.

4°) Las consecuencias jurídicas que puede producir una huelga de las personas trabajadoras de la empresa usuaria en la ETT.

Ninguna de estas situaciones viene prevista en el RDLRT, por lo que, a nuestro juicio, se hace necesario su regulación en una futura ley de huelga por la importancia de sus consecuencias.

En cuanto a las consecuencias jurídicas de una huelga de las personas trabajadoras de la empresa contratista en la empresa principal, hay que señalar que, en principio, la empresa principal carece de derecho alguno para condicionar, restringir, limitar o menoscabar de algún modo el ejercicio del derecho de huelga por parte de las personas trabajadoras de la empresa contratista, dada la ausencia de toda relación jurídica entre la empresa principal y las personas trabajadores de la empresa contratista, tanto de los que realizan el trabajo en los centros de trabajo de la empresa principal como de los que trabajan fuera de ellos.

Ahora bien, en el supuesto de que las personas trabajadoras de la empresa contratista realicen su actividad en un centro de trabajo de la empresa principal, ésta dispondrá de instrumentos jurídicos para evitar la ocupación de sus locales por las personas trabajadoras en huelga de la empresa contratista en orden a preservar su seguridad interna, esto es, la integridad de personas y de cosas y, en caso contrario, para resarcirse de los eventuales daños y perjuicios causados.

En efecto, en ocasiones, se pactará en la propia contrata la obligación de la empresa contratista de ordenar el abandono del centro de trabajo de la empresa principal de sus personas trabajadoras en huelga y, para el supuesto de incumplimiento de esta obligación, la consiguiente responsabilidad contractual frente a ésta de los daños y perjuicios ocasionados, existiendo para ello una acción de responsabilidad civil de la empresa principal frente a la empresa contratista, con independencia de la eventual rescisión de la contrata por incumplimiento contractual de esta última.

En el caso de que no se pactase nada en la contrata, habrá que estar a lo dispuesto en el Art. 7.1 del RDLRT sobre la huelga con ocupación de locales, según el cual no está prohibido que durante la huelga las personas trabajadoras se reúnan en el centro de trabajo para el desenvolvimiento de la huelga y para su solución, ni tampoco en el caso de *"huelga de brazos caídos"*, siendo la ocupación de locales únicamente ilícita cuando con ella se vulnera el derecho de libertad de las personas trabajadoras no huelguistas o el derecho del empresario sobre las instalaciones y bienes (por todas, STC 11/1981, de 8 de abril). Y ello, entendemos, con independencia de que el centro de trabajo sea de la empresa principal, dado que es allí donde prestan las personas trabajadoras de la empresa contratista su trabajo.

Ahora bien, ¿qué sucederá en el caso de no haberse pactado nada en la contrata sobre este particular en orden a una eventual reclamación de la empresa principal a la empresa contratista por los daños y perjuicios causados por las personas trabajadoras de éstas? Y, en todo caso, ¿qué debe entenderse por daños y perjuicios ocasionados a la empresa principal por causa de la huelga del personal de la empresa contratista? ¿Estamos hablando solamente de los daños en las personas o cosas como consecuencia de haber ocupado los locales de la empresa principal o también de los daños ocasionados por el incumplimiento contractual de la empresa contratista de los servicios contratados con la empresa principal? A nuestro juicio, cabrá desde luego que la empresa principal plantee una reclamación judicial amplia no solo por los eventuales daños causados por la ocupación de los locales por los huelguistas sino también por el incumplimiento de los servicios contratados, quedando el monto de la indemnización en manos de la discrecionalidad judicial.

Mayores problemas plantean las huelgas de las personas trabajadoras de una empresa contratista en el caso de que la empresa principal realice servicios esenciales para la comunidad: ¿deberán respetar los trabajadores de la empresa contratista los servicios mínimos designados para garantizar los servicios esenciales para la comunidad? ¿podrían extenderse los servicios mínimos a las personas trabajadoras de la empresa contratista que realice servicios esenciales para la comunidad en esa empresa principal por mor de una contrata y/o subcontrata?

Una interpretación finalista o teleológica de los Arts. 28.2 de la Constitución y 10 del RDLRT abonaría una respuesta afirmativa, en la medida en que, como ha señalado el Tribunal Constitucional, la finalidad de la restricción constitucional del derecho de huelga es la de garantizar el ejercicio por parte de los ciudadanos de las libertades públicas y derechos fundamentales. De esta manera, la delimitación de los servicios mínimos parecería que habría de efectuarse por referencia, no solo a las personas trabajadoras de la empresa cuya actividad está dirigida a la prestación del servicio esencial para la comunidad sino también a las personas trabajadoras adscritas a dicho servicio. Así, las personas trabajadoras de la empresa contratista quedarían incluidos en el ámbito de los servicios mínimos cuando el objeto de la contrata concertada con la empresa principal fuese la realización de un servicio esencial para la comunidad.

Sin embargo, no ha sido éste el criterio seguido por los RR.DD de servicios mínimos en las huelgas en servicios esenciales para la comunidad que se han producido, dado que éstos se han referido siempre, no a las personas trabajadoras adscritas a los servicios mínimos establecidos para garantizar los servicios esenciales, sino a las personas trabajadoras de las empresas que prestan esos servicios, refiriéndose por tanto a la empresa principal y no a la empresa contratista, aunque fuese el personal de estas última el que realizara efectivamente los servicios mínimos a garantizar.

A la conclusión a la que se llega, por tanto, es a la de que, en el caso de huelga de las personas trabajadoras de la empresa contratista que realice servicios esenciales para la comunidad, el ejercicio del derecho de huelga por parte de éstos no experimentará restricción alguna, debiendo ser la empresa principal la que garantice con sus propias personas trabajadoras (o de otra manera, mediante nuevas contrataciones laborales directas de personas trabajadoras interinas o acudiendo a una ETT o a una nueva contrata de servicios) el mantenimiento de dichos servicios mínimos, ya que la obligación de asegurar la continuidad del servicio esencial para la comunidad recae sobre la empresa principal y no sobre la empresa contratista.

Así pues, la empresa principal no podrá interferir en la huelga del personal de la empresa contratista, sin perjuicio de la posterior exigencia de responsabilidad contractual, con fundamento en el incumplimiento de lo pactado en la contrata.

De esta manera, la empresa principal, al tener que realizar esos servicios mínimos contratando laboralmente a otros trabajadores temporalmente bien directamente o a través de una ETT o contratando con otra empresa contratista tales servicios, podrá cargar el precio de esas operaciones contractuales a la empresa contratista. Esta posterior exigencia de responsabilidad contractual podrá pactarse expresamente en la contrata, pero, de no hacerse así, resultará igualmente exigible con base en los Arts. 1101 y ss. del Código Civil.

Y tales sustituciones de las personas trabajadoras de la empresa contratista en huelga no estarán incluidas en la prohibición legal del esquirolaje externo del Art. 6.5 del RDLRT por tratarse de empresas diferentes.

Sin embargo, para el caso de que, con motivo de una huelga legal de las personas trabajadoras de la empresa contratista, la empresa principal rescindiera la contrata con la empresa contratista por incumplimiento contractual y esta última, alegando esta causa productiva (la finalización de la contrata), procediera a extinguir objetivamente por la vía del Art. 52 c) del ET los contratos de sus personas trabajadoras, se plantea la cuestión de hasta qué punto a las personas trabajadoras de la empresa contratista se les garantiza efectivamente el ejercicio de un derecho fundamental como es el de huelga si, a resultas de la misma, son despedidos de su empresa.

Las SS.TC 75/2010 y 76/2010, de 19 de octubre, y 107/2010 y 110/2010, de 16 de noviembre, se han planteado frontalmente esta espinosa cuestión, resolviendo que los derechos fundamentales (en concreto, el derecho de huelga y el derecho a la tutela judicial efectiva en su faceta de garantía de indemnidad) de los trabajadores de la empresa contratista deben ser garantizados en todo caso, *"pues no sería admisible que, en los procesos de descentralización productiva, los trabajadores carecieran de los instrumentos de garantía y tutela de sus derechos fundamentales con que cuentan en los supuestos de actividad no descentralizada ante actuaciones empresariales lesivas de los mismos".*

Entienden las Sentencias (con cinco votos particulares) que debe declararse nulo el despido de las personas trabajadoras por haberse vulnerado sus derechos fundamentales a la huelga y a la tutela judicial efectiva (en su faceta de garantía de indemnidad), condenando a ambas *"empresas concernidas"* (la empresa contratista y la empresa principal) al pago de la procedente indemnización, dado que la readmisión inmediata en el puesto de trabajo de la empresa contratista no es lógicamente posible, dadas las circunstancias, esto es, dada la finalización de la contrata mercantil suscrita entre la empresa principal y la empresa contratista.

No acepta el Tribunal Constitucional la argumentación de la Sentencia del Tribunal Superior de Justicia de que la empresa principal nada tenía que ver con el despido de la trabajadora por mantener con la empresa contratista una relación exclusivamente jurídico mercantil y que esta última tenía a su vez una causa productiva objetiva para despedir a la persona trabajadora: la previa rescisión de la contrata y la pérdida de actividad empresarial para mantener a la persona trabajadora en su puesto.

Las Sentencias, pese a constatar que para el legislador *"el ámbito de las relaciones de la empresa principal se agota en el mercantil del contrato que le une a la contratista, de manera que ninguna afectación puede derivarse de sus actuaciones en el ejercicio por los trabajadores de cualquier actuación de la empresa principal, que se considera ajena al contrato de trabajo"*, afirman sin embargo que, *"si a través de la técnica de la subcontratación se posibilita que trabajadores externos contratados por una empresa contratista se vinculen directamente a la actividad productiva de una empresa principal e, incluso, que la propia vigencia de su contrato de trabajo se haga depender de la vigencia del contrato mercantil...determinando...que la efectividad de los derechos de los trabajadores pueda verse afectada no solo por la actuación del contratista sino también por la del empresario principal, del mismo modo habrá de salvaguardarse que en el ámbito de esas actuaciones los derechos fundamentales de los trabajadores no sean vulnerados. Pues no sería admisible que en los procesos de descentralización productiva los trabajadores carecieran de los instrumentos de garantía y tutela de sus derechos fundamentales con que cuentan en los supues-*

tos de actividad no descentralizada ante actuaciones empresariales lesivas de los mismos".

En definitiva, para las Sentencias comentadas, la decisión de la empresa principal de resolver la contrata como consecuencia de la huelga constituye un *"atentado mediato al derecho de huelga"* de las personas trabajadoras de la empresa contratista, determinando tal hecho la nulidad de la posterior decisión de la empresa contratista de despedir por la pérdida de la contrata a las personas trabajadoras adscritas a la misma y, a la vista de todo ello, optan por declarar la responsabilidad de las dos empresas.

Frente a este razonamiento, los votos particulares de la Sentencia ponen de manifiesto las que, al parecer de éstos, constituyen *"debilidades del razonamiento"*, que se centrarían en lo siguiente:

1ª) No puede ignorarse apriorísticamente la dualidad de planos de las empresas principal y contratista respecto de las personas trabajadoras de ésta última, sin que pueda darse una respuesta unívoca al alcance limitativo de las garantías de indemnidad de una u otra empresa.

2ª) La extensión del elemento subjetivo de la relación laboral, a estos efectos, a quien ostenta la condición de empresario principal, no encuentra amparo normativo y las Sentencias no establecen la declaración de inconstitucionalidad por omisión del legislador.

3ª) *"Aunque el efecto derivado de la rescisión del contrato mercantil, si a ella se suma la posterior conducta de otro sujeto jurídico, pueda determinar, como resultado final, la extinción de los contratos, ni la causación de ese resultado puede imputarse al empresario que ejercita las facultades que le permite el régimen de su contrato mercantil…, ni por tanto puede considerarse vulneración de los derechos de los trabajadores, a quien su acción no se dirige"*.

4ª) Sobre lo anterior, se argumenta que el ejercicio del derecho de huelga, como tantos otros, puede acabar teniendo repercusiones en sujetos que no tienen vínculo previo con quien lo ejercita, siendo constitucionalmente válido que, usando las facultades que legalmente tiene reconocidas, aquél adopte las medidas necesarias para tratar de evitar los efectos perjudiciales, sin que en tales casos deba producirse una *"proyección externa al contrato de trabajo"* de la garantía de indemnidad.

En cuanto a las consecuencias jurídicas de una huelga de las personas trabajadoras de la empresa principal en las empresas contratistas y en sus personas trabajadoras, habrá que distinguir dos supuestos distintos:

1°) El de las contratas cuyo servicio contratado no se realice por las personas trabajadoras de la empresa contratista en el centro de trabajo de la empresa principal.

2°) Y el de la contrata cuyo servicio contratado ha de realizarse necesariamente por las personas trabajadoras de la empresa contratista en el centro de trabajo de la empresa principal (así, por ejemplo, en el caso de contratas de mantenimiento o de seguridad de las instalaciones o de catering) o porque así se hubiera pactado, aun pudiendo realizarse el servicio fuera del centro de trabajo de la empresa principal (así, por ejemplo, en el caso de una contrata para la realización de proyectos).

En el supuesto en el que los trabajadores de la empresa contratista realicen su actividad fuera del centro de trabajo de la empresa principal, la huelga del personal de la empresa principal no produce efecto alguno sobre la empresa contratista y sus personas trabajadoras, ya que éstas normalmente podrán continuar su actividad.

En el supuesto en el que las personas trabajadoras de la empresa contratista realicen su actividad en el centro de trabajo de la empresa principal, cabrá desde luego la posibilidad de pactar en la contrata una cláusula que prevea las consecuencias del ejercicio del derecho de huelga del personal de la empresa principal en la empresa contratista, pudiendo establecerse que, en caso de huelga, la empresa principal podrá suspender los servicios de la empresa contratista, comprometiéndose a reembolsar los salarios de las personas trabajadoras de ésta, que cobrarán aun sin trabajar y, en su caso, las pérdidas de materias primas que pudieran eventualmente producirse con motivo de la huelga (por ejemplo, en el caso de una contrata de catering). Estas cláusulas contractuales no parece que ofrezcan problema alguno de legalidad, encontrándose fundamentadas en la libertad de contratación.

Para el caso de no haberse establecido una cláusula expresa en la contrata en tal sentido, cabría plantear la posibilidad de que la empresa principal suspendiera igualmente los servicios de la empresa contratista por entender que una huelga es un supuesto de *"fuerza mayor impropia"*, sin obligación por tanto de pagar el precio del servicio contratado durante la huelga a la empresa contratista, planteándose paralelamente si esta circunstancia constituye a su vez un supuesto imposibilitante de que los trabajadores de la empresa contratista trabajen por esta razón, lo que podría dar lugar, bien a una suspensión por *"fuerza mayor"* de sus contratos de trabajo, con pérdida del derecho al salario por el tiempo no trabajado, bien a una causa justificativa de la suspensión de los contratos por *"cierre patronal"*por parte de ésta, con idénticos efectos.

Ahora bien, ninguna de las tres causas justificativas de un cierre patronal legal, a que se refiere el Art. 12.1 del RDLRT (la *"existencia de notorio peligro de violencia para las personas o de daños graves para las cosas"*, la *"ocupación ilegal del centro de trabajo o de cualquiera de sus dependencias, o peligro cierto de que ésta se produzca"*y *"que el volumen de la inasistencia o irregularidades en el trabajo impida gravemente el proceso normal de producción"*) está pensada para un caso como éste, por lo que no parece que pueda producirse una suspensión de los contratos por tratarse de un *"cierre patronal"* ilegal por injustificado.

Por su parte, en relación con una eventual suspensión de los contratos por *"fuerza mayor"*, para que un hecho imposibilitante del trabajo sea calificable de tal según el Art. 1105 del Código Civil, éste debe reunir los requisitos de inimputabilidad, imprevisibilidad, inevitabilidad y relación causal entre el incumplimiento de la obligación y el evento que lo originó (por todas, STS de 17 de mayo de 1983, Ar/2840). Y, a la vista de estas exigencias legales, la huelga resulta discutiblemente reconducible a un supuesto de *"fuerza mayor"*, existiendo en este sentido dos posiciones interpretativas encontradas:

1ª) Una primera posición que excluye la calificación de fuerza mayor, por entender que la huelga es un riesgo normal de la empresa en una economía de mercado a asumir por tanto por el empresario, donde no se dan los requisitos legalmente exigidos, señalando que *"no puede entenderse que la huelga constituye un supuesto imprevisto o inevitable, ni que exista imposibilidad legal o física de cumplir la obligación de ocupación efectiva"* (por todas, STCT de 24 de octubre de 1984, Ar/8308).

2ª) Otra posición, compartida por el grueso de la doctrina científica y judicial, según la cual se admite la aplicación a la huelga de la institución de la fuerza mayor, exonerando así de responsabilidad contractual tanto a la empresa principal respecto de la empresa contratista como a la empresa contratista respecto de sus personas trabajadoras.

3ª) Cabría, sin embargo, a nuestro juicio, una posición intermedia más matizada, según la cual una huelga configuraría o no un supuesto de fuerza mayor según los casos. Así, cuando se tratara de una huelga de las personas trabajadoras de la empresa principal de reacción a un previo incumplimiento de ésta, no habría inimputabilidad y por tanto la huelga no sería un supuesto de fuerza mayor, sin posibilidad de exonerar de responsabilidad a la empresa principal que deberá afrontar el precio de la contrata como si efectivamente la empresa contratista hubiera realizado su actividad. Por el contrario, en los demás supuestos de huelga, no habría, en principio, problema jurídico para considerarla un supuesto de fuerza mayor. Sería, así, *"imprevisible"* en el sentido de un *"suceso atípico"* y sería *"inevitable"* en el sentido de *"un suceso irresistible"*. Ahora bien, para que sea una fuerza mayor, el hecho debe originar además *"una imposibilidad en el cumplimiento de la obligación"* (en este caso, de cumplir con el deber de cooperación de la empresa principal consistente en dejar entrar a las personas trabajadoras de la empresa contratista para que puedan realizar su trabajo en el centro de trabajo de aquella) y la posibilidad de cumplir con esta obligación habrá que analizarla caso por caso, ya que no es lo mismo en este sentido que la huelga del personal de la empresa principal sea total o parcial, impidiéndose en el primer caso el trabajo del personal de la empresa contratista y no siempre en el segundo.

Así pues, calificada la huelga como un supuesto de *"fuerza mayor"*, la empresa principal quedaría exonerada de sus obligaciones frente a la empresa contratista con motivo de una huelga de su personal y la empresa contratista se vería liberada a su vez del pago del salario a sus personas trabajadoras adscritas a la contrata, acudiendo a la suspensión de sus contratos por causa de fuerza mayor (lo que ciertamente exige la autorización de la autoridad administrativa laboral mediante expediente de regulación de empleo, según dispone el Art. 47.3 del ET), aunque dada la corta duración de las huelgas, resultará frecuente que la empresa contratista no descuente a sus personas trabajadoras el salario correspondiente al periodo no trabajado por este motivo.

Por lo que se refiere a las consecuencias jurídicas que puede producir una huelga de las personas trabajadoras de la ETT en la empresa usuaria y una huelga de las personas trabajadoras de la empresa usuaria en la ETT, nos remitimos a lo señalado anteriormente respecto de las contratas (ver supra).

VI. La reforma de la regulación de las plataformas digitales

Jesús Lahera Forteza
Catedrático de Derecho del Trabajo y de la Seguridad Social
Universidad Complutense

Valeriano Gómez Sánchez
Economista y ex Ministro de Trabajo

Sumario: 1. La DA 23ª del ET tras la Ley 21/2021: la presunción de laboralidad en plataformas digitales de reparto. 2. La aplicación de la presunción de laboralidad de la DA 23ª del ET: causas de una frustración. 3. La Directiva europea de plataformas digitales. 4. Vías de reforma de las plataformas digitales de reparto: la reforma de la DA 23ª del ET con criterios claros de laboralidad y espacios para el trabajo autónomo. 5. Vías de reforma de las plataformas digitales de reparto: la relación laboral especial de plataformas digitales. 6. Vías de reforma de las plataformas digitales de reparto: el modelo de la externalización de actividad a través de empresas contratistas: la necesidad de reformular la contrata legal y cesión ilegal de los Arts. 42 y 43 del ET. 7. Vías de reforma de las plataformas digitales de reparto: el trabajador autónomo económicamente dependiente en las plataformas digitales y un nuevo modelo social.

1. LA DA 23ª DEL ET TRAS LA LEY 21/2021: LA PRESUNCIÓN DE LABORALIDAD EN PLATAFORMAS DIGITALES DE REPARTO

La nueva DA 23ª del ET tras la Ley 21/2021, fruto de un acuerdo social entre el Gobierno y las organizaciones sindicales y patronales más representativas estatales, establece una presunción de laboralidad en el ámbito de las plataformas digitales de reparto en los siguientes términos:

> *"Por aplicación de lo establecido en el artículo 8.1, se presume incluida en el ámbito de esta ley la actividad de las personas que presten servicios retribuidos consistentes en el reparto o distribución de cualquier producto de consumo o mercancía, por parte de empleadoras que ejercen las facultades empresariales de organización, dirección y control de forma directa, indirecta o implícita, mediante la gestión*

algorítmica del servicio o de las condiciones de trabajo, a través de una plataforma digital.

Esta presunción no afecta a lo previsto en el artículo 1.3 de la presente norma."

La DA 23ª del ET tiene claro y conocido origen jurisprudencial en la STS 25 de septiembre de 2020, que aplica la laboralidad a personas que prestan servicios retribuidos a través de la plataforma digital GLOVO al entender acreditados indicios de dependencia jurídica y ajenidad, sobre la base de los Arts. 1 y 8.1 del ET.

Los indicios clásicos de dependencia jurídica (centro de trabajo, horario, instrucciones, propiedad de medios, control empresarial) han sido reformulados desde hace tiempo por la sala social del Tribunal Supremo hacia la integración en una organización empresarial que produce bienes y servicios en un mercado, con una prestación retribuida por cuenta ajena, con cesión automática de la utilidad económica a la empresa a cambio de una retribución. La STS de 25 de septiembre de 2020, que inspira la DA 23ª del ET, es resultado de esta evolución del Tribunal Supremo que venía reformulando ya la dependencia jurídica en supuestos donde el trabajador tiene márgenes de libertad para elegir horarios o su jornada, cierta autonomía en la prestación de sus servicios, rechazo de encargos o ausencia de centro de trabajo, relativizando la presencia de otros indicios clásicos como la propiedad de la herramienta de producción o un control directo empresarial (SS.TS de 26 de febrero de 1986 y de 2 de febrero de 1988 (repartidores con vehículo propio), de 25 de enero de 2000 y de 20 de enero de 2015 (limpiadora escaleras), 14 Julio 2016 (agentes de seguros), de 30 de abril de 2009 (recogedor productos higiénicos), de 19 de julio de 2010 (dobladores películas), de 16 de noviembre de 2017 (traductores en plataforma informática), de 8 de febrero de 2018 (montadores de ascensores) o de 29 de octubre de 2019 (trabajo on line lugar elección trabajador)[1].

---

1 Ver TODOLI SIGNES, A., *"Cambios normativos en la digitalización del trabajo: comentario sobre la Ley Rider y los derechos de información de algoritmos"*, IUS LABOR 2/2021, pp. 32 y ss.

En todos estos casos, y otros, lo esencial para determinar la laboralidad ha sido la integración en una organización empresarial y la prestación del servicio por cuenta ajena, sobre la base de la presunción de laboralidad del Art. 8.1 del ET, pese a la presencia de una dependencia jurídica muy matizada con una autonomía profesional necesaria en la prestación del servicio (STS de 19 de febrero de 2014 y de 8 de febrero de 2018). Toma así especial relevancia la ajenidad, con entrega o puesta a disposición del trabajador a la empresa de los productos o servicios realizados, a cambio de una remuneración periódica, con decisiones de mercado de la empresa, como fijación de tarifas o selección de clientela (SS.TS de 24 de enero 2018 y de 29 de octubre de 2019), en las que no participa el trabajador.

La STS de 25 de septiembre de 2020 (Asunto GLOVO) consolida esta evolución, con la importancia de aplicarla a una plataforma digital de reparto de mercancías, incorporando la gestión con algoritmos dentro de los medios de ejercicio del poder de dirección y control de la empresa que determina la laboralidad. Los indicadores de laboralidad parecen contundentes: la organización del trabajo la realiza GLOVO, bien que con una libertad condicionada del trabajador; la infraestructura digital es propiedad de la empresa y determina la prestación del servicio, siendo intrascendente la posible propiedad del vehículo del trabajador; la teórica elección de franjas horarias del repartidor está condicionada por penalizaciones económicas y de asignación de encargos sobre la base de criterios empresariales; se acredita un control de la empresa mediante medios digitales y evaluación de clientes; el sistema tiene mecanismos de resolución contractual próximos a un despido y la retribución es periódica de la empresa — no de los clientes — en un mercado de tarifas ajeno al trabajador. Con esta dependencia jurídica flexible, indicador de laboralidad, al no existir plena libertad en la prestación del servicio, se constata la ajenidad porque GLOVO se apropia del resultado de prestación de trabajo. Queda descartado que esta empresa sea una mera intermediaria en la contratación de servicios entre comercios y repartidores, y queda constatada una organización empresarial, donde se integran trabajadores por cuenta ajena, con una gestión algorítmica que expresa un poder de dirección y control propio de la laboralidad.

Esta sentencia da origen a la antes transcrita presunción legal de la nueva DA 23ª del ET, que convive con la presunción general de laboralidad del Art.8.1 del ET, en los supuestos específicos de prestación de servicios retribuidos en plataformas digitales de reparto de mercancías. La técnica de la presunción legal de laboralidad desplaza la carga de la prueba a la empresa — plataforma digital — que puede acreditar, si es posible, la ausencia de dependencia jurídica y ajenidad. Ello ya operaba con el Art. 8.1 del ET, y fue lo que fundamentó la sentencia que motiva la reforma, pero la novedad más significativa es el reconocimiento legal de la "*organización, dirección y control de forma directa, indirecta o implícita, mediante la gestión algorítmica del servicio o de las condiciones de trabajo*"como expresión de laboralidad, en el marco de una plataforma digital. Se despeja la duda al respecto, consolidando la tendencia jurisprudencial expansiva de laboralidad.

Pero la técnica es la presunción, no la inclusión declarativa legal, por lo que cabe siempre prueba en contra, que acredite la presencia de un trabajo por cuenta propia y autónomo, fuera de la laboralidad[2]. El problema es que la presencia de una *gestión algorítmica* del servicio ya se consolida como criterio legal claro de *organización, dirección y control* empresarial en el sector de las plataformas digitales y dificulta mucho esta prueba en contra. Si el algoritmo fija trayectos, encargos y jornadas en la plataforma digital, aunque exista cierto margen de libertad del trabajador en la elección, terminará predominando la laboralidad. Lo mismo cabe decir del control empresarial mediante algoritmos, o GPS, frente a la libertad del prestador de servicios de conexión o desconexión, que suele ir asociada a incentivos económicos. Las opciones generadas por el algoritmo, que condicionan la libertad del prestador de servicios, determinan ya el ejercicio de un poder de dirección y control empresarial propio de la laboralidad. Las decisiones del consumidor final dentro del propio sistema digital tampoco parece que deben alterar esta conclusión porque forma parte de esta organización, dirección y control que, de forma *directa, indirecta o implícita* —térmi-

---

2 TODOLI SIGNES, A., *"Cambios normativos en la digitalización ..."*, cit., p. 35; RODRÍGUEZ-PIÑERO ROYO, M., *"Por fin la Ley Rider"*, blog *Trabajo, persona y derecho,* 2021, Universidad de Huelva

nos muy abiertos— demuestran una dependencia jurídica del repartidor en un trabajo por cuenta ajena prestado mediante la plataforma digital. Parecería que la DA 23ª del ET asocia la propiedad del algoritmo, que es de la plataforma digital, con una organización empresarial que conduce inevitablemente a la laboralidad, siendo muy difícil la prueba en contra que destruya dependencia y ajenidad.

Esta opción legal es discutible porque la propiedad del algoritmo puede, en hipótesis, convivir con un modelo de trabajo autónomo, y, además, tiene el agravante de la inseguridad jurídica porque no existen criterios claros de dependencia y ajenidad, más allá de los ya explicitados por el Tribunal Supremo en un asunto concreto como el de GLOVO. La opción de la propuesta de directiva europea, al menos en su primera versión —no así en la segunda— otorga más seguridad jurídica porque enumera criterios claros de laboralidad o, en sentido contrario, de posibles organizaciones digitales con trabajo autónomo donde lo relevante no es, en sí mismo, la propiedad del algoritmo.

La remisión, finalmente, en la DA 23ª ET, al art. 1.3 ET, en el sentido de que *esta presunción no afecta a lo previsto en el artículo 1.3 de la presente norma,* es especialmente importante. No sólo porque no implica cambios en la exclusión legal de transportistas con camión propio de alto tonelaje del apartado correspondiente, factible mediante plataforma digital, sino porque abre la posibilidad de otras opciones de prestación del servicio como la de socio de cooperativa de trabajo asociado o, si se dan las condiciones, autónomo económicamente dependiente. De igual modo, la nueva DA 23ª del ET no impide, de inicio, la posibilidad de subcontratación del servicio de reparto por la plataforma digital con otra empresa, lo que sitúa el problema en las fronteras entre contrata legal y cesión ilegal de los Arts.42 y 43 del ET, como luego apuntamos. Esta remisión, a su vez, abre la puerta a posibles reformas futuras que pudieran optar en las plataformas digitales, de reparto u otras, por soluciones distintas con un encaje, por ejemplo, en autónomos económicamente dependientes fuera de la laboralidad con regulación específica clara dentro siempre de la normativa europea vigente en cada momento.

2. LA APLICACIÓN DE LA PRESUNCIÓN DE LABORALIDAD DE LA DA 23ª DEL ET: CAUSAS DE UNA FRUSTRACIÓN

Culminado ya un periodo de aplicación suficientemente dilatado de la denominada Ley Rider, con esta analizada DA 23ª del ET, merece la pena desarrollar algunas conclusiones a la luz de la experiencia de dos años desde su aprobación a mediados de 2021. Las cuatro grandes plataformas digitales de reparto reaccionaron de diferente manera ante el cambio de regulación:

- GLOVO mantiene un modelo de trabajo autónomo, corrigiendo algunos criterios de organización del trabajo a la luz de la STS de 25 de septiembre de 2020, aumentando la libertad del repartidor y quitando las penalizaciones económicas o sancionadoras por rechazos de pedidos o desconexiones.
- UBER EATS optó en un inicio por un modelo de flotas, empresas con los repartidores laboralizados, que prestan el servicio mediante plataforma digital. Finalmente, ante la escasez de oferta de trabajo originada en no poca medida por la preferencia de los repartidores por una relación mercantil como autónomos el modelo recoge la posibilidad de opción al repartidor entre elegir modelo de flotas con contrato de trabajo o de autónomo, en una nueva organización de trabajo con plena libertad del Rider y un sistema de fijación de precio por el mismo. Hasta el momento, la gran mayoría, 85 por 100, de repartidores optan por el modelo autónomo.
- JUST EAT en realidad ya operaba como intermediaria entre negocios de restauración, con repartidores propios, y los consumidores que utilizan la plataforma digital, por lo que el impacto del cambio normativo ha sido menor.
- DELIVEROO, como es conocido, se fue del mercado español tras el cambio regulatorio.

En este contexto, el cuestionamiento de facto de la nueva normativa por parte del principal operador del mercado, GLOVO, ha introducido una enorme distorsión en el funcionamiento del sector tras una primera etapa en la que el resto de los operadores (esencialmente UBER EATS) han optado por el cumplimiento de la nueva normativa y sus implicaciones de laboralización del conjunto de los repartidores, bien directamente por parte de las plataformas, bien a través de relaciones laborales establecidas a través de compañías de flotas, bien, como es el caso de JUST EAT, mediante operaciones de mera intermediación.

Desde el punto de vista económico, la estructura del mercado de *"Delivery"* ha sufrido una destacable transformación que se traduce en una importante ganancia de cuota por parte de GLOVO que ocupa en torno al 50% del mercado a costa de la participación de los otros dos grandes operadores, UBER EATS y JUST EAT, y de la huida de España de DELIVEROO. La consecuencia es una paradoja, pues la sentencia del Tribunal Supremo es un asunto de esta empresa y la DA 23ª del ET una consolidación legal de la misma, siendo la gran favorecida en el mercado por el cambio regulatorio.

Ante la situación generada, la reacción de algunos operadores, UBER EATS entre ellos, ha consistido en la revisión de su modelo de negocio tratando de introducir diseños que afianzaran la posibilidad de seguir desempeñando la actividad esencialmente a través de relaciones mercantiles con los repartidores, aunque sin renunciar de forma absoluta a la fuerza de trabajo en régimen laboral. La opción libre del repartidor en este caso entre modelo laboral de flotas y modelo autónomo con gran libertad expresa este movimiento, con una conclusión que parece clara. Los Riders quieren ser autónomos porque huyeron a GLOVO cuando el resto de los cooperadores intentaron laboralizar sus operaciones y ahora en estos modelos de elección libre la gran mayoría elige ser autónomo. La DA 23ª del ET ha creado, en consecuencia, una gran frustración porque no consigue el objetivo propuesto —laboralizar—, termina beneficiando a quien siguió con modelo autónomo —la empresa sancionada— y certifica que los Riders prefieren ser autónomos a trabajadores por cuenta ajena —contra el criterio político legal—.

Se deben indagar las causas de la frustración de la aplicación de la Ley Rider en la realidad del sector digital. Hay una que creemos fundamental. El acuerdo social que articula la nueva DA 23ª del ET, con esta presunción de laboralidad en plataformas digitales de reparto de mercancías, opta por no regular, de manera singular y específica, la prestación laboral dependiente y por cuenta ajena en esta forma de organización del trabajo y prestación de servicios. La cobertura que ofrece el Art.2.1.l del ET para que el Gobierno elabore Decretos de relaciones laborales especiales, más allá de las tasadas en el precepto, con aplicación subsidiaria o no de las reglas generales del ET, era idónea para afrontar esta tarea, porque la laboralización — bien que mediante una presunción salvo prueba en contra — debería haber ido acompañada de una regulación especial que podría haber sido objeto de un acuerdo social. Ello explica que el problema no se haya solucionado porque las dificultades de aplicación de las reglas generales del ET a la prestación laboral en plataformas digitales es enorme y la ausencia de reglas específicas, en un Decreto de relación laboral especial, desincentiva el cambio de modelo. Las soluciones provienen, más bien, de salidas, en forma de subcontratación o cooperativas, permitidas por la nueva DA 23ª del ET, que de una transformación del modelo de autónomo a laboral en la contratación directa de plataformas digitales de las personas que prestan servicios (de reparto de mercancías u otras actividades). La otra razón ha sido ya apuntada, los Riders prefieren ser autónomos a trabajadores por cuenta ajena, y así lo reflejan modelos de libertad de opción como el aplicado en UBER EATS. Si la empresa no tiene una relación laboral adaptada y los repartidores prefieren ser autónomos, la consecuencia es una frustración en la aplicación legal.

La Ley Rider no ha solucionado el problema del sector de plataformas digitales de reparto por la falta de adaptación normativa y la ineficiencia de un modelo laboral. Es conocido que persisten las sanciones o la amenaza de sanciones, por falsos autónomos, con el agravante ahora del nuevo tipo penal Art.311 del Código Penal, ante incumplimientos de requerimientos o actuaciones administrativas en estos supuestos de hecho, en una dinámica de penalización del sector digital que no es positiva ni constructiva.

3. LA DIRECTIVA EUROPEA DE PLATAFORMAS DIGITALES

En este escenario español de una Ley Rider, con frustración en su aplicación y objetivos no alcanzados, se ha ido tramitando, en paralelo, el proyecto de directiva europea de plataformas digitales que va a ser esencial para determinar los espacios de regulación nacional en esta materia. Esta directiva europea ha sido finalmente aprobada en marzo de 2024.

En la tramitación se manejaron dos versiones de este proyecto, que regula con alcance general las plataformas digitales, y no sólo las de reparto.

La primera versión (diciembre 2023) del proyecto de directiva europea de plataformas digitales se sustenta en una presunción legal de laboralidad con prueba en contra: "*se presumirá que, desde un punto de vista jurídico, la relación entre una plataforma digital de trabajo y una persona que realiza trabajo en plataformas a través de dicha plataforma es una relación laboral cuando la plataforma digital de trabajo ejerza el control y la dirección sobre la ejecución del trabajo por parte de la persona*" Sobre esta base, esta primera versión ofrecía cierta seguridad jurídica estableciendo unos criterios que, si son cumplidos, en un determinado número (las propuesta eran tres), verifican la laboralidad. Los criterios manejados eran los siguientes.

> *"1° La plataforma digital de trabajo determina límites máximos para el nivel de la remuneración.*
>
> *2° La plataforma digital de trabajo exige a la persona que realiza trabajo en plataformas que respete normas específicas en materia de apariencia, conducta hacia el destinatario del servicio o ejecución del trabajo.*
>
> *3° La plataforma digital de trabajo supervisa la ejecución del trabajo, en particular por medios electrónicos.*
>
> *4° La plataforma digital de trabajo restringe, en particular mediante sanciones, la libertad de organizarse el propio trabajo, al limitar la discrecionalidad para elegir las horas de trabajo o los períodos de ausencia*
>
> *5° La plataforma digital de trabajo restringe la libertad, incluso mediante sanciones, de organizarse el propio trabajo al limitar la discrecionalidad para aceptar o rechazar tareas.*
>
> *6° La plataforma digital restringe, en particular mediante sanciones, la libertad de organizarse el propio trabajo, al limitar la discrecionalidad para utilizar subcontratistas o sustitutos.*
>
> *7° La plataforma digital restringe la posibilidad de establecer una base de clientes o de realizar trabajos para tercero".*

En una segunda versión (febrero de 2024) el proyecto de directiva europea suprime estos siete criterios y se limita a encomendar a los Estados prever una presunción de laboralidad conforme a la legislación nacional, lo que permite márgenes de maniobra. La nueva versión tiene una orientación cautelosa de recomendación, en esta dirección, con un gran papel de las decisiones de los Estados miembros en el diseño normativo.

Las dos versiones fueron rechazadas en la votación final del Consejo Europeo, bajo la presidencia española en diciembre de 2023 y la presidencia belga en febrero de 2024. Este doble rechazo mostraba las discrepancias dentro de la Unión Europea sobre la categorización jurídica de esta prestación de servicios en plataformas digitales dentro de los difíciles equilibrios entre protección y competitividad en la economía. El diseño de criterios de la primera versión ofrecía márgenes, con cierta seguridad jurídica, para modelos de trabajo autónomo, mientras que la fórmula de la segunda también abría, con mayor incertidumbre y reenvíos a las legislaciones nacionales, esta posibilidad.

Finalmente, en marzo de 2024, fue aprobada la segunda versión de la directiva europea, que gira en torno a una presunción legal de laboralidad, en supuestos de hecho que indiquen control y dirección empresarial en plataformas digitales, de conformidad con la legislación nacional y los convenios colectivos. La aplicación de esta presunción, con un gran espacio nacional en su delimitación específica, conllevará que la plataforma digital acredite, en su caso, que no existe relación laboral. La Directiva permite a los Estados excluir la Seguridad Social de la proyección de la presunción de laboralidad, lo que es significativo.

La transposición en España de esta Directiva europea de plataformas digitales va a obligar a ampliar el espacio de la DA 23ª el ET, sólo articulada en las de reparto de mercancías, y es una excelente oportunidad para solucionar la frustración antes analizada, mejorando la regulación con vías que exponemos a continuación.

4. VÍAS DE REFORMA DE PLATAFORMAS DIGITALES DE REPARTO[3]: LA REFORMA DE LA DA 23ª DEL ET CON CRITERIOS CLAROS DE LABORALIDAD Y ESPACIOS PARA EL TRABAJO AUTÓNOMO

La antes reseñada lista de *criterios de laboralidad*, en la primera versión fallida del proyecto de Directiva europea, puede servir de referencia para una primera vía de modificación de la DA 23ª del ET.

Con esta vía, las plataformas digitales de reparto tendrían la certidumbre jurídica de construir un modelo laboral o un modelo autónomo, sin el prejuicio de asociar la propiedad del algoritmo con la laboralidad, que no es, como ha quedado constatado, el modelo europeo. La DA 23ª del ET se sustenta excesivamente en la asociación entre propiedad del algoritmo, la gestión algorítmica y la laboralidad, frente a esta opción más abierta, desvinculada de la propiedad y gestión algorítmica, que permite modelos de organización con autónomos cuando sea viable. La seguridad jurídica exige también introducir criterios de laboralidad.

5. VÍAS DE REFORMA DE LAS PLATAFORMAS DIGITALES DE REPARTO: LA RELACIÓN LABORAL ESPECIAL EN PLATAFORMAS DIGITALES

Ha sido ya subrayado que un defecto de la DA 23ª del ET es que establece una presunción de laboralidad muy exigente sin una regulación adaptada a las plataformas digitales de reparto. Se podría regular, por tanto, de manera específica y singular una *relación laboral especial* de reparto en plataformas digitales para hacer eficiente el modelo laboral o incluso que pudiera englobar cualquier otro tipo de plataforma digital. Se debe abandonar la dinámica estrictamente sancionadora en torno a la DA 23ª del ET y proceder a esta tarea, más constructiva, que es

---

[3] Estas ideas también en LAHERA FORTEZA, J.; GÓMEZ SÁNCHEZ, V., *"Regulación laboral en España de las plataformas digitales: presente y futuro", Revista de Estudios Jurídicos laborales y de seguridad social* 2023, nº 7, pp. 36-55.

técnicamente viable a través de un Real Decreto, del Gobierno, con la cobertura legal del Art.2.1.l del ET.

Apuntamos algunas deficiencias del modelo laboral de plataformas digitales que deberían ser solucionadas con esta normativa especial:

– Contratación laboral a demanda: Son aplicables las reglas generales de los Arts. 12 y 15-16 del ET, en la contratación indefinida, temporal, fijo discontinuo y a tiempo parcial. La modalidad fijo discontinuo, tras la reforma laboral pactada del Decreto-Ley 32/2021, de prestaciones periódicas intermitentes, predeterminadas en el contrato, podría encajar en una relación laboral de plataforma digital pero la imprevisibilidad del encargo o servicio lo dificulta. Resulta obvio que no se pensó en este sector al regular esta modalidad de fijo discontinuo, como tampoco en la modalidad de ETT, exclusiva para este sector de puesta a disposición temporal de trabajadores en otras empresas usuarias. Tampoco el fijo discontinuo de contrata parece acoplarse a las plataformas digitales, salvo en prestaciones específicas de mediana o larga duración, cuando lo frecuente es el encargo inmediato de cliente. La reforma laboral pactada no integró la regulación de plataformas digitales en los profundos cambios normativos de contratación, seguramente porque el sector estaba ausente en el diálogo social. La regulación del trabajo a tiempo parcial del Art. 12 del ET, apenas alterada, no encaja bien en la prestación de servicios de plataformas digitales, donde los encargos son a llamada. Puede ser viable firmar un contrato a tiempo parcial con una determinada distribución horaria, con horas complementarias y voluntarias a disposición de la empresa, con preavisos de 3 días, dentro de los márgenes legales o convencionales (30/60 por 100, 15/30 por 100) pero es difícil que ello solucione esta prestación laboral a demanda. No tenemos en nuestro ordenamiento un contrato de trabajo de cero horas a llamada, que se vaya llenando a disposición de la empresa conforme a los encargos de clientes. Esta opción podría formar parte, de manera excepcional y singular, de una relación laboral especial de plataformas digitales donde la relación del cliente con la empresa es inmediata, e imprevisible, dentro de unos criterios organizativos, lo que condiciona cada prestación de servicio. Se debe articular un contrato de trabajo flexible a demanda, quizás con un mínimo de horas pactado, a disposición de la empresa — plataforma digital — conforme a los encargos de clientes que vaya aceptando el trabajador y con unos procedimientos ágiles de comunicación y aceptación digital. Todo ello con el debido cumplimiento de las exigencias de la Directiva europea 2019/1152 de información y transparencia en las condiciones laborales que contempla, precisamente, fórmulas de trabajo a demanda con unas garantías mínimas para los trabajadores.

– Pluriempleo y no exclusividad: Son aplicables las reglas generales del Art. 21 del ET, dirigidas a evitar la competencia desleal y con pactos de no competencia. El fundamento de exclusividad del contrato de trabajo va en contra de la realidad de las plataformas digitales, donde es frecuente el prestador de servicios esté conectado a dos o más de ellas en el mismo sector (reparto de mercancías o otra actividad). La regulación especial debería partir de la no exclusividad, admitir el pluriempleo en el mismo sector con conexiones a distintas plataformas digitales, y restringir este tipo de pactos.

– Tiempo de trabajo con reglas de jornada especial: La dificultad en la aplicación de las reglas generales de tiempo de trabajo de los Arts. 34 y ss. del ET es una de las grandes cuestiones que explican la ineficiencia de un modelo laboral de plataformas digitales. Ello está conectado con la inexistencia de un contrato de trabajo singular a demanda en función de los encargos recibidos (y su posible rechazo). La elección de los tiempos de trabajo y horarios propia de este sector choca con el planteamiento contrario de las reglas generales, donde es la empresa la que organiza e impone, en el marco legal, convencional y contractual, el tiempo de trabajo y la distribución horaria. En estas plataformas digitales, organizadas por franjas horarias son los repartidores (u otros prestadores de servicios) quienes eligen las horas de trabajo, en un planteamiento de conexión y desconexión libre. Parecería razonable en una regulación especial garantizar esta libertad de elección horaria que satisface a los trabajadores del sector (de hecho, en algunos ámbitos se reclama la condición de autónomo que favorece frente a la determinación horaria del trabajador por cuenta ajena). Al igual que habría que reconocer el derecho a rechazar encargos dentro de los criterios marcados por la organización de la empresa. Sobre esta base, y en el marco de un contrato flexible a demanda, se podrían determinar jornadas diarias máximas y, por supuesto, reconocer los derechos de descanso del ET (pausa, descanso entre jornadas, descanso semanal, festivos, permisos, vacaciones anuales retribuidas), con especial incidencia de la desconexión digital reconocida en la Ley 3/2018 con protocolos empresariales que deberían ser obligados para el sector. Se debe tener en cuenta la necesidad de regular tiempos de presencia y disponibilidad, dadas las características de las plataformas digitales, al modo del art.8 y 10 del Decreto 1561/1995 de jornadas especiales del transporte (de hecho, se puede mantener que estas reglas son aplicables ya al menos en el reparto de mercancías). El tiempo de presencia en estas normas es aquel donde se está a disposición de la empresa sin prestar trabajo efectivo, computando sin embargo como tal. En plataformas digitales sería más adecuado distinguir tiempo de conexión, activo e inactivo, dotando de tiempo de trabajo efectivo el activo y de alguna consecuencia retributiva —plus de disponibilidad— al inactivo sin computar tiempo, partiendo de la base del derecho de desconexión del trabajador dentro de los criterios de organización del trabajo de la empresa y de su peculiar libertad de elección horaria.

– Retribuciones adecuadas por unidad de obra: La dificultad en aplicar las reglas generales de retribución, fijadas por unidad de tiempo, del ET y de los convenios colectivos es otro de los factores que puede explicar la ineficiencia del modelo laboral en plataformas digitales. La retribución suele ser por unidad de obra, encargo de cliente aceptado, lo que tiene que ser tenido en cuenta en una regulación específica. El contrato propuesto flexible a demanda, que va llenando horas y con ello la retribución del servicio prestado, debe contemplar la regulación especial de esta vertiente retributiva por unidad de obra. También deben contemplarse pluses de disponibilidad o de conexión, en espera de servicio, distinguiendo el cómputo de jornada ordinaria de esta dimensión económica que retribuye la mera disponibilidad.

- Extinción contractual adaptada: Se pueden aplicar las reglas de extinción objetiva por causas económicas, técnicas, organizativas o de producción de los Arts. 52.c y 51 del ET, pero sería conveniente una especificación, siguiendo el modelo de la reforma laboral pactada en Construcción, de determinadas causas objetivas adaptadas a plataformas digitales (por ejemplo, determinado número de rechazo de encargos dentro de lo acordado en el contrato o la mala evaluación de clientes con determinados criterios que pudiera expresar un bajo rendimiento involuntario o la elección de trayectos fuera del algoritmo que determina el más corto en determinadas condiciones etc.). Los procedimientos aplicables en estas extinciones objetivas serían los generales del Art. 5 del ET, si hay dimensión colectiva, o del Art. 53 del ET, en despidos individuales. La baja voluntaria del trabajador también merecería ciertas singularidades en un sector con amplios márgenes de libertad en la conexión a la plataforma digital.
- Prevención de riesgos laborales y responsabilidades empresariales: La relación laboral especial integraría la aplicación del sistema normativo general de prevención de riesgos laborales, sustentado en evaluación de riesgos y planes preventivos de empresas, con las singularidades de una plataforma digital. Ello implicaría aplicar el sistema general de responsabilidades empresariales en caso de incumplimientos.
- Medios de control digital: En el marco de los arts.87-89 de la Ley 3/2018, los medios empresariales de control digital tendrían los correspondientes límites y garantías de los trabajadores. Siendo el trabajo en plataformas digitales susceptible de intensificar estos medios de seguimiento y control se deberían aceptar ciertos medios — como el GPS — con normalidad, siempre que se respetarán estos límites y garantías que velan por la intimidad y la protección de datos personales.
- Negociación colectiva con un marco normativo singular: Resulta evidente que las reglas de legitimación negociadora de convenios

colectivos estatutarios de los Arts. 87-89 del ET son ineficientes en las empresas y sectores de las plataformas digitales. Del lado sindical, porque las elecciones sindicales a delegados y comités por centro de trabajo conforme al Título II del ET fundamentan la representatividad sindical, en la empresa y sector, que otorga esta legitimación y muchas plataformas digitales se caracterizan por la ausencia de centros de trabajo. Del lado empresarial, porque la representatividad sectorial se determina por asociación y ocupación, sin un sistema fiable de medición, lo que dificulta la configuración de unidades convencionales específicas y la entrada de patronales del sector digital no integradas en la CEOE. El resultado es que no existen marcos convencionales sectoriales de plataformas digitales y que los convenios colectivos clásicos, donde no están estos sectores, incluyen dentro de su ámbito funcional este tipo de prestación de servicios (transporte por carretera, hostelería, consultoría, etc.). El trasfondo de este problema esconde un problema de competencia. No conviene a los actores clásicos incentivar unidades convencionales de plataformas digitales que puedan tener reglas propias frente a los convenios de referencia en la prestación no digital de servicios. La propuesta de una relación laboral especial de plataformas digitales lleva implícita la necesidad de crear unidades convencionales sectoriales, o de empresa, capaces de pactar condiciones salariales y laborales adecuadas y adaptadas a esta forma de trabajar. Para ello se deben crear reglas específicas de legitimación negociadora tanto sindical como empresarial, superando las actuales resistencias. Ello exige abrir un diálogo social con los actores presentes en la realidad de las plataformas digitales. Adicionalmente, como más adelante se indica, sería necesario, con las adaptaciones legales adecuadas, promover el desarrollo de acuerdos convencionales —al modo previsto en los acuerdos de interés profesional para el trabajo autónomo económicamente dependiente— que permitan la regulación de condiciones entre los trabajadores autónomos y las plataformas para las que desempeñen su labor profesional.

– Seguridad Social: Se deberían adecuar las reglas de cotización y protección social a las características de este nuevo modelo laboral a demanda siguiendo los esquemas de la vigente contratación a tiempo parcial, con sus efectos correctores que no perjudican a esta tipología de trabajadores. Es una cuestión esencial a regular de manera adecuada.

6. VÍAS DE REFORMA DE LAS PLATAFORMAS DIGITALES DE REPARTO: EL MODELO DE LA EXTERNALIZACIÓN DE ACTIVIDAD A TRAVÉS DE EMPRESAS CONTRATISTAS: LA NECESIDAD DE REFORMULAR LA CONTRATA LEGAL Y CESIÓN ILEGAL DE LOS ARTS. 42 Y 43 DEL ET

La ineficiencia del modelo laboral, por esta falta de regulación singular, que está pendiente, ha motivado, como ha sido explicado, al sector de plataformas digitales aplicar modelos de externalización de actividad con terceras empresas, de tal modo que la relación laboral aparece en este vínculo, pero no con la propia plataforma. La plataforma digital mantiene los activos esenciales —marca, contacto con clientes y tecnología con algoritmos— pero la mano de obra es proporcionada por otra empresa, que tiene contratos de trabajo con los prestadores de servicios, integrados en esta estructura digital de la empresa contratante. La relación mercantil entre plataforma y empresa externa permite la gestión eficiente que no es posible con el modelo directamente laboral. En las VTC —UBER, CABIFY— se ha implantado este modelo de externalización a través de flotas de vehículos, constituidas como empresas con las correspondientes licencias, que entablan relaciones contractuales laborales con los conductores, que consiguen los servicios gracias a plataforma digital que ofrece su empresa. Como ya ha sido expuesto al inicio, esta fue la opción inicial de UBER EATS, luego matizada con una libertad de opción del Rider entre el modelo laboral de flotas o el autónomo directo con la plataforma digital, con una gran mayoría que opta por esta vía con mayor libertad y flexibilidad.

Cabe, de inicio, un modelo de externalización a través de flotas (modelo VTC) donde el contrato de trabajo se celebre entre flota y trabajador y el servicio se preste en plataforma digital. Pero existen riesgos de cesión ilegal aplicando el Art. 43 del ET, que recoge desde 2006 los indicios utilizados por la jurisprudencia: si la empresa contratista no tiene suficiente estructura productiva ni ejerce los poderes de organización, dirección y control propios de un contrato de trabajo, siendo realmente la empresa la plataforma digital que aporta los activos materiales esenciales, la marca en el mercado, el algoritmo en la gestión empresarial, la evaluación a través de clientes y las correspondientes penalizaciones económicas o en forma de sanciones que aplica tan sólo formalmente la empresa interpuesta. La regulación del Art.43 del ET no se adapta bien a esta estrategia de las plataformas digitales, lo que ha dado lugar a determinadas actuaciones inspectoras también por cesión ilegal en la aplicación de este modelo de externalización de la prestación de servicios[4].

La jurisprudencia de cesión ilegal suele hacer una interpretación integradora de estos indicios del Art.43 del ET y acepta como contratas legales supuestos cercanos a plataformas, sin ser casos del sector, donde se trabaja a demanda, en una relación mercantil entre empresas, prestando servicios el trabajador de la empresa contratista, con un papel de organización y gestión significativo de la principal: STS de 8 de julio 2020 y de 8 de septiembre de 2020, servicio de averías de Telefónica, y STS de 4 de octubre de 2022, en un caso especialmente relevante que acepta una contrata de servicios de transporte donde la empresa principal pone a disposición de la contratista una herramienta electrónica de organización y control de repartos, con ciertas facultades contractuales, sin dejación de funciones de dirección ni disciplinarias de la contratista. Es una jurisprudencia que, pese a este obstáculo legal, puede favorecer este modelo digital de externalización de actividad. De igual modo, como hemos apuntado, la nueva DAª 23 del ET es una presunción de laboralidad, si la prestación de servicios es directa con la plataforma digital con una gestión algorítmica empresarial, pero no es una presunción de cesión ilegal si la estructura digital y el algoritmo

---

4 Ver ESTEVE SEGARRA, A.;TODOLI SIGNES, A., *"Cesión ilegal de trabajadores y subcontratación en las empresas de plataformas digitales"*, *Revista Derecho Social* nº 95; JURADO, A., *"En torno a la externalización de actividades empresariales y la posible cesión ilegal de trabajadores en el ámbito de las plataformas digitales"*, *LABOS*, nº 2.

es objeto de negocio entre empresas, prestando el servicio el empleado con una tercera empresa. El Art.43 del ET no se ha reformado en la Ley Rider.

Estos factores favorables no deberían ocultar que es conveniente regular de manera específica y singular (como en ETT o enclaves laborales de centros especiales de empleo), este modelo de externalización de actividad de plataformas digitales, reformando los Arts. 42 y 43 del ET con seguridad jurídica para el sector. Es un modelo que no puede quedar en manos de actuaciones inspectoras o casos judiciales con una regulación vigente que puede desembocar en cesiones ilegales con consecuencias negativas para las plataformas digitales. No se debe caer en la misma dinámica sancionadora o penalizadora de los falsos autónomos, replicándola en cesiones ilegales. Por ello de manera proactiva, sería conveniente proponer una reforma del Art.43 del ET que aceptara claramente las contratas entre plataformas digitales y empresas prestadoras de servicios con utilización de estos activos materiales — marca, clientela, algoritmos, organización digital de encargos con clientes — ejerciendo los poderes de dirección y sanción la empresa contratista, que puede ser la propietaria de los medios de producción, como sucede con los vehículos. Esta vía, al fin y al cabo, consigue la laboralización del colectivo por vía indirecta, a través de terceras empresas, con el mismo objetivo que la nueva DA 23ª del ET. Se debe aceptar que la integración y coordinación entre actividades diferentes de empresas — marca, clientela, algoritmos, reparto de encargos en contraposición con propiedad de vehículos, licencias, organización de trabajo y poderes contractuales empresariales — es una formulación positiva para la economía digital, y abandonar una concepción industrial de la cesión de mano de obra.

El hecho de que los algoritmos de mercado, de la plataforma digital, incidan en la organización del trabajo, de la empresa contratista, no debe ser indicador de cesión ilegal. En contrapartida con esta decisión legal, favorable a la economía digital, se debería, en el Art. 42 del ET, establecer algún tipo de responsabilidad solidaria en salarios y seguridad social de este tipo de contratas digitales, siguiendo el modelo de propia actividad. De este modo, se conjuga la seguridad jurídica del modelo de externalización de actividad con la protección de trabajadores de estas terceras empresas, implicando a la plataforma digital en las garantías de salario y seguridad social. Puede ser un intercambio favorable en un diálogo social dentro del sector.

7. VÍAS DE REFORMA DE LAS PLATAFORMAS DIGITALES DE REPARTO: EL TRABAJADOR AUTÓNOMO ECONÓMICAMENTE DEPENDIENTE EN LAS PLATAFORMAS DIGITALES Y UN NUEVO MODELO SOCIAL

Finalmente, la utilización de autónomos económicamente dependientes (TRADES) como alternativa a un modelo laboral (o de cooperativistas de trabajo asociado en otra opción posible) es viable si se cumplen las notas del trabajo autónomo y por cuenta propia porque, como se ha razonado, la nueva DA 23ª del ET establece una presunción de laboralidad salvo prueba en contra, en el contexto de una jurisprudencia que aprecia indicios de laboralidad en los asuntos resueltos de plataformas digitales de reparto, lo que dificulta esta actividad probatoria. De igual modo, la remisión de la nueva DA 23ª del ET al Art. 1.3 del ET, que admite exclusiones de laboralidad abiertas (siguiendo el modelo transportistas con vehículo propio de gran tonelaje), hace posible una opción política de encuadre en la categoría TRADES por decisión legal que exigiría añadir un apartado específico en dicho precepto. Es una opción que no tiene por qué ser incompatible con la Directiva europea antes expuesta, que da un gran margen a las legislaciones nacionales.

En cualquier caso, el modelo TRADE en las plataformas digitales exigiría una reforma de la Ley que, en la actualidad define al colectivo con las siguientes notas en el Art. 11 de la Ley 20/2007:

> *"1. Los trabajadores autónomos económicamente dependientes a los que se refiere el artículo 1.2.d) de la presente Ley son aquéllos que realizan una actividad económica o profesional a título lucrativo y de forma habitual, personal, directa y predominante para una persona física o jurídica, denominada cliente, del que dependen económicamente por percibir de él, al menos, el 75 por ciento de sus ingresos por rendimientos de trabajo y de actividades económicas o profesionales.*

2. Para el desempeño de la actividad económica o profesional como trabajador autónomo económicamente dependiente, éste deberá reunir simultáneamente las siguientes condiciones:

a) No tener a su cargo trabajadores por cuenta ajena ni contratar o subcontratar parte o toda la actividad con terceros, tanto respecto de la actividad contratada con el cliente del que depende económicamente como de las actividades que pudiera contratar con otros clientes.

Lo dispuesto en el párrafo anterior, respecto de la prohibición de tener a su cargo trabajadores por cuenta ajena, no será de aplicación en los siguientes supuestos y situaciones, en los que se permitirá la contratación de un único trabajador ....

b) No ejecutar su actividad de manera indiferenciada con los trabajadores que presten servicios bajo cualquier modalidad de contratación laboral por cuenta del cliente.

c) Disponer de infraestructura productiva y material propios, necesarios para el ejercicio de la actividad e independientes de los de su cliente, cuando en dicha actividad sean relevantes económicamente.

d) Desarrollar su actividad con criterios organizativos propios, sin perjuicio de las indicaciones técnicas que pudiese recibir de su cliente.

e) Percibir una contraprestación económica en función del resultado de su actividad, de acuerdo con lo pactado con el cliente y asumiendo riesgo y ventura de aquélla".

La dependencia económica del 75 por 100 conduce a una práctica exclusividad, cuando este sector, como se ha expuesto, debería descartarla y aceptar la conexión a varias plataformas digitales. La exigencia de infraestructura productiva y material propios no es adecuada en determinadas relaciones de plataformas donde este elemento es intrascendente teniendo en cuenta que lo determinante es la libertad y autoorganización del conectado. Tampoco las retribuciones cuadran bien en este tipo de relación, donde no existe conexión con el cliente, fijando las tarifas la plataforma. La negociación colectiva de los TRADE tiene una regulación insuficiente y apenas ha tenido experiencias en la realidad.

Por tanto, si se opta por este modelo alternativo, a medio camino entre el laboral y el autónomo puro, se debería reformar esta normativa, con especial incidencia de los acuerdos colectivos TRADE. Y en ello se podría plantear trasladar las cotizaciones sociales a cargo de la plataforma en un intercambio dentro del diálogo social del sector. De un lado, sin laboralidad, con un TRADE flexible adaptado a las plataformas digitales, y, de otro, con garantías de protección social de este colectivo.

Esta opción legal puede ser atractiva, si se combina con las anteriores. Pueden perfectamente existir modelos puros laborales con relación laboral especial, modelos de flotas externalizadas con trabajadores propios y modelos de TRADE con protección social adicional, en los términos aquí aportados. Y estos tres modelos pueden abrir otros en los que sea el Rider el que decida optar libremente por cada uno de ellos, consiguiendo el deseado equilibrio entre la protección, la adaptación a la economía digital competitiva y el respeto a las decisiones de la persona que presta servicios en plataformas digitales.

VII. La reforma de la normativa reguladora de la transmisión de empresa

Tomás Sala Franco
Catedrático Emérito de Derecho del Trabajo y de la Seguridad Social
Universidad de Valencia. Estudio General

Luis Miguel Camps Ruiz
Catedrático Jubilado de Derecho del Trabajo y de la Seguridad Social
Universidad de Valencia
Estudio General

Luis Enrique Nores Torres
Catedrático de Derecho del Trabajo y de la Seguridad Social
Universidad de Valencia
Estudio General

Sumario: 1. Consideraciones generales. 2. El concepto legal de transmisión de empresa. 3. Los procedimientos de transmisión de empresa. 4. Los efectos de la transmisión de empresa. 5. Conclusiones propositivas.

1. CONSIDERACIONES GENERALES

Las transmisiones o sucesiones de empresa constituyen un fenómeno frecuentísimo en una economía moderna. Las fusiones y absorciones de empresas en el sector privado, la descentralización productiva a través de múltiples mecanismos contractuales y la presencia de transmisiones opacas o fraudulentas son prácticas generalizadas en el mundo empresarial. Sin embargo, estas complejas actuaciones se encuentran escasamente reguladas en el plano normativo, siendo la jurisprudencia de los Tribunales la que ha desarrollado una labor interpretativa de primer orden. A nuestro juicio, en aras de una mayor seguridad jurídica, sería conveniente llevar al texto normativo gran parte de la doctrina jurisprudencial sobre el tema.

La normativa aplicable a la transmisión de empresa se encuentra actualmente en la Directiva 2001/23/CE, de 12 de marzo, del Consejo, sobre la aproximación de las legislaciones de los Estados miembros relativas al mantenimiento de los derechos de las personas trabajadoras en casos de traspasos de empresas, de centros de actividad o de partes de empresas o de centros de actividad, en los Arts. 44 y 49.1 g) del ET, en los Arts. 142.1 y 168.2 de la Ley General de Seguridad Social (en adelante, LGSS), en el Art. 311.3 del Código Penal y en el Art. 130 de la Ley de Contratos del Sector Público, de 29 de octubre de 2017 (en adelante, LCSP).

2. EL CONCEPTO LEGAL DE TRANSMISIÓN DE EMPRESA

La norma considera que hay una transmisión de empresa cuando el traspaso afecte *"a una entidad económica que mantenga su identidad, entendida como un conjunto de medios organizados a fin de llevar a cabo una actividad económica, esencial o accesoria"* (Arts. 1 b) Directiva y 44.2 ET).

En este sentido, la transmisión de empresa puede ser total (cuando afecte a la empresa en su totalidad) o parcial (cuando afecte a un centro de trabajo o a una unidad productiva autónoma de la empresa), siempre que lo transmitido permita continuar con una actividad empresarial (*"Se considerará que existe sucesión de empresa cuando la transmisión afecte a una entidad económica que mantenga su identidad"*: Art. 44.2 ET).

Así, no habría sucesión de empresa cuando se transmita algún elemento empresarial aislado, por importante que pudiera ser aisladamente considerado. Este sería el caso del contrato de arrendamiento de local de negocios en el que únicamente se transmite el local, a diferencia del contrato de arrendamiento de empresa (por todas, SS.TS de 12 de diciembre de 2007, Rec. 3994/2006 o de 18 de marzo de 2009, Rec. 665/2003) o de la adjudicación a un banco de una finca hipotecada en que radicaba una empresa maderera, siendo la maquinaria embargada por la tesorería General de la Seguridad Social (STS de 4 de abril de 2000, Ar/2614).

En un primer momento, la jurisprudencia consideró que la transmisión de empresa solamente se producía cuando se transmitía un conjunto de elementos patrimoniales organizados para la realización de la actividad empresarial (por todas, SS.TS de 27 de octubre de 1986, Ar/5902 o de 16 de Julio de 2003, Ar/6113), eso sí, mediante cualquier negocio jurídico, ya fuese una compraventa, un préstamo, una donación, un usufructo, etc. (STS de 19 de septiembre de 2017, Rec. 2629/2016). Sin embargo, en cumplimiento de la jurisprudencia del Tribunal de Justicia de la Unión Europea sobre la Directiva 2001/23/CE (por todas, STJUE de 11 de marzo de 1997, Asunto Süzen), a partir de la STS de 27 de octubre de 2004, Rec. 804/2002, en aquellas actividades empresariales en las que no se necesitan medios patrimoniales de importancia y que descansan básicamente en la mano de obra organizada por la empresa, se considera que existe también transmisión de empresa si el nuevo empresario se hace cargo *"de una parte esencial, en términos de número y de competencia, de los trabajadores que su antecesor destinaba al cumplimiento de la obra o servicio"*, aun cuando, lógicamente, no exista una transmisión de elementos patrimoniales (doctrina de la *"asunción de plantilla"*). Pero este último criterio solo es aplicable a las contratas en las que los elementos patrimoniales no sean significativos y descansen fundamentalmente en la mano de obra (por ejemplo, en las contratas de limpieza o de servicios de vigilancia y seguridad) (por todas, STS de 12 de julio de 2010, Rec. 2684/2008).

Por otra parte, la transmisión de empresa exige el cambio de titularidad sobre la misma, lo que implica que no habrá transmisión de empresa cuando lo que se transmita sean las acciones o participaciones de una sociedad titular de una empresa, manteniendo dicha sociedad la titularidad de la empresa. La jurisprudencia así lo ha señalado (por todas, STS de 30 de abril de 1999, Rec. 4003/1998), no siéndole aplicable el Art. 44 del ET, aunque se transmitiesen la totalidad de las acciones (STS de 29 de noviembre de 1994, Ar/9245). Distinta será la desaparición de una empresa al fusionarse o ser absorbida por otra, lo que sí constituiría una verdadera y propia transmisión o sucesión de empresa (Art. 53 Ley 3/2009, de 3 de abril, de modificaciones estructurales de las sociedades mercantiles; por todas, SAN de 25 de septiembre de 2008, Rec.71/2008).

3. LOS PROCEDIMIENTOS DE TRANSMISIÓN DE EMPRESA

Los procedimientos de transmisión de empresa pueden ser transparentes o no transparentes, según se utilice para ello una vía jurídica o una vía de hecho.

A su vez, los procedimientos jurídicos utilizables para el cambio de la titularidad de la empresa pueden ser por actos inter vivos o mortis causa (por la muerte, jubilación o incapacidad del empresario persona física o por la extinción de la personalidad jurídica del empresario: Art. 49.1 g) del ET).

Y los procedimientos por actos inter vivos pueden instrumentarse a través de distintos mecanismos, tanto voluntarios de carácter contractual (por ejemplo, a través de un arrendamiento de empresa: STS de 8 de febrero de 2023, Rec. 48/2022), como obligatorios (caso de la venta judicial de empresa: Arts. 221 y ss. de la Ley Concursal).

Entre los mecanismos por actos inter vivos de carácter voluntario resulta destacable por su frecuencia la contrata de ejecución de obra o de prestación de servicios entre dos empresarios, tanto en el momento inicial de contratar (del empresario principal o comitente a un empresario contratista) como en el momento final cuando la terminación de la contrata va seguida de una sucesión de contratas (de un empresario contratista a otro empresario contratista) o de la reasunción de la actividad empresarial contratada por el empresario principal. Así pues, las contratas, su sucesión y la reasunción de las mismas por parte del empresario principal podrán constituir transmisiones de empresa si efectivamente se produce en ellas una transmisión de los medios empresariales patrimoniales (por todas, SS.TS de 28 de abril y 23 de octubre de 2009, Ar/2997 o de 2 de Marzo de 2016, Rec. 2941/2014) o personales (por todas, SS.TS de 28 de febrero y 13 de noviembre de 2013, Rec. 542 y 1334/2013) organizados según el tipo de actividad empresarial de que se trate o cuando resulte aplicable la doctrina de la asunción de plantilla.

Desde luego, dentro del concepto legal de contrata quedan incluidas las contratas, concesiones o encomiendas administrativas del sector público (por todas, SS.TS de 4 de abril de 2004, Ar/2614).

Una cuestión específica de una gran complejidad es la que presentan las reversiones administrativas, esto es, la reasunción de la gestión de aquellos servicios públicos privatizados y descentralizados con anterioridad (salud, limpieza pública, educación o servicios sociales) para gestionarlos directamente por la Administración Pública competente, planteándose con ello graves problemas respecto de las personas trabajadoras contratadas por las anteriores empresas privadas contratistas o concesionarias de estos servicios.

El principal problema laboral que plantean las reversiones administrativas, partiendo de la aplicación a las mismas de la Directiva 2001/23/CE, de 12 de marzo de 2001, sobre la aproximación de las legislaciones de los Estados miembros relativas al mantenimiento de los derechos de las personas trabajadoras en caso de traspasos de empresas, de centros de actividad o de partes de empresas o de centros de actividad (por todas, STJUE de 20 de julio de 2017, Asunto Piscarreta) y del Art. 44 del ET es el de como compatibilizar la protección de la estabilidad de las personas trabajadoras adscritas a una contrata establecida en las anteriores normas comunitaria e interna con el principio de igualdad de acceso a la función pública establecido en las normas internas, constitucionales (Arts. 23.2 y 103.3 de la CE) y ordinarias (Arts. 55 y ss. del EBEP).

Para ello cabría plantear tres hipótesis alternativas de solución:

1ª) La primera sería la de cumplir a rajatabla el mandato de la Directiva comunitaria y del Art. 44 del ET, subrogándose con todas sus consecuencias la Administración Pública reversora en los contratos indefinidos fijos de plantilla que con anterioridad tuvieran consolidados las personas trabajadoras con la empresa contratista o concesionaria, manteniéndolos después de la reversión, partiendo de la preeminencia aplicativa de la normativa comunitaria sobre el derecho interno (por todas, STJUE de 11 de julio de 2002, Caso Marks & Spencer), incluidas las normas constitucionales que establecen el respeto del principio de igualdad de acceso a la función pública (Arts. 23.2 y 103.3 de la CE), concretado en los principios de capacidad, mérito y publicidad y, en definitiva, en la necesidad para consolidar su contratación como fijo de plantilla en las Administraciones Públicas de la superación de una prueba objetiva (concurso o concurso-oposición) (Arts. 55 y ss. del EBEP).

Esta solución ha sido la aplicada, entre otras, sin cuestionamiento alguno del problema que se plantea, por la STS de 19 de septiembre de 2017 (Rec. 2629/2016).

Esta fórmula, sin duda alguna la menos onerosa para la Administración Pública reversora y para la continuidad del servicio sin complicaciones laborales, resulta sin embargo claramente inoportuna desde la perspectiva organizativa de la Administración Pública, desde dos ángulos distintos:

a) De un lado, por cuanto supone la consolidación en el empleo público por una vía *"espúrea"*, fuesen funcionariales o laborales los puestos que los trabajadores implicados consolidasen en la Administración Pública correspondiente, chocando frontalmente con el principio de igualdad de acceso al empleo público establecido en la Constitución y en las normas internas de desarrollo, con la consiguiente injusticia para los demás ciudadanos por el desigual trato dado.

b) De otro lado, en el caso de que pasaran a ocupar puestos funcionariales o estatutarios —no tanto en el caso de que los puestos fuesen laborales—, por los problemas prácticos que esta solución conllevaría, al permitir la coexistencia de dos regímenes jurídicos distintos para un mismo puesto de trabajo: difícil o imposible movilidad y, en general, diferentes condiciones de trabajo y de regulación de las mismas.

2ª) La segunda solución se concretaría en la aplicación por analogía de la figura del "*trabajador indefinido no fijo de plantilla*" en la Administración Pública reversora, figura creada primero por la jurisprudencia (cfr. STS de 30 de septiembre de 1996, Rec. 83/1996) y más tarde consolidada en los Arts. 8.2 c) y 11.1 del EBEP (que distingue a los denominados *"trabajadores indefinidos"* de los denominados *"trabajadores fijos"*). Esta tesis ya ha sido mantenida por la doctrina judicial en algunas sentencias de Tribunales Superiores de Justicia, tales como las SS.TSJ de Canarias/Las Palmas, de 16 de enero de 2009 (Rec.2009/29329) y de 12 de abril de 2010 (Rec. 2010/266573), de Castilla-León/Valladolid, de 9 de noviembre de 2011 (Rec. 2011/1963) o de Andalucía/Granada, de 20 de septiembre de 2013 (Rec. 2012/1528).

Esta figura contractual, resulta absolutamente cercana a la del trabajador interino de plaza vacante, por cuanto mantendría su vigencia hasta que el puesto se amortizara o se cubriera definitivamente por el procedimiento reglamentario correspondiente. A partir del momento en el que el mismo trabajador accediese al puesto como *"trabajador fijo"* por haber superado las pruebas objetivas exigidas para ello o, en el caso de no superarlas, ser ocupada la plaza por otro, en el supuesto de amortización de la plaza, se extinguiría su contrato y tendría derecho a la indemnización prevista en los Arts. 52 y 53 del ET para los despidos objetivos por causas organizativas de 20 días de salario por año de servicio con el máximo de doce mensualidades previsto en los Arts. 52 y 53 del ET para los despidos objetivos por causas organizativas (STS de 28 de marzo de 2017, Rec.1664/2015, para los supuestos de cobertura de plaza; y SS.TS de 24 de junio de 2014, Rec. 2013/217 y de 29 de octubre de 2014, Rec.1765/2013, para los paralelos supuesto de amortización de plaza).

En todo caso, los problemas que también plantea esta solución son, a nuestro juicio, de dos clases:

a) En primer término, si bien se respetaría lo dispuesto en la normativa constitucional e interna sobre el principio de igualdad de acceso a la función pública, se conculcaría sin embargo el mandato protector de la Directiva comunitaria por cuanto estos trabajadores tenían consolidado en la anterior empresa contratista o concesionaria privada su vínculo contractual como *"contrato de trabajo indefinido fijo de plantilla"* que por mor de la transmisión, de aplicarse esta solución, se convertiría en *"contrato de trabajo indefinido no fijo de plantilla"*, incumpliendo así con el necesario mantenimiento del contrato con el mismo alcance que éste tuviera con anterioridad a la transmisión. Piénsese que, en la práctica, a través de esta operación analógica se estaría novando un anterior *"contrato indefinido fijo"* en un *"contrato indefinido no fijo"*. En esta línea se mueve la STJUE de 13 de junio de 2019, [C-317/18], asunto Correia Moreira, lo que ha llevado a distintos pronunciamientos del TS a moverse en la misma línea (entre otros, STS de 28 de enero de 2022, Rec. 3779/2020).

b) En segundo lugar, esta solución, si bien podría *"encajar"* mejor respecto de los puestos de la Administración Pública calificados de *"laborales"*, no sucedería lo mismo respecto de los puestos *"funcionariales"* que plantearían los mismos problemas que se denunciaban respecto de la primera solución apuntada.

3ª) La tercera solución podría consistir en subrogarse la Administración Pública reversora en los contratos indefinidos fijos de plantilla de los trabajadores de la anterior empresa contratista o concesionaria, cumpliendo así con lo dispuesto en la Directiva comunitaria y Art. 44 del ET y, acto seguido, proceder a despedir individual o colectivamente a estos trabajadores por la vía de los Arts. 51 y 52 c) del ET, pagando las indemnizaciones que correspondan (veinte días de salario por año de servicio con el máximo de doce mensualidades), alegando *"razones organizativas"* concretables en las exigencias constitucionales y legales de superar la necesaria selectividad para consolidar un puesto fijo de plantilla, cosa que admite expresamente el Art. 4.1 de la Directiva (ver supra).

Los inconvenientes de esta tercera solución son también evidentes:

a) En primer lugar, resulta dudoso que pueda admitirse como *"causa objetiva organizativa"* para despedir la existencia de exigencias constitucionales y legales para consolidar sus puestos como fijos de plantilla, ya que de esta manera se obviaría indirectamente (en un momento inmediato posterior) el respeto del mandato protector de la estabilidad en el empleo de los trabajadores establecido en la Directiva.

b) En segundo lugar, esta solución sería la más onerosa para la Administración Pública reversora, ya que tendría que abonar la indemnización legal prevista a todo el personal adscrito al servicio contratado y no solo a aquellos trabajadores que no superaran las pruebas objetivas cuando éstas se convocaran, como en la solución anterior.

c) En tercer lugar, exigiría además una solución complementaria para el mantenimiento de la continuidad del servicio público de que se trate, necesariamente consistente en la contratación de personal laboral interino, si se tratase de un puesto laboral o del nombramiento de personal funcionario o estatutario interino de tratarse de un puesto de esa naturaleza, con la nueva indemnización a abonar a los trabajadores interinos al finalizar su interinidad en el caso de no haber superado las pruebas objetivas que se convocasen.

En todo caso, como ya se ha anticipado, la STS [Pleno] de 28 de enero de 2022 [Rec. 3779/2020] —considerando en particular la STJUE de 13 de junio de 2019 [C-317/18], que *«advierte que va contra el Derecho de la UE la minoración de derechos derivada de la condición pública del empleador cesionario»*— unifica doctrina afirmando *«que cuando una Administración Pública se subroga, por transmisión de empresa, en un contrato de trabajo que tenía carácter fijo debe mantenerse esa condición»*, siendo *«inadecuado aplicar en este caso la categoría de personal indefinido no fijo»*, por cuanto ello implicaría empeorar su situación anterior a la subrogación. Doctrina reiterada por las SS.TS de 31 de enero y 2 de febrero de 2022 [Rec. 3775 y 3772/2020]

Supuesto distinto es el que plantean las denominadas *"cláusulas subrogatorias"* de los convenios colectivos (por todas, STS de 7 de abril de 2016, Rec. 2269/2014) y de los pliegos de condiciones contractuales empresariales (por todas, STS de 4 de junio de 2013, Rec. 58/2012)[1], estableciendo parecidos efectos a los que produce la transmisión de empresa, se den o no las exigencias que la jurisprudencia establece para considerarlos supuestos de transmisión de empresa y aplicar consecuentemente el Art. 44 del ET.

Estas cláusulas subrogatorias por las cuales el nuevo empresario estará obligado a mantener a las personas trabajadoras adscritas a la contrata anterior, resultan perfectamente lícitas como norma convencional más favorable que la norma mínima legal del Art. 44 del ET (por todas, STS de 11 de abril de 2000, Ar/3946), si bien tendrán que respetarse siempre los ámbitos de aplicación del convenio colectivo, (por todas, STS de 23 de junio de 2003, Ar/3420) y tenerse en cuenta la naturaleza

---

1 En el caso de las Administraciones Públicas, el Art. 130 de la LCSP sólo permite incluir en el pliego de condiciones contractuales una cláusula subrogatoria cuando una norma legal o convencional lo establezca obligatoriamente pero no de forma unilateral por la Administración.

del convenio, ya que un convenio colectivo extraestatutario no vinculará a las empresas no afiliadas a la asociación firmante (por todas, STS de 12 de diciembre de 2006, Rec.21/2006; o de 15 de diciembre de 2020, Rec. 2129/2018).

Por su parte, las transmisiones de empresa opacas o no transparentes son aquellas que no se producen por procedimientos jurídicos sino por la vía de hecho, advertibles por indicios tales como la desaparición de una empresa y la aparición de otra que le sucede, formalmente diferente pero con la misma o similar actividad, en los mismos locales y utilizando la misma maquinaria y empleando a todos o a parte de las personas trabajadoras de la empresa anterior, con los mismos proveedores y los mismos clientes y con coincidencias o no en su personal directivo o en sus propietarios (por todas, STS de 19 de septiembre de 1997, Rec. 2658/1996; o de 23 de enero de 2008, Rec. 2799/2006).

4. LOS EFECTOS DE LA TRANSMISIÓN DE EMPRESA

Los efectos de la transmisión de empresa *"ex Art. 44 del ET"* son los siguientes:

1º) El efecto fundamental es el de que los contratos de trabajo de las personas trabajadoras de la empresa anterior no se extinguen con la transmisión, quedando el nuevo empresario subrogado legalmente en los derechos y obligaciones laborales y de Seguridad Social del anterior (Art. 44.1 ET) respecto de aquellas personas trabajadoras cuyos contratos no se hubieran extinguido con anterioridad a la transmisión (por todas, STS de 28 de septiembre de 2011, Rec. 4376/2010; y de 30 de marzo de 2022, Rec. 104/2020). Se garantiza así por la ley la seguridad en el empleo de las personas trabajadoras en los casos de transmisión de una empresa, constituyendo despidos improcedentes la negativa del empresario cesionario a subrogarse en la posición contractual del anterior (por todas, STS de 7 de diciembre de 2009, Rec. 2686/2008). El despido del cedente sin intervención del cesionario en la tramitación del mismo debe declararse improcedente pero no nulo (STS de 29 de noviembre de 2022, Rec. 119/2022, para un supuesto de sucesión entre contratistas.

La subrogación contractual afecta, según interpretación jurisprudencial, a todas las condiciones de trabajo del personal afectado: a la naturaleza del vínculo contractual (por todas, STS de 30 de septiembre de 1997, Rec. 3373/1996 y de 26 de enero de 2022, Rec. 4539/2019), al grupo profesional, a la antigüedad (STS de 11 de noviembre de 2010, Rec. 23/2010), a la jornada y al horario de trabajo (STS de 16 de junio de 20132, Rec. 238/2011) y a las retribuciones nacidas de los contratos individuales de trabajo (por todas, STS de 21 de abril de 2016, Rec. 2016/2014).

Quedan también comprendidas las obligaciones empresariales declaradas por sentencia, aunque el cesionario no hubiera sido parte en el proceso correspondiente (STC 206/1989, de 14 de diciembre, así como, entre otras, STS de 28 de noviembre de 2003, Ar. 2004/4095, que distingue no obstante entre la responsabilidad hasta el interés legal del dinero —de carácter indemnizatorio y exigible solidariamente al cesionario desde la fecha de la sentencia, pese a no haber sido parte en el proceso—, y la responsabilidad adicional comprensiva de dicho interés incrementado en dos puntos —de carácter punitivo y exigible solamente a partir de la extensión de la ejecución de la sentencia al cesionario—).

La subrogación opera asimismo respecto de las obligaciones de Seguridad Social del anterior empresario, incluidos los descubiertos en las cotizaciones y los eventuales recargos por mora en el pago (STS de 28 de noviembre de 1997, Rec. 5305/1997) y las mejoras voluntarias y planes de pensiones que hubiera contratado el empresario anterior (por todas, STS de 22 de noviembre de 20005, Rec. 4576/2003). Teniendo en cuenta que prestaciones *«causadas»* no debe entenderse como *«reconocidas»*, sino como *«generadas»* (SSTS, entre otras, de 23 de marzo de 2015 [Rec. 2057/2014] y de 7 de mayo y 29 de septiembre de 2020 [Rec. 169 y 3074/2018] y 6 de octubre de 2021 [Rec. 4736/2018]). Por ello, la empresa cesionaria es responsable de las consecuencias derivadas de la infracotización de la empresa cedente (STS de 5 de febrero de 2020 [Rec. 3117/2017])

2º) Esta subrogación contractual establecida en la ley solo obligará, en el caso de una transmisión parcial de empresa, respecto de las personas trabajadoras adscritas al centro de trabajo o unidad productiva autónoma transmitida (por todas, STS de 17 de julio de 1998, Rec. 1223/1997), teniendo las personas trabajadoras que vinieran prestando sus servicios entre la parte cedida y la parte no transmitida de la empresa derecho a mantener su vinculación con el empresario cedente, sin pasar a depender, por tanto, del empresario cesionario (STJUE de 7 de febrero de 1985, Asunto Botzen; SS.TS de 30 de octubre de 1987, Ar/7427, y de 17 de julio de 1998, Ar/6527)

Por ello, en los casos en que, en un momento cronológicamente cercano a la transmisión, se hubiera producido un cambio de puesto de trabajo que, de consolidarse o confirmarse, pudiera motivar para el trabajador afectado un cambio de empresario, habrán de valorarse con una cierta cautela, para evitar actuaciones empresariales abusivas.

3º) El convenio colectivo aplicable en el momento de la transmisión habrá de ser respetado por el nuevo empresario después de ésta mientras esté vigente o hasta la entrada en vigor de otro convenio colectivo nuevo, salvo pacto en contrario establecido por acuerdo entre la empresa cesionaria y los representantes de las personas trabajadoras (Art. 44.4 ET). A partir de la pérdida de vigencia del convenio colectivo podrá aplicarse a las personas trabajadoras cedidas el convenio colectivo que rija en la nueva empresa, en el caso de que fuera distinto al aplicable en la empresa transmitida (STS de 6 de abril de 2016; Rec. 130/2015). La entrada en vigor de un nuevo convenio determina por consiguiente el fin de la aplicación del convenio anterior, aunque el mismo estuviera todavía vigente o en situación de ultraactividad (STS de 28 de abril de 2021 [Rec. 169/2019]).

4º) Las personas trabajadoras de la empresa transmitida no podrán oponerse a la transmisión total o parcial de la empresa, cuya decisión pertenece en exclusiva al empresario, a salvo que se tratara de una transmisión fraudulenta, en cuyo caso los trabajadores permanecerían en la empresa transmitente (STS de 24 de julio de 1989, Ar/5908).

5º) Por lo que se refiere a los representantes de las personas trabajadoras de la empresa cedida, éstos mantendrán su mandato después de la transmisión en los mismos términos y bajo las mismas condiciones que regían con anterioridad cuando la empresa, el centro de trabajo o la unidad productiva autónoma cedidas conserven su autonomía e identidad individualizada y no en caso contrario (art. 6.1 Directiva 2001/23/CE, Art. 44.5 del ET y STS de 20 de septiembre de 2022, Rec. 1265/2019).

Pueden presentarse no obstante situaciones más complejas. Así:

a) Cuando lo que se transmite es una parte de la empresa que no cuenta con órganos de representación específicos —un centro de trabajo o una unidad productiva autónoma sin órgano de representación propio—, la representación de las personas trabajadoras continuaría residenciada en la empresa transmitente y si alguno de quienes eran representantes se viera afectado por la transmisión perdería su condición de tal. En las transmisiones parciales de empresa habrá que estar atento a las decisiones empresariales próximas a la transmisión.

b) Cuando la empresa transmitida pasa a integrarse en otra que la absorbe —típicamente, en las fusiones societarias— el proceso de fusión diera lugar a una reestructuración de determinados centros de trabajo, afectando a la dimensión de su plantilla, si la variación fuera al alza, cabría promover elecciones parciales para ajustar la representación al incremento de la plantilla; mientras que si la variación fuera a la baja, la acomodación requeriría previsión al respecto del convenio colectivo o, en su defecto, acuerdo entre la empresa y los representantes de las personas trabajadoras (Art. 67.1 *in fine* ET).

6º) Los empresarios cedente y cesionario están obligados a informar de la transmisión a los representantes legales de sus personas trabajadoras respectivas o a las personas trabajadoras afectadas en caso de ausencia de aquellos, con la suficiente antelación, en relación con los siguientes extremos: a) La fecha prevista de la transmisión. b) El motivo de la transmisión. c) Las consecuencias jurídicas, económicas y sociales de la transmisión para los trabajadores. d) Las medidas previstas respecto de los trabajadores (Art. 44.6 y 8 del ET). Su incumplimiento no parece, sin embargo, que produzca la nulidad de la transmisión, tan solo una sanción administrativa por infracción laboral grave (Art. 7.11 de la LISOS; STS de 25 de abril de 1988).

Para los supuestos en que el cambio de titularidad se realice a través de un procedimiento de *"fusión, absorción o modificación del «status» jurídico de la empresa"*, rigen reglas específicas, además de las previsiones de la Ley 3/2009, de 3 de abril, de modificaciones estructurales de sociedades mercantiles (Arts. 31.11ª, 39.1, 39.2 y 42):

a) En primer lugar, tanto el cedente como el cesionario deberán entregar la indicada información *"al tiempo de publicarse la convocatoria de las juntas generales que han de adoptar los respectivos acuerdos"* (Art. 44.8,2º del ET).

b) En segundo lugar, si la transmisión supusiera *"cualquier incidencia que afecte al volumen de empleo"*, el comité de empresa deberá emitir un informe al respecto (Art. 64.5 d) del ET), en un plazo de quince días (Art. 64.6 del ET).

7º) El empresario cedente o cesionario que previera adoptar, con motivo de la transmisión, medidas laborales en relación con sus personas trabajadoras, vendrá obligado a iniciar un periodo de consultas con los representantes legales de las personas trabajadores sobre las medidas previstas y sus consecuencias para las personas trabajadoras. Dicha consulta deberá realizarse antes de que las medidas se lleven a efecto, debiendo las partes negociar de buena fe, con vistas a llegar a un acuerdo. Cuando las medidas previstas fueran traslados o modificaciones sustanciales de condiciones de trabajo de carácter colectivo, se procederá conforme a lo dispuesto en los Arts. 40 y 41 del ET (Art. 44. 9 del ET).

Téngase en cuenta que las obligaciones nacidas con anterioridad a la transmisión y no satisfechas pueden referirse tanto a personas trabajadoras afectadas por la transmisión y en cuya relación laboral se subroga el nuevo titular, como a personas trabajadoras cuyo contrato estaba ya extinguido y respecto de los que el cesionario no tiene la condición de empresario (SS.TS de 15 de julio de 2003, Ar/6108, 6919 y 2005/6359, o de 4 de octubre de 2003, Ar/ 7378).

Conforme a la legislación de seguridad social a la que se remite el ET, la responsabilidad de los empresarios cedente y cesionario alcanza también a la que pudiera existir en orden a cotizaciones pendientes o en relación a prestaciones exigible por falta de afiliación, alta o cotización, *"causadas antes de dicha sucesión"*, por lo que no comprende las causadas con posterioridad a la misma (Arts. 142.1 y 168.2 LGSS; SS.TS de 28 de enero de 2004, Ar/1835, y de 23 de enero de 2007, Ar/1908).

8°) De las obligaciones laborales y de Seguridad Social anteriores a la transmisión que no hubieran sido satisfechas, ambos empresarios (cedente y cesionario) responden solidariamente durante tres años a partir de la efectiva transmisión de la empresa (Arts. 44.3 del ET y 142.1 y 168.2 de la LGSS).

Aunque el TS había sostenido que el plazo de tres años constituía una excepción al plazo general de prescripción de un año establecido en el Art. 59.1 del ET (STS de 13 de noviembre de 1992, Rec. 1181/1991), la STS de 17 de abril de 2018 [Rec. 78/2016] —en doctrina confirmada por las de 10 de enero y 28 de febrero de 2019 [Rec. 925 y 777/2017]— sostiene que el plazo de prescripción es el general de un año del art. 59 ET, y que el plazo de tres años juega como un límite absoluto a la exigencia de responsabilidades al cesionario por deudas anteriores a la transmisión, de tal modo que aunque la acción no estuviera prescrita por haber jugado alguna causa de interrupción de la prescripción, no cabría reclamar ya al nuevo titular de la empresa.

9°) En cuanto a las obligaciones nacidas a partir del momento del cambio de titularidad, el empresario cedente queda en principio desvinculado (STS de 29 de enero de 1993, Ar/380), por lo que si una vez producido el cambio de titularidad es el nuevo empresario quien despide, ninguna responsabilidad es exigible al anterior (SS. TS de 12 de julio, 19 de septiembre y 21 de diciembre de 2007, Ar/6734, 7885 y 2008/1538).

Ello no obstante, si *«la cesión fuese declarada delito... el cedente y el cesionario también responderán solidariamente de las obligaciones nacidas con posterioridad a la transmisión»* (Art. 44.3. 2° ET).

El Código Penal sanciona con penas de prisión de seis meses a seis años y multa de seis a doce meses a quienes, en los supuestos de transmisión de empresa, con engaño o abuso de situación de necesidad, mantengan condiciones laborales o de Seguridad Social que perjudiquen, supriman o restrinjan los derechos que tengan reconocidos las personas trabajadoras por disposiciones legales, convenios colectivos o contrato individual (Art. 311.3º del Código Penal).

La aplicación del Art. 44.3. 2º del ET requiere necesariamente el pronunciamiento previo de los tribunales del orden jurisdiccional penal. La STS de 30 de junio de 1993 (Ar/4939) descartó que los Tribunales laborales pudieran declarar el carácter ilícito de la cesión, a los meros efectos de la responsabilidad prevista en el Art. 44.3. 2º del ET. Más sencillo puede resultar, en aquellos supuestos en los que, bajo la apariencia de una sucesión de empresa se esconda un fraude de ley, proceder no ya a la aplicación del Art. 44.3. 2º del ET, sino simplemente la destrucción de la ficción, en mérito al Art. 6.4 del Código Civil (STS de 6 de octubre de 2011, Rec. 138/2010). 10º) En los casos de subrogaciones derivadas de una cláusula convencional o contractual, teniendo en cuenta el carácter de norma mínima imperativa del Art. 44 del ET, habrá que estar al alcance de lo pactado en cada caso (por todas, SS.TS de 7 de abril de 2016, Rec. 2269/2014, de 10 de mayo de 2016, Rec. 2957/2014 o de 1 de junio de 2017, Rec. 2468/2014), pudiendo variar el contenido de cada convenio (por todas, STS de 27 de octubre de 2000, Ar/9656), cuyas reglas, dice el TS (por todas, STS de 8 de junio de 1988, Ar/6693), deberán ser interpretadas restrictivamente, lo cual resulta ciertamente discutible si se califica al convenio como norma más favorable que el Art. 44 del ET.

Como ya señalamos anteriormente (ver supra), cuando se requiere una infraestructura organizativa significativa, las cláusulas subrogatorias de los convenios colectivos mantienen su eficacia constitutiva y reguladora de la subrogación del nuevo ejecutor de la actividad.

Pero, qué sucede cuando, existiendo una cláusula subrogatoria en el convenio colectivo aplicable, en cumplimiento de la misma, un contratista entrante se hace cargo de la totalidad o una parte esencial de la plantilla del contratista saliente: ¿resulta aplicable la doctrina de *"la asunción de plantilla"* y, con ella, es posible hablar en estos casos de una transmisión legal de empresa del Art. 44 del ET con todos sus efectos y, señaladamente, el régimen de responsabilidades allí establecido?

En este sentido, la STJUE de 24 de enero de 2002 (Asunto TEMCO) viene a admitir que esta doctrina resulta aplicable tanto a las asunciones de plantilla voluntarias del empresario como a las obligadas por una cláusula subrogatoria de un convenio colectivo.

Así lo aceptó expresamente la STS de 12 de julio de 2010 (Rec. 2300/2009), siguiendo a la anterior STJUE en los siguientes términos: *"La parte recurrente alega que en el presente caso la asunción de la plantilla no se debe a una decisión voluntaria, sino al cumplimiento de un convenio colectivo. Así es. Pero el carácter voluntario o no de la asunción de la plantilla de la empresa saliente no afecta al alcance de la obligación de subrogación, como ya estableció la sentencia el TJCE en su sentencia de 24 de enero* [el TS erróneamente dice noviembre] *de 2002 en el caso Temco Service Industries, en el que la nueva empresa se hizo cargo del personal en cumplimiento de una cláusula del convenio colectivo aplicable".*

Si ello fuera así, cabría entender que en los sectores en los que no resulta significativa la infraestructura organizativa para el desarrollo de la actividad, el convenio colectivo podría establecer si hay o no subrogación obligatoria, pero no tendría plena libertad para fijar las condiciones de la misma, que serían, al menos, las establecidas legalmente con carácter general para el cambio de titularidad de la empresa. De tal forma que las cláusulas subrogatorias del convenio solo podrían ser tenidas en cuenta en la medida en que fuesen más favorables que el régimen imperativo mínimo legal, de manera que, manteniendo su eficacia constitutiva, habrían perdido su eficacia reguladora. Por tanto, y entre otros extremos, el empresario entrante debería asumir a la totalidad de las personas trabajadoras que estaban al servicio del contratista saliente, con independencia de su antigüedad y/o tiempo de adscripción a la contrata, ocupando la misma posición jurídica del anterior contratista, tanto en su dimensión laboral contractual como en cuanto a las obligaciones en materia de seguridad social.

No lo entendió así, no obstante, así la STS de 7 de abril de 2016 (Rec. 2269/2014), al sostener que si el contratista entrante se hace cargo de una parte significativa de la plantilla del saliente no voluntariamente, sino en virtud de la cláusula subrogatoria del convenio colectivo aplicable, no se está en presencia del supuesto regulado en el Art. 44 del ET, sino de un supuesto convencionalmente asimilado de transmisión de empresa, al que sería plenamente aplicable, y en sus propios términos, el régimen jurídico previsto en el convenio colectivo correspondiente y que, por tanto, en el concreto supuesto enjuiciado de sucesión de contratas, no resultaba aplicable lo previsto en el Art. 44. 3 del ET,

Sin embargo, la STS de 27 de septiembre de 2018 (Rec. 2747/2016) ha declarado —siguiendo la doctrina de las SSTJCE de 24 de enero de 2002 (asunto C-51/2000) y 11 de julio de 2018 (asunto C-60-17)— que el art. 44 del ET resulta de aplicación, aunque la asunción de plantillas se produzca en cumplimiento de lo establecido en la cláusula subrogatoria de un convenio colectivo. Esta doctrina ha sido reiterada por las SSTS de 25 de octubre de 2018 y 12 de noviembre de 2019 (Rec. 4007/2016 y 357/2017) o de 22 de septiembre de 2021 (Rec. 106/2021), para sucesión de contratas de limpieza; y de 8 de enero o de 5 de marzo de 2019 (Rec. 2833/2016 y 2892/2017) para contratas en empresas de seguridad. Por lo demás, una síntesis de la nueva doctrina del TS en su STS de 15 de marzo de 2023 (Rec. 212/20229).

La tesis sostenida en la citada STS de 27 de septiembre de 2018 podría encontrar su apoyo en el conjunto de razones siguientes:

a) En primer lugar, porque no existen dos supuestos diferenciados de transmisión. El Art. 44 del ET establece que, *"a sus efectos"*, existe sucesión de empresa *"cuando la transmisión afecte a una entidad económica que mantenga su identidad, entendida como un conjunto de medios organizados a fin de llevar a cabo una actividad económica, esencial o accesoria"*. Y ello puede manifestarse de dos modos: mediante la entrega de los medios materiales que integran la infraestructura necesaria para el desarrollo de la actividad de que se trate; o a través de la asunción de la plantilla cuando la actividad descanse fundamentalmente en la mano de obra. Y en ambos casos el régimen jurídico aplicable sería el mismo: el del Art. 44 del ET en su totalidad y de los demás preceptos concordantes.

   Carece de sentido afirmar que un determinado supuesto de hecho está incluido en el Art. 1.1 de la Directiva 2011/23/CE relativo al ámbito de aplicación pero que no lo está en el ámbito de aplicación del Art. 44 del ET, cuando ambos ámbitos aplicativos son coincidentes.

b) En segundo lugar, porque la Directiva incluye dos reglas sobre el tema debatido: de una parte, que *"los derechos y obligaciones que re-*

> *sulten para el cedente de un contrato de trabajo o de una relación laboral existente en la fecha del traspaso, serán transferidos al cesionario como consecuencia de tal traspaso"* (regla primera); de otra, que *"los Estados miembros podrán establecer que, después de la fecha del traspaso, el cedente y el cesionario sean responsables solidariamente de las obligaciones que tuvieran su origen, antes de la fecha del traspaso, en un contrato de trabajo o en una relación laboral existente en la fecha del traspaso"* (regla segunda).

Por lo tanto, también en estos supuestos, el empresario cedente, pese a que transfiere al cesionario sus derechos y obligaciones, seguirá comprometido solidariamente con el cesionario a los derechos y obligaciones anteriores o pendientes en el momento de la transmisión cuando así lo establezca la legislación del Estado miembro a la que esté sujeto. Con otras palabras, que el cesionario asume los derechos y obligaciones del cedente existentes en la fecha de la transmisión —de *"todos"* ellos, anteriores o posteriores al traspaso, dado que la norma no distingue— (regla primera de la Directiva) y que el cedente queda sujeto —solidariamente con el cesionario— a las obligaciones anteriores a la fecha del traspaso cuando así lo haya establecido el Estado miembro cuya legislación le sea de aplicación (regla segunda de la Directiva).

Lo que significaría que en los supuestos de subrogación entre contratistas consecuencia de una asunción de plantilla, el contratista cesionario quedaría sujeto, en virtud de la normativa comunitaria y de la interna española, a las obligaciones pendientes en el momento de la transmisión.

Asimismo, también implica que la autonomía colectiva es libre para determinar si se produce o no la subrogación, pero no para decidir sobre su régimen jurídico. Dicho de otro modo: las cláusulas subrogatorias convencionales tienen eficacia constitutiva pero no reguladora.

5. CONCLUSIONES PROPOSITIVAS

A la vista de la situación anterior proponemos las siguientes sugerencias para debate:

1°) En cuanto al concepto legal de la transmisión de empresa, cabría a nuestro juicio que la ley proporcionara una definición más completa que la actual, y por ello más segura jurídicamente, que comprendiera explícitamente los dos elementos siguientes:

a) El cambio en la titularidad de la empresa.

b) La transmisión de un conjunto de medios organizados que permita continuar la actividad empresarial.

El primer elemento ya se encuentra presente en el vigente Art. 44.2 del ET; no así el segundo de los elementos enumerados.

Por otra parte, habría que dejar también claro en la ley, respecto del primer elemento, que la mera transmisión de las acciones o participaciones sociales no constituye una transmisión de empresa, salvo en los supuestos de fusión o absorción societaria. Y, respecto del segundo, que la transmisión de los medios organizados dependerá del tipo de actividad empresarial de que se trate: cuando ésta implique la concurrencia de medios materiales, la sucesión de empresa exigirá la transmisión de éstos; y cuando solamente implique medios personales, bastará con la asunción por el empresario cesionario de un número suficiente y cualificado de los mismos.

En definitiva, una definición legal completa de la transmisión de empresa que exigiese el cambio de titularidad de la empresa con continuidad total o parcial de la actividad empresarial mediante la transmisión de un conjunto de medios organizados materiales o personales, según el tipo de actividad empresarial.

2°) En cuanto a los procedimientos de transmisión de empresa, ninguno de los dos procedimientos de actuación anteriormente señalados —la sucesión de contratas y las transmisiones opacas— vienen expresamente reconocidos en la ley como supuestos de transmisión de empresa, siendo, como hemos visto, la jurisprudencia la que ha venido solucionando los problemas de interpretación que plantean. Proponemos, en consecuencia, introducir en la ley una referencia a los mismos, recogiendo en la regulación legal de la transmisión de empresa a estos dos supuestos y la doctrina jurisprudencial existente sobre los mismos.

3º) Por lo que a las reversiones administrativas se refiere, hemos constatado que, dada la existencia de normas constitucionales y comunitarias contradictorias y siendo prioritaria la aplicación del derecho comunitario sobre el constitucional interno, en tanto no se cambie la Directiva Comunitaria o se matice la aplicación de la Directiva Comunitaria sobre Transmisión de Empresas respecto de las Administraciones Públicas por el TJUE, se hace absolutamente necesaria, en aras de la seguridad jurídica, la intervención del Tribunal Supremo sentando y unificando la doctrina de los Tribunales Superiores de Justicia sobre este espinoso tema, planteando el Tribunal Supremo una cuestión prejudicial al TJUE, solicitando una interpretación matizada en la aplicación de la Directiva en el sector público a la luz del principio de igualdad de acceso al empleo público (capacidad, mérito y publicidad), siendo claramente deseable y oportuna esta última intervención.

4º) En cuanto a los efectos de la transmisión de empresa:

a) Acaso, faltaría en la ley una afirmación más clara del alcance de la subrogación empresarial, recogiendo la anterior jurisprudencia acerca de las personas trabajadoras afectadas por una transmisión de empresa y acerca de las condiciones contractuales a respetar.

5º) Nada que objetar, a nuestro juicio, respecto de la actual regulación legal del alcance de la subrogación empresarial respecto de los derechos de las personas trabajadoras nacidos de convenio colectivo. Acaso, aclarar si *"los representantes de los trabajadores"* que pueden acordar con la empresa *"una vez consumada la sucesión"* la no continuidad de la vigencia del convenio colectivo anterior aplicable a la empresa trasferida deben ser los representantes de esta última o los representantes de la empresa resultante de la transmisión y que el nuevo acuerdo —si entra en vigor en el primer año a partir de la transmisión— deba ser más favorable que el convenio colectivo anterior, a la vista de lo dispuesto en la Directiva cuando establece que el periodo de mantenimiento de las condiciones derivadas del anterior convenio colectivo *"no podrá ser inferior a un año"* (Art. 3.3).

6º) Creemos que la amplia problemática que en la práctica se plantea en relación con las personas trabajadoras adscritas o no a la parte empresarial cedida (caso de contratas) en los supuestos de transmisión parcial de empresa, exigiría un tratamiento claro y expreso en el texto legal, recogiendo la doctrina jurisprudencial existente sobre las mismas.

7º) Nada que objetar, finalmente, a la actual regulación legal de la continuidad de los órganos de representación de las personas trabajadoras; del deber de notificación empresarial a los representantes legales de las personas trabajadoras de las empresas cedente y cesionaria la transmisión de empresa; del procedimiento de consulta a efectuar por las empresas cedente y cesionaria sobre las medidas a adoptar con motivo de una transmisión de empresa; del régimen de responsabilidades de las empresas cedente y cesionaria respecto de las obligaciones anteriores a la transmisión; o del régimen de responsabilidades de las empresas cedente y cesionaria respecto de las obligaciones posteriores a la transmisión.

VIII. La reforma de la normativa reguladora de la subcontratación

Tomás Sala Franco
Catedrático Emérito de Derecho del Trabajo y de la Seguridad Social
Universidad de Valencia
Estudio General

Luis Enrique Nores Torres
Catedrático de Derecho del Trabajo y de la Seguridad Social
Universidad de Valencia
Estudio General

Sumario: 1. Consideraciones generales. 2. El sistema de responsabilidades. 3. La equiparación de derechos de las personas trabajadoras de las empresas contratistas y subcontratistas y de la empresa principal. 4. Conclusiones propositivas.

1. CONSIDERACIONES GENERALES

La descentralización empresarial a través de las contratas y subcontratas de obras y servicios constituye un fenómeno plenamente consolidado tanto en el sector privado como en el sector público.

Las razones por las que se recurre a las mismas son fundamentalmente económicas (el ahorro de costes en la realización de determinadas obras y servicios), aunque puedan existir también, si bien en contadas ocasiones, razones técnicas (la necesidad de que un determinado control de actividad deba ser realizado por una empresa autorizada ajena a la empresa principal, la eficiencia técnica de ciertas empresas contratistas debida a su especialización o la inexistencia de personas trabajadoras especializadas para contratarlos laboralmente en un determinado mercado de servicios) o aún ideológicas (las privatizaciones en el sector público).

La actual regulación laboral de las contratas (extensible desde luego a las contrataciones, concesiones administrativas o encomiendas del sector público concertadas al amparo de normas jurídico-públicas) se encuentra básicamente en el Art. 42 del ET, bajo el signo de la protección de las personas trabajadoras de las empresas contratistas respecto del cumplimiento de las obligaciones salariales y de Seguridad Social por parte de éstas. Ese signo protector, por el contrario, no existe respecto de sus condiciones laborales que pueden ser —y de hecho normalmente lo son— inferiores a las de las personas trabajadoras de la empresa principal.

A continuación, analizaremos estas dos cuestiones, planteando las oportunas críticas acerca de la actual regulación de las mismas y las correspondientes propuestas de reforma para su debate:

a) El sistema de responsabilidades por incumplimiento de las obligaciones laborales y de Seguridad Social por parte del contratista.

b) La eventual equiparación de los derechos de las personas trabajadoras de la empresa contratista respecto de los de la empresa principal.

2. EL SISTEMA DE RESPONSABILIDADES

en efecto, respecto del cumplimiento de las obligaciones salariales y de Seguridad Social con sus personas trabajadoras por parte de las empresas contratistas, la ley establece actualmente la siguiente distinción:

1º) En el caso de *"contratas de la propia actividad de la empresa principal"*:

a) De un lado, una responsabilidad solidaria entre las empresas principal y contratista (extensible a las empresas subcontratistas) respecto de las obligaciones salariales contraídas por la empresa contratista durante la vigencia de la contrata con sus personas trabajadoras, responsabilidad exigible durante el periodo de vigencia de la contrata y durante el año siguiente a su finalización (Art. 42.2 del ET). Esta responsabilidad salarial excluye naturalmente a las restantes condiciones laborales y también a las percepciones extrasalariales (por todas, SS.TS de 19 de enero de 1998, Rec. 2030/1997, de 2 de mayo de 1998 o de 31 de enero y 1 de febrero de 2006).

b) De otro lado, una responsabilidad solidaria entre las empresas principal y contratista respecto de las obligaciones de Seguridad Social (afiliaciones/altas, cotizaciones y prestaciones) contraídas por la empresa contratista durante la vigencia de la contrata con sus personas trabajadoras, responsabilidad exigible durante el periodo de vigencia de la contrata/subcontrata y durante los tres años siguientes a su finalización (Art. 42.2 del ET).

2º) En *"todas las contratas"*, esto es, sean o no de la propia actividad, una responsabilidad subsidiaria entre las empresas principal y contratista respecto de las obligaciones de Seguridad Social (afiliaciones/altas, cotizaciones y prestaciones) contraídas por la empresa contratista durante la vigencia de la contrata con sus personas trabajadoras, responsabilidad exigible durante la vigencia de la contrata y durante los cuatro años siguientes a su finalización (Arts. 24.1, 142.1 y 168.1 de la LGSS).

El problema fundamental que plantea este bloque normativo en la práctica consiste en la delimitación de su ámbito de aplicación. En efecto, el supuesto de hecho sobre el que se construye el Art. 42 del ET toma como referentes dos conceptos jurídicos de significado indeterminado: por un lado, la existencia de una "*contrata*" y, por otro, que ésta pertenezca a la "*propia actividad*" de la empresa principal, sin que ninguno de ellos tenga una precisa delimitación legal.

Por lo que respecta al término "*contrata*", como es sabido, el texto estatutario emplea un término "*atécnico*" que procede del lenguaje coloquial. Con todo, desde las primeras interpretaciones doctrinales no se han visto grandes dificultades para reconducir la contrata de obras o servicios a la figura del contrato de ejecución de obra o, de modo más específico, al *"contrato de empresa"*. En definitiva, se trataría de un supuesto de *"locatio operis"* singularizado por el hecho de que, por un lado, quien asume la ejecución del encargo, en lugar de emplear un trabajo prevalentemente personal, lo lleva a cabo valiéndose de una organización empresarial y, por otro, que su objeto consiste en el cumplimiento de una obligación cuyo contenido tradicionalmente se ha traducido en un *"facere"* y, además, de carácter *"específico"*:

a) La asimilación de la *"contrata"* con el contrato de empresa, unido al carácter atécnico del término, ha permitido ampliar la tutela dispensada por el Art. 42 del ET a otras figuras negociales, distintas a las inicialmente identificadas, a través de la cuales se instrumenta hoy en día la descentralización productiva. Así ha sucedido, en relación con determinados contratos en los que participan las Administraciones Públicas (contrato de obras, concesiones, gestión, etc.) y con algunos contratos de transporte, de ingeniería, informáticos y publicitarios.

b) Por el contrario, la exigencia de que el objeto de la contrata consista en un hacer de carácter específico ha llevado a que, tradicionalmente, queden excluidos aquellos contratos cuyo objeto sea una prestación de dar (por ejemplo, los contratos de compra-venta o de suministros) o un hacer de carácter "*genérico*" (por ejemplo, ciertos contratos de gestión mercantil —comisión, mediación o agencia— o relacionados con la distribución —concesión o franquicia—).

El problema se ha planteado principalmente al hilo de los supuestos en los que se cede parte de una superficie comercial para su explotación, las franquicias o algunas figuras típicas de la distribución mercantil. No obstante, cabe apreciar una tímida tendencia hacia la ampliación de la figura de la contrata y, en consecuencia, a la inclusión de tales experiencias en el terreno protegido por el Art. 42 del ET. Así ha sucedido con la cesión del espacio de pescadería en un supermercado (STSJ de Andalucía/Málaga, de 19 de junio de 2014, Rec. 629/2014), con alguna franquicia (STSJ de Madrid, de 21 de mayo de 2002, relativa a una peluquería, si bien la solución habitual sea la contraria) o con el contrato de agencia en el ámbito de la telefonía móvil (STS de 21 de julio de 2016, Rec. 2147/2016, corrigiendo orientaciones previas).

La aplicación del sistema de responsabilidades recogido en el Art. 42 del ET exige la concurrencia de un segundo elemento presente en la delimitación del supuesto de hecho: la pertenencia del encargo asumido por el contratista a la "*propia actividad*" de la empresa principal.

Al igual que el término "*contrata*", la expresión "*propia actividad*" carece de un significado legal preciso, si bien se identifica con la integración de la actividad desarrollada por la empresa contratista en el ciclo productivo de la empresa comitente. El problema es que tampoco existe una definición de lo que sea el ciclo productivo de una empresa.

Ante esta indefinición legal, los tribunales emplean diferentes indicios para la delimitación del concepto en cuestión como, por ejemplo, la habitualidad y continuidad de la actividad encargada, su procedencia, su sustituibilidad o el objeto social de la empresa principal. La utilización de éstos y otros criterios adicionales no solventa todos los problemas que se plantean en la práctica a efectos de decidir su pertenencia a la "*propia actividad*" de la empresa comitente y, por ende, su inclusión o no en el ámbito protegido por la norma. Algo que afecta especialmente, por un lado, a las contratas complejas, con distintas actividades de muy difícil calificación jurídica y, por otro, a las contratas relativas a las actividades accesorias (limpieza, mantenimiento, vigilancia, etc.). Las posibilidades interpretativas barajadas hasta la fecha básicamente han sido tres:

a) De entrada, desde una primera interpretación muy amplia del concepto, se ha identificado la *"propia actividad"* con todas las *"actividades necesarias para el cumplimiento de los fines productivos de la empresa comitente"*.

b) En segundo lugar, desde una posición mucho más restrictiva, se ha asimilado la *"propia actividad"* con aquellas *"actividades que sean parte de la misma naturaleza de la actividad principal de la empresa comitente"*.

c) Finalmente, existe una tercera interpretación de tipo intermedio, según la cual la *"propia actividad"* se corresponde con *"la actividad directamente relacionada con el ciclo productivo de la empresa comitente"*.

La doctrina española abrazó inicialmente una tesis amplia que incluía en el ciclo productivo o en la propia actividad todas aquellas operaciones que fueran "*indispensables*" para alcanzar el fin de empresa. A partir de ahí, quedaban integradas en el ámbito del Art. 42 del ET todas aquellas contratas que estuviesen relacionadas con las actividades inherentes a los objetivos empresariales, así como aquellas otras que afectasen a actividades accesorias pero que fuesen igualmente necesarias y habituales (por ejemplo, la limpieza, la vigilancia, etc.). La evolución posterior ha conducido a una restricción del ámbito aplicativo del precepto, produciéndose un giro hacia una tesis basada en la "*inherencia*" de las funciones contratadas al ciclo productivo, lo que excluye gran parte de las actividades consideradas como complementarias. Desde este posicionamiento se integran en el concepto analizado las contratas que afecten a las actividades principales de la empresa comitente y las relativas a las operaciones accesorias que sean absolutamente esenciales, es decir, permanecen al margen aquellas contratas que afecten a actividades que tengan un carácter esporádico o genérico (al respecto, SS.TS de 18 de enero de 1995, Rec. 150/1994 y de 24 de noviembre de 1998, Rec. 517/1998 y otras posteriores). Con todo, la aplicación de esta doctrina al supuesto concreto, en ocasiones, no deja de producir extrañeza como evidencia, por ejemplo, la habitual exclusión de las contratas de limpieza, pero con excepciones; la exclusión de los cursos formativos encargados por el antiguo INEM (STS de 29 de octubre de 1998, Rec. 1213/1998); o las actividades de construcción respecto la promoción inmobiliaria (STS de 20 de julio de 2005, Rec. 2160/1994).

No existe, pues, en este punto una seguridad jurídica mínima en la interpretación jurisprudencial, debiendo acudirse siempre al caso concreto en función de las circunstancias concurrentes para poder aplicar la última de las tesis jurisprudenciales que se han sucedido en la interpretación del concepto legal de "*propia actividad*": "*Se trata de actividades inherentes a la producción de bienes y servicios que el principal presta al público o coloca en el mercado*", de tal modo que las prestaciones laborales de los trabajadores de la empresa contratista "*se incorporan al producto o resultado final de la empresa o entidad comitente*"(por todas, STS de 27 de octubre de 2000, Rec. 693/1999).

Por todo ello, existen de antiguo diversas posiciones críticas con el concepto legal de "*propia actividad*" pidiendo su modificación o, incluso, su desaparición:

a) En efecto, de entrada, un sector doctrinal ha propuesto una delimitación legal del término mediante un catálogo de contratas incluidas y/o excluidas, tomando como referente el modelo que brindaba la Ley italiana 1369/60, hoy derogada (por todos, LLANOS SÁNCHEZ). Esta ley, tras circunscribir la tutela que dispensaba en los supuestos de subcontratación mediante un término de significado similar a nuestra "*propia actividad*" —en concreto, la *"endoaziendalità"*— aportaba también un listado ejemplificativo de contratas incluidas y excluidas. A nuestro juicio, esta solución peca de la misma indeterminación o ambigüedad que la actual jurisprudencia interpretativa del término legal, pues sigue haciendo girar la delimitación del espacio protegido alrededor de la actividad desarrollada por la empresa principal y su ciclo productivo.

b) En segundo lugar, fuera del ámbito académico, se ha abogado por una solución consistente en la explícita recepción de los criterios jurisprudenciales por la ley. En este sentido se mueve la propuesta promovida por el Grupo Parlamentario Socialista en su proposición de reforma del Art. 42 del ET, la cual alude a que se entenderá que el encargo pertenece a la propia actividad del comitente cuando "*se corresponda con todas o algunas de las actividades principales o nucleares del mismo y suponga, por parte del contratista o subcontratista, la aportación de mano de mano de obra que desarrolla funciones profesionales que tienen relación directa con dichas actividades principales o nucleares*". No obstante, a nuestro juicio esta solución sigue siendo *"más de lo mismo"*, pues no logra escapar de la ambigüedad e indeterminación actual.

c) En tercer lugar, teniendo en cuenta la finalidad de la norma —esto es, el intento de brindar protección a los trabajadores de las empresas contratistas más débiles—, también se ha defendido la sustitución del término legal "*propia actividad*" por el de "*subordinación económica entre las empresas principal y contratista*" (NORES TORRES o CALVO RODRÍGUEZ). A nuestro juicio, si bien cabría en este caso traer a colación los criterios mercantilistas al uso para diferenciar entre *"empresa fuerte"* y *"contratante obligatorio"* de la Ley de Defensa de la Competencia —la autonomía entre las empresas contratantes, la posición en el mercado o el grado de integración organizativa entre ambas empresas—, sigue resultando excesivamente ambiguo este intercambio conceptual.

d) Por último, no han faltado propuestas que propugnan la eliminación del actual término legal y la extensión de la tutela dispensada por el Art. 42 del ET a todo tipo de contratas, pertenezcan o no a la propia actividad del principal (entre otros, MONTOYA ME-

DINA, NORES TORRES, GORELLI HERNÁNDEZ o CALVO RODRÍGUEZ), una tesis que por nuestra parte suscribiríamos.

En este sentido, y como consecuencia de lo anterior, también se ha defendido la oportunidad de realizar un *"intercambio normativo",* consistente en la *"doble operación"* de suprimir a un tiempo la responsabilidad solidaria de las contratas de la propia actividad y extender una responsabilidad subsidiaria en materia salarial (y en todas las condiciones laborales) a todas las contratas, eliminando así el ambiguo y conflictivo concepto jurídico indeterminado de *"contratas de la propia actividad del empresario principal"* (CALVO RODRÍGUEZ). En definitiva, se trataría de ampliar el ámbito aplicativo (toda contrata) y el contenido material (obligaciones laborales) a cambio de reducir el grado de responsabilidad (subsidiaria y no solidaria).

Las previsiones del Art. 42 del ET resultan aplicables tanto a las contratas de obras y servicios, como a las subcontratas. En efecto, las dificultades interpretativas que suscitaba originariamente el precepto fueron superadas de forma definitiva con la reforma operada en el texto estatutario por obra de la Ley 12/2001, de 9 de Julio. En efecto, tras la misma, el Art. 42.2 del ET, en el momento de delimitar el contenido material de las responsabilidades que se imponen al comitente, pasó a referirse a las obligaciones de naturaleza salarial "*contraídas por los contratistas o subcontratistas*".

El número de contrataciones y subcontrataciones en cadena susceptibles de ser concertadas no encuentra actualmente límites en el texto estatutario. Las únicas restricciones numéricas existentes hoy en día presentan un carácter limitado, pues se aplican exclusivamente en el sector de la construcción. En este sentido, el Art. 5.2 de la Ley 32/2006, de 18 de octubre, sobre subcontratación en el sector de la construcción, tras reconocer que el contratista que ha recibido el encargado del promotor puede contratar los trabajos con autónomos o con subcontratistas —letra b)—, añade, entre otras cosas, que el primer y el segundo subcontratista pueden subcontratar la ejecución de tareas encomendadas —letra c)—, no así el tercer subcontratista —letra d)—; asimismo, prohíbe que los subcontratistas cuya organización productiva puesta en uso en la obra consista fundamentalmente en la aportación de mano de obra, entendiéndose por tal la que para la realización de la actividad contratada no requiera más equipos de trabajo propios que las herramientas manuales, incluidas las motorizadas portátiles, puedan a su vez subcontratar —letra f)—.

La responsabilidad solidaria en los casos de cadenas de contratas y subcontratas alcanza a todos los eslabones de las mismas. En efecto, las dudas sobre si la responsabilidad en estos casos era de grado mínimo —esto es, limitada al *"eslabón"* inmediatamente anterior a la empresa incumplidora—, medio —es decir, al eslabón inmediatamente anterior y al primero de la cadena—, o máximo —es decir, alcanza a todas las empresas de la cadena—, han sido resueltas en el primer sentido por la jurisprudencia unificada (por todas, STS de 9 de julio de 2002, Rec. 2175/2001).

La responsabilidad solidaria prevista en el Art. 42 del ET también afecta a las obligaciones en materia de seguridad social nacidas durante la vigencia de la contrata, pudiéndose exigir durante los tres años siguientes a su finalización.

Esta responsabilidad parece encontrarse condicionada al cumplimiento o no de una obligación formal impuesta por el Art. 42.1 del ET: la solicitud por parte del empresario principal de un certificado negativo de descubiertos a la Tesorería General de la Seguridad Social. En este sentido, el Art. 42.1 del ET alude a que los empresarios que contraten o subcontraten con otros la realización de obras o servicios pertenecientes a la propia actividad deberán comprobar que éstos se encuentran al corriente en los pagos de las cuotas a la Seguridad Social. La TGSS deberá librar la certificación requerida en el plazo de treinta días desde la solicitud. Una vez transcurrido dicho plazo, el Art. 42.1 del ET prevé que el principal queda exonerado de la responsabilidad. Este deber de comprobación impuesto sobre el comitente se configura en unos términos altamente confusos que generan diversas dudas interpretativas entre las cuales deben destacarse las siguientes:

1ª) De entrada, el texto estatutario no especifica el momento en que debe solicitarse el certificado; con todo, parece razonable entender que se solicitará antes de concertarse la contrata. A partir de ahí, cabe imaginar cuatro posibilidades diversas. En primer lugar, que la solicitud no se efectúe, en cuyo caso no hay exoneración alguna. En segundo lugar, que la solicitud se efectúe y que la TGSS no conteste en el plazo de 30 días, en cuyo caso el texto estatutario prevé la exoneración de responsabilidades del principal. En tercer lugar, que la solicitud se efectúe y haya en plazo una respuesta positiva sobre la existencia de descubiertos, en cuyo caso, si la principal concierta la contrata, tampoco desaparece la responsabilidad solidaria. En fin, que la solicitud se efectúe y haya en plazo una respuesta negativa por parte de la TGSS, en cuyo caso, a pesar del silencio legal, cabe deducir que se produce la exoneración de responsabilidades, si bien el texto estatutario no lo indica en ningún momento.

2ª) Por otra parte, tampoco se aclara cuál es el alcance objetivo de la exoneración. En este sentido, el deber de comprobación impuesto sobre el empresario principal afecta a la eventual existencia de cuotas pendientes de pago al tiempo de concertarse la contrata, es decir, se trata de deudas "*previas*" a tal concertación. Ahora bien, las responsabilidades que configura y regula el Art. 42 del ET vienen referidas a la Seguridad Social por obligaciones nacidas "*durante la vigencia*" de la contrata, es decir, son responsabilidades que surgen con posterioridad.

A partir de ahí, cabe discutir si la exoneración lo es respecto de la responsabilidad por las eventuales cuotas previas que pudieran estar pendientes de pago, por las cuotas generadas durante la vigencia de la contrata e igualmente impagadas o, incluso, si se trata de una responsabilidad que afecta al pago de las prestaciones en el caso de que la empresa contratista fuese declarada responsable en el pago de las mismas, singularmente, en los supuestos de aplicación del principio de automaticidad por falta de afiliación y alta o por falta de cotización.

3. LA EQUIPARACIÓN DE DERECHOS DE LAS PERSONAS TRABAJADORAS DE LAS EMPRESAS CONTRATISTAS Y SUBCONTRATISTAS Y DE LA EMPRESA PRINCIPAL

Las previsiones protectoras del trabajo en régimen de subcontratación se agotan en el establecimiento de una responsabilidad solidaria respecto las obligaciones salariales y de seguridad social nacidas durante la vigencia de la contrata, así como en el cumplimiento de ciertos deberes informativos y de carácter documental.

A diferencia de lo que sucede en algunas experiencias del derecho comparado, algo que no está previsto en nuestro ordenamiento es la equiparación de derechos entre los trabajadores de la empresa contratista y los de la empresa principal. En efecto, el texto estatutario no contempla esa equiparación en condiciones, algo que sería deseable pues eliminaría las razones "*patológicas*" que muchas veces influyen en el recurso a la descentralización productiva y ayudaría a que esta técnica organizativa se emplease de una forma más pura, vinculada a razones de carácter "*fisiológico*", saneándose así el mercado de las contratas.

Por lo demás, no se trata de una previsión absolutamente novedosa en nuestro ordenamiento, pues ya existe en el terreno de las empresas de trabajo temporal. En este sentido, en dicho espacio (Art. 11 de la Ley 14/1994, de 1 de junio), primero se introdujo un principio de "*equiparación retributiva*" (reforma introducida por la Ley 29/1999, de 16 de Julio) y, con posterioridad, en las "*condiciones esenciales de trabajo y de empleo*" (reforma introducida por el RDL 10/2010, de 16 de junio y por la Ley 35/2010, de 17 de septiembre).

A pesar de las diferentes propuestas de reforma que se habían formulado en este punto, y de los proyectos que se han sucedido, la reforma operada en el texto estatutario en el año 2021 ha tenido una incidencia menos ambiciosa de lo esperable en el tratamiento de estas cuestiones. Así, el nuevo Art. 42.6 del ET, introducido por el RDL 32/2021, establece lo siguiente: *"El convenio colectivo de aplicación para las empresas contratistas y subcontratistas será el del sector de la actividad desarrollada en la contrata o subcontrata, con independencia de su objeto social o forma jurídica, salvo que exista otro convenio sectorial aplicable conforme a lo dispuesto en el título III. No obstante, cuando la empresa contratista o subcontratista cuente con un convenio propio, se aplicará este, en los términos que resulten del Art. 84".*

Este nuevo precepto, pese al propósito pretendido de proteger a los trabajadores de las empresas contratistas y subcontratistas, no impone, sin embargo, la equiparación salarial de los trabajadores de éstas los de la empresa principal, desde luego de modo claro en los casos en que la empresa contratista o subcontratista posee un convenio propio y no está sometida al sectorial y, de forma más oscura cuando *"exista otro convenio sectorial aplicable conforme a lo dispuesto en el título III"*. Por otra parte, resulta dudoso si el precepto resulta aplicable solamente a los supuestos de contratas o subcontratas de la propia actividad de la empresa principal o a todo tipo de contratas y subcontratas.

4. CONCLUSIONES PROPOSITIVAS

A la vista de la situación anterior, propondríamos lo siguiente:

1°) En primer lugar, por lo que respecta al concepto de "*contrata*", se trata de un término atécnico que el texto estatutario no define en ningún momento, por lo que la determinación de su significado es obra de la labor interpretativa jurisprudencial.

La interpretación tradicional, tendente a equiparar la contrata con el contrato de ejecución de obra por empresa cuyo objeto consiste en un hacer específico ha determinado, por un lado, la extensión de la protección de las contratas a todas aquellas figuras que presentan una estructura similar al negocio jurídico tomado como referente por el legislador; pero también, con frecuencia, ha supuesto la exclusión de ciertas figuras negociales del ámbito protector del Art. 42 del ET.

En definitiva, aunque la indefinición del término ha permitido ajustarlo y extenderlo a nuevas realidades del proceso productivo a través de las cuales se instrumenta hoy en día la descentralización, sería a nuestro juicio conveniente que el legislador proporcionase algunas pautas interpretativas sobre lo que se debe entender por contrata, evitando así la dispersión exegética que se está produciendo en relación con ciertos fenómenos (por ejemplo, las franquicias, la cesión de superficies, etc.).

2°) En segundo lugar, por lo que respecta al concepto de "*propia actividad*", ya se ha visto como la delimitación de su significado se presenta como una labor muy compleja y que plantea muchas dudas en su aplicación práctica. En este sentido, de entrada, hay que destacar que siempre resultará difícil delimitar lo que sea el ciclo productivo de una empresa, pues no existe una noción ontológica del mismo; por otra parte, no se ajusta al actual panorama organizativo de las empresas ni cubre la finalidad que originariamente perseguía, ya que espacios necesitados de protección quedan al margen del ámbito aplicativo. Igualmente, la sustitución de este concepto por otro de corte similar o diverso tampoco aparece como solución definitiva, pues no permite escapar de la actual ambigüedad e indeterminación.

Por todo ello, parece conveniente a nuestro juicio la extensión de la responsabilidad a todas las contratas con independencia de su calificación. Esta solución, además de suponer una mayor coherencia en la protección normativa de los trabajadores afectados por la subcontratación, al permitir extender la tutela dispensada por la norma a las contratas auxiliares o complementarias (limpieza, vigilancia, mantenimiento, etc.), que es, precisamente, donde resulta más necesaria dada la escasa capacidad patrimonial y económica de las empresas contratistas y el mayor riesgo por ello de incumplimiento de sus obligaciones laborales por insolvencia, vendría a cumplir también *"fines eugenésicos"*, esto es, podría coadyuvar a *"depurar"* el mercado de las contratas, ya que las empresas comitentes controlarían más la contratación con las empresas contratistas para no tener que responder de sus incumplimientos.

3º) En tercer lugar, en la actualidad, esa responsabilidad es de carácter solidario y parece que, en principio, ello constituye una técnica adecuada. No obstante, para compensar la ampliación de los supuestos de responsabilidad a todo tipo de contrata, y no solo a las pertenecientes a la propia actividad, se podría pensar en una reducción en su intensidad de forma que pasase a ser subsidiaria.

Ello permitiría, por un lado, lograr un cierto equilibrio en las posiciones empresariales y de los trabajadores ante una eventual reforma del sistema. Asimismo, dotaría de una mayor coherencia al conjunto del entramado normativo relacionado con la descentralización e integrado por las contratas, las ETT y la cesión ilegal de personas trabajadoras. En este sentido, el resultado sería una fórmula "*piramidal*" en el grado de responsabilidades en función de la técnica descentralizadora que se hubiese empleado: las responsabilidades menores para los casos de subcontratación lícita; las responsabilidades mayores para los supuestos de cesión ilegal de mano de obra; en fin, las intermedias irían ligadas al recurso a las ETT, pues no dejan de ser una cesión de mano de obra, bien que de carácter legal.

Con todo, tampoco debería ofrecer excesivas pegas el mantenimiento de la responsabilidad solidaria, pues no se aprecia en la sustitución por la subsidiaria un gran beneficio para la posición empresarial y si un gran perjuicio para la posición de las personas trabajadoras. En efecto, no hay que olvidar que la naturaleza de la responsabilidad impuesta por el Art. 42 del ET no es una verdadera solidaridad, sino que más bien opera a modo de garantía o fianza solidaria. Así pues, la comitente cuenta con acciones frente a la contratista en los supuestos en que haya asumido la responsabilidad, un extremo que, por cierto, no estaría de más quedase aclarado en la normativa laboral. En cambio, el tránsito hacia la responsabilidad subsidiaria genera un indudable perjuicio para la parte social, pues la efectividad del pago queda diferida a la declaración de insolvencia de la empresa contratista, lo que indudablemente dilata en el tiempo las actuaciones a seguir al tiempo de lograr la efectividad en el pago de lo adeudado.

4º) En cuarto lugar, por lo que respecta a las cadenas de contratas, sería conveniente introducir en el Art. 42 del ET una reforma en línea con lo ya previsto para el sector de la construcción, esto es, limitar los encadenamientos de contratas que vayan más allá del tercer nivel, algo especialmente deseable por sus implicaciones en materia de prevención de riesgos laborales.

La idea de importar al contenido estatutario el límite previsto en el Art. 5 de la Ley 32/2006, además de lograr la coherencia entre normas y la tutela deseada para los intereses de las personas trabajadoras, resguarda el principio de libre contratación, en tanto que no pide a la empresa principal contratar con tantos contratistas como su actividad productiva le requiera, siempre y cuando estos últimos no subcontraten con otros más allá del nivel permitido.

5º) En quinto lugar, por lo que respecta al deber de comprobación de descubiertos en materia de seguridad social y los efectos de la certificación emitida por la TGSS, el sistema vigente, al margen de las deficiencias técnicas que presenta, resulta abiertamente mejorable en distintos aspectos.

De entrada, en sí misma considerada, la exoneración de responsabilidades en los supuestos de silencio por parte de la TGSS o, incluso, en los de certificación negativa, carece de sentido. En tales casos, sería más acertado que la responsabilidad solidaria siguiera existiendo, como ya se preveía en el pasado, bajo la vigencia de la anterior Ley de Relaciones Laborales. Todo ello sin perjuicio de que las empresas hacia las que se ha extendido la responsabilidad pudieran dirigirse contra la Administración en los supuestos en que su defectuoso funcionamiento les hubiese generado responsabilidades.

Por otra parte, un correcto funcionamiento de este deber de comprobación exige que tenga un carácter cíclico, esto es que se desarrolle de modo regular a lo largo de la vigencia de la contrata.

Finalmente, en su caso, debería quedar precisado con mayor exactitud el alcance de la responsabilidad en la que se incurre (cuotas previas, cuotas posteriores y/o prestaciones).

6º) En sexto lugar, la última propuesta de reforma en esta materia que se somete a debate viene referida a la conveniencia de imponer por la vía legislativa un principio de equiparación de las condiciones de trabajo entre las personas trabajadoras de la empresa contratista y las de la empresa principal, de manera similar a lo que sucede ya en el terreno de las empresas de trabajo temporal, habiendo sido insuficiente la fórmula adoptada en la Reforma de 2021, añadiendo el párrafo sexto al Art. 42 del ET, acerca del convenio colectivo aplicable a las empresas contratistas y subcontratistas.

La equiparación debería permitir luchar contra la alta precariedad existente en el sector, así como contra el uso patológico de la subcontratación.

Igualmente, esta medida, unida a la reformulación del supuesto de hecho se presenta como un importante correctivo a la proliferación de empresas multiservicios cuyas actuaciones quedan claramente al margen de las previsiones contenidas en la Ley 14/1994 y habitualmente también de las establecidas en el Art. 42 del ET, algo que sería beneficioso no sólo para las personas trabajadoras implicadas, sino también para una competencia leal entre ETTs y empresas multiservicios.

IX. La reforma de la normativa reguladora de la contratación laboral

Jesús Lahera Forteza
Catedrático de Derecho del Trabajo y de la Seguridad Social
Universidad Complutense

Sumario: 1. La reforma pactada de los contratos de trabajo de 2021. 2. El contrato temporal de circunstancias de la producción. 3. El contrato temporal de sustitución. 4. El contrato fijo discontinuo. 5. Problemas jurídicos significativos en la aplicación del nuevo sistema de contratación laboral. 6. Una reforma que ofrezca más seguridad jurídica y certidumbre a los contratos de trabajo. 7. Una reforma que extienda el modelo de contrato indefinido específico a otros sectores de actividad. 8. Una reforma que reduzca la temporalidad empírica y no sólo la contractual.

1. LA REFORMA PACTADA DE LOS CONTRATOS DE TRABAJO DE 2021

La alta temporalidad laboral, triplicando las medias europeas (un 28/30 por 100 frente a un 12/14 por 100), fue un problema del mercado de trabajo español hasta la reforma laboral pactada de 2021 (Decreto-Ley 32/2021). El antiguo marco normativo de contratos de trabajo fue reformado en sucesivas reformas laborales, en distintos ciclos políticos, (1994 (Ley 10/1994), 1997 (Ley 63/1997), 2001 (Ley 12/2001), 2002 (Ley 45/2002), 2006 (Ley 43/2006), 2010 (Ley 35/2010) y 2012 (Ley 3/2012) sin lograr solucionar el problema de la alta temporalidad laboral. Estas reformas partían del principio de causalidad en la contratación con el diseño de tres contratos temporales —*obra, eventual e interinidad*— que, por su flexibilidad, atraían un elevado número de contrataciones sin apenas coste en el fraude. La reforma pactada de 2021 es un punto de inflexión y sí supone un compromiso de transformación en nuestro sistema de contratación laboral incorporando como regla general la contratación indefinida bajo este principio de causalidad temporal.

Esta transformación y trasvase de temporalidad a contratación indefinida en el sector privado se efectúa con profundos cambios normativos en los Arts. 15 y 16 del ET (y por lo que se mantiene de anteriores reformas laborales) que estrechan los márgenes de temporalidad y amplían los espacios de la contratación indefinida[1].

Por un lado, en síntesis, determinadas medidas normativas estrechan los espacios de la contratación temporal:

- Desaparición del contrato de *obra o servicio* (disposición derogatoria 1.3)
- Nuevos contratos temporales por *causa de circunstancias de la producción y sustituciones de personas trabajadoras* (Arts.15.2 y 3 del ET)
- Presunción legal de contrato indefinido y conversión en fijo al trabajador con contrato temporal ilegal (Art.15.1 y 4 del ET)
- Justificación en forma escrita de la causa temporal, las circunstancias que la justifican y su conexión con la duración prevista (Art.15.1 del ET)
- Desconexión entre la causa temporal y la contrata en actividades habituales y ordinarias de la empresa (Art.15.2 del ET)
- Disminución del límite temporal de los encadenamientos de contratos temporales con el mismo trabajador, 18 meses en 24 meses, e incorporación de este nuevo límite temporal por puesto de trabajo (Art.15.5 del ET)
- Penalización de seguridad social en bajas de contratos temporales inferiores a 30 días (Art.151 de la LGSS)
- Planes de reducción de temporalidad a través de la negociación colectiva (Art.15.8 del ET)
- Aumento de sanciones administrativas en contratos temporales por fraude de ley, con la imposición de una sanción por cada contrato fraudulento (Arts.7.2 y 18.2 de la LISOS): de 1000 a 10000 euros.

---

1 LAHERA FORTEZA, J., *"La contratación laboral tras un año de la reforma"*, *Revista Labos*, 2023, nº 1, pp.161-170, digital.

Por otro lado, en síntesis, otras medidas normativas amplían los espacios de la contratación indefinida flexible:

- Nuevo *contrato fijo-discontinuo con distintas tipologías, estacionalidad, intermitencia, contratas y empresas de trabajo temporal* (Art.16.1 y 4 del ET) con reenvíos a la negociación colectiva en la regulación de llamamientos y reglas específicas de actividad/inactividad de trabajadores (Art.16.2 y 3 del ET).
- Nuevo contrato *indefinido adscrito a obra de construcción* con un régimen extintivo propio (DA 3ª de la Ley 32/2006)
- Mantenimiento y aumento de la flexibilidad empresarial de anteriores reformas laborales, salvo la supresión de cuantías salariales en la prioridad aplicativa de convenio de empresa (Arts.34, 39, 40, 41, 47, 47 bis, 84.2, 82.3 del ET)
- Mantenimiento sin matices de los costes extintivos en empleo fijo reducidos en anteriores reformas laborales, en especial 2012, y de la regulación causal del despido y sus procedimientos (Arts.49 a 56 del ET)
- Mantenimiento de la flexibilidad de la contratación a tiempo parcial de anteriores reformas laborales, con horas complementarias y voluntarias (Art.12 del ET)

El resultado de esta doble operación jurídica efectuada en el sector privado era de esperar, como reflejan los datos oficiales de empleo desde 2022: *menos contratación temporal y más contratación indefinida*, con especial incidencia de los *fijos discontinuos* como alternativa a la flexibilidad temporal en una rápida transición de un cambio de paradigma contractual[2].

La aplicación práctica de la reforma laboral pactada ha transformado, efectivamente, nuestro mercado de trabajo, en el sector privado, en una doble dirección positiva. De un lado, la reducción de los már-

---

2 Los datos oficiales de empleo, a los que me remito, que muestran este doble efecto positivo, están en las webs del servicio público de empleo y del Ministerio de Trabajo, y han sido muy divulgados en medios de comunicación. De interés, el seguimiento trimestral de mercado laboral realizado por FEDEA, accesible en su web, con idéntica constatación y valoración estadística.

genes legales de temporalidad laboral, combinada con el aumento de la flexibilidad empresarial en la contratación indefinida, especialmente mediante modalidades de fijos discontinuos adaptadas a determinadas estructuras productivas, nos está acercando, rápidamente, a la media europea de contratos temporales. De otro lado, el mantenimiento de las fórmulas de flexibilidad laboral de anteriores reformas, combinado con la potenciación de las suspensiones contractuales y reducciones de jornada por causa empresarial, está logrando una enorme contención del empleo ante las dificultades económicas de las empresas, dando continuidad a la lección aprendida en la pandemia. El gran aumento de contratación indefinida favorece la flexibilidad laboral interna, como alternativa a los despidos, lo que supone una transformación evidente frente al comportamiento destructivo de empleo de anteriores crisis. Los buenos datos de ocupación y empleo reflejan este hecho objetivo.

Distinto es el *sector público* donde la reforma es mucho menos incisiva. En este ámbito, la DA 4ª y 5ª del Decreto-Ley 32 efectúa un reenvío a la *Ley 20/2021*, aplicando simultáneamente los Arts.15 ET y 8 del EBEP. En síntesis, el resultado es que se mantiene el contrato interinidad por vacante del sector público sin una duración clara máxima de 3 años (sólo funcionarios interinos) siendo aplicable la jurisprudencia anterior de indefinido no fijo y duraciones inusualmente largas con indemnización de 20 días salario/año en determinadas extinciones contractuales[3]. Por tanto, se reproduce, prácticamente, el modelo de temporalidad pública a través de personal laboral de interinos, aunque, en contrapartida, se articula un plan de estabilización de plazas en bolsas acumuladas anteriores a la reforma. En la sanidad pública se ha replicado el mismo esquema que apenas corrige la precariedad y consolida un modelo de profunda dualidad laboral. Además, en el marco de las DA 4ª y 5ª del Decreto-Ley 32, se aceptan contratos temporales de obra específicos en el sector público vinculados a fondos europeos, resucitando una modalidad derogada prácticamente en el ámbito privado (salvo en artistas y sector audiovisual).

---

[3] GORDO, L.,"*¿Se extingue el contrato por sustitución por vacante en la Administración Pública a los tres años?*", entrada *blog Foro de Labos*, 1 de Diciembre de 2022.

El buen comportamiento del sector privado contrasta, en fin, con el estancamiento de la temporalidad y la ausencia de flexibilidad del sector público, donde la reforma es mucho menos incisiva, probablemente también por la ausencia de cambios en el propio funcionamiento de las Administraciones Públicas, instaladas en la profunda dualidad que genera tanta precariedad de empleados en servicios públicos esenciales. En este análisis me referiré exclusivamente a los contratos de trabajo del sector privado, orillando la cuestión específica y singular del sector público.

Tras la reforma laboral pactada, es preciso analizar, brevemente, la tipología de *contratos temporales y fijos discontinuos* de los nuevos Arts.15 y 16 del ET, y localizar los problemas interpretativos, para presentar posibles mejoras técnicas y reformas, en línea con el hilo conductor de este libro colectivo.

2. EL CONTRATO TEMPORAL DE CIRCUNSTANCIAS DE LA PRODUCCIÓN

En la nueva causa por *circunstancias de producción* regulada en el Art. 15.2 del ET, se abren cuatro tipos, que, como denominador común, tienen la respuesta empresarial ante necesidades temporales de producción y demanda. Los tres primeros encajan en un contrato temporal *"largo"*de máximo 6 meses, ampliable por convenio a 1 año, y el cuarto supuesto, el más innovador de la reforma, en un contrato temporal *"corto"* con la referencia de 90 días discontinuos anuales[4]:

1°) Incremento ocasional e imprevisible: se trata de necesidades de producción temporales puntuales, imprevisibles y no repetidas en el tiempo. Por su naturaleza no responden a un supuesto repetido de fijo discontinuo del Art.16 del ET.

2°) Oscilaciones de producción que, aun tratándose de la actividad normal de la empresa, generan un desajuste entre empleo estable disponible y el que se requiere siempre que no respondan a supuestos

---

4 LAHERA FORTEZA, J., *"Las cuatro modalidades del contrato temporal de circunstancias de la producción", BRIEF AEDTSS,* web AEDTSS, 2022.

incluidos en el Art.16.1 del ET: son situaciones, imprevisibles o previsibles, donde la empresa, dentro de la actividad normal, necesita trabajadores temporales debido a oscilaciones de la producción que provocan un desajuste entre el empleo estable disponible y el que se requiere. Es fundamental que estos casos no sean supuestos de fijo discontinuo del Art. 16 del ET, lo que delimita bastante el supuesto de hecho, al descartar oscilaciones productivas cíclicas, repetidas en el tiempo o periódicas, estacionales, de temporada o intermitentes. Sigue, en este sentido, vigente la jurisprudencia que delimitaba con estos criterios los fijos discontinuos y los antiguos contratos eventuales por acumulación de tareas, similares a los actuales desajustes de la plantilla estable (SS. TS de 30 de abril de 2012, Rec.2152/2011 o de 13 de febrero de 2018, Rec.3825/2018).

3º) Entre las oscilaciones se entenderán incluidas aquellas que derivan de las vacaciones anuales. Cabe plantear, en este sentido, qué contratación es la idónea en períodos vacacionales, donde la empresa necesita trabajadores para atender el trabajo no realizado en vacaciones, si se mantienen necesidades de demanda y producción. Con esta mención expresa y literal a las vacaciones, se abren dos interpretaciones. La primera, que la inclusión literal de las vacaciones, que se repiten cíclicamente cada año con oscilaciones coyunturales entre empleo estable y necesidades de trabajo, implica que, aun siendo supuestos de fijos discontinuos estacionales o de temporada del Art. 16.1 del ET, pueden dar lugar a contratos temporales por circunstancias de la producción justificados en dicha causa. La segunda, que la prohibición de invadir supuestos de fijos discontinuos del Art. 16 del ET también afecta a las oscilaciones de plantilla por vacaciones, que deben ser cubiertas, si se repiten cíclicamente cada año, mediante esta modalidad indefinida discontinua estacional o de temporada. Es más razonable defender la primera de las interpretaciones que es la que otorga sentido a la mención legal literal de las *oscilaciones derivadas de vacaciones* como tercer supuesto de contratos temporales de circunstancias de la producción, en espera de jurisprudencia que lo confirme.

4º) El supuesto más innovador en el Art.15.2 del ET es el de temporalidad que cubre *"situaciones ocasionales y previsibles y que tengan una duración reducida y delimitada en el tiempo"*. La utilización en el Art. 16

del ET del imperativo *"se concertará"* deja clara la obligación empresarial de encajar la estacionalidad o temporada, o la intermitencia, dentro de determinada estructura productiva condicionada por razones cíclicas, en la modalidad indefinida discontinua, pero con la salvedad del posible encaje en un contrato temporal por circunstancias de la producción del Art. 15.2.4º del ET, con la referencia de 90 días para atender *"situaciones ocasionales, previsibles y de duración delimitada"*, que puedan repetirse de manera cíclica cada año. Ello explica la ausencia de remisión al Art. 16 del ET en esta modalidad contractual. Las temporadas o campañas previsibles, repetidas cíclicamente, en fecha cierta o incierta, pueden ser, en este sentido, cubiertas con contratos temporales de circunstancias de la producción, dentro de la referencia de 90 días discontinuos, o, si superan este umbral temporal, mediante esta modalidad indefinida de fijo discontinuo. En este sentido, ocasional debe ser interpretado como breve en conexión con la previsibilidad admitida que se repite en el tiempo. La empresa elige 90 días discontinuos al año donde poder encajar este mini-discontinuo temporal de campañas y proyectos previsibles. La confusión de la norma, que mezcla previsible y ocasional, puede abrir interpretaciones restrictivas que deriven al fijo discontinuo estos supuestos de hecho. Pero lo más razonable, para salvar el Art.15.2.4º del ET, que si no carecería de sentido, es aceptar la presencia de este *mini-discontinuo temporal* en ventanas de 90 días discontinuos determinadas cada año por la empresa.

En ningún caso, de los 4 supuestos del Art.15.2 del ET, cabe conectar automáticamente el contrato temporal con *contratas en actividad habitual y ordinaria de la empresa*, salvo que exista, precisamente, alguna de estas *circunstancias de la producción*. Para ello está la salida del *fijo discontinuo en modalidad de contratas* del Art.16 del ET, que ahora apuntaré. Pero hay margen, dentro de una contrata, o con contrata específica, para fundamentar causas de *circunstancias de la producción* del Art. 15.2 del ET, si el incremento de producción es imprevisible o se origina un desajuste respecto a la plantilla estable en los términos antes expuestos. Al igual que cabe contratar sustituciones en el desarrollo de una contrata si se dan los supuestos del Art.15.3 del ET que ahora se pasan a analizar.

En los cuatro casos del Art. 15.2 del ET, está prevista legalmente una indemnización por fin de contrato temporal conforme al Art. 49.1 c) del ET, de 12 días salario/año, mejorable por convenio colectivo. De igual modo, los cuatro casos se sujetan al límite de encadenamiento contractual de 18 meses en 24 meses, por persona trabajadora o puesto de trabajo, del Art. 15.5 del ET, con conversiones a contratación indefinida en caso de superación.

3. EL CONTRATO TEMPORAL DE SUSTITUCIÓN

En la causa temporal de *sustitución* regulada en el Art. 15.3 de ET se abren tres tipos, que cumplen las mismas funciones que el antiguo contrato de interinidad. La novedad es que estos tres supuestos de hecho ya tienen reconocimiento legal, cuando en la regulación anterior dos de ellos sólo tenían previsión reglamentaria:

1º) Sustitución de persona trabajadora con derecho a reserva del puesto de trabajo, siempre que se especifique el nombre de sustituido y causa de sustitución. Se puede suscribir 15 días antes de la sustitución si coincide con puesto de trabajo. El supuesto abarca sustituciones de personal en suspensiones contractuales con reserva del puesto, permisos retribuidos y excedencias, con vocación expansiva, salvo en vacaciones donde, por mandato del Art.15.2 del ET, se utiliza la causa productiva. Son supuestos idénticos a la antigua interinidad como en bajas médicas, permisos de nacimiento de hijo de madres y padres, suspensiones disciplinarias de empleo y sueldo, permisos retribuidos y no retribuidos de origen legal o convencional, y excedencias forzosas con reserva del puesto de trabajo. La extinción del contrato de sustitución opera como en la antigua interinidad en tres supuestos: *reincorporación del sustituido, vencimiento del plazo de reserva del puesto de trabajo o fin de la causa de suspensión del contrato*. La jurisprudencia admite también el uso de este contrato en adscripciones temporales del sustituido a otro puesto de trabajo en la empresa, con reserva en el puesto que ocupa mientras tanto el sustituto (SS.TS 11 enero de 2023, Rec. 3844/2019 y de 7 de julio de 2023, Rec.2809/2020) ampliando así el ámbito de esta modalidad. En estos casos, la adscripción a otro puesto de trabajo debe ser realmente temporal y es fijada por la jurisprudencia en un máximo de doce meses, aplicando por analogía el límite de un desplazamiento temporal (Art.40.6 del ET).

2º) Complemento de la jornada reducida por otra persona trabajadora, cuando dicha reducción se ampare en causa legal o convencional, siempre que se especifique el nombre de sustituido y causa de sustitución. Se abre la vía a contratos de sustitución a *tiempo parcial* que cubren jornadas reducidas por cuidado de hijo o familiares y otras causas legales o convencionales, en el marco del Art.37.6 y 7 del ET. El contrato se extingue, en los términos antes descritos, cuando retorna el trabajador a su jornada completa o se pierde el derecho a la jornada reducida.

3º) Cobertura de vacante definitiva durante el proceso de selección con una duración máxima de 3 meses o plazo inferior convencional, sin poder celebrarse nuevo contrato con mismo objeto para dicho plazo. La duración máxima legal de 3 meses o inferior convencional se refiere al sector privado. En el sector público se aplican las reglas específicas de la Ley 20/2021 con interinidades por vacante con duración máxima de 3 años y aplicación del proceso de estabilización de los actuales interinos.

En todos estos tres casos de sustitución, el Art.49.1.c) del ET no reconoce indemnización a estos trabajadores temporales cuando termina el contrato temporal ni existe sujeción a límites en el encadenamiento contractual del art. 15.5 ET.

4. LOS CONTRATOS FIJOS DISCONTINUOS

La reforma construye, dejando al margen las ETT y el sector público, tres modalidades distintas de contrato de trabajo *fijo-discontinuo* en el nuevo Art. 16 del ET, bajo el denominador común de llamamientos al trabajador en períodos de actividad y protección social por desempleo en tiempos de inactividad[5]. Cada una de las modalidades responde a supuestos de hecho bien diferenciados con una misma exigencia legal

---

5 LAHERA FORTEZA, J., *"Las cinco modalidades del contrato de trabajo fijo discontinuo", BRIEF AEDTSS*, web AEDTSS, 2022 y *"Contar fijos discontinuos"*, FEDEA, febrero 2024; LAHERA FORTEZA, J. y VICENTE PALACIO, A., *Los contratos de trabajos fijos discontinuos e indefinidos a tiempo parcial*, Thomson Reuters, 2023; GOERLICH PESET, J.M., *"Contrato fijo discontinuo: ampliación de supuestos y mejora de garantías", Revista Labos*, 2022, volumen 3.

de *forma escrita*. El Art.16.2 del ET, en conexión con el Art.8.2 del ET, exige la formalización escrita del contrato fijo discontinuo reflejando "*los elementos esenciales de la actividad laboral, como la duración del período de actividad, la jornada y su distribución horaria, sin perjuicio de su concreción con el llamamiento*". La falta de forma escrita presume el contrato indefinido continuo y a tiempo completo, salvo prueba en contra del supuesto de hecho de discontinuidad, debido a la remisión al Art.8.2 del ET que configura esta obligación formal con una naturaleza declarativa y no constitutiva, sin perjuicio de la imposición de sanciones administrativas a la empresa incumplidora.

De igual modo, en estas tres modalidades, operan las reglas de *llamamiento* de los trabajadores, cuando se inician los períodos de actividad, previstas en el Art. 16 del ET con continuas remisiones a la negociación colectiva. Como es característico de esta modalidad indefinida, el llamamiento activa la obligación laboral durante el período de actividad previsto en el contrato, mientras que en los períodos de inactividad el trabajador tiene la cobertura social del desempleo conforme a su carrera de cotización (Arts. 16.2 y 3 del ET, 267 de la LGSS y DF 6ª del Decreto-Ley 32). Los convenios colectivos o acuerdos de empresa determinan los *criterios objetivos y formales de llamamientos* (Art.16.3 del ET), adaptados a cada una de las modalidades discontinuas. En el contrato consta por escrito el período de actividad y corresponde a la negociación colectiva determinar los *criterios objetivos y formales de llamamiento* en la apertura de cada una de ellas. La empresa tiene un deber de llamamiento cumpliendo estas condiciones convencionales. El orden y forma de llamada se regula en convenio colectivo, sectorial o de empresa, o, en su defecto, por acuerdo colectivo de empresa. Si nada dice el convenio o acuerdo colectivo, el criterio no queda en manos del empresario (STS de 7 de marzo de 2003, Rec.36/2002), siendo aplicable el más objetivo posible, la antigüedad en la contratación en orden de mayor a menor.

1ª) Realización de trabajos de naturaleza estacional o vinculados a actividades productivas de temporada (Art.16.1.1º del ET). Esta primera modalidad del Art.16 del ET responde al concepto clásico de trabajos estacionales o de temporada, ya existente en la anterior regulación. El fijo-discontinuo encaja, así, en empresas con actividad cíclica, que cierran parte del año, y en empresas permanentes, que tienen ciclos estacionales o de temporada repetidos anualmente. Como se ha expuesto, la reforma da margen a una temporalidad previsible y repetida en el tiempo, bajo la nueva modalidad de *circunstancias de producción* del Art. 15.2 del ET, en 90 días discontinuos al año, y desplaza al fijo-discontinuo estacional los ciclos que superan esta previsión anual.

En la delimitación de supuestos de hecho estacionales o de temporada puede resultar útil la jurisprudencia anterior a la reforma laboral de 2021, que vinculaba la reiteración cíclica, previsible, del trabajo estacional o de temporada con la modalidad indefinida de fijo discontinuo (por ejemplo, SS.TS de 11 de abril de 2006, Rec. 22/2003, de 28 de abril de 2010, Rec.3494/2009, de 22 de noviembre de 2011, Rec. 2152/2011, de 31 de enero de 2011, Rec.1105/2010, de 30 de abril de 2012, Rec.2152/2011 o de 13 de febrero de 2018, Rec.3825/2018). La jurisprudencia toma siempre como referencia la permanencia o reiteración del trabajo en ciclos que se repiten durante todos los años, de naturaleza previsible, aunque sea incierta la fecha de inicio de la necesidad laboral. El mismo criterio puede ser siendo utilizado ahora en el deslinde entre el fijo discontinuo y el nuevo contrato temporal de circunstancia de la producción, con la antes subrayada salvedad del Art.15.2.4° del ET.

Esta modalidad puede, en consecuencia, ser utilizada en empresas con actividad cíclica de temporada que cierran, correspondiendo los períodos de inactividad del fijo discontinuo con la clausura donde no hay producción empresarial, pero también en empresas permanentes con ciclos productivos estacionales o de temporada donde se intensifica la demanda y producción, correspondiendo la inactividad con fases bajas de menor intensidad empresarial. La determinación de una temporada o campaña cíclica puede provenir de factores externos, como el clima o la estación, de razones organizativas o productivas de la propia empresa, derivadas de temporadas altas del mercado o picos previsibles de demanda, o por la conexión de prestación de servicios a empresas de temporada o en ciclos estacionales. En todos los casos, no hay exigencia legal mínima de actividad ni máxima de inactividad, salvo que el convenio colectivo aplicable, en el marco del Art. 16.3 del ET, establezca estos mínimos.

La no llamada del trabajador fijo discontinuo cuando se inicia la actividad de temporada y surge la necesidad de trabajo o incumpliendo la cláusula convencional de mínimo de actividad, o alterando el orden de llamada, es un despido improcedente como venía declarando la jurisprudencia (SS.TS de 23 de octubre de 1995, Rec. 627/1995 y de 19 de enero de 2016, Rec.1777/14) con la opción empresarial entre readmisión o indemnización legalmente prevista (Art.56.2 del ET). Incluso se aplican las reglas de despido colectivo si se superan los umbrales Art.51 del ET en el no llamamiento (SS.TS de 10 de mayo de 2017, Rec.1246/2016, de 14 de junio de 2018, Rec.3853/2016 y de 18 de octubre de 2018, Rec. 3594/2016). No cumplir, entonces, con las reglas del Art.51 del ET implica, ante una impugnación judicial, la calificación de despido colectivo nulo por la vía de despido de hecho con todas sus consecuencias jurídicas, readmisión y abono de los salarios de tramitación. Dicho esto, cabe admitir comunicaciones a los trabajadores en las que consta el no llamamiento por razones productivas o económicas, que demuestran no existe voluntad extintiva (SS.TS de 23 y 24 de abril de 2012, Rec.3106 y 3304/2011 y de 19 de julio de 2023, Rec.103/2021) evitando la impugnación por despido.

Si los servicios que se prestan, de manera sistemática y reiterada, son continuos y sin solución de continuidad, el contrato deja de ser fijo-discontinuo y pasa a ser indefinido ordinario (SS.TS de 1 de octubre de 2013, Rec.3048/2012 y de 28 de octubre de 2020, Rec.4364/2018). La sucesión de campañas reiterada en el tiempo puede desembocar en una actividad continua que encaje mejor en una contratación indefinida, a tiempo completo o parcial, según las necesidades productivas.

2ª) Desarrollo de aquellos (trabajos) que no tengan dicha naturaleza (estacional o de temporada) pero que, siendo de prestación intermitente, tengan periodos de ejecución ciertos, determinados o indeterminados (Art. 16.1.2º del ET). Las prestaciones laborales intermitentes, periódicas y de ejecución cierta, que se pueden cubrir con fijos discontinuos no responden, de inicio, a una naturaleza estacional o de temporada. Mediante esta segunda modalidad, quedan, así, cubiertas actividades empresariales intermitentes (discontinuas), que se repiten en el tiempo periódicamente, con fecha cierta o incierta, salvo que sean supuestos que puedan encajar en el contrato temporal del Art.15.2 del

ET en la modalidad de calendario anual de 90 días. La ejecución objetiva cierta de la prestación, que se debe prever al firmar el contrato (Art.16.2 del ET), con una estimación de tiempos de actividad, impide asociar esta modalidad discontinua con un trabajo a llamada a discrecionalidad de la empresa. Se debe recordar la jurisprudencia (STS 19 de febrero de 2019 y de 28 de octubre de 2020) que ha rechazado la presencia en nuestro ordenamiento de un trabajo a llamada y que continúa vigente tras la reforma. El fijo-discontinuo no es un trabajo continuo con interrupciones sino, en esta segunda modalidad, un contrato que cubre este tipo de prestaciones previsibles, de naturaleza discontinua, con flexibilidad para la empresa y seguridad para el trabajador.

Desde estas premisas, la prestación laboral intermitente no depende de la autonomía de la voluntad de las partes, ni de la decisión unilateral del empresario, porque la ejecución cierta y periódica deducida del Art. 16 del ET, descarta estos supuestos de hecho que sí pueden encontrar encaje en un contrato indefinido a tiempo parcial del Art. 12 del ET, pero no en esta modalidad discontinua casualizada. Si la reforma laboral de 2021 habría querido ampliar el espacio del fijo discontinuo a intermitencias no ciertas dependientes de la decisión empresarial, o incorporar directamente un contrato a llamada de cero horas, lo podría haber hecho con otra redacción de la norma. No ha sido así, y creo se deduce con bastante claridad del tenor literal del Art. 16.1 del ET, que esta modalidad, que además obliga al empresario a contratar por esta vía para no utilizar, con los matices ya expuestos, temporalidad, está ideada, exclusivamente, para intermitencias conexas con factores productivos externos y no organizativos internos de la empresa. Es la estructura productiva de prestación de servicios la que determina la necesidad de trabajadores que cubran trabajos intermitentes, y no la decisión de la empresa. La iniciativa empresarial en configurar contratos fijos discontinuos, con intermitencias dependientes de su mera decisión, choca con la prohibición civil de dejar al arbitrio de una de las partes el cumplimiento de la obligación contractual (Art.1115 delACC). Además, la aplicación de técnicas que puedan distinguir entre la arbitrariedad y la razonabilidad de este tipo de decisiones es excesivamente compleja siendo mucho más sencillo vincular la prestación laboral cierta con una intermitencia derivada del mercado.

En el marco del contrato suscrito, que habrá precisado los tiempos de actividad y su distribución intermitente, el incumplimiento de las reglas de llamamiento puede motivar despidos improcedentes, o, al incumplirse el art.51del ET, nulos, al igual que sucede en la modalidad estacional antes analizada.

3ª) *Desarrollo de trabajos consistentes en la prestación de servicios en el marco de la ejecución de contratas mercantiles o administrativas que, siendo previsibles, formen parte de la actividad ordinaria de la empresa* (Art.16.1.3º y 4 del ET). La tercera de las modalidades se articula para facilitar el trasvase de los antiguos contratos de obra, conexos a contratas, a contratos fijos-discontinuos. La prestación de servicios en el marco de ejecución de contratas mercantiles o administrativas puede ser cubierta, a elección de la empresa, mediante contratos indefinidos ordinarios o a través de fijos-discontinuos. La opción empresarial por esta vía del Art.16 del ET ofrece mayor flexibilidad porque, entre contrata y contrata, abre un plazo de espera de recolocación del trabajador, de máximo tres meses disponibles por convenio colectivo sectorial, tras el cual se puede adoptar una medida coyuntural o extintiva. La plantilla fija-discontinua de este tipo de empresas, contratistas o concesionarias, permite la circulación de trabajadores entre contratas cuando se reduce su volumen o éstas finalizan. No tiene nada que ver la naturaleza discontinua de la actividad prestada, normalmente continua, con la utilización de esta modalidad, ideada para ofrecer flexibilidad a la empresa y oportunidades de recolocación al trabajador. En este sentido, las contratas de temporada o estacionales, o las intermitentes periódicas previsibles, encajan en la primera o segunda modalidad más que en esta tercera, que responde más a la forma jurídica de ejecución de los trabajos —contrata o concesión— que a la naturaleza de la prestación laboral —normalmente continua y plurianual—.

Esta innovadora opción legal del Art.16.1.3º y 4 del ET desconecta la naturaleza de la actividad de la formulación contractual discontinua y hace depender el llamamiento del trabajador, que en realidad es una *recolocación*, del funcionamiento del mercado y de las decisiones de clientes de las empresas contratistas sobre una previsión empresarial. El trabajador está en período de actividad mientras su prestación laboral es necesaria en la ejecución de una contrata y, cuando ésta deja de serlo, por reducción del volumen de la misma o su finalización, pasa a un período de inactividad, donde está disponible para trabajar en otra contrata.

Este período entre contratas tiene una duración legal máxima de 3 meses disponible por negociación colectiva sectorial y se concibe en el Art.16.4 del ET como un tiempo de *espera* con la expectativa de recolocación que corresponde a un trabajador fijo. La empresa contratista, en consecuencia, está obligada a ofrecerle una vacante en la misma contrata, si es renovada, u otra distinta, que se corresponda con la prestación laboral del trabajador pactada en el contrato de trabajo. En este tiempo de espera, el trabajador está en situación de desempleo, con acceso a la prestación social, dentro del régimen de su contrato fijo-discontinuo, quedando liberada la empresa del pago de salarios hasta que se cumpla la expectativa de *recolocación*.

En este marco, si la empresa tiene una vacante adecuada, en la misma o diferente contrata, el trabajador pasará, de nuevo, a período de actividad. La vacante debe encajar en las condiciones acordadas en el contrato de trabajo y, si es así, el rechazo del trabajador es una baja voluntaria, como sucede aplicando las reglas generales de los fijos-discontinuos; su incorporación a la nueva contrata mostrará, por el contrario, voluntad mutua de continuidad de la relación laboral indefinida. Los cambios en las condiciones laborales de los fijos-discontinuos de contratas se sujetan a las reglas generales del ordenamiento laboral, ante la ausencia de un régimen jurídico legal específico y sin perjuicio de lo que pueda establecer la negociación colectiva.

Una vez agotado el *plazo máximo de inactividad* — legal de 3 meses o convencional — sin posibilidad de recolocación, ante la ausencia de contrata donde encajar al trabajador, incluso acudiendo a estas medidas de flexibilidad interna, la empresa contratista adoptará las *medidas coyunturales o estructurales que procedan* conforme al Art.16.4 del ET. La decisión empresarial *coyuntural*, si entiende la empresa que se mantiene una expectativa de recolocación del trabajador en nueva contrata, puede ser un ERTE por causa económica, organizativa, técnica o de producción del Art.47 del ET, quedando el contrato fijo-discontinuo en suspensión contractual con protección social por desempleo por dicha causa. La medida *estructural* a la que se refiere el Art.16.4 del ET puede ser una extinción objetiva o colectiva del contrato de trabajo de los Arts.52 c) y del 51 ET, por dichas causas estructurales, fundamentadas en la superación de este plazo de inactividad sin contrata donde recolocar al trabajador ni expectativa alguna de hacerlo.

5. PROBLEMAS JURÍDICOS SIGNIFICATIVOS EN LA APLICACIÓN DEL NUEVO SISTEMA DE CONTRATACIÓN LABORAL

Me centraré, para localizar las cuestiones que pueden ser mejoradas en una futura reforma, dentro del hilo conductor de este libro colectivo, en los problemas jurídicos más relevantes que está originando este nuevo sistema de contratos de trabajo. Es lógico que un cambio normativo tan profundo en contratación laboral, como el efectuado en el Decreto-Ley 32, haya motivado algunos problemas interpretativos jurídicos en su primer año de aplicación[6]. Un cambio de paradigma contractual suele arrastrar las interpretaciones utilizadas con normas anteriores sin que terminen de cuajar nuevas perspectivas. Las cuestiones más controvertidas se han concentrado en la delimitación y fronteras entre el contrato temporal de *circunstancias de la producción* del Art.15.2 del ET y las modalidades de *fijo discontinuo* del nuevo Art.16 del ET.

Como se ha expuesto, el contrato temporal de *circunstancias de la producción* del Art.15.2 del ET responde a tres modalidades con contrato largo (duración pactada máxima de 6 meses ampliable por convenio colectivo sectorial a 12 meses) y una con contrato corto (duraciones pactadas en el marco de 90 días discontinuos elegidos por la empresa). Existen, así, las cuatro modalidades distintas, expuestas, del nuevo contrato temporal de *circunstancias de la producción*, 3 en el largo y 1 en el corto, del Art. 15.2 del ET.

---

6 Sobre estas cuestiones, entre otras aportaciones doctrinales, ver LÓPEZ BALAGUER, M. y RAMOS MORAGUES, F., *La contratación laboral en la reforma laboral*, Tirant lo Blanch, Valencia, 2022; BALLESTER PASTOR, A., *La reforma laboral de 2021*, Tirant lo Blanch, Valencia, 2022; LAHERA FORTEZA, J. y VICENTE PALACIO, A., *Los contratos de trabajos fijos discontinuos e indefinidos a tiempo parcial*, Thomson Reuters, 2023; SALA FRANCO, T., *Los contratos fijos discontinuos*, Tirant lo Blanch, Valencia, 2023.

Los problemas interpretativos de esta regulación se han focalizado en dos cuestiones del contrato largo.

De un lado, la frontera entre el supuesto 2° de *oscilación con desajustes de empleo estable* y los supuestos de *fijo discontinuo* del Art. 16 del ET. Parece claro, en este sentido, como venía reiterando la jurisprudencia anterior a la reforma, que la repetición cíclica y periódica, ya estacional o intermitente, impide la contratación temporal del Art. 15.2 del ET. Pero la reforma abre espacio de temporalidad a oscilaciones, productivas, pero también organizativas, no repetidas en el tiempo, como puede ser el supuesto de lanzamiento de nueva actividad, o apertura de centro de trabajo, con el límite de la duración máxima legal o convencional del contrato temporal largo. La excepción de no ser supuestos de fijos discontinuos no invalida esta apertura a nuevos supuestos de temporalidad no repetidos, precisamente, en el tiempo, aunque la redacción de la norma no es suficientemente específica.

De otro lado, se discute, como he constatado, si las *oscilaciones derivadas de vacaciones del supuesto 3°* de la plantilla propia no son admisibles como causa temporal porque debe ser un supuesto de fijo discontinuo del Art. 16 del ET. A mi juicio, sólo tiene sentido esta mención literal en el Art.15.2 del ET si se acepta como supuesto fuera de la excepción de fijo discontinuo porque, precisamente, siempre responde a una oscilación periódica por naturaleza. La reforma da, así, cobertura a una contratación temporal vinculada literalmente a *oscilaciones por vacaciones*, que se repiten periódicamente cada año, ofreciendo seguridad jurídica a las empresas. Algunas interpretaciones doctrinales siguen, sin embargo, ancladas en la norma pasada, y niegan la contratación temporal durante las vacaciones, pese a la literalidad, ante una regulación confusa por la remisión a la excepción del Art. 16 del ET.

En cuanto al contrato corto, la primera aplicación del nuevo y antes expuesto Art. 15.2 del ET ha originado discrepancias, que necesitan de mayor seguridad jurídica. Desde la referencia de 90 días discontinuos al año, la causa habilitante de contratación temporal responde a necesidades *ocasionales y previsibles* periódicas. Parece claro que el término *ocasional* adopta el significado de breve —no único— siendo así compatible con la exigencia de *previsible, periódico y delimitado en el tiempo.* La ubicación del contrato corto en el último párrafo del Art.15.2 del

ET lo sitúa literalmente fuera de la excepción de no ser fijo discontinuo del Art.16 ET, por voluntad del acuerdo social. De hecho, como he expuesto, la reforma pactada consagra un *mini discontinuo temporal* destinado a cubrir campañas breves periódicas en la frecuencia de 90 días anuales elegidos por empresa. Cada contrato corto, por campaña, es con término acotado y pactado, dentro de esta opción legal de un *mini discontinuo temporal*. Cualquier otra interpretación deja sin sentido la previsión de la reforma porque, si se exige la no repetición en el tiempo, o que no sean supuestos del Art. 16 del ET, cabría ya utilizar el contrato largo del primer párrafo del Art. 15.2 del ET, en la opción *a y b*, siendo inútil este cuarto párrafo final del precepto. Sin embargo, es habitual la interpretación doctrinal que niega la presencia de este *mini discontinuo temporal* por la redacción confusa que mezcla lo previsible, que se repite, y lo ocasional. Es igual de confusa la remisión a la elección de los 90 días discontinuos que puede ser interpretada es en toda la empresa o por centro de trabajo a elección de la empresa.

La extinción de este contrato temporal, largo y corto, es por vencimiento del término pactado (Art.49.1 c) del ET). La admisión de una prórroga pactada es, literalmente, asociada al mantenimiento de la causa hasta la duración legal o convencional máxima (Art.15.2 del ET) y las nuevas reglas exigen vincular causa y término en la formalización contractual (Art.15.1 del ET). La relevancia de vincular causa y término pactado entre partes no sólo afecta a la prórroga, sino que puede llegar a consolidar extinciones antes de vencimiento del plazo acordado por finalización de la causa temporal. Sin embargo, sólo parece subrayarse la vinculación entre causa y término en el momento de formalizar el contrato, negando esta trascendencia extintiva. De nuevo, pesa la tradición anterior frente a un nuevo paradigma contractual.

La nueva regulación del contrato de trabajo fijo discontinuo del Art.16 del ET, que combina tiempos de actividad e inactividad del trabajador, con llamamientos, ha sido anteriormente expuesta con suficiente detalle. Algunos problemas jurídicos están protagonizando la aplicación de esta innovadora regulación, auténtica clave de bóveda de la reforma pactada.

Se discute que el *fijo discontinuo* pueda ser a tiempo parcial, sin la cobertura del convenio colectivo sectorial, cuando el Art. 12.2 del ET da libertad para la contratación indefinida a tiempo parcial, sin exceptionar fijos discontinuos, no constituyendo ninguna novedad esta adaptación convencional de peculiaridades en esta modalidad, prevista en el Art. 16.5 del ET. Pero suele ser habitual en interpretaciones doctrinales negar esta posibilidad de fijos discontinuos a tiempo parcial.

Se han abierto, por su parte, discutibles interpretaciones que hacen depender la prestación laboral *intermitente* del Art.16.1 del ET de la voluntad de las partes, cuando el Art. 16.2 del ET, como he subrayado, exige su determinación inicial en el contrato con estimación de períodos de actividad conforme a la estructura productiva. Ello se debe, en parte, a que las fronteras entre el fijo discontinuo *intermitente* y el contrato *a tiempo parcial* no están tampoco claras, lo que aconseja vincular la primera modalidad a factores productivos externos y la segunda a una decisión organizativa interna de la empresa, o a esta voluntad de las partes, puesto que en un caso existe protección social por desempleo durante la inactividad mientras que en el otro no.

Por su parte, se debe subrayar la voluntad empresarial en suscribir *fijos discontinuos en contratas*, lo que no sólo avala tener fijos ordinarios, sino también fijos discontinuos *estacionales o intermitentes* adscritos a una contrata dentro de los supuestos del Art. 16.1 del ET. Como se ha expuesto, y pese a algunas interpretaciones rígida, no toda contrata va asociada al fijo discontinuo de contrata, siendo viable, y más práctico, utilizar las modalidades estacionales e intermitentes si cuadra la actividad ejecutada en la misma.

Las expuestas reglas de llamamientos en los fijos discontinuos tienen constantes reenvíos a negociación colectiva, sin reglas de subsidiariedad legal, en el Art. 16.3 del ET, lo que está motivando críticas de inseguridad jurídica ante el vacío convencional, que se puede cubrir sin problemas con salidas pactadas entre las partes o protocolos empresariales. No se entiende la habitual preocupación por estos vacíos, asumida en una opción legal no intervencionista que se adapta bien a cada sector y empresa.

Continúa siendo útil, por su parte, la jurisprudencia anterior acerca de los fijos discontinuos en relación con la extinción de estos contratos, por incumplimiento de las reglas de llamamiento, con las correspondientes acciones judiciales del trabajador mencionadas de manera indeterminada por el Art.16.3 del ET (despido, reclamación de cantidad, resolución por incumplimiento etc.). El cómputo de la antigüedad sumando períodos de actividad e inactividad recoge la jurisprudencia al respecto, que también mantiene que las indemnizaciones se calculan exclusivamente sobre la prestación de servicios, sin contabilizar estos tiempos de inactividad del trabajador, sin que exista cambio legal en la materia. Pese a ello se está interpretando que el cambio legal determina un giro en el cálculo de las indemnizaciones de fijos discontinuos, lo que carece de base jurídica.

Por su parte, el período de inactividad en los fijos discontinuos de contratas del Art. 16.4 del ET, tal como se ha expuesto, es el único supuesto condicionado a un plazo máximo legal de 3 meses disponible por negociación colectiva sectorial. Entre contrata y contrata se activa, así, una expectativa de recolocación en vacante adecuada en línea con jurisprudencia de extinción por fin de contrata. La extinción, objetiva o colectiva, por transcurso de dicho plazo sin posibilidad de recolocación puede responder a una causa extintiva estructural. La alternativa del ERTE opera cuando la causa es coyuntural, en función de las posibilidades de negocio. La opción libre de la empresa por fijos discontinuos de contratas opera, de esta manera, con el incentivo de la seguridad jurídica en las medidas coyunturales o estructurales a adoptar en los términos del Art. 16.4 del ET. Aunque no se haya alterado el despido, por esta vía se ha dado automaticidad y seguridad al despido objetivo sin posibilidad de recolocación en contratas. Sin embargo, se discute este efecto directo en la normativa extintiva. Distinto es que se pueda cuestionar que el plazo legal de inactividad sea dispositivo, lo que puede incluso originar plazos indefinidos como ya existe, por ejemplo, en el sector de la construcción. Se debería revisar esta cuestión.

Mención aparte, finalmente, merece el nuevo y singular contrato indefinido adscrito a obra de la construcción de la DA 3ª de la Ley 32/2006, que plantea serios problemas de adecuación al Derecho europeo (Directiva 98/59) y constitucional (Art.14 de la CE). En síntesis, este contrato indefinido tiene un régimen extintivo específico de *causas inherentes a la persona del trabajador*, cuando finaliza la obra con la obligación de recolocación del trabajador en otra obra de misma provincia.

Ello ofrece certidumbre extintiva y posibilidad de eludir las reglas de despido colectivo del Art. 51 del ET. Pero no parece que la extinción sea realmente inherente a la persona del trabajador en supuestos previstos de ausencia de obra en la provincia, o de exceso de trabajadores en la provincia. Además, este régimen extintivo propio cuestiona la igualdad ante la Ley del Art. 14 de la CE, pues se privilegia al sector de la construcción frente al resto de sectores empresariales[7].

6. UNA REFORMA QUE OFREZCA MÁS SEGURIDAD JURÍDICA Y CERTIDUMBRE A LOS CONTRATOS DE TRABAJO

La aplicación de las nuevas reglas de contratación laboral, resultantes de la reforma pactada, está generando, como he expuesto, problemas de inseguridad jurídica que necesitarían una aclaración normativa o una jurisprudencia rápida. Estos problemas, se concentran especialmente en la frontera entre los nuevos contratos temporales de *circunstancias de la producción* y el contrato a *tiempo parcial* y las distintas modalidades de *fijos discontinuos* creadas con la reforma de 2021. Al ser una reforma pactada se han utilizado, como se observa, conceptos indeterminados, o a veces confusos, en la redacción consensuada de los Arts. 15 y 16 del ET, que motivan discrepancias interpretativas. Es algo, por otra parte, natural en este tipo de acuerdos sociales que siguen dinámicas parecidas a los convenios colectivos, que desplazan los problemas a la aplicación de su contenido. Pero la seguridad jurídica, como nos recuerda siempre el profesor Tomás Sala, es un factor determinante en las decisiones de contratación laboral de las empresas, más ahora con un régimen sancionador muy contundente ante el fraude (temporalidad, tiempo parcial y fijo discontinuo), por lo que sería necesaria una nueva intervención

---

7 ARAGÓN GÓMEZ, C., *"Del contrato fijo de obra al contrato indefinido adscrito a obra: un cambio meramente estético con efectos estadísticos"*, *LABOS*, 2022, nº 3; BELTRÁN HEREDIA, I., *"El Decreto Ley 32/2021 y el contrato indefinido adscrito a obra de construcción"*, entrada Blog Una mirada crítica a las relaciones laborales; CALVO GALLEGO, J., *"Una nueva causa de extinción del contrato indefinido adscrito a obra"*, entrada Blog Trabajo, persona, derecho y mercado.

reformista, en lo posible acordada, para despejar algunas dudas interpretativas entre estos contratos de trabajo.

Por ejemplo, aclarando y sentando claramente lo que deduzco se desprende de la Ley, como he ido desgranando:

- La presencia de un mini discontinuo temporal en el contrato corto de circunstancias de la producción, especificando si los 90 discontinuos son en la empresa o por centro de trabajo (Art. 15.2 del ET)
- La admisión más clara de contratación temporal en vacaciones (Art.15.2 del ET) no sujeta a la excepción de fijo discontinuo del Art. 16 del ET
- La apertura específica en el contrato de circunstancias de la producción a oscilaciones temporales derivadas de causa organizativa, y no sólo productiva, con supuestos de lanzamiento de nueva actividad o apertura de centro de trabajo (Art.15.2 del ET)
- La delimitación más clara entre las fronteras entre un fijo discontinuo y ordinario en determinados sectores de alta estacionalidad o intermitencia, con umbrales temporales de prestación laboral anual (Art. 16.1 del ET)
- La admisión expresa de fijos discontinuos a tiempo parcial sin la necesidad de un convenio colectivo (Art. 16.5 y 12.2 del ET)
- La diferencia más clara entre un fijo discontinuo intermitente y el contrato a tiempo parcial en cómputo anual, acogiendo la propuesta de causa productiva y organizativa/voluntad de las partes como factor diferencial (Arst.12.2 y 16.1 del ET)
- La posibilidad expresa de fijos discontinuos estacionales o intermitentes adscritos a contratas (Art.16.1 y 4 del ET)
- Una conexión más precisa entre las medidas estructurales tras la imposibilidad de recolocación del fijo discontinuo de contrata y la causa extintiva objetiva (Arts.16.4 y 52 c) y 51 del ET)
- Determinar la imperatividad del plazo de inactividad del fijo discontinuo de contrata, actualmente disponible por negociación colectiva sectorial (Art.16.4 del ET)

- Fijar la antigüedad de mayor a menor como regla legal subsidiaria de llamamientos de fijos discontinuos en ausencia de negociación colectiva (Art.16.3 del ET)
- Declarar claramente que la indemnización extintiva en fijos discontinuos se calcula exclusivamente sobre tiempo real de servicios (Art.15.6 del ET)
- Previsión generalizada de reglas de llamamiento, funcionamiento y actividad/inactividad en fijos discontinuos no exclusivas de convenio sectorial sino también de convenio o acuerdo empresa (Art. 15.6 del ET) y, en defecto de negociación colectiva, protocolos de empresa o pactos individuales

Sería buena idea que el reglamento pendiente de contratación laboral, tras la sustancial Reforma de 2021, fuera pactado, en lo posible, dentro del diálogo social ofreciendo mayor seguridad jurídica y certidumbre con estas u otras medidas. Y, en lo que se extralimita de un reglamento, proponer por pacto social reformas de la Ley.

En este sentido, como he señalado, también la negociación colectiva, en especial sectorial, tiene un papel esencial en el desarrollo de la reforma de la contratación laboral, tanto adaptando a cada sector las distintas modalidades de fijos discontinuos, como ideando planes de reducción de la temporalidad laboral. Así lo recuerda el Acuerdo Social 2023-2025 de negociación colectiva. Es importante que los convenios colectivos de los próximos años atiendan especialmente a la cuestión esencial de la contratación laboral en línea con la reforma pactada y este acuerdo social. Ello es especialmente relevante en las reglas de llamamientos de fijos discontinuos que, como he expuesto, se reenvían a la negociación colectiva, sin criterios legales subsidiarios. La opción es positiva porque facilita la adaptación sectorial y empresarial de las distintas modalidades de fijos discontinuos, pero necesita de la cooperación de la negociación colectiva. Habría que prever claramente, desde la Ley, qué si no regula el convenio colectivo de sector o empresa, cabe la actuación unilateral de la empresa en estas reglas, como he precisado en una de las medidas planteadas.

7. UNA REFORMA QUE EXTIENDA EL MODELO DE CONTRATO INDEFINIDO ESPECÍFICO EN OTROS SECTORES DE ACTIVIDAD

La antes señalada DA 3 de la LC limita la utilización del *contrato indefinido específico con causas extintivas propias* al ámbito funcional del Convenio General de la Construcción que en su Anexo I enuncia con detalle sus actividades económicas y empresariales. Puede haber supuestos próximos a la Construcción, como en el sector del mantenimiento y montaje industrial, donde resulte inviable utilizar este contrato indefinido específico al estar fuera de dicho ámbito funcional, siendo el convenio de referencia el estatal de Industria, Nuevas Tecnologías y servicios del Metal, y no el Convenio General de la Construcción sobre el que gira la regulación de la DA 3 de la LC.

No existe tampoco cobertura legal alguna a ningún otro sector para que su negociación colectiva sectorial estatal pueda idear *contratos indefinidos específicos*, siguiendo el modelo de adscrito a obra de la Construcción. Al ser las causas de extinción objetivas imperativas, y no disponibles por la negociación colectiva (STS de 4 de abril de 2019, Rec. 165/2018), el resto de sectores tienen vetado extender este modelo de contratos indefinidos específicos con un régimen extintivo singular adaptado a sus empresas. Como se ha apuntado, la presencia de una regulación legal específica de extinción objetiva en el sector de la Construcción junto con esta imposibilidad legal o convencional de adaptar las reglas extintivas a otros sectores puede plantear problemas de inconstitucionalidad a la luz de la igualdad ante la Ley del Art. 14 de la CE (¿por qué sí la Construcción y no otros sectores?).

Pero más allá de este problema jurídico constitucional, este escenario plantea la necesidad de abrir este tipo de espacios a otros sectores a través de dos técnicas normativas[8]. O bien ofreciendo cobertura a la negociación colectiva sectorial estatal para adaptar la extinción objetiva de los contratos indefinidos a las singularidades del sector, dando

---

[8] LAHERA FORTEZA, J., *"El contrato indefinido adscrito a obra en la construcción"* en dir THIBAULT, J.; JURADO, A., *Interpretación, aplicación y desarrollo de la última reforma laboral*, Wolters Kluver La Ley, 2023, pp. 258-260.

naturaleza dispositiva a las causas organizativas, técnicas y productivas del Art. 52 c) del ET. O bien reenviando legalmente en otros sectores, como el señalado de instalaciones industriales, la aplicación de la DA 3 de la LC con su régimen extintivo singular. La aplicación de una u otra técnica, no sólo daría fundamento a un mayor trato de igualdad constitucional ante la Ley, sino que supondría un recomendable aumento de flexibilidad empresarial en el nuevo paradigma de contratación indefinida resultante de la reforma laboral de 2021.

Porque, pese a la buena dirección de las reformas de 2010 y 2012, mantenidas en la reforma pactada de 2021, sigue pendiente, de nuevo, una mayor certidumbre y seguridad jurídica en las causas objetivas económicas, organizativas, técnicas o de producción del Arts.52 c) y 51 del ET, así como una mejora del complejo procedimiento de extinción colectiva que ahora computa trabajadores en cada centro de trabajo y en toda la empresa. Ello explica la DA 3 de la LC en la Construcción, resultado del pacto sindical y patronal del sector. Como he expuesto, este contrato específico tiene algunas carencias técnicas a la luz del derecho europeo, que deben ser corregidas. Pero, como punto de partida, este modelo se podría extender a otros sectores. Ello se podría conseguir, bien ofreciendo cobertura legal expresa a la negociación colectiva sectorial estatal para adaptar la extinción objetiva de los contratos indefinidos a las singularidades del sector, dando naturaleza dispositiva a las causas organizativas, técnicas y productivas del Art. 52 c) del ET. O bien, extendiendo legalmente en otros sectores, que lo soliciten en acuerdo social estatal, la aplicación de esta DA 3 de la LC con su régimen extintivo singular, con la mayor precisión jurídica necesaria dentro del respeto a las normas europeas de despido colectivo. La aplicación de una u otra técnica, no sólo daría fundamento a un mayor trato de igualdad constitucional ante la Ley, sino que supondría un recomendable aumento de certidumbre empresarial en el nuevo paradigma de contratación indefinida resultante de la reforma laboral de 2021.

En cuanto al procedimiento del despido colectivo, que aumenta su espacio en este paradigma de contratación indefinida, habría que seguir la Directiva Europea 98/85 en una nueva regulación que gire alrededor de extinciones por cada centro de trabajo y no en toda la empresa, con los umbrales allí definidos. Esta regulación nos acercaría a la mayor parte de países europeos, que siguen el modelo de la directiva, y ofrecería un cómputo claro por centro de trabajo con los umbrales legalmente establecidos para proceder a las consultas con los representantes de los trabajadores. La generalización del contrato indefinido, en especial en el sector servicios, recomienda esta adecuación y clarificación normativa acorde con la directiva europea.

8. UNA REFORMA QUE REDUZCA LA TEMPORALIDAD EMPÍRICA Y NO SÓLO LA CONTRACTUAL

Como he constatado desde el inicio, la aplicación práctica de la reforma laboral pactada ha transformado nuestro mercado de trabajo, en el sector privado, en una doble dirección positiva. De un lado, la reducción de los márgenes legales de temporalidad laboral, combinada con el aumento de la flexibilidad empresarial en la contratación indefinida, especialmente mediante modalidades de fijos discontinuos adaptadas a determinadas estructuras productivas, nos está acercando, rápidamente, a la media europea de contratos temporales. De otro lado, el mantenimiento de las fórmulas de flexibilidad laboral de anteriores reformas, combinado con la potenciación de las suspensiones contractuales y reducciones de jornada por causa empresarial, está logrando una enorme contención del empleo ante las dificultades económicas de las empresas. El gran aumento de contratación indefinida favorece la flexibilidad laboral interna, como alternativa a los despidos, lo que supone una transformación evidente frente al comportamiento destructivo de empleo de anteriores crisis. Los buenos datos de ocupación y empleo reflejan este hecho objetivo. En este sentido, la reforma puede calificarse de éxito porque ha transformado la temporalidad contractual.

Ahora bien, como se está subrayando desde el análisis económico[9], esta transformación enorme de la temporalidad *contractual* no está te-

---

[9] CONDE-RUIZ, I.; GARCÍA, M., *"Reforming dual labor markets: empirical or contractual temporary rates?"*, FEDEA, 2023 y FELGUEROSO, F., *¿"Cuantos son los fijos discontinuos?"*, FEDEA, 2024, así como los Boletines trimestrales de mercado de trabajo de FEDEA-BBVA research, accesibles estos análisis en web FEDEA.

niendo tanta incidencia en los cambios de la temporalidad *empírica y real*. Es un análisis que se escapa del jurídico, pero hay que hacer constar que se están detectando contratos indefinidos de corta duración, un importante aumento de las extinciones durante los períodos de prueba, una persistente rotación laboral equiparable a la anterior de la reforma, y bolsas de altos períodos de inactividad en los fijos discontinuos. La reforma ha supuesto un avance en la buena dirección, con una importante caída de la tasa de *"temporalidad contractual"*, pero parece que el avance es y puede ser escaso en términos de mejora de la *"precariedad real"*. Muchas empresas, ante la incertidumbre antes expuestas, especialmente en causas extintivas objetivas, pueden estar cayendo en la tentación de usar la contratación indefinida para periodos de tiempo cortos con extinciones improcedentes, de bajo coste, y, así evitar que la relación contractual laboral se consolide, y con ello los costes en términos de incertidumbre jurídica en el caso de que la empresa entre en problemas económicos y tenga que prescindir del trabajador. Hay que evitar estos efectos[10].

En este sentido, los análisis económicos señalan, precisamente, que la única excepción positiva de la reforma es la del sector de la construcción donde se limitó mucho la contratación temporal, pero al mismo tiempo, al introducir una causa de extinción objetiva del contrato propia, también se dotó de más certidumbre y flexibilidad a los contratos indefinidos, lo que ha disparado los trabajadores fijos a tiempo completo en el sector con una larga estabilidad real.

Desde esta lección sectorial, hay que profundizar en medidas que hagan converger más la reducción de la temporalidad *contractual* con la *empírica*. El camino es el ya señalado en este análisis, reformas que ofrezcan más seguridad jurídica y certidumbre en los contratos de trabajo y en su extinción objetiva. En este sentido, la articulación de las distintas modalidades de fijos discontinuos (Art.16 del ET), resultantes de la reforma, debe ser una transición hacia una mayor utilización del contrato indefinido ordinario, con la cooperación de esta mayor certidumbre y seguridad jurídica. Por ejemplo, el fijo discontinuo de

---

10 CONDE-RUIZ, I.; LAHERA, J., *"Los retos futuros del mercado de trabajo"*, FEDEA, 2023, accesible en web FEDEA.

contrata (Art.16.4 del ET) debe transitar, con la ayuda de estas reformas, hacia un fijo de contrata con reglas específicas extintivas, y los sectores donde está instalada la precariedad empírica necesitan, como he propuesto, de contratos específicos con causas extintivas moduladas por la negociación colectiva sectorial que faciliten mayor certidumbre y estabilidad real.

El objetivo, en conclusión, debe ser mejorar técnicamente la buena y exitosa reforma laboral de 2021, que ha reducido tanta temporalidad contractual, añadir mayor seguridad jurídica y certidumbre a los contratos de trabajo, desde el doble lado del contrato y su extinción objetiva, y persistir en políticas, con el trasfondo de incrementos de productividad, que hagan converger la reducción de la temporalidad contractual con la de la temporalidad empírica. Todo ello, con mejoras estadísticas, porque el nuevo sistema de contratación laboral, en especial respecto a los fijos discontinuos, no ha ido acompañado de la modernización de las herramientas oficiales estadísticas necesarias para facilitar estos objetivos. Se deberían, en este sentido, diferenciar las distintas modalidades de fijos discontinuos, con modelos oficiales distintos y localización de altas/bajas, actividad/inactividad, en el seguimiento estadístico. Ello no sólo cooperaría a despejar la confusión del debate político mediático sobre los efectos de la reforma laboral sino también a sentar un buen diagnóstico para estas políticas de reducción de la temporalidad empírica y no sólo contractual.

X. La reforma de la normativa reguladora del tiempo de trabajo

TOMÁS SALA FRANCO
Catedrático Emérito de Derecho del Trabajo y de la Seguridad Social
Universidad de Valencia
Estudio General

JESÚS LAHERA FORTEZA
Catedrático de derecho del Trabajo y de la Seguridad Social
Universidad Complutense

Sumario: 1. Los factores de la regulación vigente del tiempo de trabajo. 2. La propuesta de reducción de la jornada máxima legal. 3. La modernización de la definición legal del tiempo de trabajo efectivo. 4. La redefinición de la distribución irregular de la jornada y la ampliación de la flexibilidad horaria. 5. Un mayor control de las horas extraordinarias y de los incentivos a la compensación con descanso retribuido. 6. La mejora técnica de la regulación de las vacaciones. 7. Una mejor solución de los conflictos de la fortalecida conciliación laboral y familiar.

1. LOS FACTORES DE LA REGULACIÓN VIGENTE DEL TIEMPO DE TRABAJO

La regulación del tiempo de trabajo pertenece a los orígenes del Derecho del Trabajo y ha permanecido siempre como una cuestión esencial de nuestro marco normativo laboral. La limitación legal o convencional de la jornada máxima, su distribución horaria con respeto de los descansos del trabajador, la garantía de este descanso retribuido diario, semanal y anual y las herramientas de control del tiempo de trabajo, son materias clásicas en los ordenamientos laborales europeos, incluido el español, dentro de sus singularidades históricas. La protección de la salud y la garantía de descansos fundamenta la Directiva Europea 2003/88 del tiempo de trabajo, así como sus antecedentes normativos, en una muestra de este denominador común en la Unión Europea, desarrollado en España en los Arts. 34 a 38 del ET.

Los debates acerca de la reforma de la regulación del tiempo de trabajo se incrustan en estos fundamentos jurídicos clásicos con nuevos planteamientos adaptados a la realidad del siglo XXI. Inicialmente, deben detectarse los factores de transformación de la regulación vigente del tiempo de trabajo presentes en este denominador común europeo y con especial incidencia en las reformas laborales españolas del período 2010-2023. Estos factores de transformación del tiempo de trabajo se pueden sintetizar en cuatro categorías[1]. A saber:

1ª) En primer lugar, el *factor organizativo-empresarial:* la regulación vigente del tiempo de trabajo está cada vez más condicionada por la organización empresarial de la producción, con fórmulas flexibles que acomodan la estructura productiva con las horas de trabajo.

2ª) En segundo lugar, el *factor singular de la diversidad*: la regulación vigente del tiempo de trabajo está cada vez más diversificada, con reglas diferenciadas en función del sector, la actividad laboral y la situación personal del trabajador, tanto en un plano legal como de la propia negociación colectiva y pactos individuales.

3ª) En tercer lugar, el *factor económico*: la regulación vigente del tiempo de trabajo atiende cada vez más a las circunstancias económicas, incorporando fórmulas flexibles de reducción de horas trabajadas en función de la estructura productiva y las causas coyunturales de las empresas y de la propia economía.

4ª) En cuarto lugar, el *factor social*: la regulación vigente del tiempo de trabajo está atravesada por los derechos de conciliación laboral y familiar, en sus distintas variantes y formulaciones.

El *factor organizativo-empresarial* evidencia esta tendencia reformista que integra, cada vez más, la organización empresarial y la producción, objeto social de la empresa, en la regulación legal y convencional del tiempo de trabajo, incorporando una mayor flexibilidad horaria, eficiente y adecuada al determinado sector productivo. La flexibilidad en el tiempo de trabajo, compatible con la garantía de descansos diarios, semanales y anuales del trabajador, es una línea que ya atraviesa todo

---

1 Ver SALA FRANCO, T. y LAHERA FORTEZA, J., *La transformación del tiempo de trabajo: ¿hacia la jornada laboral semanal de cuatro días?,* Ed. Tirant lo Blanch, Valencia, 2022.

nuestro régimen jurídico general de los Arts.12 y 34 a 38 del ET, en especial tras las reformas laborales de 1994, 2001, 2010, 2012 y 2013 confirmadas en el consenso de 2021.

Así, la jornada laboral máxima tiene un cómputo anual, desde la referencia de 40 horas semanales, con una disponibilidad convencional de la jornada legal diaria de 9 horas (Arts.34.1, 2 y 3 del ET), lo que permite fórmulas flexibles de distribución irregular del tiempo de trabajo y mecanismos de compensación de trabajo con descanso en función de las necesidades empresariales. La jornada laboral extraordinaria carece, por su parte, de topes máximos de horas anuales si se compensan con descanso retribuido, lo que facilita esta flexibilidad acordada con sistemas ágiles de registro horario con autorización de responsables en la empresa (Art.35 y 34.9 del ET). La contratación a tiempo parcial por horas, sustentada en la libertad de las partes, está dotada de un régimen jurídico flexible de horas complementarias pactadas y de aceptación voluntaria, en consonancia con esta adecuación entre tiempo de trabajo y producción, con límites y garantías para los trabajadores (Art. 12 del ET). Todo ello se refleja en los horarios laborales, cada vez más flexibles, y en los propios registros horarios que permiten un equilibrio entre esta flexibilidad horaria, la retribución de las jornadas extraordinarias y el respeto a los descansos de los trabajadores reconocidos legalmente y mejorados, en su caso, por la negociación colectiva, con un cada vez mayor respeto a la desconexión digital (Art. 88 de la Ley orgánica 3/2018, de protección de datos y derechos digitales).

El factor *singular de la diversidad* es otra seña de identidad de nuestro modelo normativo de tiempo de trabajo. Esta diversificación ha ido creciendo, desde que el ET de 1980 abriera el abanico de jornadas reducidas y ampliadas, por factores sectoriales, laborales o personales, y habilitara la regulación reglamentaria de relaciones laborales especiales que suelen tener reglas propias de su tiempo de trabajo (RD 1561/1995, modificado en 2002, 2007, 2010 y 2011). La diversidad horaria responde a las singularidades de los sistemas de producción y no deja de ser un componente adicional de la flexibilidad empresarial, combinada con descansos del trabajador, que domina nuestra regulación del tiempo de trabajo. El papel estelar atribuido a la negociación colectiva en el diseño de la jornada laboral conecta con esta diversidad y heterogeneidad que reflejan los convenios colectivos en sus distintos ámbitos. La distinción, a su vez, de reglas entre el sector privado y público participa de estas singularidades y particularidades (Arts.47 a 51 del EBEP).

El *factor económico y productivo* en la regulación del tiempo de trabajo, con especial atención a circunstancias coyunturales de las empresas, ha determinado las últimas reformas laborales (de 2010, 2012 y 2021), así como la intensa experiencia reguladora de la pandemia COVID-19 de los años 2020 y 2021. Existe una apuesta clara y contundente por un modelo de *flexiseguridad,* de inspiración europea, que reduce el tiempo de trabajo por factores productivos estructurales y económicos coyunturales, con protección social al trabajador y ayudas públicas a las empresas. La reducción del tiempo de trabajo, más allá de otro tipo de debates, es ya una realidad normativa de nuestros sistemas laborales con un objetivo definido de generar empleo y de contener el empleo existente cuando vienen circunstancias económicas difíciles. Los ERTES y el mecanismo RED del Art. 47 del ET así lo reflejan, en una detallada regulación, en distintos supuestos, derivados de causas empresariales, fuerza mayor, recesiones económicas o reestructuraciones sectoriales. Las fórmulas de trabajo fijo discontinuo del Art. 16 del ET, intensificadas en la reforma de 2021 en la idea de reducir temporalidad laboral, en sus distintas modalidades, también atienden a las necesidades productivas de las empresas.

El *factor social de la conciliación familiar*, por último, fundamenta buena parte de las reformas de la regulación del tiempo de trabajo, de inspiración europea (Directiva 2019/1158), en los Arts.37 y 45 a 48 del ET: las jornadas reducidas (Art.37.6 del ET) y adaptadas (Art.34.8 del ET) que responden a esta finalidad, un buen número de permisos retribuidos o con protección social vinculados al nacimiento de hijo, a los cuidados y las necesidades personales de los trabajadores (Arts.37.3, 48.4 a 9 del ET), las excedencias familiares (Art.46.3 del ET) y los permisos no retribuidos. Es indudable la presencia de derechos de conciliación laboral y familiar que atraviesa esta regulación y determina los tiempos de trabajo, ahora aumentados tras la reciente reforma del Decreto Ley 5/2023 con la incorporación del derecho de ausencia por urgencia familiar (Art.37.9 del ET) y el nuevo permiso parental de ocho meses para el cuidado de hijos menores de ocho años (Art.48 bis del ET).

La transformación de la regulación del tiempo de trabajo responde sin duda a estos cuatro factores — *organizativo/empresarial, diversidad, económico/productivo y social* — sin que pueda compararse la regulación del primer ET de 1980 con la vigente en 2024, resultante de todas estas reformas, algunas de inspiración europea, que atienden a estas distintas finalidades. Apreciar inmovilismo o rigidez en las reglas del tiempo de trabajo, como si nada hubiera cambiado en décadas, no responde a la realidad normativa ni a hechos objetivos. Siendo cierto que la jornada máxima en cómputo anual de 40 horas fue reducida por última vez en la reforma de 1983, son tantos los cambios alrededor de la misma, en función de estos cuatro factores, que poco tiene que ver el funcionamiento del tiempo de trabajo de entonces con el de ahora. Entre las materias más reformadas en las últimas décadas se encuentra, sin duda, el tiempo de trabajo.

Cualquier debate o propuesta de reforma de la regulación del tiempo de trabajo debe ser integrada en esta complejidad normativa de transformación dinámica. De igual modo, no se puede aislar una pieza del sistema, como la jornada máxima legal, del resto porque todas están interconectadas, desde estos cuatro factores, con impacto retributivo. Estos son los puntos de partida de nuestro análisis de la reforma de la regulación del tiempo de trabajo que pivota sobre la anunciada reducción de la jornada máxima legal que, como iremos analizando, va a necesitar, si se hace, de reformas adicionales en todas las piezas del sistema jurídico de tiempo de trabajo de los Arts.34 a 38 del ET y del RD 1561/1995, de jornadas especiales. Como se podrá deducir y concluir de nuestro análisis, reducir la jornada máxima legal sin modificar otros aspectos normativos puede tener consecuencias imprevisibles que pueden perjudicar especialmente a los trabajadores.

2. LA PROPUESTA DE REDUCCIÓN DE LA JORNADA MÁXIMA LEGAL

La jornada laboral máxima legal actual es de 40 horas en cómputo anual (Art.34.1 del ET), esto es, de 1826 horas semanales de trabajo de tiempo efectivo dentro de la jornada ordinaria, como estima la jurisprudencia. La propuesta política de reducción legal de esta jornada máxima estaba en el programa electoral de SUMAR, de las elecciones de 2023, que propone una Ley que reduzca ya directamente la jornada máxima legal de las vigentes 40 horas semanales a las 37,5 horas semanales, se sobreentiende de media en cómputo anual, y la apertura de un diálogo social hacia la implantación de 32 horas semanales (páginas 11 y 24 del programa electoral)[2]. El actual Gobierno de coalición PSOE/SUMAR prevé reducir la jornada máxima legal a 38,5 horas semanales en 2024 y a 37,5 horas semanales en 2025, se sobreentiende en cómputo anual, sin reducción salarial, modificando, en consecuencia, el vigente Art.34.1 del ET. Sobre esta base, se abrirá un proceso de diálogo social para seguir avanzando en la reducción de la jornada máxima legal teniendo en cuenta los sectores de actividad, evolución de la productividad y circunstancias económicas. Del lado sindical, los servicios de estudios de UGT tienen elaborado un documento con la propuesta de reducción de la jornada legal máxima a 32 horas sin disminución salarial, con una implementación consensuada y progresiva en el marco del diálogo social y la negociación colectiva[3].

Por tanto, el debate y las propuestas políticas de reducción de la jornada máxima legal están ya en primera línea. Si el actual Gobierno de 2024 llega a un acuerdo interno, dentro de la coalición, y consigue la necesaria mayoría política parlamentaria, la jornada máxima legal puede reducirse a 38,5 y 37,5 horas semanales. En concreto, siguiendo un reciente Informe de CC.OO[4], se pasaría de las actuales 1826 horas anuales a 1758 horas anuales en 2024 (38,5 media semanal) y a 1712 horas en 2025 (37,5 media semanal). Esta cuestión está, de hecho, ahora en la mesa de diálogo social con las organizaciones sindicales y patronales más representativas estatales, con una primera aproximación en mantener el cómputo anual del Art.34.1 del ET, a distribuir por la

2 El antecedente político de esta propuesta es del programa electoral de MAS PAIS de las elecciones de 2019 donde se proponía *"la semana laboral de 32 horas o de cuatro días entre 2025 y 2030"*.

3 *Por una jornada laboral de 32 horas semanales*, del Servicio de Estudios de la UGT, Marzo 2021.

4 *Informe de CC.OO. sobre la evolución de los salarios y tasa de cobertura,* en la web confederal de CC.OO.

negociación colectiva, si la jornada legal es finalmente reducida, como han informado los medios de comunicación.

El marco del debate es, por tanto, la cuantificación de la jornada máxima legal del Art.34.1 del ET, de las 40 horas semanales a las 38,5 horas o 37,5 horas semanales en cómputo anual, sin que, al parecer, esté en cuestión ni el módulo temporal de referencia, el año, ni el papel relevante que otorga el Art. 34.1 y 2 del ET a la negociación colectiva en la distribución flexible de jornadas ordinarias semanales. No se están planteando reformas que sigan la referencia de jornada semanales de cuatro días o que obliguen a los convenios colectivos a una distribución estática por semanas o días, ni siquiera por módulos de referencia mensuales, cuatrimestres o semestres, que es el marco de la directiva europea 2003/88. Una propuesta legal, como tal, por ejemplo, de semanas de cuatro días exigiría cambios en la jornada máxima diaria del Art.34.3 del ET o exigencias de distribución horaria o cambios en los descansos semanales del Art.37.1 del ET[5], o la imposición de determinada jornada semanal o mensual a los convenios colectivos, modificando el Art.34.1 del ET. Este tipo de cambios no están siendo planteados ni por los más convencidos defensores políticos de reformas legales de la reducción del tiempo de trabajo. Ello coloca el debate público en la propia *jornada máxima legal anual,* computada con medias semanales y suficientes fórmulas de flexibilidad horaria desarrolladas por la negociación colectiva.

De hecho, sin cambio normativo alguno, con la Ley vigente, la negociación colectiva, gracias a esta flexibilidad, está ya en la tendencia de la reducción de la jornada máxima convencional, si la productividad, el sector y la forma de trabajar lo permiten con viabilidad empresarial. La jornada laboral máxima legal es de 40 horas semanales en cómputo anual, unas 1826 horas anuales (Art.34.1 del ET), teniendo la negociación colectiva, en su unidad convencional, toda la capacidad de

---

5 ÁLVAREZ DE LA ROSA, M., *"Tiempo de trabajo y productividad: la jornada laboral semanal de cuatro días", Trabajo y Derecho,* 2021, nº 13, apuntando, con atino, en una referencia de 32 horas semanales, la reducción de la jornada diaria máxima de 9 a 8 horas con una distribución legal semanal en cuatro días y un aumento del descanso de cada semana.

reducción dentro de estos márgenes acordados, pudiendo además los contratos de trabajo disminuir la jornada convencional (Art.34.1 y 3.1 c) del ET). Y los convenios colectivos suelen reducir la jornada completa a medias anuales entre 37/38 horas semanales, entre 1752 y 1700 horas anuales, con fórmulas de distribución irregular en función de las necesidades de producción. Del seguimiento realizado por la Comisión Consultiva Nacional de convenios colectivos del sector privado[6] se desprende que los convenios colectivos sectoriales tienen medias en torno a 1740 horas anuales —38 horas semanales— y los de empresa en torno a 1700 horas anuales —37 horas semanales—. El antes citado Informe de CC.OO cuantifica en 2023 la jornada media de los convenios colectivos sectoriales en 1751 horas anuales y los de empresa en 1699 horas anuales. La realidad de las Administraciones Públicas, lejana a las 40 horas de referencia semanal, muestra incluso reducciones mayores con experiencias acordadas con los sindicatos de jornadas semanales de 35 horas.

Por tanto, la autorregulación colectiva, con la virtud del acuerdo entre la parte sindical y empresarial, ya camina, desde la lógica de la racionalidad económica y productiva, hacia una reducción del tiempo de trabajo acorde con la viabilidad empresarial y la productividad. Es frecuente, además, que los convenios colectivos incorporen bolsas de horas flexibles, entre la jornada máxima legal de 40 horas y la convencional inferior de 37/38 horas semanales, vinculadas a necesidades empresariales tasadas, con límites y garantías para los trabajadores, sin ser consideradas horas extraordinarias por la jurisprudencia[7]. La reducción de la jornada máxima legal del Art. 34.1 del ET y estos márgenes

---

6 Ver Boletín de diciembre 2023, con referencias medias de jornada anual de 2019 a 2023 que se mueven en estas cuantificaciones. Tendencia ya detectada hace años, junto a la distribución flexible horaria, en Dir. GOERLICH PESET, J. M., *El tiempo de trabajo en la negociación colectiva,* Ministerio de Trabajo, Madrid, 2008. Así lo constata en la actualidad CRUZ VILLALÓN, J., "El impacto de la reducción de la jornada laboral", ON Economía, 21 de noviembre de 2023.

7 IGUARTA MIRÓ, T., *"La flexibilización del tiempo de trabajo"*, *Trabajo y Derecho,* 2021, monográfico tiempo de trabajo, nº 13; GORELLI HERNÁNDEZ, J,. *"Tiempo de trabajo y jornada. Regulación y tratamiento en la negociación colectiva"* en AA.VV, *XXIX Jornadas de la Comisión Consultiva de Convenios Colectivos*, Ministerio de Trabajo, 2017, Madrid, pp. 63 y ss.

de flexibilidad desde la referencia de la jornada convencional suelen operar de manera eficiente y acorde con las necesidades de producción, en marcos que tienen muy en cuenta la organización de las empresas, la productividad y la conciliación familiar de las personas trabajadoras.

Lo que se pretende ahora, con la propuesta política de reducción de la jornada máxima legal de 40 a 38,5 o 37,5 horas semanales en cómputo anual, es intervenir, desde la Ley, en esta tendencia de la negociación colectiva, implicando también a empresas y trabajadores con convenios colectivos coincidentes con la vigente jornada legal del Art.34.1 del ET o incidiendo en escenarios de vacío convencional. Ello supone dejar de conectar, como sí hace la autorregulación colectiva, las características sectoriales, la forma de trabajar, la productividad y las remuneraciones, con la jornada máxima ordinaria, e interferir en aquellos convenios colectivos que están entre 40 y 38,5 h o 37,5 horas de media semanal, o en una cuantificación anual con estas referencias, entre 1826 horas y 1758 horas o 1712 horas anuales. Siguiendo al citado Informe de CC.OO, para los que mantienen las 40 horas de media (1826 anuales) la medida supondría una reducción de 68 horas (1758) en 2024 y de 45 horas (1712 anuales) en 2025, un total de 114 horas anuales. En las medias convencionales antes mencionadas, la incidencia de una rebaja en 2024 (1758) sería mínima pero sí sería mayor en 2025 (1712) con una reducción media de 39 horas anuales. Por tanto, el debate no es si se está de acuerdo o no en reducir las jornadas ordinarias, puesto que la negociación colectiva participa ya de esta tendencia, sino en la conveniencia y oportunidad política de proceder a una reducción de la jornada máxima por Ley con esta incidencia e impacto[8]. Sin embargo, esta intervención legislativa tiene efectos colaterales que deben ser valorados como ahora constataremos.

Se debe ser consciente que reducir, como se propone, la jornada máxima legal del Art.34.1 del ET supone suprimir los márgenes flexibles que utilizan los convenios colectivos —las antes mencionadas bolsas de horas— respecto a sus reducciones, que operarían ya sin apenas diferencias, y limitar las posibilidades de la negociación colectiva de

[8] En esta misma línea, MONREAL, E., *"La reducción por Ley de la jornada de trabajo: cinco preguntas"*, Brief AEDTSS, web AEDTSS.

caminar en esta tendencia gradual y adecuada a cada sector o empresa, absorbida por la intervención legal. También supone encarecer los costes laborales en sectores donde la productividad es, en sí misma, el tiempo de trabajo, con convenios colectivos coincidentes con las 40 horas semanales en cómputo anual o en cuantificación superior a las rebajas propuestas de 38,5 y 37,5 horas. Esta medida va a obligar a una adaptación de las tablas salariales de muchos convenios colectivos, fijadas por unidad de tiempo, puesto que la medida legal va asociada a un mantenimiento retributivo. Y en los planteamientos sindicales, la intervención legal plantea escenarios de mayores dificultades para subir salarios ante una generalizada disminución de las jornadas que puede no estar adecuada a la productividad del sector o empresa. En el corto plazo puede ser una medida que, en algunos supuestos, incrementa salarios por unidad de tiempo, pero no así en el medio o largo plazo, interrumpiendo un objetivo esencial sindical, esto es, subir en lo posible los salarios. Ello sin descartar una revalorización de la parte variable de la estructura salarial, medida por resultados y no por el tiempo ahora reducido si se mantienen las mismas exigencias de producción.

La medida reconfiguraría el trabajo a tiempo parcial, medido con referencia a la jornada completa legal o convencional aplicable en trabajador comparable (Art. 12.1 del ET), quedando absorbidos una parte en jornadas a tiempo completo. La utilización de contratos a tiempo parcial para complementar las horas reducidas en determinados sectores donde la productividad es el tiempo de trabajo puede ser otra consecuencia adicional. Puede aumentar el pluriempleo de trabajadores a tiempo parcial con pocas horas ordinarias pactadas y escaso salario proporcionado.

Desde otro punto de vista, si se adopta esta medida, podrían aumentar las horas extraordinarias pactadas (Art. 35 del ET), para compensar la reducción de la jornada ordinaria, y, con ello, el riesgo de no ser pagadas o no compensadas con descanso, agravando este problema que se pretende contrarrestar con los ya registros horarios obligatorios (Art. 34.9 del ET), pero, como denuncian los informes sindicales, con apenas resultados prácticos. Habría que valorar también si la medida supone cambios en las jornadas especiales del RD 1561/1995 que regula sectores —comercio, transporte, agricultura, hostelería— con grandes singularidades en tiempo de trabajo bien adaptadas en sus convenios colectivos. El alcance económico de una reducción legal de jornada, sustraída de la negociación colectiva, tiene que ser valorado, por tanto, con mucha prudencia porque toca una pieza esencial del sistema que arrastra a todas las demás.

Lo que sí parece superado es el debate que conecta la reducción de la jornada máxima legal con el reparto del empleo, aunque es una cuestión que parece planear siempre en esta propuesta política, aunque no sea explicitado. Cabe recordar al respecto, la, luego rectificada, Ley francesa de las treinta y cinco horas semanales de 1998[9], pero el debate es renovado en un nuevo contexto[10]. Los antecedentes parecen desmontar la poca vinculación entre la reducción de la jornada semanal y el reparto efectivo de empleo, que en todo caso puede ser, como hemos expuesto, de trabajo a tiempo parcial con bajos salarios. Ahora el foco del debate no es tanto el reparto de empleo, como sucedió en Francia a finales del siglo XX, sino la capacidad económica de producir igual, o más, en menos tiempo gracias, en parte, a los procesos de transformación digital y la propia robotización del siglo XXI. Este nuevo foco, de nuevo, confirma que es muy difícil la rebaja legal de todas las jornadas máximas sin diferenciar supuestos donde incide más o menos la digitalización económica. Un planteamiento clásico, aunque lleve a la frustración, de reducir jornada para repartir empleo puede sustentarse mejor en un cambio de Ley que estos nuevos parámetros de aumento de productividad, y transformaciones de la producción, mucho más dependientes de los sectores y empresas dentro de una enorme heterogeneidad.

En todos estos términos debe situarse el debate de la conveniencia política de tomar esta decisión intervencionista. Porque los atractivos argumentos que defienden la reducción de las jornadas sobre la base del aumento de la productividad, una organización eficiente del trabajo,

---

9 Ver MARTÍN PUEBLA, E., *La reducción del tiempo de trabajo en Francia*, Ministerio de Trabajo, Madrid, 2006.

10 MIÑARRO YANINI, M., "Del fallido debate de la jornada de 35 horas al de 32: la dialéctica entre reducción o distribución de la jornada de trabajo", *Revista CEF*, 2021, nº 456. Así lo analizamos en LAHERA FORTEZA, J.; SALA FRANCO, T., *La transformación del tiempo de trabajo*, cit., pp. 171 y ss.

el acompañamiento a la digitalización, la mejoría del bienestar de los trabajadores y una ayuda a la conciliación familiar[11], están ya siendo gestionados por los negociadores de los convenios colectivos sectoriales y de empresa con acuerdos satisfactorios para ambas partes que encajan en las singularidades productivas, sociales, económicas y laborales. La pregunta es si debe ser la Ley quien, atendiendo a estos argumentos, proceda ahora a reducir la jornada máxima, interfiriendo en la negociación colectiva[12]. La duda no es si es positivo o no reducir jornadas laborales, que se va respondiendo a través de la negociación colectiva con acuerdos sindicales y empresariales satisfactorios o en la propia gestión eficiente de las empresas. La duda es si la Ley es la herramienta oportuna para satisfacer estos objetivos en una ecuación de beneficio/coste con consecuencias arriesgadas. Por todo ello, a nuestro juicio, lo deseable es que esta medida se acuerde, en su caso, dentro del diálogo social para una adecuada implementación en la negociación colectiva sectorial y de empresa, con luego el apoyo, en su caso, de la necesaria mayoría política parlamentaria. Si la Ley interviene sin acuerdo social previo ni reglas de implementación en la negociación colectiva el coste será mayor que el beneficio con consecuencias imprevisibles.

Distinto es el debate, que transcurre en paralelo a la reducción de la jornada máxima legal, de implantar jornadas laborales semanales de cuatro días, con tres días de descanso de los trabajadores[13]. Como ya se ha expuesto, la propuesta, que está en primera línea política y mediática, no va dirigida a este modelo de ordenación de tiempo de trabajo, desplazando a la negociación colectiva cualquier distribución horaria. Esta dirección es positiva porque el formato de semanas laborales de cuatro días debe ser resultado de la autorregulación colectiva o de la gestión eficiente empresarial, que tiene en cuenta factores que hacen

---

11 LAHERA FORTEZA, J., *"La jornada laboral semanal de cuatro días", Trabajo y Derecho*, 2023, nº 108.

12 Así, MONREAL, E., *"La reducción de la jornada …"*, cit., en contra de la intervención directa de la Ley y CRUZ VILLALÓN, J., *"El impacto de la reducción de la jornada laboral"*, cit, a favor porque acelera las tendencias ya presentes en la negociación colectiva

13 Ver LAHERA FORTEZA, J.; SALA FRANCO, T., *La transformación del tiempo de trabajo: ¿hacia la jornada laboral semanal de cuatro días*, cit., pp.171 y ss.; y LAHERA FORTEZA, *"La jornada laboral semanal de cuatro días", Trabajo y Derecho*, nº 108.

posible este encaje productivo, y en ningún caso de la imposición legal. Además, las fórmulas de semanas de cuatro días laborales pueden responder a tres tipos diferentes, sin reducción de la jornada completa con una redistribución horaria, con reducción de la jornada completa sin disminución salarial y mediante trabajos a tiempo parcial con proporcionalidad retributiva. La primera mantiene jornada y salarios con nueva distribución semanal, la segunda reduce jornadas y salarios mediante contratos a tiempo parcial de adhesión voluntaria, y la tercera reduce tiempo de trabajo y eleva salarios al implantar jornadas semanales de cuatro días. Estas fórmulas deberían ser diseñadas, en su caso, desde la negociación colectiva y nunca desde la Ley.

3. LA MODERNIZACIÓN DE LA DEFINICIÓN LEGAL DE TIEMPO DE TRABAJO EFECTIVO

El Art. 2 de la Directiva europea 2003/88 define el *"tiempo de trabajo"* como *"todo período durante el cual el trabajador permanezca en el trabajo, a disposición del empresario y en ejercicio de su actividad o funciones, de conformidad con las legislaciones y prácticas nacionales"*, y considera *"período de descanso"* como *"todo período que no sea tiempo de trabajo"*. Sin embargo, el Art.34.5 del ET, al definir tiempo de trabajo efectivo, sigue anclado en un modelo industrial y presencial que pivota sobre el *puesto en un centro de trabajo* poco acomodado ya a la nueva realidad productiva. El cómputo de tiempo de trabajo efectivo desde el comienzo al final de presencia en el puesto de trabajo ha quedado claramente desfasado y no es acorde con el derecho europeo. Elementos tales como la diferencia entre presencialidad y disponibilidad, régimen de guardias o cuestiones similares, así como sus correspondientes efectos retributivos, carecen hoy de respuesta segura. La jurisprudencia europea y nacional se encarga, desde el casuismo, de despejar algunas dudas, pero con bases normativas siguen ancladas en un modelo desfasado[14].

En este sentido, el silencio legal (y aun convencional) es más elocuente a la vista de los retos de la época digital capaces de poner en

---

[14] Ver LAHERA FORTEZA, J.; y SALA FRANCO, T., *La transformación del tiempo de trabajo*, cit., pp. 24 y ss.

riesgo equilibrios entre variables complementarias en la producción de bienes y servicios. La demanda a tiempo real, la disponibilidad del trabajador, los tiempos de espera, la flexibilidad en la ejecución del trabajo, la compatibilidad con trabajos similares, el respeto a la salud laboral, el ocio, el descanso necesario y la desconexión digital, entre otros son realidades acuciantes que deben afrontarse con pragmatismo y, de ser necesario, con una mayor diversificación de las jornadas laborales. Es en este punto, de nuevo, donde cobra un papel esencial la negociación colectiva, instrumento ideal de adecuación a las particularidades sectoriales y, sobre todo en este contexto, empresariales o el acompañamiento de una regulación reglamentaria más extensa de jornadas especiales.

Sin duda, esta vertiente de la flexibilidad laboral requiere de un análisis y regulación a la luz de las nuevas fórmulas distributivas del tiempo de trabajo y no trabajo capaces de conciliar los intereses de ambas partes; del lado de la empresa, la atención a las necesidades productivas con la inmediatez que requiere el actual modelo económico, que reclama diversificación horaria; del lado laboral, la garantía de la mínima previsibilidad de la obligación de prestar actividad laboral y el respeto a las jornadas máximas y descansos mínimos. El trabajo digital, con conexión aparentemente permanente, el teletrabajo o el trabajo a demanda, con notable disponibilidad del trabajador de sus tiempos de actividad e inactividad, son buenos ejemplos de la insuficiencia de las reglas previstas en nuestro sistema para regular de manera eficaz y con seguridad jurídica jornadas laborales singulares alejadas del molde tradicional. Es necesario, en consecuencia, incorporar al Art.34 del ET la definición europea de *tiempo de trabajo efectivo*, antes transcrita y ya utilizada en la interpretación judicial, y regular los tiempos de presencia, espera, guardia y disponibilidad, confiando a la negociación colectiva la regulación de su régimen retributivo.

Se debe aclarar, a su vez, si las pausas diarias del Art.34.4 del ET o los permisos retribuidos del Art.37 del ET son o no tiempo de trabajo efectivo, a los efectos del cómputo de la jornada anual, con un papel relevante de la negociación colectiva en esta cuestión. Seguramente, será necesario modernizar el cómputo de tiempo de trabajo efectivo de las jornadas especiales del RD 1561/1995 y atender, como hemos ya apuntado, de manera específica a jornadas desarrolladas en la economía digital, donde predominan los tiempos de disponibilidad y espera entre trabajos de los trabajadores. También será imprescindible fortalecer el derecho a la desconexión digital del Art.88 de la Ley 3/2018, hoy en manos de la negociación colectiva, implicando a la empresa en el no envío de trabajo en tiempos de descanso de los trabajadores.

El adecuado cómputo de un modernizado tiempo de trabajo efectivo es una operación muy conectada a la pretendida reducción de la jornada máxima legal antes analizada. Ambas medidas deberían ir, en su caso, unidas con coherencia, porque una reducción de jornada puede terminar distorsionando el cómputo del tiempo efectivo de trabajo con consecuencias imprevisibles como absorber en el mismo las pausas diarias o los permisos retribuidos, para contrarrestar la reducción[15], o idear fórmulas desreguladas de espera o disponibilidad de los trabajadores fuera de dicho cómputo sin beneficios retributivos, por no mencionar el sacrificio efectivo de la desconexión digital como respuesta empresarial si se mantienen las mismas exigencias de producción con menos presencia en el centro de trabajo.

4. LA REDEFINICIÓN DE LA DISTRIBUCIÓN IRREGULAR DE LA JORNADA Y LA AMPLIACIÓN DE LA FLEXIBILIDAD HORARIA

El cómputo anual de la vigente jornada máxima de 40 horas semanales del Art.34.1 del ET y la posibilidad de *distribución irregular de la jornada* por parte de la empresa, en defecto de convenio o acuerdo colectivo, de un *10 por 100 de la jornada ordinaria* del Art.34.2 del ET, con preavisos imperativos de *cinco días*, han flexibilizado la ordenación del tiempo de trabajo de manera positiva. A veces, en contraste con los parámetros cuatrimestrales o semestrales de la Directiva europea 2003/88, de manera excesiva, sobre una cuantificación anual desordenada.

---

15 MONREAL, E., *"La reducción por Ley de la jornada de trabajo: cinco preguntas"*, Brief AEDTSS, web AEDTSS.

A nuestro juicio, el debate de la reducción de la jornada máxima legal, antes analizado, parece no cuestionar el cómputo anual, cuando, quizás, el foco de interés podría ser la reconducción de la distribución horaria, regular e irregular, a los parámetros temporales europeos, mediante la negociación colectiva, que una generalizada disminución de la cuantificación de las jornadas anuales que no tiene en cuenta esta dimensión cualitativa[16]. La distribución irregular de la jornada es una buena herramienta convencional que, bajo la exigencia de módulos más adecuados a la Directiva 2003/88, podría ser más incentivada, aumentado, en defecto de la negociación colectiva, el porcentaje de 10 a 15 por 100 de la jornada ordinaria y que el preaviso de cinco días fuera dispositivo para los convenios colectivos. En línea con lo antes expuesto, las exigencias de la Directiva 2003/88, que topa en circunstancias excepcionales en un año la distribución de jornadas semanales, obligan a descartar los vigentes saldos interanuales de horas del Art.34.2 del ET, con compensación de diferencias por exceso o defecto. Saldos interanuales, qué de mantenerse, pueden tomar relevancia ante la propuesta reducción de la jornada máxima legal anual, con compensación de diferencias al año siguiente.

Las antes expuestas bolsas de horas flexibles, diferenciales entre la jornada máxima legal y convencional, vinculadas a necesidades empresariales de producción, deben recibir respaldo legal tras su consolidación jurisprudencial. El problema, de nuevo, está vinculado con la propuesta reducción de la jornada máxima legal que, en los términos antes expuestos, reduce este margen y sacrifica la flexibilidad horaria. En vez de revisar la cuantificación anual de la jornada legal sería, quizá, más oportuno mantener estos márgenes de flexibilidad horaria vinculada a la producción, con el protagonismo de la negociación colectiva y un respaldo legal expreso.

Es llamativa también la pervivencia de recargos económicos legales en las jornadas coincidentes con festivos y domingos con compensaciones económicas de un 75 por 100 sobre la hora ordinaria (Art.47 del RD 2001/1983 mantenido por la Disposición Derogatoria del RD

---

16 MONREAL, E., "*La reducción por Ley de la jornada de trabajo: cinco preguntas*", Brief AEDTSS, web AEDTSS.

1561/1995), establecidos cuando apenas se trabajaba tales días y donde existía una nítida distinción entre días laborables y no laborables o festivos. En la actualidad, la diversidad horaria y el trabajo regular o esporádico en esos días están completamente normalizados en muchos sectores y sistemas de trabajo (sistemas de turnos, distribución horaria y flexibilidad de las jornadas ordinarias), sin que, en general, se interprete como un elemento particularmente diferencial para el trabajador el hecho de prestar actividad en esos u otros días de la semana. Los hábitos sociales y, con ellos, los tiempos de trabajo han modificado enormemente su fisonomía en los últimos años por lo que la permanencia de una penalización económica al trabajo en domingos y festivos carece ya de sentido y dificulta la atención a las verdaderas necesidades empresariales, por encarecerlas injustificadamente. Todo lo anterior sin detrimento, claro está, de la regulación convencional, apta y adecuada, para promover esa mejor retribución de la jornada en domingos o festivos en atención a las circunstancias de la unidad de negociación. Se deben suprimir estos recargos económicos legales, confiando exclusivamente a la negociación colectiva su regulación.

5. UN MAYOR CONTROL DE LAS HORAS EXTRAORDINARIAS Y DE LOS INCENTIVOS A SU COMPENSACIÓN CON DESCANSO RETRIBUIDO

El ET permite, bajo el principio de voluntariedad, la realización de horas extraordinarias compensadas con descanso, que no computan para el límite máximo de 80 anuales (Art. 35 del ET). Esta opción de exclusión del límite legal ya incentiva, de suyo, el intercambio entre jornadas extraordinarias y descanso retribuido, siendo otra vía de distribución irregular del tiempo de trabajo en función de las necesidades de producción y demanda. Pero este incentivo puede potenciarse si se incrementa legalmente la retribución económica de las horas extraordinarias, salvo las de fuerza mayor, y no del descanso retribuido compensado. De hecho, la UGT ha presentado una queja ante el comité de la Carta Social Europea planteando que España incumple el Art. 4 que exige un incremento de remuneración de las horas extraordinarias salvo casos particulares y defiende un recargo económico del 25 por 100. En el contexto de esta queja sindical, y en espera de la resolución de este Comité, se podría plantear la imposición legal de este recargo si las horas son retribuidas en dinero, pero no si son compensadas con descansos.

No está en la legislación vigente clara la posibilidad de la negociación colectiva de diseñar jornadas extraordinarias obligatorias compensadas con descansos pues parece prevalecer la voluntad individual. Sería interesante valorar esta posibilidad, con un reenvío legal a la negociación colectiva con esta posibilidad, en la línea de adecuar el tiempo de trabajo con las necesidades de producción empresarial.

En cualquier caso, el problema de las horas extraordinarias continúa siendo el de su control efectivo. La incorporación en el Art.34.9 del ET, tras la jurisprudencia europea, de un registro horario obligatorio en todas las empresas con esta principal finalidad no ha sido del todo efectiva porque las herramientas de control siguen siendo poco fiables y de fácil manipulación. Habría que exigir, desde la Ley, un registro horario fiable y siempre digitalizado, con aplicaciones telemáticas sencillas, que hagan constatar las horas extraordinarias realizadas por cada trabajador ya sean retribuidas en dinero o descanso. No es admisible el porcentaje de horas extraordinarias no retribuidas que calculan los informes sindicales, en torno a la mitad de las realmente realizadas, incluso tras el registro horario obligatorio del Art.34.9 del ET[17].

Como hemos apuntado, la analizada propuesta de reducción de la jornada máxima legal impacta de lleno en la cuestión de las horas extraordinarias[18]. Puede tener como consecuencia, sobre todo en determinados sectores donde la jornada ordinaria está ahora entre 40 y 38 horas semanales de media, un aumento de la realización pactada de horas extraordinarias retribuidas en dinero o descanso, absorbiendo la reducción realizada por esta vía. Lo que, unido al problema de la falta

---

17 Constata CRUZ VILLALÓN, J., *"El impacto de la reducción de la jornada laboral"*, cit, que conforme a la EPA se realizan unos 280 millones de horas extras al año, de las cuales el 43 por 100 no son retribuidas.

18 MONREAL, E., *"La reducción por Ley de la jornada de trabajo: cinco preguntas"*, Brief AEDTSS, web AEDTSS.

de control efectivo, puede agravar sus impagos, con consecuencias negativas para los trabajadores o, en un menor impacto, con un aumento de la distribución irregular del tiempo de trabajo mediante compensaciones con descanso.

6. LA MEJORA TÉCNICA DE LA REGULACIÓN DE VACACIONES

La regulación de las vacaciones retribuidas en el Art.38 del ET es muy escueta y mejorable técnicamente. Sería conveniente, como sucedió ya con la recepción legal de la jurisprudencia europea de coincidencia de períodos de incapacidad temporal y permisos de nacimiento de hijo con las vacaciones, integrar en el precepto legal las distintas soluciones jurisprudenciales que, aplicando el Convenio de la OIT nº 132 o la propia Directiva europea 2003/88, han ido colmando estas lagunas normativas.

El nuevo Art.38 ET debería recoger el principio de equivalencia retributiva, incluyendo las medias variables, la duración mínima de 15 días continuados si se aplica un fraccionamiento, su devengo durante ausencias no voluntarias del trabajador, su devengo por días, y no horas, en el trabajo a tiempo parcial y aclarar el número de días por cada mes de trabajo y su devengo final en cómputo anual, en diálogo con su caducidad y posibles compensaciones económicas en situaciones de imposibilidad de disfrute. Todo ello sin sacrificar el papel relevante de la negociación colectiva en su planificación anual y del acuerdo individual en las fechas concretas de disfrute, siendo conveniente sustituir el control judicial ante el desacuerdo (Art.125 de la LJS) por procedimientos de solución extrajudicial de conflictos en el marco de las comisiones paritarias convencionales o de los acuerdos interprofesionales autonómicos o estatales, aprovechando las virtudes del arbitraje. Este tipo de conflictos es de interés y carece de alcance jurídico.

La analizada propuesta de reducción de la jornada máxima también tiene impacto, como todas las piezas que estamos valorando, en las vacaciones retribuidas. Si, como se pretende, se mantiene un cómputo anual reducido a las 38,5 h y 37,5 h de media semanal, con distribución de la negociación colectiva, la consecuencia puede ser un aumento de días de vacaciones retribuidas en jornadas constantes y no adaptadas a una irregularidad de la producción. Si en un sector o empresa donde se trabaja 40 horas semanales de manera constante y sin irregularidades, la jornada se reduce a 38,5 y 37,5 horas, lo que podrá hacer la negociación colectiva es mantener las 40 vigentes cada semana, para no alterar el ciclo productivo, y aumentar estas diferencias con días de vacaciones retribuidas, donde puedan ser sustituidos estos trabajadores con contratos temporales del Art.15.3 del ET. El efecto de la medida puede ser el de aumento de vacaciones retribuidas, lo que deberá ser tenido en cuenta en la reforma del Art. 38 del ET y en particular en los convenios colectivos que determinen los días de este descanso anual con respeto al mínimo imperativo legal.

7. UNA MEJOR SOLUCIÓN DE LOS CONFLICTOS DE LA FORTALECIDA CONCILIACIÓN LABORAL Y FAMILIAR

La conciliación familiar y laboral forma parte esencial de nuestra ordenación del tiempo de trabajo, como se ha constatado desde un inicio. Este factor fundamenta buena parte de las reformas de la regulación del tiempo de trabajo, de inspiración europea (Directivas 92/85 y 2019/1158) en los Arts.37 y 45 a 48 del ET, jornadas reducidas (Art.37.6 del ET) y adaptadas (Art.34.8 del ET), que responden a esta finalidad, y un buen número de permisos retribuidos o con protección social, vinculados al nacimiento de hijo, los cuidados y las necesidades personales de los trabajadores (Arts.37.3, 48.4 a 9 del ET), junto con excedencias familiares (Art.46.3 del ET) y permisos no retribuidos de origen convencional. La más reciente reforma del Decreto-Ley 5/2023 ha incorporado a nuestro sistema el derecho de ausencia ante urgencias familiares (Art.37.9 del ET) y el permiso parental de ocho semanas para el cuidado de hijo menor de ocho años, actualmente no retribuido (Art.48 bis del ET), y, seguramente en un futuro, retribuido mediante protección social. España parece cumplir con creces este marco europeo, en especial por la opción de igualar los permisos de nacimiento de hijo de 16 semanas con protección social de las madres y los padres.

Se debe continuar avanzando en el fortalecimiento de la conciliación familiar y laboral, en paralelo a las exigencias europeas, en un modelo que debe ser cada vez menos dependiente de las jornadas reducidas, que suponen un sacrificio salarial con efectos de brecha de género en la realidad, y más integrado en la flexibilidad horaria del lado de las personas trabajadoras. De nuevo, la negociación colectiva debe asumir, como mandata el Art. 34.8 del ET, este papel relevante de gestión equilibrada y adaptada a las singularidades de los sectores y empresas. Y a este conjunto de derechos de conciliación familiar y laboral se debe unir un incentivo fiscal, de las guarderías de las empresas, que, en la primera etapa de los hijos, es siempre una buena solución que evita brechas salariales de género.

Los conflictos relacionados con la conciliación familiar, en especial con las jornadas reducidas (Art.37.6 del ET) y adaptadas (Art.34.8 del ET), son en muchas ocasiones de intereses y están en exceso judicializados (Art.139 de la LJS). Estos conflictos deberían ser reconducidos a la solución autónoma dentro de los acuerdos interprofesionales autonómicos y estatal, aprovechando las virtudes de los arbitrajes. Esta vía extrajudicial es capaz de atender mejor a las circunstancias de empresa y de trabajadores, de obtener una respuesta más ágil y de atender mejor al equilibrio de las posiciones contractuales, al tiempo que liberaría a los jueces de una significativa carga de trabajo en cuestiones de apenas alcance jurídico.

XI. La reforma de la normativa reguladora de la formación continua en el trabajo

Tomás Sala Franco
Catedrático Emérito de Derecho del Trabajo y de la Seguridad Social
Universidad de Valencia
Estudio General

Adrián Todolí Signes
Catedrático acreditado de Derecho del Trabajo y de la Seguridad Social
Universidad de Valencia
Estudio General

Sumario: 1. Consideraciones generales. 2. La regulación actual de la formación continua. 3. Los factores a tener en cuenta para la concreción del derecho a la formación continua. 4. El tipo de formación a que se tiene derecho. 5. El sujeto que decide la formación a que se tiene derecho. 6. El sujeto que paga la formación. 7. El sujeto que controla la efectividad y calidad de la formación. 8. Conclusiones operativas.

1. CONSIDERACIONES GENERALES

La existencia de una relación directa entre la formación profesional de Las personas trabajadoras y la productividad del factor trabajo es bien conocida, lo que implica una necesidad permanente de mantener en continua formación a las personas trabajadoras de la empresa. En este sentido, la Estrategia de Lisboa 2000 y la Estrategia Europa 2020 ratifican la necesidad de fomentar el aprendizaje a lo largo de la vida como factor trasformador decisivo que permita convertir a Europa en una sociedad y en una economía del conocimiento avanzadas. De esta forma, tal y como demuestran los estudios económicos, la existencia de una relación directa entre las horas de aprendizaje en la empresa y la productividad de dichas personas trabajadoras hace necesario un empuje público de la formación de las personas trabajadoras con objeto de mejorar la productividad y la competitividad de la economía.

Sumando a ello, los profundos cambios tecnológicos (digitalización) acaecidos en los recientes años hacen urgente —y no solo deseable— la implantación de una verdadera formación continua en el empleo. Los estudios económicos plantean que la digitalización y robotización hará desaparecer más de 700 profesiones en menos de 20 años lo que podría implicar la obsolescencia de un total del 47 por 100 de la población activa actual. Además, se prevé que el 75 por 100 de profesiones del futuro todavía no existe por lo que los estudios cursados actualmente tampoco proveerán de los conocimientos y las habilidades necesarias para asegurar la empleabilidad futura.

En efecto, la vertiginosa velocidad con la que cambian las necesidades del mercado hace inviable el tradicional modelo educativo por el que los conocimientos necesarios para toda una vida de empleo se adquirían en la etapa educativa inicial. Por el contrario, queda muy patente que es necesario un reciclaje continuo —una formación continua— para poder asegurar contar con las habilidades y conocimientos necesarios requeridos en el mercado.

Por lo demás, la importancia del capital humano en las empresas actuales hace que este problema no sea solamente una cuestión de empleabilidad de las personas trabajadoras, sino que la propia empresa puede verse sin las competencias que el mercado reclama si no forma en nuevas competencias digitales a las personas trabajadoras de los que dispone. Tradicionalmente, en un mercado mucho más pausado, las empresas que necesitaban nuevas competencias podían simplemente contratar a trabajadores *"jóvenes"* que las tuvieran (formación inicial) y despedir a aquellas personas trabajadoras que estuvieran contratadas pero que hubieran quedado *"obsoletos"*.

Sin embargo, la velocidad del cambio hace este modelo también inviable. Como se ha dicho, actualmente, el modelo basado en una educación inicial que formaba a las personas trabajadoras en las competencias necesarias cada vez es menos exitoso. En efecto, es muy probable que el empresario ni siquiera encuentre *"jóvenes"* con la formación o competencias que demanda. Lo que lleva, necesariamente, a que tenga que ser el empresario el que provea de esa formación a sus personas trabajadoras a través de la formación continua.

De esta forma, proponemos, con el objeto de hacer frente a estas necesidades, la ampliación de la causa del contrato de trabajo a la formación. Esto es, incluir como derechos y obligaciones de ambas partes (empresario y persona trabajadora) en el contrato de trabajo la formación profesional continua. Con ello, se incluiría la obligación del empresario de formar a la persona trabajador y, en contraposición, la obligación de la persona trabajadora de recibir y aprovechar esa formación y, paralelamente, los consiguientes derechos del empresario a exigir su cumplimiento a la persona trabajadora y de ésta a exigir la formación de su empresario.

Somos conscientes de que la concreción de esta obligación presenta dificultades derivadas de las diferencias existentes en los distintos sectores productivos (agricultura, industria, servicios), en los distintos tipos de trabajo (programados y no programados), en los diferentes tipos de formación (on-the-job, off-the-job), en los distintos tipos de habilidades (específicas de la empresa, no específicas), etc. Ello no obstante, no se pretende con estas propuestas de debate defender un simple principio general, sino un desarrollo exhaustivo de los derechos y obligaciones de formación continua en el contrato de trabajo. Esto es, que se concrete el alcance del derecho a la formación continua de las personas trabajadoras y de las obligaciones formativas de la empresa para que de esta manera pueda ser exigida ante los tribunales e, incluso, en su caso, que pueda ser objeto de sanción administrativa o laboral disciplinaria si se incumple, como consecuencia del interés público existente en que se lleve a cabo.

2. LA REGULACIÓN ACTUAL DE LA FORMACIÓN CONTINUA

En la actualidad la concreción del derecho y la obligación a la formación continua en las normas laborales es muy escasa. A saber:

1) El Art. 23 del ET (*"Promoción y formación profesional en el trabajo"*): *"El trabajador tendrá derecho: a) Al disfrute de los permisos necesarios para concurrir a exámenes, así como a una preferencia a elegir turno de trabajo, si tal es el régimen instaurado en la empresa, cuando curse con regularidad estudios para la*

obtención de un título académico o profesional. b) A la adaptación de la jornada ordinaria de trabajo para la asistencia a cursos de formación profesional. c) A la concesión de los permisos oportunos de formación o perfeccionamiento profesional con reserva del puesto de trabajo. d) A la formación necesaria para su adaptación a las modificaciones operadas en el puesto de trabajo. La misma correrá a cargo de la empresa, sin perjuicio de la posibilidad de obtener a tal efecto los créditos destinados a la formación. El tiempo destinado a la formación se considerará en todo caso tiempo de trabajo efectivo. 2. En la negociación colectiva se pactarán los términos del ejercicio de estos derechos, que se acomodarán a criterios y sistemas que garanticen la ausencia de discriminación, tanto directa como indirecta, entre trabajadores de uno y otro sexo. 3. Los trabajadores con al menos un año de antigüedad en la empresa tienen derecho a un permiso retribuido de veinte horas anuales de formación profesional para el empleo, vinculada a la actividad de la empresa, acumulables por un periodo de hasta cinco años. El derecho se entenderá cumplido en todo caso cuando el trabajador pueda realizar las acciones formativas dirigidas a la obtención de la formación profesional para el empleo en el marco de un plan de formación desarrollado por iniciativa empresarial o comprometido por la negociación colectiva. Sin perjuicio de lo anterior, no podrá comprenderse en el derecho a que se refiere este apartado la formación que deba obligatoriamente impartir la empresa a su cargo conforme a lo previsto en otras leyes. En defecto de lo previsto en convenio colectivo, la concreción del modo de disfrute del permiso se fijará de mutuo acuerdo entre trabajador y empresario".

2) El Art. 12.4 f) del ET: *"Los convenios colectivos establecerán medidas para facilitar el acceso efectivo de los trabajadores a tiempo parcial a la formación profesional continua, a fin de favorecer su progresión y movilidad profesionales".*

3) El Art. 15.7 del ET: *"Los convenios colectivos establecerán medidas para facilitar el acceso efectivo de estos trabajadores a la formación profesional continua, a fin de mejorar su cualificación y favorecer su progresión y movilidad profesionales".*

4) El Art. 52. b) del ET, en el contexto de un despido objetivo por falta de adaptación de la persona trabajadora a las modificaciones técnicas operadas en su puesto de trabajo, cuando dichos cambios sean razonables, el ET establece que *"previamente el empresario deberá ofrecer al trabajador un curso dirigido a facilitar la adaptación a las modificaciones operadas. El tiempo destinado a la formación se considerará en todo caso tiempo*

de trabajo efectivo y el empresario abonará al trabajador el salario medio que viniera percibiendo.”

3. LOS FACTORES A TENER EN CUENTA PARA LA CONCRECIÓN DEL DERECHO A LA FORMACIÓN CONTINUA

Existen cuatro cuestiones o factores clave a resolver a la hora de concretar el derecho de la persona trabajadora a la formación continua, tratándose de cuatro cuestiones interrelacionadas e interdependientes:

1ª) En primer lugar, a qué tipo de formación se tiene derecho: a) a una formación imprescindible para su trabajo, b) relacionada directamente con su trabajo, c) no relacionada con su trabajo, pero sí con la empresa o d) no relacionada con la empresa.

Otra clasificación posible de tipos de formación sería: a) la formación derivada de la experiencia b) el aprendizaje en el puesto de trabajo o c) el aprendizaje formal fuera del puesto de trabajo.

2ª) En segundo lugar, quién decide la concreta formación a la que se tiene derecho: el empresario, el trabajador, por acuerdo de ambos, un ente público, los agentes sociales o un tercero independiente (estrictamente técnico).

3ª) En tercer lugar, quién asume el salario de la persona trabajadora mientras se está formando.

4ª) En cuarto lugar, finalmente, quién controla el cumplimiento efectivo de la obligación y del derecho a la formación continua: un control estrictamente bilateral o un control público.

4. EL TIPO DE FORMACIÓN A QUE SE TIENE DERECHO

A la hora de establecer un derecho a la formación continua, lo primero que se debe concretar es a qué tipo de formación se tiene derecho. En efecto, existen multitud de tipos de formación que, en el caso de no concretarse, quedaría en manos del sujeto que decide la formación. En nuestra opinión, la normativa debería reducir el margen de discreción de dicho sujeto concretando al menos la tipología de formación (factor primero). Posteriormente, el sujeto sobre el que recaiga el derecho a elegir (factor segundo) podría concretar la formación final, no obstante, siempre dentro de unas categorías (factor primero).

A grandes rasgos, las posibles categorías que el legislador podría utilizar para enmarcar el tipo de formación continua al que se tiene derecho se centran en dos:

1ª) Los tipos de habilidades a adquirir.

2ª) Los tipos de aprendizajes

De esta forma, el legislador podría concretar un tipo de habilidad o más y una o varias formas de aprendizaje.

En cuanto a los tipos de habilidades que la persona trabajadora puede adquirir, éstos pueden ser de cuatro tipos:

a) Habilidades imprescindibles para su trabajo. Así, la adquisición de una habilidad imprescindible para su puesto de trabajo obviamente multiplicará la productividad de éste, pero no atendería a las posibles necesidades de habilidades futuras.

b) Habilidades relacionadas directamente con su trabajo. En este caso, se trataría de habilidades que no son imprescindibles para el desarrollo de su trabajo pero que están directamente relacionadas con él y que pueden con facilidad hacer a esta persona trabajadora más productiva o también actualizar las competencias de la persona trabajadora respecto de nuevas tecnologías existentes. Una persona trabajadora de un hotel que aprende inglés o alemán probablemente realizará mejor su trabajo, siendo esta habilidad no imprescindible para la realización del trabajo, aunque le ayudará a obtener mejores resultados en términos de satisfacción del cliente.

c) Habilidades no relacionadas con su trabajo, pero sí con la empresa o sector de actividad. Los resultados de estas habilidades en la productividad de su trabajo podrían ser pocos en principio, pero en relación con la productividad de la empresa podrían ser notorios. Es decir, este aumento en habilidades relacionadas con otros puestos de trabajo o con profesiones futuras o nuevas tecnologías, puede permitir a la empresa hacer un mejor uso de la persona trabajadora. La polivalencia funcional puede implicar una reducción de costes para la empresa o una mejora del uso del tiempo de trabajo, conduciendo ambos a una mejora en la productividad. Siguiendo con el ejemplo del hotel, una persona trabajadora de recepción que aprenda habilidades de camarero le permite a la empresa moverlo de la recepción al bar en momentos en los que no es necesario porque la afluencia de huéspedes entrando o saliendo del hotel es menor.

d) Habilidades no relacionadas con la empresa, pero sí con el sector de actividad. En estos casos se permitirá mejorar la empleabilidad futura de la persona trabajadora haciéndola menos obsolescente.

En cuanto a los tipos de aprendizaje, existen básicamente tres:

1º) La experiencia: la experiencia en el trabajo implica la mejora de las habilidades sin un supervisor que controle la formación. Es decir, implica el aprendizaje por uno mismo a través de la repetición de las tareas asignadas en el puesto de trabajo. Este es el entrenamiento más informal de todos, en el cual, además de no haber un plan pre-configurado para el aprendizaje, con su procedimiento, sus objetivos etc., tampoco hay un experto en los conocimientos a aprender que instruya al a persona trabajadora, sino que la propia persona trabajadora realizando diariamente sus labores aprende como mejorar. No hace falta decir que debido a sus características este sistema de formación de las personas trabajadoras es por una parte el más barato para la empresa y el que menos esfuerzo extra le exige a la persona trabajadora, pero responde a los objetivos de reciclaje y actualización de conocimientos y habilidades que persigue la formación continua.

2º) El aprendizaje en el puesto de trabajo. El aprendizaje en el puesto de trabajo implica una formación para la persona trabajadora que se realiza en el propio lugar de trabajo y en horas de trabajo, bien directamente en el puesto de trabajo, bien en las instalaciones de la empresa. Todo trabajo requiere un mínimo de aprendizaje en el propio puesto de trabajo. Ahora bien, este puede ser de dos tipos informal o formal. El informal es el que ofrecen los supervisores de la empresa sin una estructuración clara de la formación. Los supervisores como parte de su trabajo enseñan a las personas trabajadoras bajo su mando como realizar mejor su trabajo y estas aprenden de los consejos dados por los primeros. Este es el modelo típico de formación en el puesto de trabajo utilizado en EEUU (aunque la principal formación en este país es la de fuera del puesto de trabajo como ahora luego se analizará). En fin, la desestructuración de este tipo de formación implica que derivada de ella existan pocos aumentos en la productividad laboral y sea poco deseable.

Por otra parte, los resultados del aprendizaje en el puesto de trabajo de tipo formal son muy distintos. Los estudios empíricos demuestran una alta correlación entre el aprendizaje formal en el puesto de trabajo y la productividad (Barron, Black, Loewenstein, Brown y Reich).

Este es el sistema utilizado principalmente en Japón. Las empresas japonesas estructuran la formación de sus trabajadores en el puesto de trabajo siendo los supervisores los encargados de dar esta formación. Ahora bien, estos supervisores reciben instrucciones precisas sobre como *"enseñar"* a sus trabajadores a través de protocolos de entrenamiento reglamentados por la empresa. Además, en el país nipón, este entrenamiento no se basa solo en el aprendizaje durante los primeros años de la persona trabajadora, como pasa en Alemania (formación dual), sino que continua durante toda la vida de la persona trabajadora. Las empresas de este país configuran desde la contratación la carrera profesional de la persona trabajadora proporcionando a esta las habilidades que necesita en su carrera profesional a través de este aprendizaje formal en el puesto de trabajo. Así pues, el aprendizaje incluye la asignación gradual de tareas cada vez más difíciles, con promoción a posiciones más altas en la empresa, así como una rotación en los puestos de trabajo anual, todo ello supervisado por los instructores. Estos instructores reciben conocimientos específicos respecto a cómo entrenar otras personas trabajadoras y son los encargados de dar la formación en el puesto de trabajo.

Es interesante señalar que debido a la alta responsabilidad que toma la empresa respecto a la formación de la persona trabajadora, y respecto a la organización de su carrera profesional dentro de la empresa, la rotación externa en este país es muy baja. Es decir, las personas trabajadoras confían su educación y aprendizaje a los sistemas formales de cada empresa y, a cambio, estas empresas garantizan el trabajo incluso en épocas de crisis. Las empresas niponas no tienen ningún interés en despedir a las personas trabajadoras altamente cualificadas, flexibles y productivas, que es el resultado del entrenamiento dado por la propia empresa.

3º) El aprendizaje formal fuera del puesto de trabajo. Ese tipo de formación suele realizarse en aulas pertenecientes a una empresa dedicada a la formación y por profesores especializados en la materia a impartir. Sin duda esta es la forma más común de aprendizaje, ya que incluye escuelas tanto privadas como públicas, incluyendo carreras universitarias y másters y centros formativos de distinta índole.

5. EL SUJETO QUE DECIDE LA FORMACIÓN A LA QUE SE TIENE DERECHO

Con este factor se hace referencia al sujeto sobre el que recae la decisión ejecutiva de concretar, hasta el último detalle, la formación a recibir. Este poder ejecutivo del derecho incluye decidir quién imparte la formación, en qué horario, con qué duración, cómo se examinan los conocimientos adquiridos, etc.

Obviamente, quién decida la formación estará sujeto a las condiciones previas del derecho, establecidas por el factor anterior, de esta forma, quién decida la formación deberá concretarla conforme al tipo de habilidades y la forma de aprendizaje elegida por el legislador en el factor uno. No obstante, sigue teniendo un amplio margen de discrecionalidad a la hora de concretar la formación.

Las posibilidades en este sentido son múltiples. En efecto, sería posible que el derecho a elegir la formación concreta recayera sobre el empresario lo que haría que la formación, dentro de los márgenes establecidos en el factor uno, fuera específica para la empresa concreta. También es posible que la formación fuera elegida por la persona trabajadora haciendo que en este caso la formación le permitiera mejorar su empleabilidad futura dado que es más probable que la elección no fuera una formación solamente útil para la empresa actual, sino que permitiría a la persona trabajadora elegir una formación que le sirviera también en otras empresas e incluso en otros sectores.

Sería posible también establecer que la formación se determinara por acuerdo entre el empresario y la persona trabajadora o incluso que se repartiera la decisión equitativamente, esto es, si se decide 20 horas de formación, que para la mitad de esas horas decidiera el empresario y para la otra mitad la persona trabajadora.

Por su parte, también es posible sacar la decisión del ámbito bilateral del contrato de trabajo permitiendo que fueran sujetos externos los que decidieran la formación necesaria. Estos sujetos externos podrían ser la autoridad laboral (en sus distintas formas), los agentes sociales o un órgano externo especializado.

La autoridad laboral tiene la ventaja de que buscaría, en principio, la defensa de un interés general por encima de las concretas necesidades del empresario y de la persona trabajadora. La desventaja es que la autoridad laboral se puede encontrar muy alejada de las necesidades e intereses del sector de actividad de que se trate.

Por otra parte, los agentes sociales pueden conocer muy bien las necesidades del sector, además de encontrarse en una posición que les permita abstraerse de las necesidades de una empresa concreta para decidir formación que sea útil en cualquier empresa del sector. No obstante, es posible que los agentes sociales no cuenten con los recursos suficientes para concretar las necesidades formativas de cada persona trabajadora en cada puesto de trabajo de cada empresa.

Por último, sería posible establecer que las necesidades formativas las estableciera una empresa u organización externa a la propia empresa (como se establece para las obligaciones de auditoría en las mutuas o para los servicios de prevención de riesgos laborales). De esta forma, sería una empresa externa con conocimientos técnicos suficientes sobre las necesidades formativas en cada sector de actividad y en cada empresa la que tuviera que decidir y concretar las necesidades formativas de cada empresa y de cada persona trabajadora. Podría en este sentido realizar evaluaciones de necesidades formativas, riesgos de obsolescencia de profesiones y necesidades de actualización. La ventaja sería la objetividad de un tercero a la hora de decidir, así como la especialización técnica de aquellos que decidan sobre la formación requerida. La desventaja principal consistiría en que alguien debería pagar por este servicio externo lo que, además de ser un coste, implicaría que aquél que pague podría llegar a influir en las decisiones de formación haciendo que éstas fueran menos objetivas.

También se podría pensar en que la decisión de formación fuera tomada en combinación por dos o más sujetos. Por ejemplo, podría la autoridad laboral ser la competente tras la obligatoria consulta con los agentes sociales. O, incluso, se podría establecer un sujeto decisor diferente dependiendo del tamaño de la empresa. Por ejemplo, estableciendo que las empresas de menos de 10 personas trabajadoras deban tener un servicio externo (dado que se entiende que difícilmente puede tener los conocimientos necesarios una empresa pequeña para evaluar correctamente las posibilidades de obsolescencia), mientras que una empresa grande podría realizar la evaluación de las necesidades formativas y las decisiones de formación de forma interna (incluyendo a los delegados de formación como representantes de la parte sindical en el proceso decisorio).

6. EL SUJETO QUE PAGA LA FORMACIÓN

Sobre quién recae el coste de la formación es una cuestión fundamental que además está muy interrelacionada con los anteriores factores. En efecto, si las habilidades aprendidas durante la formación son específicas de la empresa y quién decide la formación concreta es el empresario, poco sentido tendría que la financiación fuera pública. Por el contrario, si las habilidades son generales del sector y es la autoridad laboral quién decide la formación concreta difícilmente se podría hacer recaer toda la financiación de la formación en el propio empresario.

En cualquier caso, debe tenerse en cuenta que existen dos tipos de *"costes"* en una formación. Por una parte, está la retribución del tiempo que la persona trabajadora utiliza durante la formación. Actualmente, el Art. 23.3 del ET, al conceder un permiso retribuido de 20 horas anuales para la formación, está haciendo recaer este coste sobre el empresario. No obstante, podría plantearse que el tiempo de formación no fuera retribuido para la persona trabajadora o que la retribución de ese tiempo recayera en el erario público.

Piénsese que, derivado de la robotización de la economía, mucho se está hablando últimamente de un futuro *"sin"* empleo y de la necesidad de una renta garantizada como derecho por el simple hecho de ser ciudadano, pero quizá tuviera más sentido —si finalmente acaecen las predicciones de un futuro *"sin"* empleo— una reducción de la jornada efectiva de trabajo —reparto del empleo— y la utilización del resto de la jornada laboral para la formación financiada por el Estado. Esto es, una especie de renta garantizada a la que se tuviera derecho por estar la peona trabajador formándose.

Por otra parte, el segundo *"coste"* de la formación sería propiamente el coste de impartir la formación. Parece lógico que el coste de la formación, en todo o en parte, recayera sobre el sujeto que decide la formación concreta a impartir.

7. EL SUJETO QUE CONTROLA LA EFECTIVIDAD Y CALIDAD DE LA FORMACIÓN

En el Derecho del Trabajo, uno de los problemas clásicos es siempre el de su efectividad. Derivado de la desigualdad entre las partes es bastante común que la persona trabajadora no ejerza sus derechos por miedo a represalias. De esta forma, que la ley conceda un derecho no siempre garantiza que este derecho sea efectivo si simplemente se deja en manos de las partes su cumplimento. En el caso de la formación esto puede agravarse aún más. En efecto, la formación, a pesar de ser un derecho de la persona trabajadora, también es una obligación, dado que no siempre la persona trabajadora va a querer invertir horas de su tiempo en un reciclaje que no percibe como necesario de forma inminente.

Por esta razón, dejar el cumplimiento de la formación al control bilateral puede ser insuficiente. De esta manera, parece necesario abrir la legitimación para solicitar el derecho a los representantes de las personas trabajadoras y sobre todo a órganos públicos u incluso a órganos semipúblicos.

De esta forma, se podría pensar en divisiones especializadas de la inspección de trabajo que aseguren la efectividad del derecho a la formación continua e incluso que garanticen la calidad de dicha formación. En efecto, en este caso, desde una perspectiva pública de necesidad de actualización y reciclaje de las personas trabajadoras como forma de mantener la productividad y competitividad de las empresas y el empleo de nuestras personas trabajadoras parece necesario que desde el ámbito público se asegure que la formación se esté dando y que además ésta sea de calidad.

Sumado a ello, dada la importancia que tiene el control de la efectividad del derecho a la formación, puesto que un derecho sin efectividad es un derecho que no existe, parece oportuno la creación de órganos de apoyo en el control de la formación continua. De esta forma, con inspiración en el modelo de formación dual alemán, sería posible pensar en la existencia de órganos semipúblicos (colegios profesionales, cámaras de comercio) que también tuvieran competencias en el control de la calidad de la formación continua.

8. CONCLUSIONES OPERATIVAS

Por todo lo anterior, si tenemos en cuenta la escasísima normativa legal existente sobre la formación continua en la empresa, nos encontramos, a nuestro juicio, en un estadio que podría calificarse de *"pre-inicial"*respecto de la toma de conciencia de la necesidad del establecimiento de un sistema de formación continua mínimamente adecuado. Pensamos por ello que la legislación —y también la negociación colectiva— deberán hacer un enorme esfuerzo creativo e imaginativo a la hora de su regulación.

Si en casi todos los aspectos de nuestro modelo de relaciones laborales es necesaria una reformulación, previo un serio debate, de las cuestiones implicadas, en esta materia la urgencia avanza en el tiempo a pasos agigantados, corriendo el riesgo de perder el tren. No hay que olvidar, en este sentido, que una verdadera reforma laboral pasa necesariamente por el desarrollo armónico de un sistema de formación profesional continua, antes, incluso, que de instituciones tan manidas por todos los reformadores anteriores de la contratación y de los despidos.

XII. La reforma de la normativa reguladora del deber de buena fe contractual de la persona trabajadora

Tomás Sala Franco
Catedrático Emérito de Derecho del Trabajo y de la Seguridad Social
Universidad de Valencia
Estudio General

Adrián Todolí Signes
Catedrático acreditado de Derecho del Trabajo y de la Seguridad Social
Universidad de Valencia
Estudio General

Sumario: 1. Propuestas generales sobre el deber de buena fe contractual de la persona trabajadora. 2. La prohibición de competencia con el empresario. 3. La prohibición de competencia desleal. 4. La prohibición de competencia postcontractual. 5. El pacto de plena dedicación. 6. El pacto de permanencia en la empresa. 7. El deber de la persona trabajadora de no violar los secretos de la empresa. 8. La protección legal de las personas trabajadoras que denuncian situaciones de ilegalidad en su empresa. 9. La regulación en el Estatuto de los trabajadores.

1. PROPUESTAS GENERALES SOBRE EL DEBER DE BUENA FE CONTRACTUAL DE LA PERSONA TRABAJADORA

Una de las obligaciones contractuales más importantes de las personas trabajadoras en una empresa moderna reside en respetar el denominado deber de buena fe contractual.

La ley exige a la persona trabajadora cumplir con las concretas obligaciones de su puesto de trabajo de conformidad con las reglas de la buena fe contractual (Arts. 5 a) y d) y 20. 2 del ET). El Art. 54. 2 d) del ET, por su parte, sanciona con el despido disciplinario la transgresión de la buena fe contractual, lo que significa que la persona trabajadora debe evitar por acción u omisión que la empresa sufra daños.

El deber de buena fe contractual exige a la persona trabajadora, entre otras muchas cosas, las siguientes:

a) Denunciar los entorpecimientos que observarse en su trabajo (falta de materiales, averías, etc.).

b) No ocasionar daños en el patrimonio de la empresa (locales, instalaciones, materias primas, maquinaria, etc.).

c) Abstenerse de recibir propinas, ventajas o regalos constitutivos de soborno en su trabajo para hacerle incumplir sus obligaciones contractuales.

d) No violar los secretos de empresa, bien por apropiación ilícita de los mismos, bien por divulgación de aquellos que conociera por razón de su trabajo.

e) No competir con el empresario durante la vigencia del contrato y una vez extinguido éste.

f) Cumplir con los pactos de plena dedicación y de permanencia en la empresa.

Ahora bien, ni siquiera existe en nuestra legislación una enumeración siquiera aproximada de las obligaciones en que se concreta el deber de buena fe contractual de la persona trabajadora.

Algunas de ellas —la obligación de denunciar los entorpecimientos observados en el trabajo, la prohibición de causar daños en el patrimonio de la empresa o la obligación de abstenerse de recibir propinas, ventajas o regalos constitutivos de soborno—, que se encontraban explicitadas en la vieja Ley de Contrato de Trabajo de 1944, desaparecieron en el Estatuto de los Trabajadores. Otras —la prohibición de competencia con el empresario o el pacto de permanencia en la empresa—, se recogen, de manera incompleta y totalmente asistemática en el Art. 21 del ET, con el título de *"pacto de no concurrencia y de permanencia en la empresa"*. Y, en todo caso, falta por desarrollar mínimamente la más importante de todas ellas, esto es, el deber de secreto de empresa.

Entendemos por todo ello que debería regularse, con carácter general en la ley, tanto una enumeración de las concretas manifestaciones del deber de buena fe contractual de la persona trabajadora como el régimen jurídico de todas y cada una de ellas.

2. LA PROHIBICIÓN DE COMPETENCIA CON EL EMPRESARIO

Los Arts. 5 d) y 21 del ET prohíben a la persona trabajadora concurrir con su empresario en los tres supuestos siguientes:

1º) Cuando se trate de una competencia desleal (Art. 21.1 del ET).

2º) Cuando exista un pacto de no competencia postcontractual (Art. 21.1 y 3 del ET).

3º) Cuando exista un pacto de plena dedicación (Art. 21.1 y 3 del ET).

3. LA PROHIBICIÓN DE COMPETENCIA DESLEAL

No existe un concepto legal de competencia desleal, limitándose la ley a prohibir a la persona trabajadora *"efectuar la prestación laboral para diversos empresarios cuando se estime concurrencia desleal"*(Art. 21.1 del ET), habiendo sido la jurisprudencia la que ha construido este concepto. Así:

a) La prohibición de concurrencia desleal alcanza tanto al trabajo por cuenta ajena como al trabajo por cuenta propia (por todas, STS de 29 de marzo de 1990, Ar/2367).

b) La ley no prohíbe el pluriempleo de la persona trabajadora sino la concurrencia desleal con su empresario. Ésta se produce, en principio, cuando se trabaja en el mismo sector de actividad (por todas, STS de 22 de octubre de 1990, Ar/7322), pudiendo no obstante producirse también cuando el trabajo desarrollado se haga en *"áreas competitivas, en tanto que dirigida a potencial clientela común, mediante la oferta de productos o servicios equivalentes"*(STS de 28 de septiembre de 1988) o, en general, cuando se utilicen los conocimientos adquiridos en una empresa para favorecer la actividad de la empresa concurrente (STS de 22 de septiembre de 1991, Ar/7093).

c) La actividad competitiva ha de ser habitual y no esporádica (por todas, STS de 25 de junio de 1990).

d) La competencia ha de ser real y no potencial o hipotética de futuro (por todas, STS de 17 de mayo de 1991).

d) La competencia desleal no exige que existan beneficios directos para el trabajador (STS de 30 de marzo de 1987), ni tampoco que existan perjuicios reales para la empresa, bastando con los potenciales que se presumen *"iuris tantum"* (STS de 22 de marzo de 1991).

e) Los meros contactos o conversaciones no serían constitutivos de competencia desleal (STS de 17 de diciembre de 1990, Ar/9801).

f) La prohibición de competencia desleal se mantiene durante las vacaciones del trabajador (STS de 30 de marzo de 1987).

g) La competencia desleal exige que el empresario no haya dado su consentimiento de forma expresa (STS de 20 de marzo de 1991).

Así pues, falta en la ley vigente una definición legal de la competencia desleal, que debería a nuestro juicio hacerse mediante la utilización de los criterios jurisprudenciales anteriores, a fin de dar una mínima seguridad jurídica sobre el tema.

De esta manera, habría *"competencia desleal"* del trabajador con su empresario cuando la persona trabajadora, en otro trabajo por cuenta propia o ajena, sin consentimiento expreso del empresario, desarrollara una actividad de una manera habitual en área competitivas con una clientela potencial común o se utilizaran los conocimientos adquiridos en una empresa para favorecer la actividad de la empresa concurrente, sin que sea preciso que existan beneficios directos para la persona trabajadora ni tampoco perjuicios reales para su empresario. Esta prohibición de concurrencia desleal subsiste durante las situaciones de interrupción o suspensión de su actividad laboral, incluida la situación de excedencia voluntaria.

4. LA PROHIBICIÓN DE COMPETENCIA POSTCONTRACTUAL

La prohibición de competencia después de extinguido el contrato ha de pactarse previamente entre empresario y la persona trabajadora (Art. 21.2 del ET; STS de 22 de febrero de 2011).

El parco régimen legal del pacto de no concurrencia postcontractual es el siguiente:

a) El pacto no podrá tener una duración superior a dos años para los técnicos y de seis meses para las demás personas trabajadoras. Esta duración es la máxima posible, pudiendo pactarse una duración inferior (por todas, STS de 18 de mayo de 1988).

b) El empresario debe tener un efectivo interés industrial o comercial en el pacto.

c) Deberá pactarse una compensación económica *"adecuada"*, como condición de validez del pacto (STS de 10 de julio de 1991). El incumplimiento por el empresario del abono de la compensación económica pactada libera a la persona trabajadora de su obligación de no competencia.

A partir de aquí, las cuestiones interpretativas que sin duda plantea este pacto han sido resueltas por la jurisprudencia de los tribunales. Así:

a) El pacto de no competencia postcontractual se refiere tanto a trabajos por cuenta ajena como a trabajos por cuenta propia (por todas, STS de 18 de mayo de 1998).

b) La ley no establece forma alguna, por lo que podrá ser escrito o verbal, si bien la forma no escrita podría plantear problemas de prueba, por lo que resulta recomendable la forma escrita (STS de 6 de marzo de 1991, Ar/1835).

c) El pacto deberá suscribirse antes de la extinción del contrato, sin que se fije para ello plazo determinado, incluso en el momento inicial, sin que el desistimiento en el periodo de prueba, tanto de la persona trabajadora (por todas, STS de 14 de mayo de 2009) como del empresario, (por todas, STS de 23 de noviembre de 2009) anule sus efectos.

d) En la fijación de la compensación económica deberá existir una correlación entre su cuantía y la duración de la no competencia postcontractual (por todas, STS de 2 de enero de 1991, Ar/46).

e) El incumplimiento por la persona trabajadora del pacto de no competencia postcontractual supondrá la pérdida de la compensación económica pactada y el abono al empresario de una indemnización por los daños y perjuicios causados, fijados en el pacto (por todas, STS de 9 de febrero de 2009) o, en su ausencia, de fijación judicial (STS de 12 de enero de 1991, Ar/46).

A la vista de lo anterior, resulta constatable también aquí que la ley resulta excesivamente pobre en la regulación del régimen jurídico del pacto de competencia postcontractual, faltando un régimen jurídico más detallado que el actual que, por razones de seguridad jurídica, recoja la abundante jurisprudencia existente acerca de los múltiples problemas que sin duda plantea.

5. EL PACTO DE PLENA DEDICACIÓN

En el contrato de trabajo es posible pactar la plena dedicación a la empresa mediante la compensación económica *"en los términos que al efecto se convengan"* (Art. 21.1 del ET).

Pese al silencio de la ley, parece que:

1°) El pacto de plena dedicación prohíbe tanto el trabajo por cuenta ajena para otro empresario como el trabajo por cuenta propia, exigiendo así la exclusividad laboral, con independencia de que exista o no concurrencia con el empresario.

2°) El pacto no puede imponerse a la persona trabajadora por el empresario, exigiendo, como todo pacto, la voluntariedad de las partes, actuando como límites los denominados vicios del consentimiento: el dolo, el error, la violencia o la intimidación.

3°) La ley no exige que se haga por escrito, si bien será lo normal para evitar luego problemas de prueba de su existencia.

4°) No existe un momento legalmente idóneo para el pacto, por lo que podrá realizarse tanto al iniciar la relación laboral como en un momento posterior de la vigencia del contrato.

5°) La duración del pacto podrá coincidir o no con la duración del contrato.

La ley tan solo señala que:

1°) La compensación económica será fijada por las partes, pudiéndose acumular otras compensaciones de distinta naturaleza (jornada, horarios, turnos, vacaciones, etc.), puesto que la ley alude indirectamente a la posible existencia de *"otros derechos vinculados a la plena dedicación"* (Art. 21.3 del ET).

2°) La persona trabajadora podrá unilateralmente rescindir el pacto de plena dedicación y recuperar su libertad para trabajar en otro empleo, bastando con comunicarlo al empresario por escrito con un preaviso de treinta días, perdiéndose en este caso la compensación económica u otros derechos vinculados a la plena dedicación (Art. 21.3 del ET). El Tribunal decidirá a falta de pacto expreso sobre el particular, con criterios de proporcionalidad, la devolución de la compensación económica cuando ésta se hubiera fijado a tanto alzado y no como cuantía periódica.

3°) La rescisión del pacto por la persona trabajadora es extrajudicial y no judicial.

Falta, a nuestro juicio, también aquí un régimen legal más detallado del pacto de plena dedicación, referido a todas y cada una de las cuestiones enumeradas.

6. EL PACTO DE PERMANENCIA EN LA EMPRESA

La ley prevé la posibilidad de pactar la permanencia del trabajador en la empresa *"durante cierto tiempo"* cuando *el trabajador haya recibido una especialización profesional con cargo al empresario para poner en marcha proyectos determinados o para realizar un trabajo específico* (Art. 21. 4 del ET).

Comoquiera que este pacto viene a limitar la libertad de desistimiento de la persona trabajadora, la ley le somete expresamente a determinadas exigencias (Art. 21.4 del ET):

1°) El pacto no puede imponerse a la persona trabajadora por el empresario, exigiendo, como todo pacto, la voluntariedad de las partes, actuando como límites los denominados vicios del consentimiento: el dolo, el error, la violencia o la intimidación.

2°) Habrá de formalizarse *"siempre"* por escrito, pareciendo establecerse así una exigencia de naturaleza constitutiva y no declarativa.

3º) El acuerdo *"no será de duración superior a dos años"*, pudiendo así pactarse una duración inferior a la legal.

4º) Si la persona trabajadora abandona el trabajo antes del plazo, el empresario tendrá derecho a una indemnización de daños y perjuicios.

Ahora bien, ni la ley fija el comienzo de sus efectos —que, según la jurisprudencia debe quedar remitido a la recepción por la persona trabajadora de la especialización profesional correspondiente (STS de 1 de marzo de 1990)—, ni el significado del *"abandono del trabajador"*—que puede referirse tanto al abandono y a la dimisión de la persona trabajadora como al despido disciplinario y aún al despido objetivo—, ni la cuantificación de la indemnización de daños y perjuicios al empresario —que podría ser fijada tanto en el pacto como posteriormente por el juez, sin fijarse criterio alguno en la ley—.

Por todo lo anterior, creemos que debería completarse la regulación legal del pacto de permanencia en la empresa, recogiendo las ausencias de la regulación actual, resueltas o no por la jurisprudencia.

7. EL DEBER DE LA PERSONA TRABAJADORA DE NO VIOLAR LOS SECRETOS DE LA EMPRESA

El deber de guardar el secreto de empresa por parte de las personas trabajadoras es una de las manifestaciones de la buena fe contractual que mayor relevancia ha adquirido en los últimos años por múltiples razones.

En primer lugar, por el auge de las nuevas tecnologías de la información y de la comunicación y la aparición de grandes redes informáticas en las empresas, con datos a los que las personas trabajadoras pueden fácilmente acceder.

En segundo lugar, por el aumento de la rotación de las personas trabajadoras en las empresas ha incrementado la vulnerabilidad de los secretos en los últimos años.

En tercer lugar, el aumento de la competencia nacional e internacional también ha ampliado la importancia del deber de secreto en las empresas.

Por último, el desarrollo de la profesionalización del mercado de trabajo y de la sociedad en general ha abierto la posibilidad de que las personas trabajadoras asalariadas puedan dejar su puesto de trabajo y constituir una empresa por sus propios medios, pudiendo convertirse en potenciales competidores de su antiguo empresario.

Sucede, sin embargo, que el deber de secreto es una materia poco tratada tanto por la ley laboral —no así por la ley mercantil (Ley de Competencia Desleal) o por la ley penal (Arts. 278 y 279 del Código Penal)—, como por la doctrina y la jurisprudencia.

En efecto, el ET eliminó una serie de concreciones del deber de buena fe contractual que recogía la Ley de Contrato de Trabajo de 1944 y, entre ellas, el deber de secreto del trabajador, por lo que en la actualidad tales concreciones solo existen en los repertorios jurisprudenciales derivados de las reglas genéricas del deber de buena fe contractual establecido en los Arts. 1258 del Código Civil y 5 a) y 20.2 del ET y del deber de sigilo profesional de los representantes de las personas trabajadoras establecido en los Arts. 62.2 y 65 del ET.

Y, del lado jurisprudencial, la dificultad de prueba y el temor de las empresas de hacer público el hecho de que sus secretos de empresa han sido difundidos parecen ser las razones por las que existen pocas sentencias al respecto.

Una valoración crítica del régimen legal existente constata su enorme genericidad e indeterminación —tanto respecto del concepto legal y alcance del *"secreto de empresa"* como de las responsabilidades existentes en caso de incumplimiento del mismo y de la indemnidad laboral en caso de violación del secreto de empresa por la persona trabajadora por razones de interés público—, causante, de un lado, de una notable inseguridad jurídica y de otro, y sobre todo, de una falta de conocimiento adecuado de la misma por parte de los trabajadores y de las empresas contratistas y de trabajo temporal que contratan con la principal o usuaria, tanto de la existencia misma de este deber de secreto como del régimen sancionatorio en caso de incumplimiento del mismo. No es tanto que no exista una batería importante de normas y de responsabilidades de muy distinta naturaleza exigibles a los sujetos incumplidores de este deber de secreto, cuanto que, al no existir preceptos legales explícitos, no suelen tenerse presentes, pudiendo contribuir esta situación a su incumplimiento.

Así pues, a conseguir estas dos finalidades —dar una mayor seguridad jurídica y razones de pedagogía social— debería ir destinadas, a nuestro juicio, las medidas a adoptar en el nuevo Estatuto del Trabajo para reforzar el deber de secreto de empresa de las personas trabajadoras y de las empresas contratistas y ETTs y de las personas trabajadoras de estas últimas.

Las medidas normativas laborales a establecer podrían ser, a nuestro juicio, las siguientes:

a) Durante la vigencia del contrato, habría que reforzar las garantías legales del deber de secreto de las personas trabajadores de no violar los secretos de empresa en un doble sentido:

a') La empresa debería delimitar lo que sea *"secreto de empresa"* (técnico, comercial, financiero u organizativo) con los límites siguientes:

1º) No se trate de materias que por su propia naturaleza sean públicas y de general conocimiento.

2º) No se trate de materias que deban ser públicas por imperativo legal.

3º) No se atente contra los derechos y libertades constitucionalmente garantizados a los demás (delitos o infracciones tributarias o ambientales de la empresa).

4º) Debe existir un interés real o potencial de la empresa en el mantenimiento del secreto.

b') Debería concretarse igualmente el régimen sancionatorio aplicable en caso de incumplimiento del deber contractual, distinguiendo entre la responsabilidad laboral y la responsabilidad patrimonial.

En cuanto a la responsabilidad laboral, el convenio colectivo aplicable podrá establecer la delimitación de las faltas y sanciones aplicables, sin que el contrato individual pueda establecer otras distintas, si bien nada impedirá que pueda concretarlas faltas.

En cuanto a la responsabilidad patrimonial, cabría la posibilidad de establecer *"cláusulas penales contractuales"*, especialmente para los directivos y personal de alta cualificación, que concretaran los daños y perjuicios a indemnizar al empresario, con el único límite de su *"abusividad"*.

b) Después de la extinción del contrato, el reforzamiento de las garantías legales del deber de secreto de las personas trabajadoras debería referirse igualmente a los dos aspectos siguientes:

a') La delimitación o concreción de lo que constituya *"secreto de empresa"*.

b') La delimitación o concreción del régimen sancionatorio aplicable en caso de incumplimiento del deber contractual derivado del Art. 1101 del Código Civil, regulador de la responsabilidad civil contractual patrimonial, pudiéndose establecer también aquí *"clausulas penales contractuales"*.

Respecto de las empresas contratistas, subcontratistas, de trabajo temporal y personas trabajadoras autónomas, convendría a nuestro juicio establecer en el contrato entre ellos y la empresa principal una *"claúsula de deber de secreto"* expresa —indicando el alcance del mismo y el régimen sancionatorio en caso de incumplimiento contractual—, acompañada de una *"cláusula penal contractual"* cuantificadora de la indemnización de los daños y perjuicios a abonar en caso de incumplimiento de aquella.

Y, respecto de las personas trabajadoras de las empresas contratistas, subcontratistas y de las empresas de trabajo temporal, un mecanismo garantizador del deber de secreto recomendable sería el de exigir a la empresa contratista, subcontratista o ETT, so pena de rescisión contractual, que haga suscribir a sus personas trabajadoras destinadas a las actividades contratadas con la empresa principal o usuaria la misma cláusula contractual suscrita por aquellas de respeto del deber de secreto.

Finalmente, en cuanto a los instrumentos jurídicos a utilizar para el establecimiento de las garantías anteriores, por hipótesis, éstos pueden ser la negociación colectiva y la autonomía individual.

A través del convenio colectivo existirá la posibilidad de regular el deber contractual de secreto de empresa para las personas trabajadoras propias de la empresa principal o de las empresas contratistas, subcontratistas o ETTs y de las personas trabajadoras autónomas contratadas por aquella mientras el contrato esté vigente y también para el momento postcontractual. El Art. 3.1 b) del ET (*"los derechos y obligaciones concernientes a la relación laboral se regulan:...b) Por los convenios colectivos"*) ofrece, a nuestro juicio, cobertura suficiente para ello, tanto para el momento contractual como para el postcontractual. En este último sentido existen precedentes en relación con las mejoras voluntarias de las pensiones o con el pacto de no concurrencia postcontractual.

El contenido de esta intervención convencional podría referirse así, por vía de ejemplo, a los siguientes aspectos del deber de secreto:

a) A la delimitación de la responsabilidad laboral disciplinaria por incumplimiento del deber de secreto, al establecer la tabla de faltas y sanciones, tipificando la infracción del deber de secreto.

b) A una regulación más precisa del deber de no concurrencia postcontractual.

c) A condicionar determinados beneficios empresariales —las mejoras de pensiones, por ejemplo— al respeto postcontractual por parte de la persona extrabajadora del deber de secreto de empresa.

d) A fijar la obligación de secreto delimitando sobre qué materias se debería guardar secreto, especialmente en los convenios colectivos de empresa.

La vía del acuerdo individual entre el empresario y la persona trabajadora propia de la empresa y entre la empresa contratista, subcontratista o ETT y sus respectivas personas trabajadoras se encuentra claramente abierta tanto en el momento contractual como en el postcontractual. El Art. 3.1 c) del ET (*"los derechos y obligaciones concernientes a la relación laboral se regulan: c) Por la voluntad de las partes, manifestada en el contrato de trabajo"*) ofrece cobertura suficiente para ello.

La introducción de las *"cláusulas penales contractuales"* para las personas trabajadoras de nueva contratación no plantea problema alguno, siendo perfectamente lícita. Mayores problemas plantearía la introducción de esta cláusula respecto de las personas trabajadoras ya contratados con anterioridad a la introducción de la misma. En tales casos sería necesaria la aceptación expresa de éstos, no pudiendo introducirse por vía unilateral del empresario salvo que se pudiera justificar su introducción en causas económicas, técnicas, organizativas o de producción, ya que se trataría de una modificación sustancial de las condiciones contractuales.

La introducción de estas cláusulas contractuales en las contratas y subcontratas de obras y servicios con empresarios y trabajadores autónomos y en los contratos de puesta a disposición con las ETTs tendría a nuestro juicio la cobertura del Art. 1255 del Código Civil.

En todo caso, siempre sería posible la elaboración de un *"Código ético"* o documento similar en las empresas que se incorporara a todos los contratos individuales de las personas trabajadoras de la misma, como *"condiciones generales de la contratación"*, si bien este *"Código ético"* no resultaría aplicable naturalmente a las contratas y contratos de puesta a disposición suscritos por ésta con las empresas contratistas, subcontratistas y ETTs.

El contenido de este *"Código Ético"* podría responder al siguiente esquema ejemplificativo:

a) Una exposición de motivos.

b) Su ámbito de aplicación.

c) La delimitación de las materias constitutivas de *"secretos de empresa"*.

d) La delimitación de las responsabilidades (penales, administrativas, mercantiles, contractuales patrimoniales y disciplinarias laborales) a imponer a los sujetos obligados en caso de incumplimiento.

Estos *"Códigos Éticos"*, por su naturaleza jurídica contractual, no podrían sustituir a la negociación colectiva en el caso de existir ésta, sino tan sólo complementarla por vía de concreción.

8. LA PROTECCIÓN LEGAL DE LAS PERSONAS TRABAJADORAS QUE DENUNCIAN SITUACIONES DE ILEGALIDAD EN SU EMPRESA

La normativa reguladora de los canales de denuncia son la Directiva de la Unión Europea 2019/1937, de 26 de noviembre de 2019 y la Ley 2/2023, de 20 de febrero, reguladora de la protección de las personas que informen sobre infracciones normativas y de lucha contra la corrupción.

Aunque la Directiva y la Ley no son normas estrictamente laborales, pretendiendo la genérica protección de cualquier denunciante ante una infracción normativa grave, poseen sin embargo una importante incidencia en las relaciones laborales.

Así, el Art. 3.1 a) de la Ley 2/2023 incorpora en su ámbito de aplicación, de un lado, a *"las personas que tengan la condición de trabajadores por cuenta ajena"*, a *"los representantes legales de trabajadores en el ejercicio de sus funciones de asesoramiento y apoyo al informante"* (Art. 3.4) y en determinados supuestos a *"las relaciones laborales ya finalizadas, voluntarios, becarios, trabajadores en formación y aquellos cuya relación laboral no haya comenzado"*, y, de otro lado, a *"las entidades…del sector privado"*(Art. 110), entre las que se encuentran *"las empresas que tienen contratados trabajadores"* (Art 3.2).

La Ley 2/2023 prevé dos canales de denuncia de las infracciones de la legislación laboral y de la Seguridad Social de las empresas por parte de las personas trabajadoras: un canal de denuncia interno de la empresa y un canal de denuncia externo ante la nueva Autoridad Independiente de Protección del Informante. En ambos casos la Ley establece un sistema específico de protección jurídica del denunciante para evitar represalias. Así:

A) El canal de denuncia interno de la empresa. Todas las empresas del sector privado que tengan contratados cincuenta o más personas trabajadoras están obligadas a implantar canales de denuncia interna (art. 10), siendo voluntaria su implantación en el resto de las empresas.

En todo caso, podrá establecerse un único sistema de información en los grupos de empresa (Art. 11) y en las empresas entre cincuenta y doscientas cuarenta y nueve personas trabajadoras que así lo decidan (Art. 12).

La Ley establece los requisitos mínimos que deben reunir estos canales internos de denuncia. Así (Art. 5):

a) Deberán implantarse *"previa consulta con los representantes legales de los trabajadores"*.

b) Deben permitir a todas las personas antes indicadas comunicar información sobre las infracciones.

c) Deben garantizar La confidencialidad de la identidad del informante y de cualquier tercero mencionado en la información.

d) Deben permitir las comunicaciones por escrito o verbales.

e) Deben garantizar que las comunicaciones presentadas puedan tratarse de manera efectiva dentro de la empresa con el objetivo de conocer las posibles irregularidades cometidas.

f) Deben contar con un *"responsable del sistema"*: una persona física u órgano colegiado con capacidad de delegación de sus miembros: un directivo de la empresa notificado a la Autoridad Independiente de Protección del Informante con plena independencia y con medios materiales y personales para desarrollar su labor.

g) Deben contar con una *"política o estrategia de defensa de los informantes"* debidamente publicitada en la empresa.

h) Debe diseñarse un procedimiento de gestión de las informaciones con las exigencias establecidas en el Art. 9 de la Ley:

   – Identificación del canal o canales internos de información a los que se asocian.

   – Inclusión de información clara y accesible sobre los canales externos de información ante las autoridades competentes y, en su caso, ante las instituciones, órganos u organismos de la Unión Europea.

   – Envío de acuse de recibo de la comunicación al informante, en el plazo de siete días naturales siguientes a su recepción, salvo que ello pueda poner en peligro la confidencialidad de la comunicación.

- Determinación del plazo máximo para dar respuesta a las actuaciones de investigación, que no podrá ser superior a tres meses a contar desde la recepción de la comunicación o, si no se remitió un acuse de recibo al informante, a tres meses a partir del vencimiento del plazo de siete días después de efectuarse la comunicación, salvo casos de especial complejidad que requieran una ampliación del plazo, en cuyo caso, este podrá extenderse hasta un máximo de otros tres meses adicionales.
- Previsión de la posibilidad de mantener la comunicación con el informante y, si se considera necesario, de solicitar a la persona informante información adicional.
- Establecimiento del derecho de la persona afectada a que se le informe de las acciones u omisiones que se le atribuyen, y a ser oída en cualquier momento. Dicha comunicación tendrá lugar en el tiempo y forma que se considere adecuado para garantizar el buen fin de la investigación.
- Garantía de la confidencialidad cuando la comunicación sea remitida por canales de denuncia que no sean los establecidos o a miembros del personal no responsable de su tratamiento, al que se habrá formado en esta materia y advertido de la tipificación como infracción muy grave de su quebranto y, asimismo, el establecimiento de la obligación del receptor de la comunicación de remitirla inmediatamente al responsable del Sistema.
- Exigencia del respeto a la presunción de inocencia y al honor de las personas afectadas.
- Respeto de las disposiciones sobre protección de datos personales de acuerdo a lo previsto en el Título VI.
- Remisión de la información al Ministerio Fiscal con carácter inmediato cuando los hechos pudieran ser indiciariamente constitutivos de delito. En el caso de que los hechos afecten a los intereses financieros de la Unión Europea, se remitirá a la Fiscalía Europea.

i) Debe garantizarse la comunicación al fiscal de aquellos hechos que pudieran considerarse delitos.

j) Debe darse publicidad al canal interno y a las reglas para su uso.

k) Deben registrase las informaciones recibidas en el canal interno y las investigaciones realizadas respetando los datos personales del informante y de los afectados.

Las posibles denuncias a efectuar a través de este canal interno de la empresa se refieren a acciones u omisiones que puedan ser constitutivas de infracción penal o administrativa grave o muy grave, incluidas las tipificadas en la LISOS. En todo caso, se entenderán comprendidas todas aquellas infracciones penales o administrativas graves o muy graves que impliquen quebranto económico para la Hacienda Pública y para la Seguridad Social (Art. 2).

Las personas que comuniquen o revelen infracciones tendrán derecho a protección siempre que concurran las circunstancias siguientes (Art. 36.1):

a) Tengan motivos razonables para pensar que la información referida es veraz en el momento de la comunicación o revelación, aun cuando no aporten pruebas concluyentes, y que la citada información entra dentro del ámbito de aplicación de esta ley,

b) La comunicación o revelación se haya realizado conforme a los requerimientos previstos en esta ley.

Quedan expresamente excluidos de la protección prevista en esta ley aquellas personas que comuniquen o revelen (Art. 36.2):

a) Las informaciones contenidas en comunicaciones que hayan sido inadmitidas por algún canal interno de información o por alguna de siguientes causas:

   1ª) Cuando los hechos relatados carezcan de toda verosimilitud.

   2ª) Cuando los hechos relatados no sean constitutivos de infracción del ordenamiento jurídico incluida en el ámbito de aplicación de esta ley.

   3ª) Cuando la comunicación carezca manifiestamente de fundamento o existan, a juicio de la Autoridad Independiente de Protección del Informante, indicios racionales de haberse obtenido mediante la comisión de un delito. En este último caso, además de la inadmisión, se remitirá al Ministerio Fiscal relación circunstanciada de los hechos que se estimen constitutivos de delito.

4ª) Cuando la comunicación no contenga información nueva y significativa sobre infracciones en comparación con una comunicación anterior respecto de la cual han concluido los correspondientes procedimientos, a menos que se den nuevas circunstancias de hecho o de Derecho que justifiquen un seguimiento distinto.

b) Se trate de informaciones vinculadas a reclamaciones sobre conflictos interpersonales o que afecten únicamente al informante y a las personas a las que se refiera la comunicación o revelación.

c) Se trate de informaciones que ya estén completamente disponibles para el público o que constituyan meros rumores.

En estos casos, *"se prohíben expresamente los actos constitutivos de represalia, incluidas las amenazas o tentativas de represalia"* (Art. 36.1), tales como suspensiones o extinciones del contrato de trabajo, sanciones disciplinarias, acosos o daños morales, listas negras para la contratación o denegaciones de formación o discriminaciones.

La protección frente a estas represalias dura dos años desde la comunicación de la información, pudiendo ampliarse su duración por solicitud a la Autoridad Independiente de Protección al Informante (Art. 36.4).

B) El canal de denuncia externo a la empresa. Las personas trabajadoras o terceros podrán denunciar a la Autoridad Independiente de Protección al Informante, estatal o autonómica, bien directamente o previa la utilización del canal interno, una infracción de la empresa, guardando el anonimato, con un procedimiento regulado en los Arts. 18 y 19 de la Ley, pudiendo ésta trasladar al Ministerio Fiscal las conclusiones de su actuación si existieran indicios de delito o a la Inspección de Trabajo en caso de infracciones administrativas graves o muy graves.

Así pues, a la vista de esta nueva regulación, bastará con incorporar el contenido de la Ley 2/2023 al nuevo Estatuto del Trabajo.

9. LA REGULACIÓN EN EL ESTATUTO DEL TRABAJO

La regulación del canal de denuncias proveniente de Europa debería incorporarse al Estatuto de los trabajadores. Adicionalmente, sería conveniente que en su incorporación se declarara, para evitar la inseguridad jurídica y la posible falta de protección, que la denuncia tanto interna como externa está amparada por el derecho fundamental a la libertad de expresión.

En este sentido, se debería señalar que cualquier represalia por una denuncia tanto interna como externa sería vulneradora de dicho derecho fundamental. Adicionalmente, también por razones de seguridad jurídica y para evitar una lectura reduccionista del derecho a la libertad de expresión, esta normativa debería señalar que la existencia de los canales de denuncia, tanto internos como externos, no limitan el derecho a la libertad de expresión. Esto es, la persona trabajadora podrá usar, dentro de los límites constitucionales, tanto el canal de denuncia interno, el externo u otras formas de comunicación de los ilícitos empresariales al margen de estos canales de nueva creación, quedando todo ello amparado por la libertad de expresión.

XIII. La reforma de la normativa reguladora de la participación financiera de las personas trabajadoras en la empresa

Tomás Sala Franco
Catedrático Emérito de Derecho del Trabajo y de la Seguridad Social
Universidad de Valencia
Estudio General

Adrián Todolí Signes
Catedrático acreditado de Derecho del Trabajo y de la Seguridad Social
Universidad de Valencia
Estudio General

Sumario: 1. Concepto y objetivos de la participación financiera de las personas trabajadoras en la empresa. 2. La imposibilidad de pretender un salario fijo en el Siglo XXI. 3. La necesaria intervención del Estado. 4. La regulación propuesta.

1. CONCEPTO Y OBJETIVOS DE LA PARTICIPACIÓN FINANCIERA DE LAS PERSONAS TRABAJADORAS EN LA EMPRESA

La participación financiera ha sido definida por la Comisión Europea como el conjunto de formas de participación de Las personas trabajadoras en los resultados empresariales (AAVV., The PEPPER Report: Benchmarking of Employee Participation in Profits and Enterprise Results in the Member and Candidate Countries of the European Union, Berlin, 2009). Por ello, el concepto —que puede considerarse relativamente nuevo (1991)— responde a una realidad antigua consistente en un conjunto de fórmulas retributivas que tienen por objeto hacer depender el salario de los resultados empresariales. De esta manera, este grupo de sistemas retributivos se encuadran en aquellos que no retribuyen directamente el esfuerzo de la persona trabajador, sino que buscan más bien el interesamiento del asalariado en la buena marcha de la empresa.

Los sistemas retributivos, que se encuadran dentro de la llamada participación financiera hacen depender un parte del salario que percibirá la persona trabajadora de un índice representativo de los resultados empresariales. De este modo, el complemento salarial a percibir no dependerá del comportamiento de la persona trabajadora, sino de que valor tenga el concreto índice empresarial en el momento del devengo acordado.

Los tres índices más utilizados son los siguientes:

a) En primer lugar, la productividad empresarial dando pie a las llamadas *"primas de productividad"*.

b) En segundo lugar, los beneficios empresariales, estando en este caso ante una *"participación en beneficios"*.

c) Y, en tercer lugar, el valor de las acciones de la empresa, encontrándonos ante una *"participación en el capital empresarial"*.

A su vez, la *"participación en el capital"* puede utilizar dos sistemas salariales diferentes, dependiendo de cómo se utilice el valor de las acciones para remunerar a la persona trabajadora:

1) El primero es el *"accionariado obrero"*, consistente en la entrega de acciones por parte de la empresa a la persona trabajadora de manera gratuita o a un precio menor que el de mercado.

2) Y el segundo las *"stock options"*, cuyo fundamento radica en retribuir a la persona trabajadora con un aumento del valor de las acciones.

El salario vinculado a los resultados empresariales responde al contexto histórico de crisis económica que dio pie a su nacimiento y proliferación. La crisis de 1973 mostró, en EEUU, las deficiencias de un sistema productivo centrado en la producción en masa cuyo modelo competitivo se basaba en reducir los costes por unidad producida mediante el aumento de la producción. Anteriormente a la crisis del petróleo se confiaba en que el aumento de producción reduciría los costes —gracias a las economías de escala— lo suficiente como para ser siempre competitivos. Sumado a ello, la expansión económica del capitalismo tras la segunda Guerra Mundial proporcionaba a las empresas un mercado que nunca se agotaba. Con la crisis se percibieron las primeras muestras de debilitamiento del modelo; además, el milagro japonés y la globalización de los mercados obligaron a las empresas a centrarse en la calidad de los productos y no solamente en la cantidad. Diversos estudios económicos demuestran que el aumento de competitividad en un sector provoca un aumento del uso de la participación en beneficios como sistema retributivo,

Todo ello hizo necesario superar los sistemas salariales a rendimiento que remuneraban solamente el aumento productivo de los trabajadores sin tener en cuenta los costes de producción ni la situación económica del mercado. De esta manera, las empresas empezaron a experimentar con sistemas retributivos más flexibles y que tuvieran en cuenta la situación global de la empresa y no solo los esfuerzos de la persona trabajadora o sus resultados individuales. En efecto, con la participación financiera de las personas trabajadoras ya no se mide el rendimiento de una persona trabajadora individual o de un grupo de personas trabajadoras, sino que lo que se mide es el *"rendimiento"* de la organización empresarial al completo.

Hasta ese momento histórico las empresas preferían asumir el riesgo de la rigidez salarial y centraban sus esfuerzos retributivos en aumentar la producción. Sin embargo, llegada la crisis de 1973, las empresas se percataron que el riesgo asumido por unos salarios fijos, que no dependían de la buena o mala situación de la empresa, era inasumible. De esta manera, las empresas pasan a querer compartir las fluctuaciones del mercado con la persona trabajadora a través del establecimiento de cláusulas de contingencia salariales que establecen diferente salario (complemento salarial) para diferentes resultados de la empresa.

Así pues, la principal diferencia existente entre la participación financiera y el salario a rendimiento es la flexibilidad salarial; aunque no es la única.

Con la participación financiera también se pretende combinar la actividad empresarial con la laboral desde una perspectiva largoplacista dado que la mejora en los resultados empresariales sea en los beneficios sea en el aumento del valor de las acciones, viene medida en periodos relativamente largos. A su vez, este sistema pretende atraer y retener las personas trabajadoras más productivas, así como facilitar la adopción de nuevas medidas de política de gestión de los recursos humanos entre las personas trabajadoras.

Ahora bien, estas formas retributivas, al añadir nuevas funciones u objetivos a remunerar, dejan de lado —o dan menos importancia— a otros. En efecto, la función incentivadora o motivadora del esfuerzo de la persona trabajadora se ve reducida en la participación financiera, debido a que el salario ya no va a depender directamente del esfuerzo de la persona trabajadora, sino que también se subordinará a las condiciones macroeconómicas del país o del sector productivo.

Desde la política económica —en concreto desde la política económica comunitaria— también se ha recomendado la utilización de estos sistemas salariales debido a sus efectos positivos en la economía global de un país. Las instancias comunitarias defienden que la utilización de la participación financiera puede contribuir a mejorar la flexibilidad salarial y a la estabilidad en el empleo, pudiendo llegar a una reducción del desempleo. Además de ello, se defiende que la participación financiera puede ser usada como forma de corregir desequilibrios y asegurar un justo reparto del crecimiento económico. De esta manera, distribuyendo los beneficios empresariales o las mejoras de la eficiencia empresarial entre los trabajadores puede darse una redistribución de la riqueza más equilibrada entre aquellos que producen la riqueza en una primera instancia y aquellos que finalmente la perciben.

En el Estado del Bienestar creado en los últimos 50 años se ha abandonado la idea de una distribución de la riqueza a través del salario. Actualmente, la redistribución de la riqueza la hace el Estado a través de impuestos progresivos y posteriores subvenciones, ayudas, servicios sociales, etc. Lo que se propone ahora es que se utilice la participación financiera para distribuir directamente los beneficios a las personas trabajadoras haciendo menos necesaria la intervención posterior del Estado.

Además, se debe recordar que la participación financiera no solo puede distribuir la riqueza existente, sino que de hecho crea riqueza neta a través del aumento de la productividad de las personas trabajadoras sometidas a esta forma remuneratoria. Por ello, no solo se estaría redistribuyendo la riqueza, sino que se crearía riqueza que posteriormente pasaría a distribuirse.

2. LA IMPOSIBILIDAD DE PRETENDER UN SALARIO FIJO EN EL SIGLO XXI

Con el salario fijo se supone que la persona trabajadora recibe una cantidad estable aislada de las circunstancias del mercado o de la empresa.

No obstante, aunque el sistema tradicional de remuneración en España sea, efectivamente, el de salario fijo, los datos demuestran que los salarios aumentan en épocas de crecimiento económico y disminuyen en épocas de crisis económica.

Si con el paso del tiempo acontece una crisis económica que impide al empresario mantener su nivel de beneficios, éste no respeta su pacto de mantenimiento de los salarios, sino que recurre a mecanismos irregulares como son la inaplicación del convenio colectivo del Art. 82.3 del ET o a la modificación sustancial de condiciones de trabajo del Art. 41 del ET. Por su parte, las personas trabajadoras en época de fuerte crecimiento económico también suelen exigir aumentos de salario por encima del IPC, mediante amenazas de huelga, conflictos colectivos u otras medidas menos ortodoxas como pueda ser el conocido *"frenado"* obrero.

Por tanto, en España, aunque se pacte un salario fijo, ninguna de las dos partes quiere asumir íntegramente el riesgo, ni quedarse sin parte de los beneficios cuando los hay. Algo, por otra parte, totalmente lógico. El problema reside en que esta variabilidad del salario se realiza mediante mecanismos irregulares y heterónomos como son los Arts. 82.3 y 41 del ET, así como con las huelgas o con los conflictos colectivos. Mecanismos que aumentan, irremediablemente, la conflictividad laboral.

En esta ocasión se propone la utilización de las denominadas *"cláusulas de contingencia"* como forma más eficiente de retribución. Las *"cláusulas de contingencia"* son aquellas fórmulas de retribución que tienen en cuenta todas las posibilidades, o que atienden a todas las contingencias posibles, a la hora de fijar el salario. De este modo, la persona trabajadora será consciente de que su derecho a un salario o a otro dependerá de la variación de las circunstancias del mercado, de la empresa o de cualquier otro índice que se haya pactado. Se defiende así la participación financiera como una forma más conveniente para ambas partes del contrato de trabajo de establecer el salario que la retribución fija. A pesar de ello, esta forma de retribución no suele ser utilizada.

Entre las razones de esta infrautilización se encuentra la propia legislación laboral española que desincentiva su uso. Los Arts. 82.3 y 41 del ET permiten al empresario reducir el salario si las condiciones son adversas. La participación financiera parte de la hipótesis de que ambas partes quieren protegerse ante situaciones que les pueden ser negativas. El empresario desea poder pagar menores salarios en el caso de que el ciclo económico sea negativo, mientras que las personas trabajadoras, por su parte, desean cobrar mejores salarios si la situación económica es positiva. Así pues, en estas cláusulas las dos partes obtienen *"algo de lo que quieren"* a cambio de *"dar algo a la otra parte."*

Sin embargo, en la legislación española el empresario, a través de la ley, ya puede reducir el salario por razones económicas, técnicas, organizativas o productivas, por lo que no tiene por qué preverlo en el convenio colectivo o en el contrato individual. Es decir, el empresario, para obtener la contingencia que a él le interesa, no tiene que dar nada a cambio ya que la ley se la otorga creando una desigualdad negociadora entre las partes que, además, a nuestro juicio, empobrece la propia negociación colectiva.

Lo que se propone es que la retribución de los trabajadores dependa de una participación en beneficios explícita. Hasta ahora, en el mejor de los casos en España con el salario fijo se está ante una participación en beneficios implícita, o de facto, donde los salarios varían, pero varían mediante mecanismos *"irregulares"*. Sin embargo, parece más lógico que esta participación en beneficios se pacte en el propio convenio colectivo o en el contrato de trabajo. Y ello por dos razones:

1ª) Primero, con el objeto de que las personas trabajadoras tengan acceso a la riqueza creada en la empresa. En España, desde 1994 al 2008, el PIB aumentó de manera acumulada un 80 por 100 mientras que los salarios aumentaron un 7,9 por 100. Es decir, que con el sistema del salario fijo que tenemos, del total de la riqueza creada durante el periodo de expansión económica solo el 10 por 100 fue para los trabajadores. De ahí la necesidad de vincular la retribución de las personas trabajadoras con las ganancias empresariales.

2ª) El segundo motivo iría en beneficio de los empresarios. La vinculación de los salarios a los beneficios mejora sin duda los resultados de la empresa. Por tanto, no se está ante la clásica disyuntiva sobre la redistribución de la riqueza, sino que la participación financiera de las personas trabajadoras aumenta la propia riqueza existente.

Estos sistemas salariales parten de la idea de que la persona trabajadora es la que mejor sabe cómo incrementar su propia productividad y cómo ahorrar costes en la empresa, pero para hacerlo necesita de la motivación adecuada.

Por ello, los sistemas salariales propuestos prometen a las personas trabajadoras que cualquier ganancia o reducción de costes que tenga la empresa será compartida con ellos. De esta forma, se incentiva la invención creativa de las personas trabajadoras para solucionar problemas.

Es muy posible que el empresario ni siquiera conozca dónde están los problemas de eficiencia de su empresa, pero se espera que, incentivando correctamente a las personas trabajadoras, éstas los encuentren y los solucionen por él.

A cambio, el empresario accede a compartir esas ganancias derivadas de las mejoras de la productividad.

Estos sistemas pretenden conseguir que las personas trabajadoras de manera voluntaria realicen funciones que difícilmente se podrían conseguir a través de un régimen disciplinario. Si el empresario desconoce dónde están las ineficiencias, difícilmente podrá imponer sanciones para que las personas trabajadoras hagan lo que él mismo desconoce que es necesario hacer. Por ello, estos sistemas salariales ofrecen al empresario una manera de obtener una mayor productividad y unos mejores resultados empresariales que ningún sistema disciplinario puede conseguir.

Desde las instituciones se está promocionando sobremanera ser emprendedor. Todo el mundo ahora *"quiere"* ser emprendedor. Pero ser emprendedor es algo más que ser persona trabajadora autónoma. La sociedad no debería limitarse a convertir personas trabajadoras por cuenta ajena en personas trabajadoras autónomas. Acaso, el legislador debería incentivar también a los emprendedores laborales porque los hay. Sin embargo, con estas cifras señaladas, de que solo el 10 por 100 de la riqueza creada va a las rentas del trabajo, es muy fácil desmoralizar a cualquier asalariado de ser innovador trabajando para una empresa.

Por todo ello, se concluye que no es posible aumentar la productividad y la competitividad de las empresas españolas a través de la disminución de salarios, sino que, por el contrario, será la vinculación del salario con los resultados empresariales los que aumentarán la capacidad adquisitiva de las personas trabajadoras a la vez que conseguirían una mayor productividad en la economía en general.

3. LA NECESARIA INTERVENCIÓN DEL ESTADO

A pesar de las ventajas de la participación financiera de las personas trabajadoras, la realidad empírica muestra un escaso uso en las empresas. Ahora bien, el escaso uso de la participación financiera no responde a su falta de utilidad para la empresa y las personas trabajadoras, sino más bien a temores infundados a lo desconocido.

Los estudios empíricos han demostrado repetidamente que estos sistemas salariales aumentan la motivación de los trabajadores, la productividad en la empresa, la satisfacción en el trabajo, los beneficios empresariales, etc., lo que se traduce en una mejora de la economía global y de la competitividad de un país, así como en una mayor estabilidad en el empleo. Por estas razones, la Comisión Europea, durante más de veinte años, viene intentando promocionar el uso de estos sistemas retributivos, aunque sin mucho éxito.

La propia Comisión Europea, analizando su *"fracaso"* en la promoción y difusión del uso de estos sistemas retributivos, llega a la conclusión de que el principal factor que influye en el aumento del uso de la participación financiera es la legislación de un país. La falta de regulación específica sobre la participación financiera, así como la inexistencia de incentivos fiscales o bonificaciones a la Seguridad Social, es la principal razón del poco uso de este tipo de sistemas remuneratorios.

Analizando los distintos factores diferenciadores entre países y empresas con el objeto de averiguar cuál es el factor determinante del uso de la participación financiera —los valores culturales del país, el nivel de sindicalización, el tamaño de la empresa, el crecimiento de la compañía, la estructura y cultura empresarial—, se llega a la conclusión de que el factor determinante es la legislación aplicable.

En efecto, es necesario que la legislación de un país fije un marco jurídico estable que incentive el uso de este tipo de sistemas salariales, no siendo suficiente dejar en manos de la negociación colectiva su adopción. La defensa de la productividad nacional es una justificación más que suficiente para demandar del legislador una actuación proactiva en la promoción de la participación financiera.

De esta manera, existen tres tipos de actitudes en los poderes públicos respecto al uso de estos sistemas salariales: 1) la indiferencia, 2) la incentivación y 3) la obligación.

Por una parte, se encuentra la indiferencia en aquellos países que ni promocionan ni penalizan la utilización de los sistemas salariales vinculados a los resultados empresariales. Entre ellos encontramos a España, Alemania o Italia.

Por otra parte, los Estados Miembros que incentivan su empleo lo pueden hacer de diversas formas: bien regulando su uso y ofreciendo un marco claro de seguridad jurídica y unificando criterios de uso; bien con incentivos fiscales y bonificaciones a las cuotas de la Seguridad Social para empresas y personas trabajadoras. Entre los países que incentivan activamente el uso de estos sistemas retributivos se encuentra Inglaterra, Polonia, Eslovenia o Finlandia.

Por último, Francia es el único país de la Unión Europea que obliga por ley —a las empresas de más de 50 trabajadores— a realizar un reparto de beneficios entre los trabajadores (Art. L 3322-2 del Código de Trabajo), siendo éste el país con un mayor porcentaje de trabajadores cubiertos por este tipo de remuneración en toda la Unión Europea.

Esta tercera posibilidad implica que los países no solo incentiven el uso de estos sistemas retributivos, sino que impongan tal obligación a los agentes sociales.

Dado que España se encuentra entre los países que menos regulación tiene y menos incentivos dispone para la difusión de este tipo de sistemas remuneratorios, no es de extrañar su bajo nivel de expansión entre las empresas españolas. De hecho, ni siquiera existe seguridad jurídica al respecto dado que, al no existir una ordenación estatal específica, la regulación queda al arbitrio de las partes y a las eventuales resoluciones judiciales al respecto, sufriendo con ello una inevitable inseguridad jurídica que desincentiva irremediablemente su uso.

En fin, cuando estamos hablando de la productividad nacional como la principal forma de mantener el Estado del Bienestar, el legislador no puede quedarse al margen simplemente esperando que los agentes sociales pacten este tipo de sistemas salariales; ni puede confiar en la desregulación como forma de incrementar la productividad, sino que por el contrario el legislador debe tomar cartas en el asunto.

Cómo ya indicamos, hay varios parámetros (medidas del resultado empresarial) a los que el salario puede vincularse para incentivar el esfuerzo de los trabajadores, como pueden ser la productividad, los ingresos, el valor de las acciones, etc. En esta propuesta nos decantamos por vincular el salario a los beneficios empresariales como regla general que podrá ser modificada por el convenio. Las razones de esta elección son las siguientes.

1º) En primer lugar, los beneficios son un parámetro que toda empresa privada, pequeña o grande, cotizada o no cotizada, debe medir. El valor de las acciones solamente sirve para las empresas cotizadas y la productividad suele ser útil para empresas industriales, pero no para las empresas comerciales, las cuales no suelen medirla. De esta forma, los beneficios son un parámetro que toda empresa mide (por obligación contable y fiscal), por lo que es un parámetro extrapolable para todas las empresas y que su medición no va a implicar ningún coste extra en comparación con otros parámetros.

2º) En segundo lugar, se eligen los beneficios porque se entiende que se trata del parámetro óptimo para incentivar el esfuerzo de las personas trabajadoras. En efecto, el valor de las acciones puede entenderse demasiado *"lejano"* de las posibilidades de modificación de la persona trabajadora, esto es, una persona trabajadora muy probablemente se vea incapaz de modificar el valor de las acciones de la empresa con su esfuerzo, lo que hará que no se esfuerce. Por su parte, vincular el salario a otros parámetros, como los ingresos o el rendimiento de la persona trabajadora, no incentivaría comportamientos que interesan a la empresa y a la economía en general como son la reducción de costes. Por el contrario, el parámetro beneficio sí lo hace.

3º) En tercer lugar, se opta por los beneficios dada la naturaleza flexibilizadora del salario. En efecto, vinculando el salario a los beneficios se asegura que la empresa solamente pague este complemento cuando la empresa esté en una buena situación económica y deje de pagarlo, automáticamente, cuando se encuentre en periodos de crisis empresarial.

Ello no obstante, hay que reconocer que existen algunos inconvenientes en el uso de los beneficios. El principal es la posibilidad de la empresa de incrementar *"ficticiamente"* los gastos de la empresa para de esta manera reducir los beneficios y con ello reducir el complemento salarial que aquí se propone. Sin embargo, esta *"crítica"* al uso de los beneficios como parámetro debe ser rechazada por tres órdenes de motivos:

a) En primer lugar, porque, aun siendo cierta la crítica, las ventajas del uso de este parámetro superan los inconvenientes.

b) En segundo lugar, porque esta *"crítica"* proviene del ámbito del fraude. El derecho por su propia concepción siempre está abierto a la posibilidad de su uso fraudulento, pero para ello están los jueces que investigarán y decidirán si ha habido fraude o no. Piénsese que en materia de despidos colectivos se utiliza el parámetro de los beneficios en orden a admitir la procedencia de un despido, con las mismas posibilidades de existencia de fraude, siendo los jueces, en caso de fraude en las cuentas anuales, los que decidirán. En el presente caso estaríamos ante la misma situación.

c) En tercer lugar, se entiende que incluso esto puede ser positivo, dado que implicaría un aumento del control sobre los beneficios reales de las empresas. En efecto, desde el momento en que el salario dependa de los beneficios, los sindicatos y los trabajadores individuales (y no solamente la Agencia Tributaria) estarían legitimados para poner en duda la veracidad de los beneficios declarados aumentando con ello la trasparencia.

4. LA REGULACIÓN PROPUESTA

Los estudios demuestran que la principal razón para pactar la participación financiera de los trabajadores es una legislación favorable. Los agentes sociales, a pesar de las ventajas de estos sistemas salariales, prefieren continuar pactando lo conocido, esto es, el salario fijo. Por esta razón, es necesaria una actitud promocional —e, incluso, obligacional— de estos sistemas por parte del legislador con objeto de conseguir su difusión.

A nuestro juicio, la solución española debería ser una medida intermedia entre la labor promocional y la obligacional, esto es, a través de la técnica *opt out*. De esta forma, la ley debería obligar a la utilización de un sistema salarial de participación en los beneficios, pero de forma dispositiva. Con ello, las partes quedarían obligadas al reparto de un determinado porcentaje de los beneficios empresariales salvo que mediante negociación colectiva se dispusiera lo contrario. Consideramos que está técnica jurídica es la más acorde con nuestro sistema de relaciones laborales el cual confía, desde la Constitución Española (Art. 37.1 de la CE), en la negociación colectiva como la mejor manera de regular las relaciones de trabajo.

Con esta fórmula propuesta, el legislador promocionaría la negociación colectiva enriqueciendo sus contenidos y obligando a las partes, al menos, a debatir sobre la idoneidad de mantener o cambiar un sistema de participación en beneficios. Todo esto se haría en definitiva sin llegar a violentar la voluntad de las partes, las cuales siempre podrían declinar la opción legislativa.

En definitiva, propondríamos añadir un nuevo Párrafo sexto al actual Art. 26 del ET que dijera lo siguiente:

"Las empresas estarán obligadas a pagar anualmente un complemento por beneficios, consistente en un reparto del 10 por 100 del beneficio entre cada uno los trabajadores de la empresa, en proporción a las horas trabajadas, salvo que otra cosa disponga el convenio colectivo aplicable".

XIV. La reforma de la normativa reguladora del derecho a la intimidad personal y del control del trabajador

Tomás Sala Franco
Catedrático Emérito de Derecho del Trabajo y de la Seguridad Social
Universidad de Valencia
Estudio General

Margarita Tarabini-Castellani Aznar
Profesora Titular de Derecho del Trabajo y de la Seguridad Social

Sumario: 1. La normativa aplicable. 2. Las manifestaciones de los derechos del trabajador a la intimidad y a la protección de datos personales y el poder de control empresarial. 3. El poder de control empresarial en el momento de contratar. 4. Los límites a las indagaciones del empresario. 5. La protección jurídica del trabajador. 6. Propuestas operativas. 7. El poder de control empresarial durante la relación laboral y sus límites. 8. El derecho a la intimidad. 9. Los derechos a la intimidad y a la protección de datos personales: el control por medios tecnológicos. 10. El secreto de las comunicaciones. 11. El control extralaboral: los detectives privados. 12. El derecho a la propia imagen. 13. La protección jurídica del trabajador. 14. Propuestas operativas.

1. LA NORMATIVA APLICABLE

Los derechos a la intimidad, a la propia imagen, al secreto de las comunicaciones y a la protección de datos personales vienen reconocidos como derechos fundamentales de la persona en el Art. 18 de la CE, siendo manifestación, junto con otros más, del respeto exigible en un Estado Social y Democrático de Derecho a la dignidad de la persona como *«fundamento del orden político y de la paz social»* (Art. 10.1 de la CE).

Como tales derechos fundamentales gozan de una posición privilegiada en el ordenamiento jurídico. Lo que se traduce en:

1°) Una eficacia jurídica inmediata, sin necesidad de legislación de desarrollo *«ex Arts. 9.1 y 53.1 de la CE»* (por todas, STC 7/1983, de 14 de febrero).

2º) La existencia de una reserva de ley orgánica para su desarrollo (Art. 81 de la CE).

3º) Una especial garantía constitucional concretable en el establecimiento de un procedimiento judicial especial preferente y sumario (Art. 53.2 de la CE) y en la posibilidad de recurrir en amparo ante el Tribunal Constitucional en el caso de violación de tales derechos (Art. 161.1 b) de la CE).

4º) No hay duda, además, según ha manifestado en repetidas ocasiones el Tribunal Constitucional a partir de la STC 38/1991, de 23 de noviembre, de la eficacia horizontal de estos derechos fundamentales, *«dado que en un Estado Social de Derecho como el que consagra el Art. 1 de la CE no puede sostenerse que el titular de tales derechos no lo sea en la vida social»* (STC 18/1984, de 7 de febrero), señalando que *«la celebración de un contrato de trabajo no implica la privación en modo alguno para una de las partes, el trabajador, de los derechos que la Constitución le reconoce como ciudadano»* (por todas, SS.TC 6/1988, de 21 de enero, 129/1989, de 17 de julio, 126/1990, de 5 de julio, 99/1994, de 11 de abril, 106/1996, de 12 de junio, 186/1996, de 25 de noviembre, 90/1997, de 6 de mayo y 904/1997, de 25 de noviembre).

Resulta igualmente claro para el Tribunal Constitucional que tales derechos fundamentales no son derechos absolutos o ilimitados, sino que, al contrario, vienen limitados, no solo intrínsecamente por su propia naturaleza y características, sino también extrínsecamente, esto es, por la existencia de otros derechos constitucionalmente reconocidos (por todas, STC 11/1981, de 8 de abril).

Se hace preciso, pues, compaginar la existencia de derechos posiblemente contradictorios, problema que el Tribunal Constitucional soluciona a través de la *«doctrina del equilibrio de los derechos constitucionales»*, no tanto en base a un principio de jerarquización entre los mismos dando prioridad a los derechos fundamentales sobre los demás derechos reconocidos, sino en base a un principio de equilibrio y proporcionalidad entre todos ellos, exigiendo en todo caso el respeto del contenido esencial del derecho fundamental, esto es, de *«aquella parte del derecho que es absolutamente necesaria para que los intereses jurídicamente protegidos que dan vida al derecho resulten real, concreta y efectivamente protegidos»*

(STC 11/1981, de 8 de abril) y realizando tres juicios sucesivos sobre el conflicto de derechos: de ponderación, de acomodación razonable y de proporcionalidad.

De esta manera, en aplicación del anterior esquema interpretativo del Tribunal Constitucional, los derechos fundamentales del trabajador recogidos en el Art. 18 de la CE limitarán los poderes empresariales de selección, organización y control de los trabajadores subordinados, que forman parte esencial del derecho de libertad de empresa reconocido en el Art. 38 de la CE y serán limitados a su vez por ellos. Pues si *«la celebración de un contrato no permite despojos transitorios o limitaciones injustificadas de los derechos fundamentales y libertades públicas que pertenecen al trabajador»*, *«ello no significa, sin embargo, que la invocación de un derecho fundamental pueda servir para justificar la imposición de modificaciones de la relación contractual, la ruptura del marco normativo de la misma o el incumplimiento de los deberes laborales que incumben al trabajador»* (por todas, STC 88/1995, de 19 de julio).

El tratamiento legal de los derechos fundamentales de la persona del trabajador en el lugar de trabajo y, en particular, de los derechos a la intimidad y a la propia imagen, se ha reducido en el Estatuto de los Trabajadores al reconocimiento genérico del derecho *«al respeto de su intimidad y a la consideración debida a su dignidad, comprendida la protección frente al acoso por razón de origen racial o étnico, religión o convicciones, discapacidad, edad u orientación sexual, y frente al acoso sexual y al acoso por razón de sexo»* (Art. 4.2 e) del ET), a esporádicas referencias puntuales a algunas de sus concretas manifestaciones (Art. 8.4 del ET, referido a las exclusiones de la copia básica del contrato de aquellos datos que pudieran afectar a la intimidad personal del trabajador; Art. 18 del ET, referido a los registros de las trabajadores y de sus pertenencias; Art. 20.3 del ET, referido a las medidas de vigilancia y control de las obligaciones del trabajador; Art. 20.4 del ET, referido al control de las ausencias derivadas de enfermedad o accidente del trabajador; Art. 20 bis del ET, relativo a los derechos a la intimidad en relación con el entorno digital y a la desconexión, que se remite por entero a la legislación vigente en materia de protección de datos personales y garantía de los derechos digitales y Art. 22 de la LPRL, referido a la vigilancia y control periódicos de la salud de los trabajadores) y a la configuración de los comportamientos empresariales que menoscaban la dignidad del trabajador como causa de resolución unilateral justificada del contrato de trabajo por el trabajador (Art. 50 del ET).

En la medida en que se trata de una normativa genérica y ambigua y, sobre todo, insuficiente, se ha hecho preciso aplicar a las relaciones laborales lo dispuesto en la legislación orgánica de desarrollo general de estos derechos, normativa que se concreta en la actualidad en las Leyes Orgánicas 1/1982, de 5 de mayo, de protección civil del derecho al honor, la intimidad personal y la propia imagen, y 3/2018, de 5 de diciembre, de protección de datos personales y garantía de los derechos digitales (LOPD), en particular los Arts. 87 a 90. Especial relevancia adquiere también el Reglamento UE 2016/679, del Parlamento Europeo y del Consejo, de 27 de abril, relativo a la protección de las personas físicas en lo que respecta al tratamiento de datos personales y la libre circulación de estos datos (RGPD).

Los Arts. 87, 88, 89 y 90 de la LOPD han venido a cubrir un vacío incorporando la jurisprudencia ordinaria y constitucional, que había llevado a cabo una labor creadora *"cuasilegislativa"* ante la imprecisión normativa anterior sobre la base del necesario equilibrio de derechos. Pero, además, ha puesto sobre el tapete la relación entre el derecho a la intimidad y el derecho a la protección de datos personales, aunque acaso haya abordado la regulación desde una perspectiva más centrada en el primer derecho que en el segundo, precisamente por ceñirse a acoger la jurisprudencia, enfocada hacia el derecho a la intimidad y limitadamente al derecho a la protección de datos personales.

Se trata por ello de una normativa todavía anclada en una cultura analógica, que repara más en la implicación del uso de medios digitales en el derecho a la intimidad y a la protección de datos personales, que en la protección de estos derechos en una prestación de servicios en un entorno digital. No repara, entre otras cuestiones, en cómo pueden quedar afectados estos derechos en la que el filósofo Byung-Chul Han llama *"sociedad de la transparencia"*, o *"sociedad de la exposición"* o *"sociedad íntima"*, inaugurada por las redes sociales y la cantidad de datos personales que pueden encontrarse en Internet, y en la que las relaciones humanas se establecen y desarrollan de una forma más pública, más expuesta, con clara repercusión en el entorno laboral.

En consecuencia, el papel de la jurisprudencia va a seguir teniendo un papel relevante en la delimitación de los derechos de los trabajadores y poderes del empresario a la luz de las distintas manifestaciones de la cultura digital.

Como serán especialmente significativos igualmente los convenios colectivos y los códigos de conducta de las empresas llamados a establecer los parámetros y límites de uso de Internet y redes sociales, y no sólo en lo que respecta a su uso por los trabajadores, sino a su uso por la propia empresa, por ejemplo, en procesos de selección.

El Art. 88 del RGPD, en esta línea, prevé que los Estados miembros podrán, a través de disposiciones legislativas o de convenios colectivos, establecer normas más específicas para garantizar la protección de los derechos y libertades en relación con el tratamiento de datos personales de los trabajadores en el ámbito laboral, en particular a efectos de contratación de personal, ejecución del contrato laboral, incluido el cumplimiento de las obligaciones establecidas por la ley o por el convenio colectivo, gestión, planificación y organización del trabajo, igualdad y diversidad en el lugar de trabajo, salud y seguridad en el trabajo, protección de los bienes de empleados o clientes, así como a efectos del ejercicio y disfrute, individual o colectivo, de los derechos y prestaciones relacionados con el empleo y a efectos de la extinción de la relación laboral.

Por su parte, el Arts. 40 del RGPD hace referencia a la promoción de los códigos de conducta destinados a contribuir a su correcta aplicación y el Art. 38 de la LOPD les atribuye carácter vinculante.

Ha de tenerse en cuenta, junto a lo anterior, que el perfil del derecho a la intimidad puede solaparse, y de hecho se solapa con otros derechos fundamentales. No sólo con el derecho a la protección de datos sino, en no pocas ocasiones, con el derecho a la igualdad de trato y no discriminación del Art. 14 de la CE.

2. LAS MANIFESTACIONES DE LOS DERECHOS DEL TRABAJADOR A LA INTIMIDAD Y A LA PROTECCIÓN DE DATOS PERSONALES Y EL PODER DE CONTROL EMPRESARIAL

No resulta fácil sistematizar los múltiples momentos en que pueden entrar en conflicto los derechos del trabajador a la intimidad y a la protección de datos personales y los poderes empresariales. A efectos expositivos, cabe distinguir entre el control empresarial en el momento de contratar y en el momento posterior a la contratación; y, dentro de este último, entre el control empresarial de las obligaciones laborales y el control empresarial extralaboral con incidencia en la prestación laboral.

3. EL PODER DE CONTROL EMPRESARIAL EN EL MOMENTO DE CONTRATAR

En la selección del personal, los derechos a la intimidad y a la protección de datos de carácter personal del trabajador pueden verse conculcados por el empresario o por los gabinetes de selección con los que aquel hubiera contratado sus servicios, de dos maneras: bien a la hora de indagar acerca de las características profesionales necesarias para concederle el trabajo ofertado o bien por utilizar injustificadamente los datos obtenidos violando el natural secreto.

En este doble sentido dirá la STC 142/1993, de 22 de abril, que *«el atributo más importante de la intimidad, como núcleo central de la personalidad, es la facultad de exclusión de los demás de abstenerse de injerencias por parte de otro, tanto en lo que se refiere a la toma de conocimientos intrusiva, como a la divulgación ilegítima de esos datos»*.

Estas posibilidades de indagación se multiplican hasta el infinito con la información que de las personas empleables puede constar en Internet y en las redes sociales por las que, además de disponerse de los datos personales que sus miembros incluyen (vida personal, contactos, opiniones, fotos), puede trazarse un perfil del candidato o candidata, combinando los datos publicados con los que derivan de su actividad, por ejemplo, sus contactos, preferencias, opiniones, referencias, enlaces, o los *"me gusta"*.

Por ello, hay otro derecho a proteger que no supone tanto *"excluir"* del conocimiento a terceros como de disponer de los datos propios que es el derecho a la protección de datos personales.

4. LOS LÍMITES A LAS INDAGACIONES DEL EMPRESARIO

Existen determinados límites que el empresario no deberá traspasar. Así:

A) *La ideología del trabajador.* Parece claro que, en principio, los derechos de libertad ideológica y de no discriminación, reconocidos en los Arts. 16.1 y 14 de la CE, impiden con carácter general las indagaciones empresariales acerca de la ideología (política, sindical o religiosa) del trabajador en orden a su contratación. Tales averiguaciones constituirían una injerencia injustificada en la vida privada del mismo y, en consecuencia, un atentado a su derecho a la intimidad (Art. 18.1 de la CE).

Del mismo modo, desde la perspectiva del derecho a la protección de datos personales, el Art. 9.1 del RGPD prohíbe el tratamiento de las categorías especiales de estos datos, que son los que revelan el origen étnico o racial, las opiniones políticas, las convicciones religiosas o filosóficas, o la afiliación sindical, o los genéticos o biométricos dirigidos a identificar de manera unívoca a una persona física, los de salud, la vida u orientación sexual de una persona física.

Aunque el Art.9.2 a) del RGPD permite levantar la prohibición cuando el interesado de su consentimiento explícito, también indica que es posible que el Derecho de la Unión o de los estados miembros establezca que esta prohibición no puede ser levantada. Esto es lo que sucede con el Art. 9.1 de la LOPD, que establece que el solo consentimiento no bastará para levantar la prohibición del tratamiento de datos cuya finalidad principal sea identificar la ideología, afiliación sindical, religión, orientación sexual, creencias u origen racial o étnico. Por lo que es necesario contar con otro título jurídico para el tratamiento de los previstos en el Art. 9.2 del RGPD.

En las denominadas *«empresas ideológicas o de tendencia»* (partidos políticos, sindicatos, organizaciones religiosas o culturales, empresas educativas o empresas periodísticas), estos derechos fundamentales de los trabajadores pueden verse limitados por los derechos de las organizaciones empresariales que exigen el respeto al *«ideario o programa»* por parte de empleados. Ahora bien, estas limitaciones solo podrán producirse, de un lado, respecto de aquellas prestaciones de trabajo en estas empresas directa o inmediatamente conectadas con ese ideario, que serán siempre excepcionales. Y, de otro lado, no jugarán con igual fuerza los intereses de estas empresas respecto de los derechos fundamentales de los trabajadores en el momento de la selección que durante la relación laboral. Así, en este último sentido, no parece que deban de tenerse en consideración en el momento de contratar las opiniones políticas, sindicales o religiosas del candidato al puesto si bien éste vendrá obligado a respetar el ideario de la empresa en su trabajo, so pena de sanción disciplinaria (por todas, SS.TC 47/1985, de 27 de marzo y 106/1996, de 12 de junio).

Aplicando esta lógica jurisprudencial, no cabría discriminar al trabajador en la selección por razones ideológicas. Sería ilícito investigar su ideología a efectos de la contratación, ya que aún no ha tenido ocasión de manifestarse contra el ideario con actos concretos y probados. Cabe no obstante dudar de lo anterior en los casos de notorias actitudes contrarias al ideario mantenidas por el candidato.

Estas limitaciones a las indagaciones empresariales de la ideología de los trabajadores alcanzan probablemente su cénit en relación con la libertad sindical, de la que podría predicarse su carácter absoluto frente a empresas de tendencia e, incluso, frente a los propios sindicatos cuando actúen como empresarios.

Lo contrario conduciría a negar la existencia del pluralismo sindical o de la libertad sindical en el seno de estas empresas. Dicho de otra manera, la afiliación sindical no parece que pueda ser nunca un condicionante de la contratación. En este preciso sentido se ha manifestado la STC 292/1993, de 18 de octubre, señalando que *«la afiliación a un sindicato es una opción ideológica protegida por el Art. 16 CE, que garantiza al ciudadano el derecho a negarse a declarar sobre ella».*

B) *Otros datos privados.* Las indagaciones sobre la vida sexual (homosexualidad, transexualidad, intersexualidad...) o sobre el estado civil del trabajador vendrán también prohibidas con carácter general en el momento de la selección del personal, no solamente sobre la base del derecho a la intimidad sino también del principio de no discriminación por estas causas que lo refuerza (Arts. 14 de la CE y 4.2 c) y 17.1 del ET), dado que, al considerarse un medio para apreciar la idoneidad del trabajador, *«constituyen la lógica premisa para una consiguiente actividad discriminatoria contraria al Art. 14 CE»*.

Y no parece fácilmente imaginable un supuesto en el que resulte razonable excluir al trabajador por razón de su estado civil o vida sexual. Ni tampoco deriva del artículo 9. 2 del RGPD título jurídico alguno que permita levantar la prohibición de su tratamiento.

En cuanto al embarazo, la doctrina ha defendido el derecho de la mujer a ocultarlo, para evitar discriminaciones en el empleo, sin que una falsa respuesta al empresario sea razón para anular el contrato posteriormente por engaño doloso o para un despido disciplinario por transgresión de la buena fe contractual.

Otros aspectos de la vida privada del trabajador, no enumerados expresamente en el Art. 14 de la CE, serían no obstante reconducibles a la causa genérica de discriminación referida a *«cualquier otra condición o circunstancia personal o social»*, pudiendo concluir por ello que las indagaciones empresariales sobre las mismas resultarían también atentatorias tanto del derecho a la no discriminación como del derecho a la intimidad personal, salvo que resultasen justificadas por razón del trabajo ofertado.

Tal sucedería, por ejemplo, con las indagaciones sobre los antecedentes penales, respecto de los que solamente resultarían *«pertinentes»* las relacionadas con el puesto de trabajo y no cancelados a efectos de la calificación de la *«reincidencia»*. En esta línea, la STS 12 de mayo de 2022, R. 70/2020, entiende que es contraria a derecho la práctica empresarial de las empresas de seguridad privada consistente en requerir a los trabajadores de nueva incorporación un certificado o declaración escrita de que carecen de antecedentes penales, por no ampararse en norma de rango legal, con independencia de que la información haya sido consentida por el trabajador, porque se trata de datos personales que gozan de protección especial. Los antecedentes penales son requisito de acceso a las pruebas de selección para obtener la habilitación profesional como vigilante de seguridad privada, por lo que a éste le basta con acreditar estar en posesión de la tarjeta de identidad profesional para poder atender las funciones que con ella pueda desarrollar, de forma que hasta que no se le retire ese documento público, por el procedimiento correspondiente, no tiene por qué poner de manifiesto ante el empleador otros datos distintos a los de estar en posesión del documento de habilitación.

C) *La salud o los datos genéticos o biométricos.* En lo que respecta a la indagación sobre la salud del trabajador, el tema se encuentra normativizado, tanto desde la perspectiva del derecho a la intimidad como desde el de protección de datos personales. Así, el Art. 22 de la LPRL contempla el carácter voluntario de los controles médicos, y del mismo modo el Art. 9. 2 a) del RGPD prevé que la prohibición del tratamiento de los datos relativos a la salud, los biométricos y genéticos, ceda ante el consentimiento del afectado. Por tanto, en el momento de la contratación, la verificación del estado de salud o el tratamiento de estos datos dependería de la voluntad del interesado.

Sin embargo, tanto el Art. 22 de la LPRL como el Art. 9 del RGPD prevén la posibilidad de proceder al control de la salud del trabajador y el tratamiento de estos datos, respectivamente, sin que sea necesario el consentimiento; hasta el punto de que podría decirse que dicha posibilidad es, en realidad, la regla general (STS de 20 de diciembre de 2006, Rec. 140/2005).

El Art. 22 de la LPRL hace referencia a la obligación de someterse a controles de salud en los siguientes casos:

a) Aquellos en los que la realización de los reconocimientos médicos sea imprescindible para evaluar los efectos de las condiciones de trabajo sobre la salud de los trabajadores.

b) Para verificar si el estado de salud del trabajador puede constituir un peligro para él mismo, para los demás trabajadores o para otras personas relacionadas con la empresa (STS 10 de junio de 2015, Rec. 178/2014).

c) Cuando así esté establecido en una disposición legal en relación con la protección de riesgos específicos y actividades de especial peligrosidad.

Por su parte, el artículo 9 del RGPD prevé que puede procederse al tratamiento de los datos de la salud, genéticos y biométricos en los siguientes supuestos:

a) Cuando este sea necesario, entre otras razones, en cumplimiento de obligaciones y ejercicio de derechos del responsable del tratamiento y del interesado en el ámbito de derecho laboral y de la seguridad y protección social, con garantías adecuadas del respeto de los derechos fundamentales y de los intereses del interesado [artículo 9. 2 b) del RGPD].

b) Para fines de medicina preventiva o laboral, evaluación de la capacidad laboral del trabajador, diagnóstico médico, prestación de asistencia o tratamiento de tipo sanitario o social, o gestión de los sistemas y servicios de asistencia sanitaria y social según el Art. 9. 2 h) del RGPD. En este sentido, la disposición adicional decimoséptima de la LOPD señala que los tratamientos de datos relacionados con la salud y de datos genéticos que estén regulados en la LPRL y sus disposiciones de desarrollo se encuentran amparados en este artículo.

En todo caso, la ley garantiza el derecho a la intimidad del trabajador estableciendo que *«el acceso a la información médica de carácter personal se limitará al personal médico y a las autoridades sanitarias que lleven a cabo la vigilancia de la salud de los trabajadores, sin que pueda facilitarse al empresario o a otras personas sin consentimiento expreso del trabajador»*, salvo *«las conclusiones que se deriven de los reconocimientos efectuados en relación con la aptitud del trabajador para el desempeño del puesto de trabajo o con la necesidad de introducir o mejorar las medidas de protección y prevención, a fin de que puedan desarrollar correctamente sus funciones en materia preventiva»*, de las que podrán ser informados el empresario y las personas u órganos con responsabilidades en materia de prevención de riesgos laborales (Art. 22.4 de la LPRL). En la misma dirección, el Art. 9. 3 RGPD señala que, en los casos de tratamiento con fines de medicina preventiva o laboral, éste debe ampararse en un contrato con un profesional sanitario, o bajo su responsabilidad, que debe sujetarse al secreto profesional u otro profesional sujeto igualmente al deber de secreto. Razón que lleva a la STS de 27 de octubre de 2010, Rec. 53/2009, a anular una previsión convencional sobre reconocimientos médicos, que inevitablemente lleva al conocimiento de su contenido.

La normativa señalada establece, además, dos tipos de garantías adicionales:

1.ª) Se deberá optar por la realización de aquellos reconocimientos o pruebas que causen las menores molestias al trabajador y que sean proporcionales al riesgo (Art. 22.1 de la LPRL). Previsión que concuerda con la del Art. 5.1 c) del RGPD que indica que el tratamiento de los datos debe velar por la *"minimización"*, lo que se traduce en que éstos deben ser adecuados, pertinentes y limitados a lo necesario en relación con los fines para los que son tratados

2.ª) Los datos relativos a la vigilancia de la salud de los trabajadores no podrán ser usados con fines discriminatorios ni en perjuicio del trabajador (Art. 22.4 de la LPRL), porque deben ser recogidos con fines determinados, explícitos y legítimos, y no ser tratados ulteriormente de manera incompatible con dichos fines [Art. 5. 1 b) del RGPD].

La STC 196/2004, de 15 de noviembre, añade que de la LPRL cabe deducir el principio de la indispensabilidad de las pruebas y de su proporcionalidad al riesgo; el necesario respeto del derecho a la intimidad, a la dignidad de la persona y a la confidencialidad de la información relacionada con su estado de salud; el derecho del trabajador a conocer los resultados; la prohibición de utilización de los datos relativos a la vigilancia de la salud con fines discriminatorios o en perjuicio del trabajador; la prohibición de comunicación de la información resultante, salvo que exista consentimiento expreso del trabajador; y la posibilidad de transmitir al empresario y a las personas u órganos con responsabilidades en materia de prevención únicamente las conclusiones que se deriven de las exploraciones, y con el exclusivo objeto de que puedan desarrollar sus funciones en materia preventiva.

En consecuencia, el derecho a la intimidad quedará afectado cuando no se respete la confidencialidad señalada o cuando se produce un exceso objetivo en el examen de la salud del trabajador por no concurrir la vinculación entre dicho examen y los riesgos inherentes al trabajo o las excepciones señaladas, salvo consentimiento del trabajador, y por tanto sin que exista causalidad, proporcionalidad y previsión legal suficiente (SS.TS de 20 de diciembre de 2006, Rec. 140/2005 y de 10 de junio de 2015, Rec. 2178/2014). En la misma línea queda afectado el derecho a la protección de los datos personales relativos a la salud.

Si a la LPRL se le puede hacer la crítica de que el derecho a la intimidad se garantiza más exigiendo la voluntariedad en los controles médicos que garantizando la efectiva vigilancia de los datos obtenidos (medidas de salvaguardia de las *«historias clínicas»*, plazos máximos de conservación, etc.), lo cierto es que el RGPD y la LOPD contemplan diversos principios del tratamiento de datos personales que permiten entender que llegan donde la LPRL se detiene. En efecto, estas normas exigen que los datos personales han de ser exactos y, si fuera necesario, actualizados. Además, deben adoptarse todas las medidas razonables para que se supriman o rectifiquen sin dilación los datos personales que sean inexactos con respecto a los fines para los que se tratan (Arts. 5.1 d) del RGPD y 4 de la LOPD). Además, serán mantenidos de forma que se permita la identificación de los interesados durante no más tiempo del necesario para los fines del tratamiento de los datos personales (Art. 5. 1 e) del RGPD). Y, por último, los datos deben ser tratados de tal manera que se garantice una seguridad adecuada de los mismos, incluida la protección contra el tratamiento no autorizado o ilícito y contra su pérdida, destrucción o daño accidental, mediante la aplicación de medidas técnicas u organizativas apropiadas (Arts. 5.1.f) del RGPD y 5 de la LOPD).

D) *La indagación sobre determinadas enfermedades.* Por lo que se refiere a la toxicomanía (alcoholismo y drogadicción), nuestro ordenamiento laboral solo la contempla *«si repercute negativamente en el trabajo»*, configurándola como causa de despido disciplinario en el Art. 54.2 f) del ET.

A sensu contrario, en el momento de seleccionar al personal no parece posible, con base en el Art. 18.1 de la CE que reconoce *«el derecho a la intimidad personal»*, que el empresario pueda lícitamente indagar esta cuestión en orden a contratar o no, incurriendo en tal caso en discriminación prohibida por el Art. 14 de la CE y por los Arts. 4.2 c) y 17.1 del ET.

Acaso, con la salvedad de que, dada la naturaleza particular de la empresa, se exija naturalmente un determinado comportamiento en la vida privada del trabajador, no sirve *«una invocación en abstracto de la necesidad de proteger la imagen o la honestidad de la empresa para practicar reproches sobre los hábitos de consumo de bebidas o drogas del trabajador»*. Ejemplos límite en este último sentido podrían ser los de la contratación de un transportista o de un piloto de líneas aéreas o, más dudosamente, de un empleado de hogar.

En cuanto al control inicial por parte de las empresas del SIDA, se plantea la importante cuestión de si éstas pueden exigir obligatoriamente al futuro trabajador la prueba de la detección del VIH antes de contratar para saber si es o no portador del síndrome o si ésta puede oponer su derecho constitucional a la intimidad.

La doctrina ha mantenido la ilicitud de las pruebas obligatorias por vulnerar el derecho a la intimidad del trabajador sin que exista causa justificada para ello, ya que los trabajadores portadores del VIH que no manifiesten síntomas patológicos deben ser consideradas y tratadas como los demás trabajadores y aptos para el trabajo, no existiendo riesgo de contagio en las relaciones laborales para sus compañeros de trabajo.

Cabe plantearse, no obstante, si hay algún supuesto en el que estaría justificado por razón del tipo de trabajo realizar tales pruebas. Así, por ejemplo, en hospitales o en centros de manipulación de alimentos con riesgo de vertido de sangre (carnicerías o pescaderías) respecto de determinados puestos de trabajo. Y ello fundamentalmente en defensa de los intereses de terceros que pudieran verse perjudicados por un eventual contagio.

Mayores problemas plantea la cuestión de si debe someterse a las pruebas de detección del VIH a los trabajadores para determinados puestos de trabajo en el caso de que las condiciones de desarrollo de los mismos pudieran potenciar o agravar el riesgo de que los trabajadores portadores desarrollaran una patología.

Otra cuestión que plantea el SIDA en el momento de contratar viene referida a la eventual calificación de discriminatoria de la negativa empresarial a contratar a un trabajador afectado del VIH. A nuestro juicio, por las mismas razones anteriormente expuestas —normal aptitud para el trabajo y ausencia de riesgo de contacto—, sería calificable de discriminatoria tal conducta empresarial, al no existir un hecho diferencial objetivo y razonable que justifique esa desigualdad de trato.

En lo que respecta a la situación desencadenada con la COVID-19, el Art. 22 de la LPRL y el Art. 9. 2 a) RGPD permiten, como se ha visto, de un lado, que el propio interesado consienta en el examen de su salud o el tratamiento de sus datos en esta materia. De otro, el Art. 22 de la LPRL y el Art.9. 2 b y h del RGPD ampararían una verificación del estado de la salud obligatoria, al ser evidente que las condiciones de trabajo pueden incidir en la salud del trabajador, en función de la exposición al riesgo, y de igual manera, en supuesto de contagio, el trabajador puede constituir un peligro para el mismo, para los demás trabajadores y, en su caso, para otras personas relacionadas con la empresa.

Estos mismos preceptos podrían amparar la exigencia de la vacunación en determinados sectores como puede ser el sanitario. Pero, en cambio, en el hipotético supuesto de que pudiera detectarse una inmunidad genética a la COVID-19, dicho dato no podría ser exigido ni tratado. No es un dato necesario para ejecución de contrato alguno ni para cumplir obligación preventiva alguna (Arts. 7. 4 y 9 del RGPD y 22 de la LPRL). El uso de dicho criterio en el marco de una selección de candidatos sería discriminatorio por razones genéticas. Corresponde al empresario implantar las medidas de prevención y vigilancia de la salud necesarias contra estos riesgos y no habría, en principio, justificación objetiva y razonable que permita requerir el cumplimiento de la citada condición.

E) *La capacitación profesional.* Respecto a las indagaciones del empresario acerca de la capacitación profesional de los candidatos, concretadas en actuaciones múltiples (test, currículo y entrevistas personales que realizan bien las empresas directamente o los gabinetes de selección de personal a los demandantes de empleo) cabría señalar lo siguiente:

a) No existe norma alguna que establezca una delimitación de este tipo de actuaciones indagatorias empresariales con base en el derecho a la intimidad del candidato.

b) El criterio defendible sería el de la licitud de aquellas indagaciones empresariales que guarden una razonable relación entre la información que se pretende y la tarea a realizar, admitiendo en este sentido la posibilidad empresarial de indagar no solamente aspectos profesionales estrictos sino también aquellos otros de índole psicofísica cuando las tareas a realizar o el puesto de trabajo así lo exija. No hay duda en este sentido de que en determinadas relaciones laborales (especiales o no) el *intuitu personae* está más acentuado que en otras. Desde la perspectiva de la protección de los datos personales, el Art. 5. 1 b) y c) del RGPD contempla, entre otros principios del tratamiento, el de la limitación de la finalidad y minimización de datos.

En definitiva, la regla podría ser ésta: las indagaciones empresariales solamente estarían justificadas si fueran dirigidas directa o inmediatamente a averiguar la capacidad del candidato para desempeñar el trabajo ofertado y no tanto para averiguar el previsible comportamiento laboral del trabajador en el futuro.

F) *Los perfiles automatizados y la Inteligencia Artificial.* El uso de la inteligencia artificial para la selección de los trabajadores habría de cumplir con la condición expuesta en el Art. 13. 2 f) del RGPD según el cual, el responsable del tratamiento, que será el empresario o la entidad que medie en la contratación, deberá informar en el momento en que se obtengan los datos personales, de la existencia de decisiones automatizadas, incluida la elaboración de perfiles, a que se refiere el artículo 22. 1 y 4 RGPD.

El Art. 22 del RGPD parte de la base de que todo interesado tendrá derecho a no ser objeto de una decisión basada únicamente en el tratamiento automatizado, incluida la elaboración de perfiles, que produzca efectos jurídicos en él o le afecte significativamente de modo similar; aunque permite que la decisión se base en el tratamiento automatizado cuando medie consentimiento, cuando sea necesario para la celebración o ejecución de un contrato entre el interesado y el responsable del tratamiento y cuando está autorizado por el Derecho de la Unión o del Estado miembro siempre que establezca medidas adecuadas para salvaguardar los derechos y libertades y los intereses legítimos del interesado.

En todo caso, en los supuestos de necesidad de tratamiento y de consentimiento el empresario o entidad mediadora en el empleo adoptará las medidas adecuadas para salvaguardar los derechos y libertades y los intereses legítimos del candidato y como mínimo el derecho a obtener una intervención humana, a expresar su punto de vista y a impugnar la decisión. Además, el tratamiento automatizado no se basará en las categorías especiales de datos, salvo que medie consentimiento o puedan aducirse razones de un interés público esencial, con las cautelas sobre el mismo expresadas en el RGPD y en la LOPD, y siempre que se hayan tomado medidas adecuadas para salvaguardar los derechos y libertades y los intereses legítimos del interesado. Si se han adoptado decisiones automatizadas deberá proporcionarse información significativa sobre la lógica aplicada, así como la importancia y las consecuencias previstas de dicho tratamiento para el interesado (Art. 14. 2 g) del RGPD).

G) *Los datos personales de las redes sociales y en Internet*. La propia existencia de las redes sociales, así como la existencia de redes de matriz profesional, conduce a entender que no puede sustraerse a los empleadores del acceso a la información que obra en ellas, pues en dichas plataformas es donde se entablan actualmente las relaciones y, no sólo la presencia en las mismas, sino contar con lo que sucede en su seno, es una forma de estar en la realidad, por virtual que sea.

No parece que para ello sea preciso recabar el consentimiento del interesado (Art. 6. 1 a) del RGPD) porque, por una parte, a tenor del Art. 7.4 del RGPD, al evaluar si el consentimiento se ha dado libremente se tendrá en cuenta, en la mayor medida posible, el hecho de si, entre otras cosas, la ejecución de un contrato, incluida la prestación de un servicio, se supedita al consentimiento al tratamiento de datos personales que no son necesarios para la ejecución de dicho contrato. En desarrollo de dicho precepto, el Art.6.3. de la LOPD indica con claridad que *"no podrá supeditarse la ejecución del contrato a que el afectado consienta el tratamiento de los datos personales para finalidades que no guarden relación con el mantenimiento, desarrollo o control de la relación contractual"*. El consentimiento no será válido cuando no se precise el tratamiento para dar vida al contrato, lo que conllevará que el responsable puede haber llevado a cabo un tratamiento de datos sin cobertura legal a pesar de que formalmente aquél se haya prestado. Interpretado a contrario se entiende que el consentimiento sí será válido si se dirige al tratamiento de datos necesarios para la ejecución del contrato, pero no parece que los que se deduzcan de las redes sociales cumplan con estas características.

Por otra parte, tampoco puede interpretarse que el Art. 6. 1 b) del RGPD exige el consentimiento para tratar los datos personales en la fase previa a la contratación. El precepto contempla como título jurídico del tratamiento la necesidad del mismo para la ejecución de un contrato en el que el interesado es parte o para la aplicación a petición de este de medidas precontractuales. La frase *"a petición de este"* no se refiere al tratamiento de sus datos sino a la aplicación de medidas precontractuales. La norma determina que será lícito el tratamiento de datos cuando sea necesario para la aplicación de las medidas precontractuales solicitadas por el interesado, pero no que dicho el tratamiento proceda a petición del interesado. El precepto cubre el tratamiento de datos que resulta estrictamente necesario para entablar la relación precontractual entre dos sujetos, pero en modo alguno bucear en los antecedentes personales del interesado y como se ha dicho, los datos obrantes en las redes sociales no pueden considerarse necesarios para la ejecución de un contrato.

Por ello, de los títulos jurídicos previstos en el Art. 6 del RGPD que permiten el tratamiento de los datos personales, puede deducirse que concurre un interés legítimo del empleador o de quien medie con fines de empleo para el tratamiento de los datos procedentes de las redes con el fin de conocer los perfiles profesionales del candidato (Art. 6. 1 f) del RGPD).

Ahora bien, este interés legítimo se ostentará, según indica el Art. 6. 1 f) del RGPD, *"siempre que sobre dichos intereses no prevalezcan los intereses o los derechos y libertades fundamentales del interesado que requieran la protección de datos personales"*. Se trata por tanto de determinar la prevalencia o del interés legítimo del empleador o bien de los del candidato.

La prevalencia de uno u otro, o lo que es lo mismo, la legitimidad del interés empresarial vendrá determinada por que el tratamiento se acomode a los principios previstos en el Art. 5 del RGPD, si bien hacer referencia a este límite en la fase previa a la contratación puede ser algo similar a poner puertas al campo.

En cualquier caso, del Art. 5 del RGPD cabe derivar, por lo que aquí interesa, que:

1) El tratamiento de los datos debe ser concreto y explicitado (Arts. 5. 2 y 14. 1c) y 2 b) del RGPD).

2) Los datos deben ser recogidos con fines determinados, explícitos y legítimos y sean adecuados, pertinentes y limitados a lo necesario en relación con los fines para los que son tratados, de acuerdo con los principios de finalidad y minimización (Art. 5. 1 b) y c) del RGPDP). Deberían dirigirse a la cobertura de puestos de trabajo concretos e identificables y los datos tratados deberían ser exclusivamente profesionales; lo que supondría, a su vez, que las redes sociales a consultar fueran profesionales o que se tratase de servicios profesionales dentro de las redes generales, o de perfiles profesionales en redes generales.

Los datos que cabe recabar deberían ser exclusivamente los que atiendan a las necesidades que deben ser explicitadas por el empleador en relación con el puesto a cubrir y que hagan referencia a la preparación del interesado, experiencia previa, formación, habilidades profesionales y, por tanto, va de suyo que el tratamiento de las categorías especiales de datos podría tener difícil cabida. Por tanto, la amplitud de datos personales y extralaborales expuestos en las redes generales lleva consigo que la consulta genérica de las mismas sea incompatible con los anteriores principios.

En cuanto a la parte no pública del perfil del candidato en una red profesional, el tratamiento de sus datos quedaría cubierto por un interés legítimo del empleador o mediador en el empleo siempre que fuera miembro de la red en cuestión y esté entre los contactos, amigos o seguidores del candidato, aunque la condición de amigo o contacto requiere ser analizada con cautela.

Si por el contrario el contenido privado se desvela a quien no es un contacto o es un tercero en la red, ello implicaría, no sólo la vulneración del derecho a la protección de datos, sino, muy seguramente también, el derecho a la intimidad.

En virtud de todo lo anterior, la entrada por vías indirectas a los perfiles de los trabajadores, como, por ejemplo, a través de sus contactos o *"amigos"*, esto es, accediendo a los mismos a través de persona interpuesta, no quedaría respaldada por el RGPD, pues no se cumpliría con su Art. 5. 1 a) sobre la lealtad y transparencia del tratamiento de datos.

En la misma línea, habría que dudar de la legalidad de una orden empresarial que condicionara la contratación a la entrada a la parte privada de los perfiles de los solicitantes en las redes sociales, la apertura de las cuentas en su presencia, o la identidad usada en algunas de ellas. El Grupo de Trabajo del Art. 29 (GT 29), antecesor del actual Comité Europeo de Protección de Datos, señala que no existe fundamento legal para que un empleador exija a los candidatos que le acepten como *"amigo"* o que de alguna forma le proporcionen acceso al contenido de sus perfiles. La Recomendación CM/Rec (2015) 5 (Apartado 5. 3) del Comité de Ministros del Consejo de Europa también se pronuncia sobre el deber de abstención por parte de los empleadores de exigir o solicitar a un trabajador o a un candidato tener acceso a informaciones que éste comparta con otros en línea, en especial en las redes sociales. En estos supuestos la validez del consentimiento prestado al efecto sería muy dudosa, en la línea que se ha señalado anteriormente que contemplan el Art.7. 4 RGPD y el Art. 6.3 de la LOPD.

3) Debe informarse sobre el tratamiento de dichos datos, de acuerdo con el Art. 14 del RGPD y con los principios de lealtad y transparencia en el tratamiento de los datos (Art. 5. 1 a) del RGPD).

El empleador o el mediador en el empleo deberá informar, además, de su identidad y de sus datos de contacto, de los del delegado de protección de datos, de los fines del tratamiento y del interés legítimo que le sirve de base jurídica, de las categorías de datos a tratar y de los destinatarios o categorías de destinatarios de dicho tratamiento, en su caso.

Deberá expresar que el tratamiento tiene amparo profesional y deberá explicitar qué busca y para qué, en concreto, qué puesto ha de cubrirse y qué características o condiciones se precisan para desempeñarlo, por ejemplo, la experiencia previa en qué tipo de empresas o entidades o la formación del candidato. En relación con ello, deberá exponer qué datos trata, lo que significa que será imprescindible la información acerca del tratamiento de categorías especiales de datos en las ocasiones excepcionales que sea necesario.

4) El tratamiento debe circunscribirse únicamente a los datos que permiten responder a la finalidad expuesta, para responder a las exigencias de adecuación, pertinencia y limitación, de acuerdo con el principio de minimización del tratamiento (Art. 5. 1 c) del RGPD).

Igualmente, y de acuerdo con lo que se ha señalado antes, el responsable debe informar de la fuente y la existencia de decisiones automatizadas como pueda ser la elaboración de perfiles, y en tales casos, información significativa sobre la lógica aplicada, así como la importancia y las consecuencias previstas de dicho tratamiento para el interesado. Información especialmente relevante si se tiene en cuenta que, por ejemplo, la propia red LinkedIn hace referencia a la elaboración de perfiles de modo automatizado.

Aunque el Art. 14.3 a) del RGPD indica que la información se facilitará en un plazo razonable, una vez obtenidos los datos personales, y a más tardar dentro de un mes, habida cuenta de las circunstancias específicas en las que se traten dichos datos, dado que el citado tratamiento está anudado a una decisión sobre la contratación, parece que el derecho a la autodeterminación informativa del candidato y también los principios de lealtad y transparencia, aconsejan una información previa del examen de sus datos que se va a realizar y en qué condiciones. No en vano, el GT 29 en su Dictamen 2/2017 señala que el tratamiento de datos personales obtenidos de las redes sociales será lícito dependiendo de, entre otras cuestiones, que el interesado sea informado del tratamiento de dichos datos antes de que participe en el proceso de contratación. Téngase en cuenta, además, que dar cumplimiento al derecho del Art. 94. 2 de la LOPD, sobre el derecho al olvido, podía requerir de dicha información previa.

Ciertamente, ante un proceso de selección en el marco de la actual cultura digital, es evidente que los propios candidatos deben cuidar la información de interés profesional que los mismos vierten o han vertido en sus perfiles o cuentas y diseñar o renovar los mismos a estos efectos, pero parece imprescindible que puedan conocer qué es lo que se va a examinar de las mismas en virtud del derecho a la autodeterminación informativa.

Sería especialmente conveniente que los códigos de conducta previstos en el Art. 40 RGPD, destinados a contribuir a la correcta aplicación del Reglamento y a los que, como se ha dicho, el Art. 38 de la LOPD atribuye carácter vinculante, establecieran protocolos sobre esta materia, y del mismo modo, los delegados de protección de datos contemplados en ellos Arts. 37 del RGPD y 34 de la LOPD, velaran por el estricto cumplimiento de los principios del tratamiento articulados, en su caso, en dichos códigos. También podría ser tarea de estos códigos determinar qué información se proporciona a los candidatos antes y después del tratamiento, velando por el cumplimiento de los citados principios de lealtad y transparencia.

5. LA PROTECCIÓN JURÍDICA DEL TRABAJADOR

Las garantías jurídicas existentes en nuestro ordenamiento para la protección de los derechos que podrían quedar afectados por una actividad empresarial son las siguientes:

En primer lugar, en el ámbito administrativo, de un lado, con carácter general, constituirán infracción laboral muy grave *"los actos del empresario que fueran contrarios al respeto de la intimidad y consideración debida a la dignidad de los trabajadores"*(Art. 8.11 de la LISOS); como también lo será, en su caso solicitar datos de carácter personal en los procesos de selección o establecer condiciones, mediante la publicidad, difusión o por cualquier otro medio, que constituyan discriminaciones para el acceso al empleo (Art. 16. 1 c) de la LISOS), a lo que hay que añadir la infracción también muy grave del Art. 8.12 de la LISOS relativa a las decisiones unilaterales de la empresa que impliquen discriminaciones directas o indirectas.

De otro lado, con carácter especial, las actuaciones ilegales de los responsables del tratamiento de datos personales podrán ser sancionadas administrativamente por la Agencia Española de Protección de Datos o por las autoridades autonómicas de protección de datos (Arts.

5 y 58 del RGPD, 63 y ss. y 71 y ss. de la LOPD). Dados los distintos intereses concurrentes en juego, no parece que incurra esta segunda sanción administrativa respecto de la anterior en incumplimiento del principio *"non bis in ídem"*.

En segundo lugar, en vía judicial, y en el marco de la jurisdicción social, de un lado, y de acuerdo con el Art. 82.1 del RGPD, toda persona que haya sufrido daños y perjuicios materiales o inmateriales como consecuencia de una infracción del RGPD, tendrá derecho a recibir del responsable o el encargado del tratamiento una indemnización por daños y perjuicios. La reclamación se sustentaría a través del procedimiento especial de tutela de derechos fundamentales (Arts. 177 y ss. de la LJRS).

De otro, podría defenderse la nulidad *ex Art.17.1 del ET* de los pactos individuales y las decisiones unilaterales del empresario que *"contengan discriminaciones favorables o adversas en el empleo"* y, con ello declarar la nulidad de aquellos contratos celebrados con un trabajador previa discriminación de otro. El procedimiento idóneo a seguir sería el de tutela de los derechos fundamentales, para lo que se encuentran legitimados tanto el trabajador perjudicado como el sindicato (Art. 177.1 de la LRJS).

Aunque con la Ley de Enjuiciamiento Civil en la mano las obligaciones de hacer resultan coercibles, no parece que tenga sentido defender el derecho a ser contratado y su posterior ejecución in natura, sino a ejecutar por equivalente pecuniario. Ejecución a la que habría que añadir la indemnización correspondiente por la vulneración de un derecho fundamental (Art. 183 de la LRJS).

Debe señalarse igualmente que, a la indemnización derivada de la vulneración de derechos fundamentales, podría añadirse la derivada de los daños y perjuicios producidos de acuerdo con las circunstancias concurrentes. En este último sentido, ha de considerarse el estadio de la oferta de empleo o de los tratos preliminares y las actuaciones llevadas a cabo por el trabajador en relación con ellos, por ejemplo, el abandono del anterior puesto de trabajo o el rechazo de otras ofertas de trabajo.

No cabe descartar, por otra parte, el planteamiento de un conflicto colectivo por el procedimiento especial correspondiente (Arts. 153 y ss. de la LRJS) por parte de los sindicatos (Art. 154 a) de la LRJS).

Finalmente, en determinados supuestos, cabría incluso exigir una responsabilidad penal derivada, bien del descubrimiento y revelación de secretos (Arts. 197 y ss. del Código Penal), bien de la discriminación en el empleo subsiguiente a tal comportamiento empresarial (Art. 314 del Código Penal).

Dicho esto, a nadie se le escapa que se trata de una débil protección jurídica por cuanto, en la práctica, fuera de los casos, excepcionales por lo demás, de actuaciones abiertamente atentatorias por parte del empresario, estas indagaciones suelen practicarse en el más absoluto secreto, siendo por ello de muy difícil prueba para el trabajador afectado, pese a que, con base en el Art. 181.2 de la LRJS, una vez constatada la existencia de indicios de un atentado empresarial al derecho a la intimidad del trabajador, corresponda al empresario demandado «la aportación de una justificación objetiva y razonable, suficientemente probada, de las medidas adoptadas y de su proporcionalidad».

Téngase en cuenta, además, que muchos de los datos obtenidos se encuentran *"en abierto"*, por lo que el empresario o la entidad de selección pueden encontrar una fácil cobertura a su modo de proceder.

Es posible deducir que, con el tiempo, los códigos de conducta elaborados al amparo de los Arts. 40 y ss. del RGPD y 38 de la LOPD incluirán los criterios con los que la empresa debe realizar el tratamiento de los datos de los candidatos mediante búsquedas en Internet o las redes sociales y de verificarse su incumplimiento pudiera reclamarse frente a las agencias de protección de datos.

6. PROPUESTAS OPERATIVAS

Las anteriores páginas evidencian la relevancia no ya de un progresivo desarrollo de una cultura de la disposición de los propios datos, habida cuenta de la infinidad de posibilidades de uso de los datos personales de los candidatos en el marco de la solicitud de empleo, sino de una paralela cultura de la transparencia y proporcionalidad en el tratamiento de los mismos en el ámbito empresarial en general, pero, por lo que interesa en este momento, en la selección de trabajadores.

El Art. 88 del RGPD contempla la posibilidad de que los Estados miembros establezcan, a través de disposiciones legislativas o convenios colectivos, normas más específicas para garantizar la protección de los derechos y libertades en relación con la protección de datos personales de los trabajadores en el ámbito laboral, en particular a efectos de contratación de personal.

Aunque en desarrollo del mismo se encuentran los Arts. 87 y ss. de la LOPD, lo cierto es que dicha ley no se detiene en las fases previas a la contratación y no contiene mención alguna a la incidencia de las redes sociales en la relación laboral o sus preparativos.

Sigue pendiente entonces una previsión normativa que determine el uso permitido de los datos personales de los candidatos que obran en las redes, a los que no se ha puesto ninguna restricción y que no son los especialmente protegidos (vida sexual, origen, ideología, religión, salud, afiliación sindical). Previsión que debería circunscribir el tratamiento de datos personales a los relevantes a efectos profesionales y confiar a la negociación colectiva y a los códigos de conducta la concreción de protocolos empresariales o incluso preceptos de obligado cumplimiento sobre el uso de internet y redes sociales con fines de selección de personal.

Dicha previsión debería igualmente clarificar la información previa y posterior al tratamiento, con el fin de dar cumplimiento a los principios del tratamiento del Art. 5 del RGPD y conjugar así los intereses legítimos de empresa y trabajador, así como su derecho a la autodeterminación informativa.

Del mismo modo, sería conveniente una configuración del delegado de protección de datos, que es designado en la actualidad por el responsable o el encargado del tratamiento, de manera que respondiera a una plena independencia en el ejercicio de sus funciones.

Mientras, y de la mano del Art. 88 del RGPD, los convenios colectivos están llamados a dotarse de criterios en esta materia que clarifiquen las vías de recogida y tratamiento de datos en la fase previa a la contratación; como también lo están los códigos de conducta a los que se ha hecho referencia.

7. EL PODER DE CONTROL EMPRESARIAL DURANTE LA RELACIÓN LABORAL Y SUS LÍMITES

El Art. 20.3 del ET establece con carácter general que *«el empresario podrá adoptar las medidas que estime más oportunas de vigilancia y control para verificar el cumplimiento por el trabajador de sus obligaciones y deberes laborales, guardando en su adopción y aplicación la consideración debida a su dignidad humana y teniendo en cuenta la capacidad real de los trabajadores disminuidos, en su caso»*.

Se trata, evidentemente, de un precepto legal abstracto y ambiguo, tanto por la ausencia de referencia alguna a los procedimientos de control *(«las medidas que el empresario considere más oportunas»)* como por la referencia a la *«dignidad humana del trabajador»* como límite genérico a las facultades de vigilancia y control del empresario.

En el control empresarial del cumplimiento por el trabajador de sus obligaciones laborales, son varios los derechos fundamentales que, como expresión de su *«dignidad humana»*, pueden venir implicados:

1°) De una parte, los derechos a la intimidad y protección de datos personales en relación con el control empresarial de sus obligaciones laborales a través de medios personales (personal de vigilancia) o a través de medios materiales, en particular de medios tecnológicos.

En relación con el uso de los dispositivos digitales puestos a disposición por el empleador, los trabajadores, expone el Art. 20 bis del ET, *«tienen derecho a la intimidad en el uso de los dispositivos digitales puestos a su disposición por el empleador, a la desconexión digital y a la intimidad frente al uso de dispositivos de videovigilancia y geolocalización en los términos establecidos en la legislación vigente en materia de protección de datos personales y garantía de los derechos digitales»*. Artículo que remite, por lo que aquí interesa, a los Arts. 87, 89 y 90 de la LOPD relativos, respectivamente, al derecho a la intimidad y uso de dispositivos digitales en el ámbito laboral; al derecho a la intimidad frente al uso de dispositivos de videovigilancia y de grabación de sonidos en el lugar de trabajo y al derecho a la intimidad ante la utilización de sistemas de geolocalización en el ámbito laboral, sobre los que más adelante se trata y a los que debe añadirse el Art. 88 de la LOPD, sobre el derecho a la desconexión digital en el ámbito laboral.

2º) De otra parte, cuando el control tenga lugar en medios que implican un canal de comunicación directo entre personas concretas, mensajería, chats, correo electrónico, el derecho implicado debería ser el derecho al secreto de las comunicaciones.

3º) Finalmente, el derecho a la propia imagen también queda afectado en relación con órdenes empresariales que pretendiesen imponer a la persona trabajadora una determinada *«imagen de empresa»* o la divulgación de su propia imagen.

8. EL DERECHO A LA INTIMIDAD

El derecho a la intimidad de la persona trabajadora constituye un importante límite para el empresario. Así:

A) *Personal de vigilancia.* Es evidente que el empresario podrá utilizar personal de vigilancia para controlar eficazmente el trabajo realizado por sus empleados.

Ahora bien, en estas tareas, como señala el Art. 20.3 del ET, estará obligado a respetar la *«dignidad humana»* del trabajador, lo que significará sencillamente evitar el *«espionaje laboral»* en la empresa. Para ello:

1º) El personal de vigilancia deberá ser personal de la empresa y conocido de los trabajadores. Quedaría así vedado probablemente acudir a agentes o investigadores externos para ejercer funciones policiales dentro de la empresa respecto de los trabajadores sin conocimiento de éstos.

2º) No cabría utilizar a otros trabajadores con funciones de *«confidentes»* de la empresa, que no tuvieran reconocidas abierta y contractualmente funciones de vigilancia.

3º) El personal de vigilancia solamente podrá controlar la conducta laboral del trabajador y no aquellos otros aspectos de su vida privada ajenos a la prestación de trabajo.

La cuestión se complica cuando estas funciones de vigilancia vienen realizadas por los *«vigilantes jurados»*. la empresa, ciertamente, puede contratar vigilantes jurados para realizar funciones policiales en el ámbito de la empresa, esto es, para la protección de las personas y bienes de la misma.

Así, en cuanto a la protección de los bienes de la empresa y de los trabajadores, deberán evitar la comisión de delitos. Y, en cuanto a la protección de las personas, deberán evitar las riñas o altercados que pudieran producirse en el recinto empresarial.

En todo caso, los vigilantes jurados tienen prohibido normativamente intervenir en los problemas laborales que pudieran producirse en el seno de la empresa donde trabajan (Arts. 8. 4 a y 32. 2 de la Ley 5/2014, de 4 de abril).

Los principales problemas, no obstante, suelen suscitarse con motivo de una huelga o cuando se les encomendara las funciones de control y registro de entradas y salidas del personal de la empresa (STSJ de Andalucía/Granada, de 18 de marzo de 1998, Rec. 429/1998 o STSJ de Madrid, de 10 de febrero de 2011, Rec. 365/2011).

B) *Los registros.* La empresa puede llevar a efecto en ocasiones controles que afectan a la vida privada del trabajador pero que inciden directamente en la prestación laboral. Se trata de controles que vienen previstos y regulados por la ley, si bien nunca esta legislación resulta lo suficientemente ilustrativa que permita solucionar los múltiples problemas interpretativos que plantea que deberán ser solucionados por la jurisprudencia.

Tal sucede con los registros sobre la persona del trabajador (Art. 18 del ET), con el control de las ausencias por enfermedad o accidente (Art. 20.4 del ET), con el control de los permisos retribuidos (Art. 37.3 del ET) o con el control periódico de la salud de los trabajadores (Art. 22 de la LPRL).

El Art. 18 del ET regula sumariamente los posibles registros por parte del empresario sobre la persona del trabajador, sus taquillas y efectos particulares, permitiéndolos excepcional y limitadamente. Así:

a) Solamente podrán realizarse estos registros *«cuando sean necesarios para la protección del patrimonio empresarial y del de los demás traba-*

jadores de la empresa», entendida esta *«protección»* en un sentido amplio, esto es, tanto por razones de hurto como por razones de seguridad y la «necesidad» en un sentido estricto, esto es, justificada en hechos ya ocurridos con anterioridad o en sospechas fundadas de que ocurran o por razones preventivas (los registros periódicos en determinados establecimientos).

b) Los registros posibles vienen referidos tanto a la persona del trabajador como a sus taquillas y *«efectos particulares»,* referidos éstos a sus pertenencias (carteras, bolsos, paquetes, etc.) y también a sus vehículos introducidos en el recinto empresarial.

c) Los registros pueden consistir en un *«cacheo»* del trabajador, en la apertura de los bultos que éste hubiera introducido y, desde luego, en la obligación de someterse a controles automáticos a la entrada o a la salida del centro de trabajo (escáner).

d) Los registros solo podrán producirse *«dentro del centro de trabajo»,* debiendo el empresario recurrir a las autoridades policiales en caso contrario.

e) Los registros han de realizarse «en horas de trabajo», esto es, dentro de la jornada laboral (STSJ de Madrid, de 25 de enero de 1996), si bien alguna sentencia ha admitido la posibilidad de registros fuera de la jornada de trabajo, si bien retribuyendo adecuadamente a los trabajadores ya que *«el tiempo empleado en estas medidas no puede correr a cargo del trabajador»* (STCT de 13 de febrero de 1981). Lo más frecuente serán los registros al entrar o al salir del trabajo, debiendo computarse el tiempo utilizado dentro de la jornada laboral.

f) En la realización de los registros *«se respetará al máximo la dignidad e intimidad del trabajador»,* lo que se traduce en que: 1) Los registros solo podrán realizarse como «ultima ratio», esto es, cuando no existan otras medidas para satisfacer el interés empresarial (por ejemplo, la prohibición de entrar objetos en el centro de trabajo) (STSJ de Cantabria, de 4 de diciembre de 1994). 2) El empresario no podrá excusarse de introducir otros medios de control automático por su mayor costo económico. 3) Los criterios para la selección de los trabajadores a registrar, cuando no puedan ser todos, no podrá ser discriminatorio. 4) Los registros personales deberán realizarse con la mayor discreción y la menor publicidad posibles.

g) En la realización de los registros «se contará con la asistencia de un representante legal de los trabajadores o de otro trabajador, en su caso, siempre que ello fuera posible (casos de urgencia o de imposibilidad por otra causa)», debiendo ser el trabajador el que designará el concreto representante legal o trabajador que le acompañará durante el registro.

Si los registros fuesen periódicos, no parece que esta exigencia legal pueda cumplirse, debiéndola suplir, acaso, por un procedimiento pactado con los representantes de los trabajadores (STSJ de Cantabria, de 14 de diciembre de 1994).

h) La jurisprudencia ha entendido que es causa de despido disciplinario la negativa del trabajador de someterse a un registro ordenado por el empresario, siempre que éste respete lo dispuesto en el Art. 18 del ET (por todas, STS de 28 de junio de 1990).

C) *El control de la salud.* En cuanto a la vigilancia periódica de la salud de los trabajadores, valga aquí todo lo señalado anteriormente en relación con el control empresarial en el momento de contratar respecto de los límites a las indagaciones del empresario y de la utilización de los datos sanitarios obtenidos con ella (ver supra).

La ley reconoce expresamente al empresario la facultad de controlar las ausencias derivadas de enfermedad o accidente *«mediante reconocimiento a cargo de personal médico»* (Art. 20.4 del ET). El interés empresarial se ha acrecentado a partir del momento en que el Art. 173.1 de la LGSS exige del empresario el pago al trabajador en situación de incapacidad temporal por enfermedad común o accidente no laboral del subsidio correspondiente a los días cuarto a decimoquinto de baja.

Así, la empresa podrá utilizar los servicios médicos integrados en un servicio de prevención propio o contratar los servicios de cualquier facultativo privado.

En este último supuesto, resultarían aplicables por analogía las exigencias de confidencialidad establecidas por el Art. 22.4 de la LPRL para los controles periódicos de la salud de sus trabajadores, impidiendo que el empresario pueda conocer algo más que las meras «conclusiones» del reconocimiento médico efectuado.

Pero, sobre todo, conviene subrayar que la ley establece el carácter voluntario para el trabajador de estos reconocimientos médicos y el carácter limitado de esta facultad de control.

En efecto, el Art. 20.4 del ET establece que «la negativa del trabajador a dichos reconocimientos podrá determinar la suspensión de los derechos económicos que pudieran existir a cargo del empresario por dichas situaciones».

Ello significa que los efectos jurídicos de la negativa del trabajador a someterse a dichos reconocimientos médicos sobre la relación laboral nunca podrán causar el despido disciplinario basado en la transgresión de la buena fe contractual o en ausencias injustificadas al trabajo [Art. 54.2 a) y d) del ET], sino tan sólo la pérdida de aquellas prestaciones económicas complementarias pactadas, manteniéndose la situación suspensiva y el derecho al subsidio de la Seguridad Social. Es más, esta pérdida de prestaciones complementarias no será necesariamente definitiva, dado que la ley habla expresamente de «suspensión» y no de «extinción» de las mismas, pudiendo el trabajador con posterioridad reclamar judicialmente y probar la veracidad y justificación de la situación de incapacidad temporal.

Si el trabajador accediera al reconocimiento médico del que se dedujera la ausencia de justificación de la incapacidad temporal y se plan teara con ello una abierta discrepancia entre el criterio de los médicos de los Servicios de Salud y los médicos de la empresa, prevalecerá el criterio de los médicos de los Servicios de Salud, no teniendo los médicos de la empresa atribuida la facultad para darles de alta y, con ella, acabar con la situación suspensiva del contrato. Y tampoco cabrá, en consecuencia, que el empresario justifique un despido en los resultados de los reconocimientos de sus médicos.

Por otra parte, no parece tampoco que la discrepancia entre los distintos facultativos pueda provocar la suspensión de las mejoras voluntarias empresariales dado que la suspensión únicamente está prevista en la ley para el supuesto de que el trabajador se niegue a tales reconocimientos.

En cuanto a la posibilidad de que el convenio colectivo condicione la concesión de las mejoras voluntarias a la superación de los controles médicos empresariales a que se refiere el Art. 20.4 del ET, existe doctrina judicial contradictoria de los Tribunales Superiores de Justicia. Así, por ejemplo, mientras la STSJ de Madrid, de 20 de julio de 1994 lo admite, la STSJ de Madrid, de 17 de enero de 1995 lo rechaza.

Si todo lo anteriormente descrito es así, cabe preguntarse finalmente por la utilidad de estos controles médicos empresariales. Probablemente, su única utilidad resida en la obtención de un material informativo con el que activar la Inspección de los Servicios de Salud para que ésta proceda a controlar la actuación de sus facultativos.

Como regla general, la facultad de control que el Art. 20.3 del ET atribuye al empresario se reduce a *«verificar el cumplimiento por el trabajador de sus obligaciones y deberes laborales»,* lo que excluye, lógicamente, su vida privada.

D) *Otros controles que afectan a la vida privada.* Sin embargo, existen ocasiones en que la vida privada del trabajador tiene una trascendencia laboral, esto es, su conducta privada puede causar efectos negativos para la empresa, por lo que pueden estar justificadas excepcionalmente injerencias empresariales en su vida privada. Estos perjuicios para la empresa se concretan fundamentalmente en una pérdida de imagen o de prestigio, lo que puede repercutir lógicamente en sus beneficios económicos. En todo caso, como excepciones que son, deberán ser interpretadas restrictivamente.

En este sentido, ni el estado civil, ni la orientación o conducta sexual, ni los embarazos o abortos de la trabajadora (SS.TC 92/2008, de 21 de julio y 124/2009, de 18 de mayo), ni mucho menos sus creencias o actuaciones políticas, religiosas o sindicales podrán ser objeto de control empresarial con repercusión positiva o negativa en su relación laboral por cuanto, además de atentar contra el derecho a la intimidad, atentan contra el principio de no discriminación.

Tampoco la embriaguez habitual, el alcoholismo o la drogadicción podrán ser controladas empresarialmente, salvo, naturalmente, como indica el Art. 54.2 f) del ET, que repercutieran negativamente en el trabajo (disminución del rendimiento, ausencias o impuntualidades, riesgo de lesiones o de accidentes, pérdida de imagen empresarial, etc.). Pero las más de las veces bastará con controlar la prestación de trabajo, exigiendo el no absentismo y el rendimiento pactado.

Ni siquiera en el caso de los deportistas profesionales, sobre los que con frecuencia los clubes imponen obligaciones extralaborales amparándose en el Art. 17.2 RD 1006/1985, de 26 de junio, que permite sancionar por *«conductas extradeportivas»* cuando *«repercutan grave y negativamente en el rendimiento profesional del deportista o menoscaben de forma notoria la imagen del club o entidad deportiva»*. También aquí bastará probablemente con exigir determinados rendimientos y sancionar las disminuciones relevantes.

Acaso, únicamente, en el supuesto de *«empresas de tendencia o ideológicas»,* con un ideario o programa propio que el trabajador se compromete a respetar, cabría admitir un cierto control empresarial sobre algunos aspectos de la vida privada del trabajador que se refieran directamente al ideario de la empresa.

En el bien entendido de que tales controles empresariales y las consiguientes sanciones disciplinarias deberán ser interpretadas restrictivamente. Y ello en un doble sentido:

a) De un lado, los controles deberán referirse solamente a los trabajadores *«ideológicos»* y no a los trabajadores *«neutros»* en estas empresas.

b) De otro lado, únicamente cabrán por actuaciones dentro del centro de trabajo, esto es, respecto del específico cumplimiento de sus obligaciones laborales.

En este último sentido se expresan las SS.TC 47/1985, de 27 de marzo y 106/1996, de 12 de junio, frente a la tesis mantenida por la anterior STC 5/1981, de 13 de febrero.

No obstante, un cierto control fuera del centro de trabajo podrá realizar el empresario cuando la prestación de trabajo se realice fuera de él o respecto del uso de los permisos retribuidos y, en especial, sobre la utilización del crédito de horas laborales retribuidas de los representantes legales de los trabajadores (SS.TS de 19 de julio de 1989 y de 15 de octubre de 2014, Rec. 1654/2013).

9. LOS DERECHOS A LA INTIMIDAD Y A LA PROTECCIÓN DE DATOS PERSONALES: EL CONTROL POR MEDIOS TECNOLÓGICOS

Cuando el control se ejerce por medios tecnológicos el riesgo viene de la mano de la sustitución del *«control periférico, discontinuo y parcial»* realizado por el personal de vigilancia, por un *«control centralizado y objetivo que se verifica en tiempo real»* y, sobre todo, porque *«permite la reconstrucción del perfil del trabajador a través del almacenamiento y la reelaboración de una serie de datos aparentemente inocuos»*. Así, a través de estos medios es posible memorizar el número de operaciones efectuadas y el número de errores cometidos, el tiempo empleado y el número, la frecuencia y la duración de las interrupciones.

El control puede ser específico (videocámaras, dispositivos de geolocalización —GPS—, controles biométricos, tarjetas de radiofrecuencia y un largo etcétera) o ejercerse a través del control del uso de los medios que el empresario pone a disposición del trabajador para llevar a cabo la prestación (ordenador, "*smartphones*", "*tablets*", etc.).

Un primer aspecto de afectación al derecho a la intimidad, en su vertiente de vida familiar o personal, tiene que ver con las posibilidades de disponibilidad inmediata del trabajador, relacionado con el llamado "*derecho a la desconexión*" fuera de la jornada laboral, problemática abordada por la STS de 21 de septiembre de 2015, R. 259/2014 y que en la actualidad prevé el Art. 88 de la LOPD. Este artículo contempla el derecho a la desconexión digital de los trabajadores y los empleados públicos a fin de garantizar, fuera del tiempo de trabajo legal o convencionalmente establecido, el respeto de su tiempo de descanso, permisos y vacaciones, así como de su intimidad personal y familiar. Pero remite a la negociación colectiva o, en su defecto, a los acuerdos de empresa, las modalidades de ejercicio de este derecho, que atenderán a la naturaleza y objeto de la relación laboral y potenciarán el derecho a la conciliación de la actividad laboral y la vida personal y familiar. En este sentido, el citado artículo prevé que el empleador, previa audiencia de los representantes de los trabajadores, elabore una política interna dirigida a trabajadores, incluidos los que ocupen puestos directivos, en la que se definan las modalidades de ejercicio del derecho a la desconexión y las acciones de formación y de sensibilización del personal sobre un uso razonable de las herramientas tecnológicas que evite el riesgo de fatiga informática. En particular, se hace referencia a la necesidad de preservar este derecho en los supuestos de realización total o parcial del trabajo a distancia, así como en el domicilio del empleado vinculado al uso con fines laborales de herramientas tecnológicas.

Un segundo aspecto tiene que ver con la afectación a los derechos a la intimidad y a la protección de datos personales de las distintas vías de control tecnológico de la actividad laboral (STC 202/1999, de 8 de noviembre), como puede ser la videovigilancia o los dispositivos de geolocalización, pero también por medio del acceso del empleador a las redes sociales del trabajador, de los controles horarios con datos biométricos o del mismo uso de los dispositivos digitales que el empleador pone a disposición del trabajador, algunos de estas vías de control están previstas en la LOPD.

En lo que respecta al control de la prestación mediante el uso de dispositivos de videovigilancia y de grabación de sonidos en el lugar del trabajo, la cuestión está parcialmente regulada en el Art. 89 de la LOPD que parte de la base de que *«(l)os empleadores podrán tratar las imágenes obtenidas a través de sistemas de cámaras o videocámaras para el ejercicio de las funciones de control de los trabajadores o los empleados públicos previstas, respectivamente, en el artículo 20.3 del Estatuto de los Trabajadores y en la legislación de función pública, siempre que estas funciones se ejerzan dentro de su marco legal y con los límites inherentes al mismo».*

Es importante subrayar que esta última referencia implica que la instalación de las cámaras no queda eximida del juicio de idoneidad, necesidad y proporcionalidad derivado de las SS.TC 98/2000, de 10 de abril, y 186/2000, de 10 de julio y que pasa por valorar si el sistemas de videovigilancia constituye una medida, *"adecuada o idónea"* para la consecución de una finalidad empresarial legítima como el control del cumplimiento del contrato de trabajo; *"necesaria"*, porque no existe otra alternativa con menor riesgo de sacrificio de la intimidad personal del trabajador para la consecución de este fin legítimo y *"proporcionada"* al fin perseguido, lo que exige contrastar la relevancia del beneficio obtenido por la empresa y el sacrificio de la intimidad personal del trabajo. El citado examen permite descartar, como señala el Art. 89. 2

de la LOPD «la instalación de sistemas de grabación de sonidos ni de videovigilancia en lugares destinados al descanso o esparcimiento de los trabajadores o los empleados públicos, tales como vestuarios, aseos, comedores y análogos», que no se admitirán en ningún caso.

En este sentido, el Art. 7.1 y 2 de la Ley 1/1982 considera *«intromisiones ilegítimas»*:

> *"a) El emplazamiento en cualquier lugar de aparatos de escucha, de filmación, de dispositivos ópticos o de cualquier otro medio apto para grabar o reproducir la vida íntima de las personas.*
>
> *b) La utilización de aparatos de escucha, dispositivos ópticos o de cualquier otro medio para el conocimiento de la vida íntima de las personas o de manifestaciones o cartas privadas no destinadas a quien haga uso de tales medios, así como su grabación, registro o reproducción".*

Y el Art. 197 del Código Penal, por su parte, tipifica el delito de descubrimiento de secretos y vulneración de la intimidad.

Doctrina y jurisprudencia coinciden en afirmar que, salvo en supuestos extremos de necesidad y por razones de seguridad (las cajas negras de los aviones, por ejemplo), la instalación de aparatos auditivos (micrófonos, sistemas de grabación de imagen y sonido, escuchas telefónicas, etc.) que permita a la empresa la audición continuada e indiscriminada de todo tipo de conversaciones atenta gravemente contra el derecho a la intimidad del trabajador.

Por esta razón, la STC 98/2000, de 10 de abril, consideró que la introducción del sonido, para complementar el sistema de videovigilancia, que permite la audición continuada y discriminada de todo tipo de conversaciones, vulnera el derecho a la intimidad.

Dicho esto, del Art. 89 de la LOPD y de la jurisprudencia deriva la posibilidad de usar la videovigilancia como medida de control laboral, con las condiciones señaladas, a través de cámaras estructurales de control propiamente laboral; a través de las cámaras de seguridad cuando en la revisión de las grabaciones se evidencien ilícitos laborales; o cuando se proceda a dicha revisión para verificar incumplimientos laborales ante la existencia de sospechas y finalmente a través de las cámaras ocultas:

1ª) El control de la prestación laboral mediante la instalación de videocámaras. Esta vía está sujeta al test de proporcionalidad al que se ha hecho referencia en lo que respecta a la protección del derecho a la intimidad, pero respecto del derecho a la protección de datos personales requiere que el tratamiento cumpla los principios de licitud, lealtad y transparencia, limitación de la finalidad, minimización de datos, exactitud, limitación del plazo de conservación, integridad y confidencialidad y responsabilidad proactiva expuestos en el Art. 5 del RGPD. Por ello, los empleadores deben informar con carácter previo, y de forma expresa, clara y concisa, a los trabajadores o los empleados públicos y, en su caso, a sus representantes, acerca de esta medida. Se entiende que esta información ha de cumplir los requisitos del Art. 14 del RGPD que, entre otras cuestiones, implica informar sobe la finalidad del tratamiento y el plazo durante el que se conservará la grabación y de la posibilidad de ejercer los llamados derechos ARCO, acceso, rectificación, cancelación y oposición, posibilidad que únicamente se contempla en el Art. 90 de la LOPD respecto de los dispositivos de geolocalización, pero es extensible a todo tratamiento de datos.

2ª) El control de la prestación a través de las videocámaras de seguridad cuando de sus grabaciones se desprenda la comisión de ilícitos laborales. Cuando no exista un sistema de videovigilancia propiamente destinado al control de la prestación, pero sí de seguridad, va a ser posible utilizar las grabaciones para controlar la prestación de servicios si, según el Art. 89. 1 in fine de la LOPD, se ha captado la comisión flagrante de un acto ilícito por los trabajadores o los empleados públicos y exista al menos el dispositivo contemplado por el Art. 22.4 de la LOPD. Este precepto hace referencia a un dispositivo informativo en lugar suficientemente visible identificando, al menos, la existencia del tratamiento, la identidad del responsable y la posibilidad de ejercitar los derechos previstos en los artículos 15 a 22 del RGPD o que incluya un código de conexión o dirección de internet a esta información.

En consecuencia, el empresario puede usar con fines disciplinarios las grabaciones de las cámaras de seguridad, si se ha advertido de su existencia mediante el dispositivo homologado al efecto, cuando se capte la comisión de un ilícito laboral en determinadas condiciones. Es lo que sucede en las SSTS de 13 de octubre de 2021, R. 3715/2018 y de

30 de marzo de 2022, R. 1288/2020 en las que el incumplimiento se descubre en el visionado de las grabaciones de seguridad. Se trata propiamente de un *"hallazgo casual"*, esto es, el descubrimiento del ilícito en el marco de actuaciones encuadradas en la seguridad de la empresa, no en el control de la prestación.

3ª) El control de la prestación a través de las videocámaras de seguridad ante la existencia de sospechas. En la medida en que el Art. 89. 1 de la LOPD permite el control de la prestación por medio de las cámaras de seguridad de cuya instalación se advierta, puede entenderse que abarca igualmente los casos en los que no se trata tanto de un hallazgo casual de un ilícito como de comprobar su existencia. El Art. 89 de la LOPD hace referencia a que "se haya captado la comisión flagrante…", frase que permite entender que cabe toda captación de las mencionadas cámaras que revelen un ilícito conocido tras la revisión ordinaria de las grabaciones, como medida de seguridad, o tras la revisión de las mismas ante la existencia de sospecha.

Esta posibilidad viene avalada por la STC 39/2016, de 3 de marzo, que ha dado lugar a una consolidada jurisprudencia. Esta sentencia entendió, una vez verificada la existencia del distintivo de la AEPD que advierte de la colocación de la cámara de seguridad, y superado el test de idoneidad/necesidad/proporcionalidad, que cabía utilizar las grabaciones para constatar las sospechas que tenía la empresa sobre los trabajadores respecto de los descuadres en caja. La doctrina de la misma es claramente reactiva a la STC 29/2013, de 11 de febrero, que consideró que el uso de las grabaciones de las cámaras colocadas para la vigilancia del recinto, no podían ser utilizadas para verificar el cumplimiento de la prestación laboral y con fines disciplinarios si no había habido una previa información expresa, precisa, clara e inequívoca de la finalidad de control de la actividad laboral a la que la captación de la imagen puede ser dirigida, especificando en qué supuestos las grabaciones pueden ser examinadas, durante cuánto tiempo y con qué propósitos, en particular los disciplinarios. En la misma dirección se movía la STS de 13 de mayo de 2014, Rec. 1685/2013, que también ha sido superada por toda la jurisprudencia posterior.

En efecto, la posibilidad de acreditar el incumplimiento del trabajador mediante las grabaciones de las cámaras de seguridad de cuya instalación tiene conocimiento y una vez comprobada la proporcionalidad de la medida, o lo que es lo mismo, la validez de la prueba obtenida en estas condiciones es seguida por las SS.TS de 7 de julio de 2016, Rec. 3233/2014; de 31 de enero de 2017, Rec. 3331/2015; de 1 de febrero de 2017, Rec. 3262/2015; de 2 de febrero de 2017, Rec. 554/2016; de 21 de julio de 2021, Rec. 4877/2018; de 25 enero de 2022, Rec. 4468/2018; de 1 de junio de 2022, Rec. 1993/2020; o de 26 de abril de 2023, Rec. 801/2020. En todas ellas se recurre a las cámaras de seguridad, ante la existencia de sospechas previas, para verificar si se han producido los incumplimientos, aunque por razones temporales no resultaba de aplicación la LOPD.

Las grabaciones de las cámaras de seguridad podrán ser utilizadas, por tanto, para comprobar ilícitos laborales ante la previa existencia de sospechas, siempre que conste la advertencia de su implantación mediante el dispositivo al que se ha hecho referencia y que dicha utilización cumpla con las exigencias de proporcionalidad.

Por ello, la legalidad de esta posibilidad pasa también por la justificación del visionado de las cámaras. No parece que quepa amparar una sospecha genérica de ilícitos laborales, sino que ésta debe ser determinada y explícita.

Del mismo modo, tanto la comprobación de la existencia del ilícito como el hallazgo casual del mismo en las grabaciones de las cámaras de seguridad están llamadas a ser vías excepcionales, nunca sistemáticas, de control laboral. La validez de este tratamiento de datos y por tanto de las pruebas de videograbación pasa igualmente por verificar las ocasiones previas en las que la empresa ha recurrido a las mismas. Pues, de utilizarse habitualmente como prueba de ilícitos laborales, se estaría haciendo de las cámaras de seguridad un medio de control laboral sin cumplir con las garantías que exige la ley a las cámaras estructurales a las que antes se ha hecho referencia, muy en particular el deber de información a los trabajadores de la existencia de esta vía de control de conformidad con el Art. 89 de la LOPD y el Art. 14 del RGPD.

No obstante, no parece que la jurisprudencia esté otorgando al dato de la existencia de otros despidos amparados en las grabaciones de cámaras de seguridad la relevancia suficiente (STC 119/2022, de 29 de septiembre y STS de 30 de marzo de 2022, Rec. 1288/2020). Sin embargo, en nuestra opinión, este dato es un hecho que debe valorarse a fin de dar a este sistema de control la excepcionalidad que parece que le reserva la ley, lo que conduciría no otorgar validez a las videograbaciones de las cámaras de seguridad en los casos de recurrencia de la empresa a las mismas.

4ª) El control de la prestación mediante cámaras ocultas. Hasta el momento parece que el diseño legal se ampara en la necesidad de que el trabajador conozca la existencia de las cámaras. Pero la jurisprudencia avala la posibilidad de que el empresario, en determinadas condiciones pueda establecer cámaras ocultas. Por una parte, la STC 186/2000, de 10 de julio, si bien en un supuesto en el que no se examinó el derecho a la protección de datos, entendió que se superaba el test de proporcionalidad cuando la colocación de videocámaras, sin una previa información, tenía como fin de investigar los descuadres en una determinada sección y la grabación se dirigía únicamente a la zona de caja de la misma. Por otra parte, la STEDH de 17 de octubre de 2019, Asunto López Ribalda II, que resuelve la revisión en Gran Sala de la Sentencia de 9 de enero de 2018 (López Ribalda I), entiende legítima la instalación de cámaras ocultas en determinadas condiciones, al amparo también del derecho a la intimidad, dado que se examina el cumplimiento por parte de España del Art. 8 CEDH, pero con un gran peso del derecho a la protección de datos personales.

Las condiciones para que la instalación de videovigilancia encubierta no vulnere el derecho a la intimidad son las siguientes. El indicio de irregularidad laboral debe ser cierto y acreditado, la videovigilancia debe limitare al área y al trabajador sobre el que pesan estas sospechas fundadas, la duración de la instalación debe ser puntual y de tiempo proporcionado al fin de control, las imágenes deben ser vistas exclusivamente por responsables de la empresa y con un tratamiento sólo dirigido a la penalización de esta irregularidad laboral grave, siendo luego sometidas a las mayores garantías y exigencias de la regulación de protección de datos personales.

La prueba así obtenida servirá para acreditar el incumplimiento y, por tanto, será lícita desde el punto de vista procesal, sin perjuicio de que la ausencia de información pueda dar lugar a responsabilidades administrativas de protección de datos personales o civiles de daños.

La STS de 22 de julio de 2022, Rec. 701/2021, ha recogido esta doctrina y ha entendido válida la prueba videográfica de una cámara oculta para justificar el despido de una empleada de hogar al amparo de las situaciones de hecho concurrentes, de las condiciones de la instalación de las cámaras y de una cuestión especialmente relevante, la tutela judicial del empleador y siempre sobre la base del carácter absolutamente excepcional de este sistema de control laboral. Así, la decisión de instalar la cámara oculta se adopta tras la sustracción de dinero de la caja fuerte del domicilio, que fue además objeto de denuncia; como consecuencia de la existencia de una sospecha clara de la responsabilidad de la trabajadora, que era la única empleada de hogar que tenía llave de la vivienda y permanecía en la casa sola, y que fue finalmente despedida y, por último, la citada cámara únicamente enfoca al armario en el que se encontraba escondida la caja fuerte. Todas estas circunstancias llevan a la Sala a entender no solo que la instalación de la cámara es proporcional desde el punto de vista del derecho a la intimidad, sin perjuicio de que pueda sancionarse a la empleadora por el incumplimiento de la legislación de protección de datos, sino que, además, la grabación constituía en las circunstancias señaladas la única prueba del ilícito de la empleada, de suerte que no admitirla podía quebrar el derecho a la tutela judicial efectiva del empleador, cuestión sobre la que incide igualmente la STC 119/2022, de 29 de septiembre.

El Art. 90. 1 de la LOPD permite que los empleadores puedan tratar los datos obtenidos a través de sistemas de geolocalización para el ejercicio de las funciones de control de los trabajadores o los empleados públicos previstas, siempre que estas funciones se ejerzan dentro de su marco legal y con los límites inherentes al mismo.

Como sucede con las videocámaras, ha de entenderse que la instalación de este dispositivo ha de superar el test de idoneidad, necesidad, proporcionalidad y que el tratamiento de dichos datos se sujeta a los principios del Art. 5 del RGPD. En desarrollo parcial de estas condiciones, el Art. 90. 2 de la LOPD impone unos límites a estas facultades de control, puesto que, para ello, los empleadores habrán de informar con carácter previo y de forma expresa, clara e inequívoca a los trabajadores o los empleados públicos y, en su caso, a sus representantes, acerca de la existencia y características de estos dispositivos. Igualmente deberán informarles acerca del posible ejercicio de los derechos de acceso, rectificación, limitación del tratamiento y supresión.

La STS 8 de febrero de 2021, Rec. 84/2019, confirma la nulidad de la implantación del sistema de geolocalización previsto por la empresa, que requería que el trabajador, con categoría de repartidor, aportara un teléfono móvil con conexión a internet y proporcionara datos de carácter personal, como son el número de teléfono o el correo electrónico, para la activación de la aplicación informática de geolocalización que permitiría conocer la situación del dispositivo y del trabajador durante su jornada laboral. Dicha nulidad es consecuencia de que la medida no supera el juicio de idoneidad al existir otros medios menos invasivos y además, porque no se informa, con carácter previo al trabajador sobre dicho sistema y sus implicaciones. La nulidad se extiende a la cláusula impuesta en los contratos de trabajo que permite suspenderlos o extinguirlos ante la negativa reiterada o imposibilidad sobrevenida de aportación del móvil por parte del trabajador, o de la activación de la aplicación informática de geolocalización, dado su carácter abusivo, al no estar vinculada a una conducta torticera o rebelde del trabajador.

El Art. 90 de la LOPD no contempla la posibilidad, abierta por el Art. 89 del LOPD, de la captación de un ilícito cuando el trabajador conoce de la instalación del GPS pero no de la finalidad del mismo. Pero es posible que, al amparo de lo dispuesto en este último artículo, pueda construirse jurisprudencialmente esta posibilidad. No en vano, si bien en un supuesto anterior a la aplicación de la LOPD, la STS 15 de septiembre de 2020, Rec. 528/2018, estima inexistente la vulneración de la intimidad en un despido amparado en los datos del GPS instalado, con conocimiento de la trabajadora pero *"para garantizar la seguridad y coordinación de los trabajos"*, en el vehículo de la empresa puesto a su disposición y a la que se había dado instrucciones sobre su exclusivo uso profesional, cuando se detecta su uso fuera de las coordenadas marcadas por la empresa y teniendo en cuenta que los datos de localización no reflejan circunstancias personales. La sentencia considera que la trabajadora ha sido suficientemente informada cuando quizá, a la luz de las exigencias derivadas de los Arts. 5 y 14 del RGPD, la información debería precisar con claridad la finalidad del tratamiento de los datos personales.

El control de la prestación por medio del tratamiento de los datos que se desprendan de las redes sociales de los trabajadores habría de sujetarse a las condiciones a las que se ha hecho referencia cuando se ha tratado del examen de las mismas en el acceso al empleo.

Puede entenderse existente un interés legítimo del empleador en el tratamiento de dichos datos, pero para ello dicho tratamiento debe respetar los principios del Art. 5 del RGPD, ya mencionados y de los que merece subrayar la necesidad de advertir al trabajador de dicha posibilidad y de la finalidad de dicho tratamiento y circunscribirlo a los datos profesionales que consten en las redes de estas características y en la medida en que estos datos sean públicos o la empresa se encuentre entre los contactos del trabajador.

En las condiciones anteriores, si así se hubiera puesto en conocimiento del trabajador, el empleador podría sancionar los ilícitos laborales derivados de las publicaciones del trabajador en dicha red.

No parece, en cambio, que cumpla con los principios del artículo citado el acceso a las redes personales del trabajador y menos aun cuando el perfil del trabajador fuera privado. En el primer caso se vulneraría el derecho a la protección de datos y en el segundo, además, el derecho a la intimidad.

Ahora bien, en el mismo sentido que el Art. 89 de la LOPD permite el uso de las grabaciones de las cámaras de seguridad, ante supuestos de hallazgos casuales y para verificar incumplimientos ante la existencia de sospechas, cabría entender la posibilidad de acceder a las redes sociales de los trabajadores en situaciones similares.

No son pocos los despidos examinados por la doctrina judicial amparados en las publicaciones de las redes sociales de los trabajadores. Sin embargo, en la mayoría de las ocasiones el foco en el derecho a la intimidad omite el examen del derecho a la protección de datos.

A falta de legislación, a la hora de enjuiciar la legitimidad del tratamiento empresarial de estos datos habría de valorarse, además de la característica de la red, general o profesional, y el perfil del trabajador, público o privado, las condiciones en las que se ha producido el hallazgo casual o la entidad de las sospechas y, en su caso, las circunstancias en las que se ha procedido al examen de la red social. Muy en particular si se han cumplido las exigencias de idoneidad, necesidad y proporcionalidad, que se encuentran muy relacionadas con los principios del tratamiento del Art. 5 del RGPD. Esta posibilidad debería, por ello, quedar circunscrita a ocasiones excepcionales, por lo que en la legitimidad del tratamiento de los datos de que se trata tendría especial peso la habitualidad con la que la empresa acude a este tipo de examen para justificar decisiones disciplinarias.

Una cuestión de especial relevancia concierne al deber empresarial de garantizar el registro diario de la jornada que impone el Art. 34. 9 del ET, si el sistema utilizado para dicho registro hace uso de datos biométricos, como pueda ser la huella dactilar. En la medida en que se trata de una categoría especial de datos, su tratamiento está condicionado a lo dispuesto en los Arts. 9 del RGPD y 9 de la LOPD y si bien del primero se deduce que tanto el consentimiento como la necesidad pueden levantar la prohibición de su tratamiento, ya se ha señalado que del segundo deriva que el consentimiento por sí mismo no es título jurídico suficiente para levantar dicha prohibición.

Por su parte, la necesidad del tratamiento precisa de una norma legal que así lo disponga que, su vez, cumpla con, entre otros y por lo que aquí interesa, el principio de minimización del tratamiento de datos, que implica que debe tratarse exclusivamente, y valga la redundancia, los datos necesarios para cumplir los fines del tratamiento. Exigencia que implica, a su vez, que las técnicas utilizadas superen el juicio de idoneidad, necesidad y proporcionalidad, de suerte que, si la finalidad del tratamiento puede lograrse razonablemente por otros medios, el sistema adoptado no estaría justificado, de acuerdo con lo que se deduce igualmente del Art. 25 del RGPD.

La AEPD en su guía sobre tratamientos de control de presencia mediante sistemas biométricos, de noviembre de 2023, concluye que los Arts. 20. 3 y 34. 9 del ET no dan cobertura legal expresa para utilizar datos biométricos, incluida la huella dactilar, con la finalidad de control de la jornada laboral, como tampoco lo hace la LOPD, ni por tanto puede darle cobertura una disposición convencional en este sentido. Aclara que dichos sistemas no superan el test de necesidad, idoneidad y proporcionalidad, pues existen otros sistemas de registro como tarjetas, certificados, claves, sistemas contact-less, etc, que evitan el tratamiento de categorías especiales de datos.

En lo que respecta al control empresarial del uso del ordenador, internet, chats, sistemas de mensajería instantáneos y correo electrónico, el Art. 87 de la LOPD prevé, por una parte, que los trabajadores y los empleados públicos tendrán derecho a la protección de su intimidad en el uso de los dispositivos digitales puestos a su disposición por su empleador, pero que el empleador podrá acceder a los contenidos derivados del uso de medios digitales facilitados a los trabajadores a los solos efectos de controlar el cumplimiento de las obligaciones laborales o estatutarias y de garantizar la integridad de dichos dispositivos.

Para ello, los empleadores deberán establecer criterios de utilización de los dispositivos digitales respetando en todo caso los estándares mínimos de protección de su intimidad de acuerdo con los usos sociales y los derechos reconocidos constitucional y legalmente. En su elaboración deberán participar los representantes de los trabajadores, como ha subrayado la STS de 6 de febrero de 2024, ecR. 263/2022, que confirma la nulidad de las normas y criterios de utilización de lo dispositivos digitales puestos a disposición de los trabajadores por no haberse adoptado con la participación de los representantes de los trabajadores. La Sala Cuarta entiende que el Art. 87. 3 de la LOPD tiene carácter imperativo en los supuestos en los que el trabajo se realice mediante dispositivos digitales ya que establece que *"los empresarios deberán establecer criterios de utilización"* y que tal establecimiento debe realizarse "con la participación de los representantes de los trabajadores".

Por su parte, el acceso por el empleador al contenido de dispositivos digitales respecto de los que haya admitido su uso con fines privados requerirá que se especifiquen de modo preciso los usos autorizados y se establezcan garantías para preservar la intimidad de los trabajadores, tales como, en su caso, la determinación de los períodos en que los dispositivos podrán utilizarse para fines privados. Además, los trabajadores deberán ser informados de los criterios de utilización anteriores. En esta línea, la sentencia anteriormente citada, si bien en un obiter dictae, indica que no es admisible la plena accesibilidad de la empresa a todos los ordenadores y a todos los correos electrónicos corporativos facilitados al trabajador en cualquier momento, sin ninguna otra precisión relativa a la información del interesado o a la participación o presencia del mismo o de sus representantes, por colisionar gravemente con los derechos a la intimidad y dignidad de los trabajadores.

Esta normativa es tributaria de la jurisprudencia que partía de la base de que el control empresarial del uso de los ordenadores a disposición del trabajador topaba con la expectativa de confidencialidad y, por tanto, con la intimidad que queda afectada cuando se accede a los archivos personales incluso los temporales que se crean en el ordenador durante la navegación en Internet (SS.TS de 26 de septiembre de 2007, Rec. 966/2006 y de 8 de marzo de 2011, Rec. 1826/2010). Lo que implicó que se admitiera que si el empleador establece previamente las reglas de uso de esos medios e informa a los trabajadores de que va existir control y de los medios que han de aplicarse en orden a comprobar la corrección de los usos, no podrá alegarse ninguna expectativa de confidencialidad o respeto a la intimidad. Hasta el punto de que, si la empresa ha prohibido el uso personal del ordenador, no habrá ninguna expectativa de intimidad y podrá monitorizar a los trabajadores (STS de 6 de octubre de 2011, Rec. 4053/2010).

La jurisprudencia constitucional estableció la misma conexión entre intimidad y uso del ordenador con el del correo electrónico, mensajería y chats. La STC 241/2012, de 17 de diciembre, entendió que la previa prohibición del uso personal del ordenador y que el chat instalado por las trabajadoras no tenía ningún requisito de acceso, legitimaba al empresario a tener acceso a su contenido y descartó la aplicación del derecho al secreto de las comunicaciones por considerar que el chat instalado por las trabajadoras constituía un sistema abierto de comunicación.

En la sentencia STC 170/2013, de 7 de octubre, es la prohibición de uso personal del correo electrónico en una disposición sancionadora del convenio colectivo la que permite al empresario entrar en el contenido del correo electrónico del trabajador, que además supera el test de proporcionalidad. En la misma coordenada, la STS de 17 de marzo de 2017, Rec. 55/2015, considera que la falta de reglas claras sobre el uso del correo electrónico impide a la empresa acceder a su contenido.

Finalmente, la STEDH de 5 de septiembre de 2017, Barbulescu II, revisando un pronunciamiento previo de 12 de enero de 2016, considera que el trabajador en aras del principio de transparencia y buena fe o lealtad, debe ser informado previa y claramente de la posibilidad de ser controlado, en este caso en un sistema de mensajería. Dicho control debe obedecer a un motivo legítimo, o lo que es lo mismo debe estar justificado. Debe ser adecuado y limitado, lo que se relaciona con el alcance de la supervisión y el grado de intrusión realizado, en conexión, por ejemplo, con el tiempo durante el cual el trabajador ha sido sometido a monitorización y número de personas que han tenido acceso a los resultados de la vigilancia. Debe ser, además, estrictamente necesario, lo que lleva a valorar qué grado de intrusión es preciso para llevar a cabo el control o si existe otra medida menos intrusiva. Por último, debe ser proporcionado y compatible con la finalidad del control o sea que los resultados de la medida se utilizaron para alcanzar el objetivo declarado de la misma. Principios todos ellos que conectan con el derecho a la protección de datos personales y en particular con el RGPD.

De acuerdo con el TEDH, la STS de 8 de febrero de 2018, R. 1121/2015, concluye que el control del correo electrónico del trabajador, tras un hallazgo casual de una fotocopia de las transferencias bancarias recibidas por éste de un proveedor, realizado en las condiciones que a continuación se exponen, no constituye una vulneración del derecho a la intimidad.

Así, se parte de la base de que en la empresa existe una concreta normativa que limita el uso de los ordenadores a los estrictos fines laborales y que prohíbe su utilización para cuestiones personales, previsión sobre la que, además, se advertía a los trabajadores al utilizar el ordenador, por lo que el actor era conocedor de que no podía utilizar el correo para fines particulares.

Por otra parte, se valora que la empresa examinó el contenido de ciertos correos electrónicos de la cuenta de correo corporativo del actor, pero no de modo genérico e indiscriminado, sino tratando de encontrar elementos que permitieran seleccionar qué correos examinar, utilizando para ello palabras clave que pudieran inferir en qué correos podría existir información relevante para la investigación, y atendiendo a la proximidad con la fecha de las transferencias bancarias.

Además, el contenido extraído se limitó a los correos relativos a las transferencias bancarias que en favor del trabajador le había realizado —contrariando el Código de Conducta— un proveedor de la empresa y el control fue ejercido sobre el correo corporativo del demandante, mediante el acceso al servidor alojado en las propias instalaciones de la empresa; nunca se accedió a ningún aparato o dispositivo particular del demandante.

10. EL SECRETO DE LAS COMUNICACIONES

Hasta el momento puede concluirse que se ha equiparado el control del uso del ordenador con el del uso del correo electrónico o sistemas de mensajería o chat y que la legalidad de dicho control se vincula al derecho a la intimidad. Tanto la normativa como la jurisprudencia parece haber prescindido del derecho al secreto de las comunicaciones; omisión que extraña si se tiene en cuenta que, además, la comunicación implica la existencia de un canal que vincula al trabajador con otros trabajadores o con terceros, titulares del mismo derecho.

La jurisprudencia constitucional ha declarado que este derecho cubre la existencia de la comunicación misma, el contenido de lo comunicado, y las circunstancias o datos externos de la comunicación: su momento, duración y destino; y ello con independencia del carácter público o privado de la red de transmisión de la comunicación y del medio de transmisión —eléctrico, electromagnético u óptico etc.– de la misma. (SS.TC 123/2002, de 20 de mayo; 56/2003, de 24 de marzo; 230/2007, de 5 de noviembre y 142/2012, de 2 de julio). De modo que este derecho se vulnera con el simple conocimiento antijurídico de lo comunicado, como, por ejemplo, con la apertura de un mensaje emitido por correo electrónico o a través de telefonía móvil, (STC 115/2013, de 9 de mayo). Por ello, la STS, Sala Segunda, de 16 de junio de 2014, Rec. 2229/2013 en el marco de un proceso por delitos de falsedad y estafa contra un trabajador, aclara que el acceso al correo electrónico requiere de autorización judicial.

Quizá sea la inexistencia de una autorización judicial en el ámbito laboral la que haya llevado a la jurisprudencia y a la normativa a adoptar la solución señalada, pero acaso sea necesario diferenciar entre el control que pueda hacerse del uso del ordenador y de Internet y el del correo electrónico, y que este último precise de autorización judicial para salvaguardar la constitucionalidad de la medida.

11. EL CONTROL EXTRALABORAL: LOS DETECTIVES PRIVADOS

En lo que respecta al control de la prestación fuera del ámbito laboral, la jurisprudencia admite la legitimidad de recurrir para ello a la actuación de detectives privados, si bien exige que su actuación se circunscriba al principio de proporcionalidad, lo que significa limitar los días de vigilancia y que se desarrolle en la jornada laboral (STS de 13 de marzo de 2012, Rec. 1498/2011) y que se limite a aflorar algo previamente existente e independiente de su actuación (STS 20 de junio de 2017, Rec. 1654/2015). De ahí que sea ilícita la prueba de una detective privada obtenida tras una clara acción coactiva sobre la voluntad del trabajador (STS de 19 de febrero de 2020, Rec. 3943/2017). Del mismo modo, otorga a sus informes el simple valor jurídico de una prueba testifical impropia (por todas, SSTS de 19 de julio de 1989; 10 de febrero de 1990; 13 de marzo de 1991, Rec. 320/1990; 15 de octubre de 2014, Rec. 1654/2013: 12 de septiembre de 2023, Rec. 2261/2022), resultando lógicamente inoperante para proceder a la revisión de los hechos probados (por todas, SSTS de 26 de septiembre de 1990, de 24 de febrero de 1992, Rec. 1059/1991 y de 15 de octubre de 2014, Rec. 1654/2013).

La Ley 5/2014, de Seguridad Privada, exige a los detectives respetar, entre otros, el derecho a la protección de datos y sanciona por infracción muy grave su incumplimiento [Art. 48. 3; 57 1 c) y 58 1 g)]. Parece innegable que el seguimiento y subsiguiente informe de un detective es un tratamiento de datos personales. En consecuencia, deberá cumplir, entre otras cuestiones, con los principios del tratamiento de datos personales. Téngase en cuenta, además, que el seguimiento del detective implica en no pocas ocasiones la toma de fotografías.

La cuestión que se plantea es si, en la medida en que el derecho a la protección de datos implica una información previa y clara sobre las posibilidades de medidas de vigilancia de la prestación que lleven aparejadas el tratamiento de datos personales, se hace necesaria la información previa al respecto.

La jurisprudencia no ha barajado esta posibilidad y como sucede en otros medios de control, se limita a realizar un análisis de la proporcionalidad de la intrusión del detective en la vida del trabajador. En esta línea, la STS de 25 de mayo de 2023, Rec. 2339/2022 considera ilícita la prueba de detective consistente en fotografías del trabajador en el jardín de su domicilio, cuando éste no es visible por cualquiera que pudiera pasar por su proximidad, por entrar de lleno en el concepto de *"otros lugares reservados"* del Art. 48 1 a) de la Ley 5/2014 en los que se excluye la actividad de los servicios de investigación privada.

Sería necesario, por tanto, aclarar este punto, de modo que o se establece una excepción a la previa información, siguiendo los criterios manejados para la instalación de las cámaras ocultas, o ha de advertirse al trabajador dentro de la política de protección de datos de la empresa, de la posibilidad de realizar ese tipo de control en determinadas circunstancias.

12. EL DERECHO A LA PROPIA IMAGEN

Otro derecho que puede quedar afectado con las facultades de control empresarial de la prestación es el derecho a la propia imagen, derecho fundamental reconocido en el Art. 18.1 de la CE, no viene especialmente regulado en el ET más allá de la genérica referencia a la *«dignidad humana»* del Art. 20.3 del ET y de la idéntica referencia del Art. 50.1 a) del ET. Ello no obstante, es frecuente que se planteen conflictos de intereses entre este derecho de la persona trabajador y el derecho del empresario a la libre organización productiva que deberán resolver los Tribunales de acuerdo con las circunstancias concurrentes.

El Tribunal Constitucional se ha enfrentado al problema sentando la siguiente doctrina:

a) La STC 170/1987, de 30 de octubre, que negó el amparo a un camarero despedido por negarse a afeitarse la barba, entendió que no pueden considerarse violados los derechos a la intimidad personal y a la propia imagen del trabajador cuando se impongan limitaciones a los mismos *«como consecuencia de deberes y relaciones jurídicas que el ordenamiento jurídico regula»*.

En el caso que la sentencia contempla, entiende ésta que existe una costumbre local y profesional probada de que los empleados del sector de hostelería que *«tengan contacto con los clientes deben permanecer afeitados»*.

b) La STC 99/1994, de 11 de abril, que concedió el un trabajador deshuesador de jamones despedido por negarse a cortar el jamón en una exhibición pública, estableció la doctrina de que existen actividades que traen consigo, con una relación de conexión necesaria, una restricción en el derecho a la imagen de quien debe realizarlas, por la propia naturaleza de éstas, como lo son todas las actividades en contacto con el público o accesibles a él. Cuando ello suceda, quien aceptó prestar tareas de esta índole, no puede luego invocar el derecho fundamental para eximirse de su realización. Sin embargo, descartado en el presente supuestos que la restricción del derecho fundamental venga impuesta por la naturaleza misma de las tareas expresamente contratadas, no bastaría con la sola afirmación del interés empresarial, sino que tales requerimientos empresariales deberán venir cualificados por razones de necesidad, *«de tal suerte que se hace preciso acreditar por parte de quien pretende aquel efecto que no es posible de otra formal alcanzar el legítimo objetivo perseguido, porque no existe medio razonable para lograr la adecuación entre el interés del trabajador y el de la organización en la que se integra»*.

c) La STC 67/2022, de 2 de junio, en cambio, en un recurso en el que el derecho a la propia imagen se relaciona con el derecho a la expresión del género, desestima el amparo del trabajador transgénero que demandó frente a la empresa que había desistido del contrato durante el período de prueba por entender que el mismo se debía a su condición, pues se le había requerido que vistiera de forma más correcta en el marco de las exigencias de corrección en las relaciones con los clientes. El trabajador había acudido al trabajo unos días con falda y otros con pantalón cortos. El TC entiende que, tras la inversión de la carga de la prueba ante la existencia de indicios, la empresa justificó la existencia de motivos de cese ajenos a la lesión de los derechos a la propia imagen o a no ser discriminado por razón de expresión de género.

Es muy abundante la jurisprudencia y la doctrina judicial referida la indumentaria del trabajador y otros elementos que afectan a su aspecto e imagen externa durante el trabajo, de cuyo análisis es posible obtener las siguientes conclusiones:

a) Es doctrina consolidada que la exigencia empresarial de un *«uniforme»* al personal por razones de *«imagen de empresa»* entra dentro del poder de organización empresarial.

b) Cuando no existe una voluntad empresarial expresa de uniformar al personal, éste tiene libertad para vestirse, teniéndose en cuenta no obstante las costumbres locales y profesionales y que el trabajo sea o no cara al público.

c) Son lícitas las exigencias empresariales de determinados atuendos por razones de orden público (seguridad y salud laboral o salubridad de los alimentos)

d) La facultad del empresario de imponer una imagen a sus trabajadores estará limitada por la dignidad y honor de los mismos y por el principio de no discriminación.

e) En todo caso, se echa en falta en las soluciones judiciales de una más cuidada aplicación de la *«doctrina del equilibrio de los derechos constitucionales»*, realizando en todos los casos el triple juicio de idoneidad y necesidad, indispensabilidad y proporcionalidad de las exigencias empresariales limitativas del derecho a la intimidad y a la propia imagen de los trabajadores. (Por todas, SSTS de 23 de enero de 2001, Rec. 1851/2000 o de 19 de abril de 2011, Rec. 16/2009).

f) En otro orden de cosas, cuando la prestación se realiza por medios tecnológicos y consiste en la venta u oferta de productos o servicios, algunos de los cuales pueden requerir la realización de videoconferencias, no se considera contraria al derecho a la intimidad la cláusula contractual/tipo que indica que el trabajador consiente expresamente a la cesión de su imagen, tomada mediante cámara web o cualquier otro medio, siempre con el fin de desarrollar una actividad y cumplir con el objeto del contrato y los requerimientos del contrato mercantil del cliente. El Tribunal Supremo recuerda que la legislación de protección de datos vigente en el momento, pero del mismo modo la actual, no requiere el consentimiento del interesado cuando el tratamiento de datos es necesario para le ejecución del contrato (STS de 10 de abril de 2019, Rec. 227/2017).

13. LA PROTECCIÓN JURÍDICA DEL TRABAJADOR

Las garantías jurídicas existentes en nuestro ordenamiento para la protección de los diversos derechos mencionados son las siguientes:

En primer lugar, desde el punto de vista colectivo, de un lado, el Art. 64.5 f) del ET establece que los representantes legales del personal en la empresa tendrán derecho a emitir informe, con carácter previo a la ejecución por el empresario de las decisiones adoptadas por éste sobre *«la implantación y revisión de sistemas de organización y control del trabajo»*.

De otro, el Art. 87 de la LOPD exige que los criterios de utilización de los dispositivos digitales se elaboren con participación de los representantes de los trabajadores. Los Arts. 89 y 90 de la misma ley y contemplan, igualmente, que los empleadores habrán de informar con carácter previo a los representantes de los trabajadores, de forma clara, expresa, concisa e inequívoca de la medida de videovigilancia adoptada y de la existencia y características de los dispositivos de geolocalización. Las normas hacen referencia a que la información a los representantes se hace *ec* lo que debería interpretarse como que, de haber representantes, dicha información se brinda también a éstos, además de a los trabajadores.

Los representantes de los trabajadores podrán acudir a la modalidad procesal de conflicto colectivo (Art. 153 de la LRJS) para impugnar el incumplimiento de estas previsiones legales, sea porque la medida empresarial vulnera los derechos implicados (STS 8 de febrero de 2021, R. 84/2019) o porque no se haya contado con ellos para la determinación de los criterios de utilización de los dispositivos digitales (STS de 6 de febrero de 2024, Rec. 263/2022).

En segundo lugar, en el ámbito administrativo, por una parte, con carácter general, *«los actos del empresario que fueran contrarios al respeto de la intimidad y consideración debida a la dignidad de los trabajadores»* vienen configurados como infracción laboral muy grave en el Art. 8.11 de la LISOS, pudiendo ser sancionados administrativamente por la autoridad laboral. Y el Art. 8.12 de la LISOS considera infracción laboral igualmente muy grave *«las decisiones unilaterales de la empresa que impliquen discriminaciones directas o indirectas»*.

Por otra parte, con carácter especial, las actuaciones ilegales de los responsables o encargados del tratamiento de datos personales podrán ser sancionados administrativamente por la Agencia de Protección de Datos (Arts. 5 y 58 del RGPD, 63 y ss. y 71 y ss. de la LOPD). Dados los distintos intereses concurrentes en juego, no parece que incurra esta segunda sanción administrativa respecto de la anterior en incumplimiento del principio *«non bis in ídem»*.

En tercer lugar, todo trabajador que viera vulnerado sus derechos podrá acudir a la jurisdicción social, bien para que se declare la lesividad de la medida empresarial a través del procedimiento especial de tutela de los derechos fundamentales de los Arts. 177 y ss. de la LRJS, bien para que se extinga el contrato ex art. 50.1 a) del ET, o bien impugnando el despido por la modalidad procesal correspondiente y siempre con los derechos indemnizatorios judicial o legalmente correspondientes según los casos.

Además, el Art. 90.2 de la LRJS señala que las partes no podrán utilizar como medios de prueba *«los procedimientos de reproducción de palabra, de la imagen y del sonido» que* se hubieran obtenido, *«directa o indirectamente, mediante procedimientos que supongan violación de derechos fundamentales o libertades públicas»*.

En cuarto lugar, en determinados supuestos cabrá exigir una responsabilidad penal al empresario derivada, bien del descubrimiento y revelación de secretos (arts. 197 y ss. del Código Penal), bien de la discriminación en el empleo subsiguiente a tal comportamiento empresarial (art. 314 del Código Penal).

En quinto lugar, el vigilante jurado que se extralimitara en sus obligaciones podría ser sancionado gubernativamente con la pérdida de la condición de tal.

14. PROPUESTAS OPERATIVAS

La regulación de los límites a las medidas de control tecnológico del empleador de la LOPD es heredera de la jurisprudencia sobre la materia y presenta diversos problemas asociados a dicha herencia.

De un lado, aunque la ley es de protección de derechos personales y garantía de derechos digitales, se centra prioritariamente en el derecho a la intimidad en el ámbito laboral y no diferencia claramente los derechos implicados: intimidad, protección de datos personales y secreto de las comunicaciones.

Sería necesario distinguir claramente cada uno de estos derechos porque el derecho al secreto de las comunicaciones y el derecho a la protección de datos pueden vulnerarse, aunque no se vulnere el derecho a la intimidad. Respecto del primero de los derechos, es preciso diferenciar el control del uso de los dispositivos digitales proporcionados por el empleador, como el ordenador, del uso de sistemas de comunicación como el correo electrónico o los sistemas de mensajería o chat y, mientras el control del uso de los dispositivos debería sujetarse a los límites derivados del derecho a la intimidad y a la protección de datos, el de los sistemas de comunicación citados debería quedar limitado por el secreto de las comunicaciones.

Procede reformar la LRJS para contemplar una autorización judicial para estos casos, pero, además, ampliar su Art. 90.2 para dar cabida, entre los medios de prueba ilícitos, a cuantos se hayan obtenido por medios de control tecnológico con vulneración de derechos fundamentales.

De otro lado, la actual normativa únicamente regula el derecho a la intimidad frente al uso de los dispositivos digitales, de videovigilancia y grabación de sonido y sistemas de geolocalización. Pero no contempla los límites del poder de control empresarial de un modo general en la sociedad digital. Los convenios colectivos y protocolos deben hacerse cargo de las consecuencias de la digitalización en la relación laboral e ir construyendo una cultura de la protección de datos en la empresa, regulando cuestiones como, por ejemplo, el tratamiento empresarial de los datos de las redes sociales de los trabajadores o de los que consten en Internet, o las posibilidades mismas del recurso a los detectives privados, introduciendo las particularidades necesarias en lo que al equilibrio de derechos se refiere, como puede ser lo concerniente a los hallazgos casuales o la existencia de sospechas.

Por su parte, los tribunales deben seguir abordando el necesario equilibrio de derechos en este ámbito, con las siguientes precisiones.

En primer término, ha de subrayarse que el derecho a la protección de datos personales requiere que el interesado sea informado claramente sobre la finalidad del tratamiento de dichos datos, de acuerdo con los principios del tratamiento del Art. 5 del RGPD y los Arts. 13 y 14 del RGPD.

En consecuencia, debe distinguirse muy claramente cuándo se modula este derecho a la información, en aras del equilibrio de derechos ante situaciones como hallazgos casuales o sospechas previas. Sólo en estas situaciones debe considerarse suficiente la simple información de la existencia del dispositivo de control en cuestión, por ejemplo, de cámaras de seguridad. Lo que significa que es tarea de los tribunales verificar si se trata en efecto de hallazgos casuales o de una actuación puntual ante la existencia de concretas y explícitas sospechas. En caso contrario, si se acreditase que la empresa acude a la información de estos dispositivos como medida de control de la prestación, sin proceder, por tanto, a la información que requiere el tratamiento de los datos personales, dicha prueba debería ser ilícita.

En segundo término, aunque muy relacionado con lo anterior, debe profundizarse en el equilibrio entre los derechos tratados y la tutela judicial efectiva que ha planteado la STC 119/2021 y valorar cuándo la prueba obtenida mediante un tratamiento de datos del que no se ha informado al trabajador puede ser utilizada en el proceso por ser la única posibilidad de prueba del ilícito laboral, como sucede en la STS de 22 de julio de 2022, Rec. 701/2021.

Igualmente, serán los tribunales los que deban distinguir entre la nulidad de la prueba obtenida vulnerando los derechos fundamentales implicados de la nulidad de la medida empresarial. La STC 61/202, de 15 de marzo, considera que la diferencia entre un despido con violación de derechos fundamentales y un despido en el que ha habido una lesión de los derechos fundamentales en el proceso de obtención de la prueba no es arbitraria, ni manifiestamente irrazonable y no es contraria al derecho a la tutela judicial efectiva; si bien admite que la existencia de vulneración de derechos implique una indemnización de acuerdo con el Art. 183. 1 de la LRJS.

XV. La reforma la normativa reguladora de las excedencias voluntarias

Tomás Sala Franco
Catedrático Emérito de Derecho del Trabajo y de la Seguridad Social
Universidad de Valencia
Estudio General

Sumario: 1. La situación normativa actual. 2. Valoración crítica y propuestas normativas.

1. LA SITUACIÓN NORMATIVA ACTUAL

La normativa aplicable a las excedencias voluntarias de la persona trabajadora se encuentra en el Art. 46.2, 5 y 6 del ET, donde se establece lo siguiente:

a) "El trabajador con al menos una antigüedad en la empresa de un año tiene derecho a que se le reconozca la posibilidad de situarse en excedencia voluntaria por un plazo no menor a cuatro meses y no mayor a cinco años. Este derecho solo podrá ser ejercitado otra vez por el mismo trabajador si han transcurrido cuatro años desde el final de la anterior excedencia voluntaria" (Art. 46.2 del ET).

b) "El trabajador en excedencia voluntaria conserva solo un derecho preferente al reingreso en las vacantes de igual o similar categoría a la suya que hubiera o se produjeran en la empresa" (Art. 46.5 del ET).

c) "La situación de excedencia podrá extenderse a otros supuestos colectivamente acordados, con el régimen y los efectos que allí se prevean" (Art. 46.6 del ET).

Se trata de una normativa legal de carácter imperativo mínimo, mejorable, por tanto, en beneficio de las personas trabajadoras, por la negociación colectiva o por el contrato individual. Así, cabrá establecer el derecho a la excedencia de personas trabajadoras que no cumplan los requisitos del Art. 46.2 del ET, esto es, el año de antigüedad en la empresa y los cuatro años desde la anterior excedencia, disminuyendo estos periodos exigidos (STS de 18 de septiembre de 2002), una duración distinta a la prevista en el Art. 46.2 del ET (ampliada en su límite máximo o reducida en su límite mínimo), el reingreso anticipado o determinadas condiciones tales como el cómputo de la antigüedad o incluso la reserva del puesto de trabajo, siempre que se respete la regulación de carácter mínimo del Art. 46.2 del ET. También cabría establecer, complementando la regulación legal, determinadas formalidades para la solicitud de la excedencia o la participación de los representantes de las personas trabajadoras o el orden de prelación para el reingreso en caso de vacantes en relación con otras personas trabajadoras con derecho a la misma (ascensos, conversiones de contratos, etc.).

Así, la persona trabajadora con al menos un año de antigüedad en la empresa tiene derecho a que se le reconozca la posibilidad de situarse en excedencia voluntaria, siempre que hayan transcurrido cuatro años desde el final de la anterior excedencia voluntaria (Art. 46.2 del ET).

Se trata de un derecho potestativo de la persona trabajadora, lo que significa que, a él y solo a él, le corresponde ejercerlo, no pudiendo la empresa obligar al trabajador a solicitar la excedencia voluntaria como reacción, por ejemplo, a una previa denuncia del mismo a la Inspección de Trabajo (STSJ de Cantabria, de 5 de diciembre de 2019).

En todo caso, dada la trascendencia de sus efectos, tanto para la empresa como para la persona trabajadora, no será un derecho de ejercicio automático por la persona trabajadora, sino que deberá solicitarlo a la empresa y ser reconocido por ésta (STS de 18 de septiembre de 2002).

En el caso de que el empresario no le reconociera la situación de excedencia voluntaria a la que tuviera derecho, por reunir los requisitos legales exigidos, la persona trabajadora deberá solicitar judicialmente su reconocimiento, pero no podrá adoptarla por sí mismo, debiendo continuar en su puesto de trabajo prestando el trabajo obligado, so pena de que su conducta se considere abandono injustificado o ausencia injustificada causante de despido disciplinario (STS de 5 de julio de

1990; SS.TSJ de Castilla-León/Valladolid, de 26 de abril de 2004 o de Andalucía/Granada, de 7 de junio de 2018).

Algunos convenios colectivos, con dudosa legalidad, establecen, bien la discrecionalidad del empresario para su concesión o bien el sometimiento de la misma a determinadas condiciones (determinados plazos o la prohibición de que trabaje en otra empresa).

2. VALORACIÓN CRÍTICA Y PROPUESTAS NORMATIVAS

Ha sido largo el debate doctrinal y jurisprudencial habido acerca de la naturaleza suspensiva, extintiva o mixta del derecho de excedencia voluntaria, habiendo la jurisprudencia concluido finalmente en su naturaleza suspensiva "especial" por cuanto, participando del mantenimiento de la vigencia del contrato durante ese periodo, se diferencia claramente del mismo por la ausencia de un derecho de reserva del puesto de trabajo y la concesión de un simple derecho de reingreso preferente en "vacantes de igual o similar categoría a la suya que hubiera o se produjeran en la empresa" (por todas, SS.TS de 25 de octubre de 2000 o de 14 de febrero de 2005) y por el no cómputo del periodo de excedencia voluntaria a efectos de antigüedad (SS.TS 2 de 10 de julio de 1989 o de 4 de enero de 1990).

Vaya por delante, en primer lugar, la crítica a la técnica jurídica constatable por su escasa regulación. Así, sistemáticamente, el hecho de que su regulación se encuentre en el mismo artículo que la excedencia forzosa y que la excedencia por cuidado de hijos o de familiares en un "totum revolutum" y de que literalmente siga aludiendo a las "categorías profesionales" y no a los "grupos profesionales" después de haber desaparecido aquellas en el Art. 22.1 del ET.

Tampoco en punto al alcance aplicativo del derecho a la excedencia voluntaria la ley es excesivamente clara, ni técnica ni políticamente. Cabe plantearse si este derecho alcanza a las distintas modalidades contractuales, tales como los contratos temporales, los contratos a tiempo parcial o los contratos formativos.

Aunque la cuestión ha sido también ampliamente debatida doctrinalmente, a partir de la desaparición de la prohibición expresa que establecía el Art. 26.4 de la Ley 16/1976, de 8 de abril, de Relaciones Laborales, para la jurisprudencia la ley no excluye a las personas trabajadoras temporales titulares de cualquiera de los contratos por tiempo determinado al uso (por circunstancias de la producción, interinos por sustitución —STS de 17 de julio de 2020— o por cobertura de vacantes) del derecho a solicitar una excedencia voluntaria, si bien en muchos casos, cuando no se alcance un año de antigüedad en la empresa, no podrá ejercerse este derecho y, en todo caso, el derecho podrá ejercerse dentro de los límites temporales del contrato sin que pueda prorrogarse el mismo por como consecuencia de tal situación (SS.TS de 29 de noviembre de 2005 o de 3 de mayo de 2006; STSJ del País vasco, de 5 de diciembre de 2019).

En cuanto a la aplicación del derecho de excedencia voluntaria a los contratos a tiempo parcial, no parece existir duda alguna, ya sea porque el Art. 12 del ET nada dice en sentido contrario, ya sea porque el ejercicio de tal derecho resulta absolutamente compatible con el contrato a tiempo parcial.

Por lo que se refiere a los contratos formativos, por el contrario, la causa tipificada en el Art. 11.1 y 2 del ET, para los contratos de trabajo en prácticas ("permitir la obtención de la práctica profesional adecuada al nivel de estudios o de formación cursados") y para los contratos para la formación y el aprendizaje ("tendrá por objeto la cualificación profesional de los trabajadores en un régimen de alternancia de actividad laboral retribuida en una empresa con actividad formativa recibida en el marco del sistema de formación profesional para el empleo o del sistema educativo") respectivamente, chocaría frontalmente con el ejercicio de una excedencia voluntaria, impidiendo en la práctica su efectivo cumplimiento.

Las características generales de la excedencia voluntaria, según el Art. 46.5 del ET son las siguientes:

a) Se trata de una situación de suspensión del contrato de trabajo, de la que se deriva naturalmente la inexistencia de las obligaciones de trabajar y de remunerar el trabajo (por todas, SS.TS de 25 de octubre de 2000 o de 14 de febrero de 2005).

b) Se mantienen las obligaciones de buena fe contractual, si bien con carácter restrictivo, esto es, la obligación de no concurrencia desleal con el empresario (cuando trabaje, por cuenta propia o ajena en el mismo sector de actividad o se utilicen los conocimientos adquiridos en la empresa para favorecer la actividad de la empresa concurrente, de modo habitual, bastando con que existan perjuicios potenciales para la empresa y no exista consentimiento expreso o tácito de ésta), la obligación de cumplir del pacto de plena dedicación en caso de existir y la obligación de mantener el deber de secreto de empresa, perdiendo la persona trabajadora excedente voluntaria automáticamente el derecho al reingreso preferente en el caso de incumplir estas obligaciones (SS.TS de 7 de mayo de 1984 o de 3 de noviembre de 1989; SS.TSJ de Andalucía/Sevilla, de 11 de diciembre de 2014 o de Galicia, de 19 de diciembre de 20919).

   No obstante, la persona trabajadora excedente podrá trabajar y utilizar el periodo de la excedencia voluntaria como "medio legítimo de promoción o experiencia profesional en otro trabajo por cuenta propia o por cuenta ajena" (STS de 19 de diciembre de 2018). Lo único que la ley prohíbe es la competencia desleal y no la competencia simple, siendo en este sentido ilegal la prohibición establecida por un convenio colectivo de prestar servicios en empresas del mismo sector de actividad (en sentido contrario, SS.TSJ de Madrid, de 3 de junio de 2008 o de 24 de marzo de 2011).

c) La persona trabajadora excedente voluntaria no tendrá derecho a la reserva de plaza (salvo que un convenio colectivo la hubiera establecido, mejorando el régimen legal en beneficio de los trabajadores: STSJ de Galicia, de 7 de mayo de 1992) sino a un simple derecho preferente de reingreso en la empresa en caso de existencia de vacante de igual o similar categoría a la suya, constituyendo ésta la diferencia fundamental con la suspensión del contrato de trabajo donde como regla general existe el derecho a la reserva de plaza (por todas, SS.TS de 25 de octubre de 2000 o de 26 octubre de 2016).

d) A salvo de lo que pudiera establecer el convenio colectivo aplicable, no existe un plazo de antelación determinada para la solicitud ni tampoco formalidad alguna exigida por la ley. En todo caso, los plazos de preaviso fijados por un convenio colectivo no podrán ser abusivos, como lo sería un plazo de 180 días para solicitar la excedencia y para su reingreso (STSJ de Madrid, de 18 de marzo de 2019).

e) La ley no exige causa alguna para solicitarla, pudiendo justificarla "cualquier interés profesional o personal del trabajador...bastando con la voluntad unilateral del trabajador" (por todas, STS de 25 de octubre de 2000 o de 14 de febrero de 2005).

f) La excedencia voluntaria tendrá una duración máxima de cinco años y una duración mínima de cuatro meses (Art. 46.2 del ET, salvo que el convenio colectivo aplicable las hubiera modificado en beneficio del trabajador.

La jurisprudencia entiende que la persona trabajadora excedente no tiene derecho a obtener la prórroga de su situación de excedencia hasta el máximo legal o convencional permitido en la hipótesis de que hubiese solicitado la excedencia por tiempo inferior al mismo, no aceptando que una vez fijado el período, éste pueda ampliarse por decisión unilateral de la persona trabajadora: los términos en que está reconocido el derecho a la excedencia voluntaria "no permiten aceptar que una vez elegido dicho periodo pueda ser alterado de forma unilateral por el propio trabajador... (porque admitirlo) ...equivale materialmente a aceptar la posibilidad de obtener una nueva excedencia aunque formalmente aparezca como una continuación de la primera, ello no parece compatible con las previsiones legales, si se tiene en cuenta...la excepcionalidad de que en un contrato sinalagmático se acepte la posibilidad de su suspensión por la voluntad exclusiva e injustificada de una de las partes" (STS de 11 de diciembre de 2003; STSJ de Cataluña, de 22 de septiembre de 2005).

La persona trabajadora no tiene derecho a exigir una ampliación de la duración inicialmente fijada (STS de 23 de julio de 2010), aunque la empresa en ocasiones anteriores le hubiera concedido la prórroga (STS de 20 de junio de 2011). Así, será procedente el despido disciplinario por inasistencia al trabajo del trabajador excedente voluntario que no se incorpore al trabajo una vez denegada la prórroga de la misma (SS.TSJ de Canarias/Tenerife, de 19 de julio de 2019 o de Castilla-La Mancha, de 23 de julio de 209)

g) El periodo de excedencia voluntaria no computa a efectos de antigüedad, deduciéndose ello, "a sensu contrario" del Art. 46.1 y 5 del ET, relativos a la excedencia forzosa y a la excedencia voluntaria por cuidado de hijos o de familiares, respectivamente, si bien cuando el trabajador reingresa recupera la antigüedad que tuviera en el momento de producirse la excedencia.

h) La persona trabajadora excedente voluntaria estará de baja en la Seguridad Social desde la fecha de inicio de la excedencia, sin que exista obligación de cotizar por él (por todas, STS de 14 de marzo de 2019).

i) En el caso de que la persona trabajadora excedente voluntaria desempeñara durante ese periodo otro trabajo y cesara en él contra su voluntad, en el caso de no haber transcurrido todavía el plazo de la excedencia para solicitar el reingreso en el primer trabajo, "no existe, por tal causa, obstáculo alguno que le impida estar comprendido en la situación de desempleo" (STS de 29 de diciembre de 2004).

Finalmente, ante el silencio de la ley, ha sido la jurisprudencia la que ha creado una amplia doctrina interpretativa acerca de las principales cuestiones que plantea la excedencia voluntaria en el momento del reingreso, siendo el derecho preferente al reingreso la parte más importante de la excedencia voluntaria:

1º) En cuanto al momento idóneo para el reingreso, aunque la ley nada dice, los Tribunales exigen que la solicitud debe hacerse antes de que finalice el periodo de excedencia (SS.TS de 18 de julio de 1986, de 28 de febrero de 1987, de 1 de junio de 1987, de 26 de junio de 1987, de 25 de enero de 1988, o de 12 de mayo de 1988), si bien en alguna ocasión se ha admitido flexiblemente que se haga inmediatamente después de finalizar el plazo, sin entender por ello que exista un abandono del trabajador (STS de 23 de abril de 1986).

En ningún caso se ha admitido solicitar el reingreso antes de terminar la excedencia, anticipando la fecha de conclusión de la excedencia, pudiendo el empresario denegar el reingreso, salvo pacto en contrario (STS de 18 de julio de 1986).

En todo caso, la ley no establece un plazo de preaviso para solicitar el reingreso en la empresa, pudiendo, desde luego, el convenio colectivo establecerlo (SS.TS de 9 de diciembre de 1993, de 5 de diciembre de 1996 o de 18 de Septiembre de 2002), siempre que no sea abusivo (STS de 18 de septiembre de 2002; SS.TSJ de Andalucía/Sevilla de 11 de febrero de 2004, de Madrid, de 18 de julio de 2005 o de 18 de marzo de 2019) o el pacto individual en el momento de la solicitud de la excedencia voluntaria.

El incumplimiento del preaviso convencional solo producirá la pérdida del derecho al reingreso si dicha consecuencia estuviese prevista expresamente en el convenio (SS.TS 18 de septiembre de 2002, de 24 de febrero de 2011 o de 29 de septiembre de 2014).

2º) En cuanto al procedimiento a seguir en la solicitud de reingreso, salvo que por convenio colectivo o pacto individual se exigiese alguna formalidad escrita, ésta no viene exigida por la ley, si bien, a efectos de prueba de su existencia real, es recomendable que la solicitud se haga por escrito. La STS de 23 de abril de 1986 llega a señalar en este último sentido que "la petición (de reingreso) debe lógicamente en su forma ser análoga en apariencia a la que sirvió como base para pasar a la situación de excedencia".

3º) En principio, el Art. 46.5 del ET condiciona el reingreso de la persona trabajadora a la existencia de "vacantes de igual o similar categoría a la suya", si bien por convenio colectivo podría suprimirse tal condicionante estableciéndose un derecho a la reserva del puesto de trabajo o pactarse el reingreso en puestos de trabajo vacantes de inferior categoría provisionalmente en tanto no existan vacantes de igual o superior categoría a la suya o que el trabajador acepte esta posibilidad para poder al menos trabajar (SS.TSJ de la Comunidad Valenciana, de 5 de octubre de 1995 o de Canarias, de 12 de diciembre de 1995).

Aunque la empresa no está obligada a crear nuevos puestos de trabajo para complacer la solicitud de reingreso del excedente voluntario ni son vacantes las plazas ocupadas por trabajadores temporales (SS. TS de 26 de octubre de 2016, de 28 de febrero de 2017 o de 28 de noviembre de 2017), la obligación de la empresa nace cuando aparecen necesidades permanentes en la empresa que han de cubrirse con otros trabajadores, aunque estos ya estén contratados temporalmente (STS de 12 de febrero de 2015), no pudiendo tampoco la empresa prorrogar contratos temporales anteriores (STSJ de Cataluña, de 29 de junio de 1993).

La prueba de que no existe una vacante y de que tiene cubierta la plantilla en la categoría del excedente corresponde a la empresa, ya que la empresa dispone de mayor proximidad y facilidad probatoria (por todas, SS.TS de 30 de abril de 1990 o de 6 de octubre de 2005; STSJ de Extremadura, de 23 de mayo de 2019).

La negativa de la persona trabajadora al reingreso en la empresa teniendo plaza vacante y habiéndole sido ofertada por la empresa es causa de despido disciplinario procedente por ausencia al trabajo (STSJ de Castilla-La Mancha, de 19 de diciembre de 2019).

Ahora bien, la persona trabajadora puede rechazar la oferta de incorporarse a una vacante en un centro de trabajo de otra localidad que comporte un cambio de residencia, sin que ello suponga un abandono de la persona trabajadora o una causa de despido disciplinario por ausencia injustificada (SS.TS de 4 de febrero de 2015 y de 13 de julio de 2017; en sentido contrario, se había manifestado la STS de 18 de octubre de 1999, manteniendo que la existencia de vacante que condiciona el reingreso del trabajador excedente voluntario viene referida legalmente a la "empresa" y no al "centro de trabajo").

Según la interpretación de los Tribunales, cabrá el reingreso en un puesto de trabajo con distinto horario o turno de trabajo, sin necesidad de acudir a la vía del Art. 41 del ET (STCT de 17 de noviembre de 1986 o STSJ de Madrid, de 20 de marzo de 1990).

El derecho al reingreso se hará efectivo con cualquier vacante, independientemente de su causa (jubilación, muerte, despido, dimisión, etc.), bastando con que sea de la misma o similar categoría, sin que la empresa pueda elegir la vacante a la que la persona trabajadora excedente voluntaria tiene derecho a reingresar (por todas, STS de 23 de septiembre de 1986).

La reincorporación, cuando haya vacante, habrá de producirse con el mismo carácter que el contrato tenía antes de la excedencia, no siendo posible un cambio en la modalidad contractual o en su duración (no sería una vacante a estos efectos una jornada reducida: SS.,TS de 17 de julio de 2013, de 26 de octubre de 2916 o de 13 de septiembre de 2019), lo que constituiría una novación contractual que exigiría la voluntad de ambas partes (por todas, STS de 28 de noviembre de 2017).

4º) La preferencia para el ingreso en la empresa constituye un derecho del excedente voluntario claramente oponible en todo caso frente a personas trabajadoras externas de nuevo ingreso en la empresa y, en ningún caso, frente a las personas trabajadoras ausentes por suspensión contractual con derecho de reserva de plaza.

Ahora bien, es frente a las personas trabajadoras de la propia empresa con un derecho preferente al puesto, por razones de ascenso, de traslado, de conversión de contratos a tiempo parcial en contratos a tiempo total o de conversión de un contrato temporal en indefinido donde surgen los problemas y serán normalmente los convenios colectivos los que establecerán el orden de prelación (STS de 29 de octubre de 2001).

En ausencia de convenio colectivo, la jurisprudencia ha considerado preferentes los traslados frente a los excedentes voluntarios (SS.TS de 17 de octubre de 1984 o de 26 de junio de 1986).

Por el contrario, no existe jurisprudencia consolidada respecto de los ascensos (a favor de la preferencia de los ascensos: SS.TS 4 de junio de 1986 o de 19 de abril de 1988; a favor de la preferencia de la excedencia voluntaria: SS.TS de 2 de julio de 1985 o de 29 de febrero de 1988).

Y, respecto del orden de prioridad a seguir en el caso de que existan varias personas trabajadoras excedentes voluntarias con igual derecho al reingreso, los convenios colectivos suelen establecer, bien el criterio de la presentación de las solicitudes, bien la de la fecha de caducidad de la excedencia, bien la de la persona trabajadora que más tiempo lleve en situación de excedencia.

5º) Al no existir un derecho a la reserva del puesto sino un derecho potencial, expectante o condicionado al reingreso en el caso de existencia de vacante idónea, a diferencia de lo que sucede en los supuestos de suspensión del contrato de trabajo, el empresario podrá "disponer de la plaza vacante, bien contratando a otro trabajador para el desempeño de la misma, bien reordenando los cometidos laborales que la integran" (STS de 21 de enero de 2010).

Es más dudoso que el empresario pueda amortizar con carácter general las vacantes que se vayan produciendo mientras dure la situación de excedencia debido a la existencia de un derecho al reingreso preferente (en sentido contrario se han manifestado las SS.TS de 18 de octubre de 1986, de 25 de octubre de 2000 o de 30 de abril y 30 de noviembre de 2012, de 8 de febrero de 2018 o de 19 de diciembre de 2018). Aunque sí se acepta la amortización de una vacante como consecuencia de la reasignación a otros trabajadores de las tareas o cometidos del puesto (SS.TS de 14 de febrero 2006, de 21 de enero de 2010 y de 15 de junio de 2011 o si desapareció en un ERE por la externalización de la actividad (SS.TS de 30 de abril y de 30 de noviembre de 2012,).

Ahora bien, en cualquier caso, una vez solicitado el reingreso por el excedente, el empresario vendrá obligado a ofertarle la vacante antes de amortizarla (SS.TS de 7 de junio de 1985, de 16 de marzo de 1987 o de 25 de octubre de 2000).

6º) En el caso de inexistencia de vacante de igual o superior categoría, la persona trabajadora permanecerá en situación de excedencia voluntaria, mientras ésta no se produzca por cualquier causa (jubilación, despido, muerte, dimisión, etc.), no prescribiendo del derecho al reingreso (por todas, STS de 14 de febrero de 2006).

Si la persona trabajadora se negara al reingreso cuando le fuera comunicada la vacante por la empresa, el derecho al reingreso decae, entendiéndose que el contrato se ha extinguido por dimisión de la persona trabajadora (STS de 12 de diciembre de 1988).

7º) Cuando la negativa empresarial al reingreso de la persona trabajadora excedente voluntaria se formule en términos inequívocos, rotundos e incondicionados, la acción judicial a ejercer será la de despido (por todas, STS de 22 de noviembre de 2007; STSJ del País Vasco, de 30 de abril de 2019), siendo el plazo de caducidad de 20 días (Art. 59.3 del ET) a contar desde que se tiene cabal conocimiento de la negativa empresarial (STS 21 de febrero de 1992). La utilización de un procedimiento inadecuado no suspenderá el plazo de caducidad de la acción de despido.

Para el cálculo de la indemnización se tomará como módulo el vigente en el momento de la solicitud de reingreso y no el que regía al tiempo de la solicitud de la excedencia (por todas, SS.TS de 12 de marzo de 2003 o 30 de mayo de 2003), sin que el periodo de excedencia sea computable como tiempo trabajado a efectos de la indemnización (STS de 12 de marzo de 2003, Rec. 2757/2002).

La persona trabajadora tendrá derecho a percibir las cantidades correspondientes a los salarios dejados de percibir (STS de 21 de enero de 1997).

8º) Por el contrario, cuando la negativa empresarial al reingreso del la persona trabajadora excedente voluntaria no resulte inequívoca, consistiendo en una "falta de contestación" a la persona trabajadora o en "respuestas ambiguas" que producen una demora injustificada en la readmisión, la acción judicial procedente será la declarativa del reconocimiento del derecho a la ocupación efectiva (STS 21 de febrero de 1992; SS.TSJ de Extremadura, de 4 de julio de 2019, de Castilla-León/ Valladolid, de 18 de octubre de 2019 o de Asturias, de 12 de noviembre de 2019), con petición, en su caso, de nulidad del contrato efectuado con otra persona trabajadora "ex Art. 6.3 del CC", siendo el plazo de prescripción de un año (Art. 59.1 del ET) y con idéntico "dies a quo" que el plazo de caducidad de la acción de despido.

De aceptarse la reclamación, la persona trabajadora no tendrá derecho a los salarios de tramitación, pero sí a una indemnización de daños y perjuicios "ex Arts. 1100, 1101 y 1106 del CC", en cuantía equivalente a los salarios dejados de percibir a consecuencia de la conducta incumplidora de la empresa desde la conciliación o resolución administrativa previa a la judicial, descontando los correspondientes a eventuales periodos trabajados para otra empresa si fueran equivalente (SS.TS de 12 de marzo de 2003 o de 4 de febrero de 2015), correspondiendo a la persona trabajadora la acreditación de los daños y perjuicios superiores que se hubieran producido.

El día inicial del cómputo de los salarios indemnizatorios será la fecha de la solicitud de readmisión tras la excedencia, si es que entonces existía vacante apropiada para el reingreso (SS.TS de 19 de junio de 2007 y de 3 de diciembre de 2009), no resultando de aplicación la mora prevista en el Art. 29.3 del ET (STS de 12 de febrero de 2015).

En estos mismos casos, podrá la persona trabajadora excedente iniciar también una acción resolutoria del contrato basada en el incumplimiento empresarial "ex Art. 50 del ET".

La jurisprudencia admite la reclamación de daños por falta de reingreso, cuando éste debía producirse, sobre la base de las reglas civiles de la responsabilidad contractual (SS.TS de 5 de diciembre de 1988, de 19 de abril de 1988 y de 21 de enero de 1997). Los daños por falta de reingreso se presumen, por lo que no existe necesidad de acreditarlos y se calculan sobre la base de los salarios dejados de percibir (SS.TS de 6 de febrero de 1991 o de 14 de marzo de 1995), sin perjuicio del derecho de la empresa a aportar datos que excluyan los daños. La jurisprudencia ha entendido que deben descontarse de la indemnización los salarios percibidos en otro empleo (STS de 15 de junio de 2004).

9º) Si solicitado el reingreso a tiempo, el empresario cubre la vacante con un tercero, el contrato con este último será nulo (Art. 6.3 del CC), jugando respecto del trabajador lo dispuesto en el Art. 9.2 del ET.

La persona trabajadora excedente podrá ejercitar la acción declarativa de derecho con petición de nulidad del contrato con el nuevo trabajador, acción sometida al plazo de prescripción de un año. Podrá también considerarse despedido improcedentemente y ejercitar la acción por despido, sometida al plazo de caducidad de 20 días. Así pues, el trabajador tendrá el derecho de opción a ejercitar la acción declarativa de derechos o la de despido, pero si reclama por despido fuera de plazo, no podrá ejercitar luego la acción declarativa, ya que la relación laboral se extinguió desde el momento en que se absolvió a la empresa y se desestimó aquella primera reclamación.

10º) El excedente voluntario debe incluirse en la relación del personal afectado por un expediente de regulación de empleo, ya que técnicamente se encuentra en situación jurídica no extintiva sino de suspensión contractual "sui generis", esto es, sin reserva de plaza (SS.TS de 16 de marzo de 1987, de 25 de octubre de 2010 o de 11 de julio de 2013).

Pero no tendrá derecho a indemnización alguna en el caso de un expediente por cierre de empresa, pues la indemnización va orientada a compensar la pérdida de un puesto de trabajo, pero no una mera expectativa de reingreso (por todas, SS.TS de 26 de octubre de 2006, de 13 de noviembre de 2006, de 29 de noviembre de 2006, de 19 de enero de 2007, de 22 y 31 de enero de 2008, de 24 de junio de 2008 o de 8 de febrero de 2018). En este sentido, la STS de 19 de diciembre de 2018 llega a negar el derecho a una indemnización de la persona trabajadora excedente voluntaria cuando inexistencia de vacante se debe a que la actividad de la empresa ha desaparecido en su totalidad, aunque la empresa no le despidiera utilizando los procedimientos de los Arts. 51 o 52 del ET, "ya que ninguna consecuencia indemnizatoria se iba a seguir para el mismo". A la vista de la situación normativa descrita y del amplio desarrollo de una jurisprudencia para completar las deficiencias de aquella, por razones de seguridad jurídica se hace necesaria una nueva regulación de la excedencia voluntaria en el Estatuto que recoja en lo fundamental la jurisprudencia existente y que la regule sistemáticamente fuera del precepto legal referido a las causas de suspensión del contrato de trabajo.

XVI. La reforma de la normativa reguladora de la extinción del contrato de trabajo

Tomás Sala Franco
Catedrático Emérito de Derecho del Trabajo y de la Seguridad Social
Universidad de Valencia
Estudio General

Amparo Esteve Segarra
Catedrática de Derecho del Trabajo y de la Seguridad Social
Universidad de Valencia
Estudio General

Sumario: 1. Introducción. 2. El despido disciplinario: la embriaguez habitual y la toxicomanía. 3. El despido disciplinario: la notificación del despido a la persona trabajadora. 4. La posibilidad de rebajar la sanción disciplinaria de despido, la libertad de elección del empresario de la sanción y la teoría gradualista: un primer elemento para adecuar la normativa española a la Carta social Europea. 5. El replanteamiento de la supresión parcial de los salarios de tramitación en los despidos improcedentes: un segundo elemento para adecuar la normativa española a la Carta Social Europea. 6. Los despidos nulos: de la readmisión al derecho de opción para la persona trabajadora. 7. Los despidos nulos cuando el restablecimiento de la relación no es posible: un tercer elemento para adecuar la normativa española a la Carta Social Europea. 8. Destopar las indemnizaciones por despido injustificado para recuperar la causalidad del despido. 9. La extinción del contrato por causas objetivas: un replanteamiento normativo de algunas causas. 10. La necesidad de reinterpretar las causas organizativas y productivas en los supuestos de externalización de servicios. 11. De la valoración de las causas a la valoración de la continuidad de la relación laboral en los despidos por necesidades empresariales y, en particular, en los grupos y redes de empresa. 12. El aprovechamiento de determinadas estructuras empresariales para favorecer la continuidad de la relación laboral. 13. La valoración de la estructura empresarial de las empresas de plataforma y sus contratistas en los despidos en relación con medidas de flexibilidad interna. 14. La extinción del contrato por voluntad de la persona trabajadora. 15. La terminación del contrato por causas que afectan a la persona de los contratantes. 16. Conclusiones críticas acerca de las limitaciones de una tutela iusprivatista de la terminación del contrato de trabajo.

1. INTRODUCCIÓN

Nuestro ordenamiento no ha logrado una regulación satisfactoria de la terminación del contrato de trabajo. Esta institución jurídica capital ha generado enorme polémica, tanto desde un plano general de política de derecho, como desde una perspectiva más concreta de análisis de los problemas aplicativos de su regulación. Se trata de una materia donde se conjugan intereses contrapuestos: la protección del empleo y la necesidad de mecanismos de ajuste de plantilla flexibles y adecuados a la coyuntura económica de una economía globalizada.

En la exposición que sigue trataremos algunos problemas específicos que la ordenación jurídica de la extinción del contrato de trabajo plantea, exceptuando los referidos a los despidos colectivos y a la finalización de contratos temporales, objeto de reflexión en otros capítulos.

No se pretende con ello un repaso de todas las causas extintivas, lo que sería imposible en este formato. Con una opción metodológica que aspira a descubrir la utilidad real de la regulación laboral en esta materia, así como de las soluciones jurisprudenciales interpretativas, en algunos casos no uniformes, hemos seleccionado solo algunos aspectos sobre los que proporcionar algunas propuestas de mejora en el régimen extintivo.

Previamente, en esta introducción se trazan los principales hilos conductores que han servido a nuestro juicio de marco general en el tratamiento de las reformas en materia de extinción del contrato de trabajo.

En primer lugar, queremos llamar la atención en el hecho de que los procesos de reforma que han afectado hasta ahora a la terminación del contrato de trabajo han incidido siempre en la reducción de los costes empresariales de los despidos injustificados. Ahora bien, las conclusiones del 2023 del Comité Europeo de Derechos Sociales sobre la conformidad del derecho español con la Carta Social Europea van a obligar seguramente a un giro copernicano en los efectos de los despidos improcedentes. Esta cuestión es central pues en nuestro sistema, los efectos de la improcedencia se extienden, además de a los casos de despidos disciplinarios, a otros supuestos de extinción del contrato por voluntad unilateral del empresario no justificados como los despidos objetivos o las denuncias en los contratos temporales fraudulentos.

La cuantía de las indemnizaciones junto con otros sumandos del precio final de las terminaciones de los contratos, han estado siempre en el centro del debate de la política de derecho.

Tan es así que el sensible punto de los costes extintivos ha polarizado las reformas, en detrimento de otros elementos, como las posibilidades de recolocación. El interés de los partidos políticos de mejorar las cifras de paro con una visión cortoplacista, ligada a calendarios o citas electorales, ha minado el tratamiento de otros problemas menos aparentes y que requerirían políticas a medio y a largo plazo, como la rotación de personas trabajadoras, las amortizaciones de puestos de trabajo indefinidos mediante prejubilaciones y la sustitución de plantillas por empresas que aplican condiciones precarias.

Sin necesidad de reproducir toda la evolución legal y ciñendo el análisis de los cambios legislativos más importantes de las últimas décadas, así resulta constatable en las reformas laborales de 1994, 1997, 2002 y 2012 en relación con los salarios de tramitación y respecto de la cuantía de la indemnización por despido.

Una segunda línea de las reformas laborales de las últimas décadas ha incidido en la flexibilización del despido por causas empresariales y, en general, en todo el régimen de las reestructuraciones empresariales. Se ha apostado por dotar de mayor flexibilidad a los mecanismos de ajuste de plantillas, entendiendo que las rigideces perjudicarían la creación de empleo y podían constituir un incentivo para la huida de capitales y de las inversiones en una economía globalizadora.

En este sentido, dejando de lado la reforma laboral del 2021 que se sitúa en una lógica distinta, las anteriores reformas (de 1994, 1997, 2010, 2011, 2012, entre otras) habrían incidido de forma aluvional en una definición cada vez más flexible de las causas económicas, técnicas, organizativas y de producción y en la facilitación del procedimiento de los despidos por causas empresariales, asumiendo como eslogan el de que "*lo que es bueno para la empresa es bueno para el trabajador*", asumiendo como valor del Derecho del Trabajo el concepto de *"flexiseguridad",* aunque la segunda parte de este vocablo no siempre se cumpla en nuestro sistema laboral, por la infrautilización de las medidas de flexibilidad interna.

Aunque el principio *"pro empresa"* no es exactamente identificable con un principio *"pro empresario"*, conviene reparar en que, en muchos supuestos, la valoración del interés de la empresa corresponde al empresario, limitando la potestad de valoración de la medida por parte del juzgador, reforzando así la legitimidad de la adopción de la misma por parte del empleador.

Estos planteamientos de eliminación de rigideces habrían estado detrás de la más incisiva reforma del régimen extintivo, la de 2012, tratando de acotar la valoración judicial y de eliminar para los empresarios las incertidumbres de una futura solución judicial.

La Reforma de 2012, incidiría en otros tres importantes aspectos de la extinción contractual: 1º) la supresión de la autorización administrativa en los despidos colectivos, 2º) la eliminación de la figura del *"despido exprés"*, que encauzaba buena parte de las terminaciones de los contratos por tiempo indefinido antes de la reforma mediante el reconocimiento empresarial de la improcedencia del cese (cfr. Art. 56.2 del anterior Texto Refundido del ET) y 3º) el abaratamiento de los costes extintivos, con una rebaja de las indemnizaciones por despido improcedente y la parcial eliminación de los salarios de tramitación, que en el caso de los despidos improcedentes habrían desaparecido en los supuestos de opción por la indemnización, con la salvedad de los representantes de las personas trabajadoras.

En la reforma laboral del 2021, la materia extintiva no fue objeto de cambios profundos, centrándose más en la regulación de la contratación y medidas de flexibilidad interna, singularmente en los expedientes de regulación temporal de empleo como alternativa a las extinciones frente a las crisis, que habrían bebido de la buena experiencia de los años de la pandemia. Transcurrido tres años de esta reforma, conviene valorar sus efectos, que, a grandes rasgos, se caracterizaría por:

a) Una mejora de la tasa de empleo en términos comparativos con otros países y respecto a la comparativa histórica, si bien los niveles de paro se han mantenido por encima del 10 por 100.

b) Un incremento del empleo mediante contrataciones indefinidas —si bien muchas de ellas con carácter fijo discontinuo— y de la contratación a tiempo parcial.

c) Una consolidación de las medidas de flexibilidad interna como alternativa a las reestructuraciones extintivas.

En conclusión, si bien la reforma laboral de 2021 habría mejorado sustancialmente las cifras de actividad y reducido el desempleo, no habría eliminado otros problemas propios de nuestro sistema extintivo, en particular, las medidas para reparar y disuadir despidos injustificados. Se ha mantenido una gran flexibilidad de salida, pese a la voluntad declarada por el legislador en la anterior reforma de 2012 de volver a la causalidad en la terminación del contrato. Las personas trabajadoras con escasa antigüedad serían los que mayormente sufren la descausalización y la reducción de los costes del despido y de la terminación de contratos por distintas causas.

2. EL DESPIDO DISCIPLINARIO: LA EMBRIAGUEZ HABITUAL Y LA TOXICOMANÍA

En cuanto a la embriaguez habitual como causa de despido, cabe señalar algunas cuestiones interpretativas.

De un lado, se ha admitido la posibilidad de sancionar con despido una sola situación de embriaguez cuando por razón del tipo de actividad del trabajador pudo poner en peligro personas o cosas (STSJ de Madrid, de 17 de Marzo de 2015, Rec. 766/2014). Sin embargo, algunas sentencias han partido de que la regulación estatutaria es un mínimo de derecho necesario, por lo que el convenio colectivo no podría desconocer la exigencia de que la embriaguez sea habitual y sancionar con mayor dureza que la regulación legal la simple embriaguez como causa de despido (STSJ de Madrid, de 12 de abril de 2005, Rec. 6038/2004), aunque sí con sanción inferior (STSJ de Cantabria, de 17 de junio de 2004, Rec. 610/2004). En todo caso, convendría a nuestro juicio dejar constancia en el texto legal que el concepto de habitualidad podría ser dejado sin efecto por el convenio colectivo.

También debería perfilarse mejor el concepto de toxicomanía que, en puridad técnica, conlleva un *"hábito patológico"* en el consumo de drogas, por lo que no bastaría un consumo esporádico. Sin embargo, el consumo esporádico solamente debiera considerarse incumplimiento grave cuando pusiese en riesgo personas o bienes, por lo que interesaría que nuevamente esta cuestión se remitiese a lo previsto en el convenio colectivo o en el contrato de trabajo.

Los convenios colectivos, con una regulación más adaptada a las necesidades de cada sector o empresa o tomando en consideración las características de los puestos de trabajo, podrían establecer, como ya sucede en algunos casos, que la embriaguez y la toxicomanía deberían ser mejor causa de suspensión del contrato que no de extinción, estableciendo incluso la obligación de la persona trabajador de intentar una (o más veces) su rehabilitación y sólo en el caso de fracaso poder ser despedido.

3. EL DESPIDO DISCIPLINARIO: LA NOTIFICACIÓN DEL DESPIDO A LA PERSONA TRABAJADORA

El despido ha de ajustarse formalmente a unas exigencias legales en cuanto a la comunicación escrita, a la exigencia de constancia de la fecha, al expediente contradictorio, a la audiencia al delegado sindical o a cualquier otra formalidad convencional o contractualmente exigible. La declaración de improcedencia del despido procede con la omisión de uno sólo de los requisitos de forma previstos en el Art. 55.1 del ET, sin que sea necesario que resulten incumplidos todos o varios de ellos (por todas, STS de 21 de septiembre de 2005, Rec. 822/2004). También es doctrina unificada que, ante la constatación de un despido improcedente por motivos formales, el órgano judicial no debe continuar su indagación y, por tanto, no debe valorar la actividad probatoria que se hubiera desplegado por la parte demandada para declarar el despido procedente.

De todos los requisitos formales, conviene destacar dos cuestiones problemáticas en la praxis diaria: el problema de la notificación a la persona trabajadora de la carta de despido y la concreción de los hechos en la carta de despido. En ambos casos, se ha producido un desentendimiento del legislador de los problemas relativos al contenido y notificación de la carta de despido, no fijando un régimen jurídico ordenado de estas cuestiones, quizá porque a priori parecen sencillas, aunque nada más lejos de la realidad.

El despido se configura así como un acto recepticio. Sin embargo, la forma de practicar esta notificación ha planteado muchos problemas.

Una jurisprudencia muy conocida, recurriendo a conceptos jurídicos abiertos e indeterminados determina que el empresario debe realizar fórmulas que pueden considerarse *"inequívocamente idóneas"* para que la decisión empresarial de despido llegue a conocimiento de la persona trabajadora, empleando para ello, la *"suficiente diligencia"* (por todas, STS de 23 de mayo de 1990, Rec. 1990/4493). Los tribunales valoran el cumplimiento de esta obligación casuísticamente lo que crea una notable inseguridad jurídica en una cuestión de enorme relevancia práctica.

Al respecto, sería muy conveniente corregir la falta de precisión de la ley. En este sentido, el establecimiento de criterios en la ley contribuiría a despejar posteriores problemas interpretativos. Al empresario se le exigiría agotar las vías existentes con un sistema escalonado al modo previsto para practicar las comunicaciones judiciales (Arts. 53 y ss. de la LJS modificados por el RDL 6/2023), siendo particularmente interesante la implementación de sistemas de comunicación digital.

Así, una primera vía podría ser la entrega en mano de la carta de despido si la persona trabajadora compareciese por propia iniciativa en las dependencias empresariales, surtiendo efectos la firma por testigos en caso de ser rehusada por el destinatario. En el caso de no ser posible la entrega dentro de las dependencias empresariales, con la salvedad de dar efectos al rehúse ante testigos, podría establecerse que se debería proceder a un intento de notificación por correo certificado con acuse de recibo o por comunicación mediante medios electrónicos o telemáticos, si se cumpliesen respecto a éstos garantías similares a las previstas en el Art. 162 de la LEC y la persona trabajadora hubiese aceptado tal vía de notificación con la suscripción de su contrato. A este respecto, el domicilio físico o dirección electrónica sería el que le constase al empresario/a, pudiendo preverse una regulación similar a la prevista en el Art. 53.2, segundo párrafo de la LJS, de manera que podría ser carga de la persona trabajadora el facilitar a su empresa los cambios de domicilio y los datos de dirección electrónica que pudieran haberse producido. Y una tercera vía podría ser el burofax o la notificación notarial.

En definitiva, el legislador tendría la oportunidad legal de perfilar fácilmente estas cuestiones con una previsión legal, primero de los mecanismos de notificación *interprivatos* y, segundo, de la carga de la persona trabajadora de actualizar su domicilio y correo electrónico. Se trataría de acabar con la inseguridad jurídica en una cuestión de gran relevancia práctica que aún no tiene una respuesta jurisprudencial clara y que además no está bien adaptada a la era digital.

Por otra parte, creemos que sería conveniente desarrollar más la exigencia de que en la carta de despido deban figurar los hechos que motivan el despido contenida en el Art. 55.1 del ET. Esta exigencia ligada a la finalidad de no producir indefensión de la persona trabajadora cuenta con una asentada jurisprudencia que podría traerse a la norma, debiendo figurar los detalles de la conducta imputada que sean indispensables para su cabal identificación (STS de 28 de febrero de 1995, Rec. 1564/1994).

El grado de suficiencia de las causas de despido expresadas en la comunicación escrita es una calificación jurídica que debe tener en cuenta una gran variedad de circunstancias concretas (tipo de imputación, posición del trabajador despedido en la organización de trabajo, posibilidad en el momento de concreción de unos u otros aspectos de la conducta reprochada, etc.) donde se admite un amplio margen a la apreciación del Juzgado de lo Social que conoce del asunto en la instancia (STS de 22 de febrero de 1993, Rec. 818/1992).

En definitiva, una profusa jurisprudencia ha exigido que la comunicación escrita del despido debe proporcionar a la persona trabajadora un *"conocimiento claro, suficiente e inequívoco"* de los hechos constitutivos del despido, por lo que se incumpliría dicha finalidad si la comunicación contiene sólo imputaciones o afirmaciones genéricas o indeterminadas (SS.TS de 28 de abril de 1997, Rec. 1076/1996 y de 18 de enero de 2000, Rec. 3894/1998).

Ello se ha proyectado, en particular, en el ámbito de los despidos objetivos para entender que no basta con mencionar la causa abstracta en la carta de despido (causas económicas, productivas, reestructuración de la plantilla, situación económica negativa y pérdidas continuadas, etc.) (STSJ de Galicia, de 24 de octubre de 2012, Rec. 2994/2012), siendo necesaria también la causa concreta de su incidencia en la empresa (STSJ de Castilla-La Mancha, de 14 de febrero de 2013, Rec. 1905/2012). En el ámbito de los despidos disciplinarios, pese a que el casuismo en esta materia ha dificultado la unificación de doctrina (STS de 16 de enero de 2009, Rec. 4165/2007), se exige que consten los detalles de la conducta imputada necesarios para su identificación en cuanto a su naturaleza y acaecimiento, lo que sí exige, por ejemplo, que, en casos de imputación de faltas de asistencia o puntualidad, se especifiquen de forma suficiente (STS de 28 de febrero de 1995, Rec. 1564/1994).

Igualmente, la concreción de las fechas de comisión de las faltas imputadas puede ser imprescindible para determinar si las faltas están o no prescritas (STSJ de Madrid, de 2 de noviembre de 2011, Rec. 3707/2004) o la concreción de la conducta imputada (SS.TSJ de Extremadura, de 13 de abril de 2005, Rec. 122/2005 o de Castilla y León/ Valladolid), de 15 de mayo de 2006, Rec. 761/2006).

No estaría de más apuntar en la norma que las indefiniciones de la comunicación del cese a la persona trabajadora no pueden subsanarse en el acto de juicio, alegando faltas que encajarían genéricamente en los términos de la carta.

4. LA POSIBILIDAD DE REBAJAR LA SANCIÓN DISCIPLINARIA DE DESPIDO, LA LIBERTAD DE ELECCIÓN DEL EMPRESARIO DE LA SANCIÓN Y LA TEORÍA GRADUALISTA: UN PRIMER ELEMENTO PARA ADECUAR LA NORMATIVA ESPAÑOLA A LA CARTA SOCIAL EUROPEA

El fallo de la sentencia de despido ha de calificar el despido como procedente, improcedente o nulo (Arts. 108.1 de la LJS y 55.3 del ET).

La claridad del mandato legal ha conllevado que la jurisprudencia interprete que el órgano judicial en la sentencia debe calificar necesariamente el despido, sin que sea válida la mera absolución de la parte demandada, salvo cuando la sentencia declare que no existió relación laboral o que el despido se extinguió válidamente por una causa distinta al despido de la persona trabajador (STS de 2 de marzo de 1987). Además, ello implica que al margen de los pronunciamientos procesales —por ejemplo, sobre la falta de jurisdicción o de competencia o que estimen caducada la acción de despido—, las posibilidades calificadoras del despido están en principio limitadas a las calificaciones clásicas de procedencia, improcedencia o nulidad.

En caso de improcedencia del despido por no apreciarse que los hechos acreditados hubieran revestido gravedad suficiente, pero constituyeran infracción de menor entidad según las normas alegadas por las partes, el órgano judicial podrá autorizar una sanción adecuada a la gravedad de la falta, de no haber prescrito la de menor gravedad antes de la imposición empresarial de la sanción de despido; sanción que la parte empresarial podrá aplicar en el plazo de caducidad de los diez días siguientes a la firmeza de la sentencia, previa readmisión de la persona trabajadora y siempre que ésta se haya efectuado en debida forma. La decisión empresarial será revisable a instancia de la persona trabajadora, en el plazo, igualmente de caducidad, de los veinte días siguientes a su notificación, a través de incidente de ejecución de la sentencia de despido, conforme al Art. 238 de la LJS. Esta regulación introducida en el Art. 108.1 de la LJS ha tenido una escasísima efectividad práctica a la luz del número de sentencias que en los repertorios judiciales consta que hayan hecho uso de ella.

Ello es muy llamativo por una serie de razones. En primer lugar, porque a priori dicho precepto permitía una solución de los casos donde el órgano judicial pudiera haber calificado el despido como improcedente porque el incumplimiento de la persona trabajadora no constituía un incumplimiento grave, admitiendo la imposición de sanción disciplinaria de menor intensidad y acorde con la clásica doctrina gradualista. En segundo lugar, porque la regulación del Art. 108.1 de la LJS había sido aplaudida cuando se introdujo, por mejorar el régimen anterior al propiciar el mantenimiento del empleo y evitar al mismo tiempo que conductas sancionables, pero de una gravedad inferior a la del despido, quedaran impunes. Finalmente, también es llamativa su falta de aplicación práctica porque una previsión similar ya regía en el procedimiento de revisión de sanciones disciplinarias distintas de las del despido (Art. 115.1.c) de la LJS), donde el órgano judicial puede autorizar a la parte empresarial, la imposición de una sanción distinta.

Esta falta de aplicación perjudica a ambas partes del contrato de trabajo, puesto que ante incumplimientos de escasa gravedad o que no revisten una importancia tan acusada como para justificar el despido, la calificación del despido sólo puede ser binaria: procedencia o improcedencia.

A nuestro juicio, ello exigiría un replanteamiento de parte de los requisitos establecidos para que pueda operar la degradación de la sanción, en particular de los dos primeros, que son demasiado estrictos: 1°) que no hubiera prescrito la sanción adecuada antes de la imposición del despido, 2°) que la parte empresarial hubiera readmitido previamente a la persona trabajadora y 3°) que la parte empresarial imponga la sanción dentro del plazo de diez días siguientes a la firmeza de la sentencia y en la forma debida.

Respecto del primer requisito, su flexibilización podría pasar por la consideración de que la sanción de despido habría interrumpido en todo caso los plazos de prescripción del Art. 60.2 del ET. Respecto del segundo requisito, si bien la obligación de readmitir a la persona trabajadora es lógica para permitir reconstruir la relación laboral y autorizar la imposición de una sanción inferior, desincentiva el juego del precepto y acaba por no jugar en la práctica. Y ello porque la opción por la readmisión está desincentivada en nuestro sistema legal, al penalizarse con el pago de salarios de trámite (y las consiguientes cotizaciones a la seguridad social y los costes indirectos de regularizar la prestación de desempleo que pudiera haber percibido la persona trabajadora), frente a la opción más expeditiva del pago de la indemnización. Para que pueda operar este precepto, la opción por la indemnización no debería ser más atractiva que la de readmisión, que es justo lo contrario de lo que ocurre con el actual sistema de extinción contractual.

Por otra parte, para facilitar la aplicación de una sanción menor y volver a la idea de que el despido disciplinario, al constituir la sanción la más grave que puede imponerse a la persona trabajadora debe interpretarse de manera restrictiva y, por ello, pueda el órgano judicial autorizar a la parte empresarial a imponer otras sanciones disciplinarias distintas de la del despido, debería replantearse además una asentada construcción judicial de que si el órgano judicial mantiene la calificación empresarial de la falta cometida por la persona trabajadora como muy grave, corresponde a la parte empresarial decidir la sanción a imponer, no siendo fiscalizable judicialmente la elección patronal de cualquiera de las que prevea el convenio colectivo para las faltas laborales de dicha entidad (STS de 11 de octubre de 1993, Rec. 3805/1992).

El Art. 108 de la LJS podría, a nuestro juicio, tener más eficacia si se permitiera al órgano judicial, manteniendo la gravedad de la falta, elegir una sanción por estimarla más proporcionada, incluso cabría que el órgano judicial pudiera cuestionar algunas redacciones convencionales que considerar automáticamente cualquier transgresión como una falta muy grave, sin admitir ninguna ponderación. Ello permitiría un mayor juego de la teoría gradualista, especialmente en los casos donde el perjuicio causado es escaso y en los de inexistencia de sanciones previas a la persona trabajadora con cierta antigüedad (STSJ de la Comunidad Valenciana, de 11 de abril de 2013, Rec. 412/2013). Y es que la mayoría de las veces, el convenio colectivo de aplicación no ha graduado los comportamientos, calificando las infracciones, a veces un solo incumplimiento, como una infracción muy grave, por ruptura de los deberes éticos del contrato de trabajo.

5. EL REPLANTEAMIENTO DE LA SUPRESIÓN PARCIAL DE LOS SALARIOS DE TRAMITACIÓN EN DESPIDOS IMPROCEDENTES UN SEGUNDO ELEMENTO PARA ADECUAR LA NORMATIVA ESPAÑOLA A LA CARTA SOCIAL EUROPEA

La evolución legislativa ha acentuado la diferenciación entre las dos condenas alternativas derivadas de la declaración de improcedencia de un despido, donde clásicamente el Tribunal Supremo había declarado que tenían perfiles distintos: *"la primera impone una obligación de hacer; la segunda el pago de determinada cantidad… (con) un trámite específico en or-*

den a su ejecución no aplicable a la segunda..."(STS 4 de febrero de 1995, Rec. 1450/1994).

Las diferencias se han profundizado en la legislación vigente, que ha propiciado una reducción de los costes directos e indirectos del despido improcedente, en particular en supuestos de opción por la indemnización. En cuanto a los costes directos, la Ley 3/2012 habría supuesto una rebaja de la indemnización por despido improcedente y también de los llamados costes indirectos del despido, es decir, de los costes del pleito judicial y, en concreto, el importe de los salarios de tramitación, que se suprimen en el caso de opción por la indemnización, salvo para los representantes de los trabajadores para los que se mantienen, tanto en el caso de que se opte por la readmisión como por la indemnización (Art. 56.4 del ET). Así, en el fallo de la sentencia que declare el despido improcedente se condenará al empresario de forma alternativa a la readmisión del trabajador en su lugar de trabajo en las mismas condiciones que regían antes de producirse el despido o a la indemnización de 33 días de salario por año de servicio, prorrateándose por meses los períodos inferiores a un año y hasta un máximo de 24 mensualidades. Y en el caso de que se opte por la readmisión habrá derecho a los salarios dejados de percibir desde la fecha del despido hasta la notificación de la sentencia que declare la improcedencia o hasta que hubiera encontrado otro empleo, si se probase por la parte empresarial lo percibido por la persona trabajadora a los efectos del descuento de los salarios de trámite.

Sobre la radical diferenciación entre el pago de salarios de trámite en los casos de readmisión y su exclusión en los casos de despidos improcedentes con opción por la indemnización se han realizado diferentes consideraciones de carácter teórico y práctico. Entre las primeras, de carácter académico, se explica que, seguramente, la justificación subyacente se relacione con el hecho de que cuando hay readmisión es como si no hubiera habido extinción, pues se rehabilita el contrato de trabajo; en cambio, en el caso de la indemnización, al ser constitutivo el despido, la extinción ya se produjo en el momento de su adopción. Y con argumentos similares, que la justificación de que en el caso de los representantes siempre se generen salarios de tramitación es la de que no se produce la extinción del contrato hasta que opta el representante (GOERLICH PESET).

Desde el punto de vista práctico, la supresión parcial de los salarios de trámite llevada a cabo por la Ley 3/2012 fue validada como opción legislativa por el Tribunal Constitucional (STC 8/2015, de 22 de enero). Ello no significa que la solución legal, pese a que no pueda ser tachada de inconstitucional, sea razonable. Ciertamente, provocó en primer lugar un abaratamiento directo de los costes del despido para la patronal y, en paralelo, se redujeron las indemnizaciones para la persona trabajadora y la duración de las prestaciones de desempleo de los despedidos, que ya no se incrementarían por las cotizaciones adicionales que había de efectuar la parte empresarial por esos salarios. Por otra parte, la supresión de los salarios de tramitación provocó un efecto colateral en las estrategias de negociación de empresas y personas trabajadoras ante la extinción del contrato.

Pero, con todo, el efecto más importante del actual régimen legal es que se desincentiva la opción empresarial por la readmisión. Al someterse a un régimen disuasorio y más oneroso la reanudación de la relación que la indemnización sustitutiva (en estos casos además de que el empresario no se ahorra los salarios de tramitación, tiene que regularizar sobre éstos las prestaciones de desempleo percibidas por el trabajador y devolverlas), existe un estímulo contrario a la recuperación del empleo. Esta solución resulta ilógica en un contexto de una tasa de desempleo, aún elevada, en la que legislativamente se desincentiva la readmisión de las personas trabajadoras. De hecho, conviene recordar que la eliminación de los salarios de tramitación en los despidos improcedentes con opción por la indemnización ya había sido ensayada por el legislador en el 2002 y había sido considerada carente de fundamento alguno, como no fuese el de favorecer esta opción empresarial.

De todo ello se deduce a nuestro juicio la conveniencia de que se reinstauren los salarios de tramitación, como primera opción, o bien, se eliminen sólo en los casos de opción por la readmisión.

– La opción de recuperar los salarios de trámite tiene un puntal importante. La reforma de la extinción del contrato de trabajo ha de buscar la adecuación a Carta Social Europea, y ha de recordarse el precedente de la reforma francesa, respecto de la cual el Comité Europeo de derechos sociales afirmó que la exigencia de una reparación adecuada de los despidos arbitrarios e injustificados pasaría, entre otros elementos, por *el reembolso de las pérdidas financieras sufridas entre la fecha del despido y la decisión del órgano de apelación*. (...) (Decisión del CEDS de 23 de marzo de 2022, CGT-FO v. Francia, demanda 160/2018).

– En cuanto a la segunda opción, el encarecer la opción por la indemnización en los casos de despidos improcedentes perseguiría varias finalidades. La primera, acabar o dificultar la práctica de reconocer la improcedencia y acordar el despido al margen del principio de causalidad. La segunda, luchar contra la rotación de personas trabajadoras en un mismo puesto de trabajo, que es un factor que no contribuye a aportar valor a la empresa y mejorar la productividad. La tercera, hacer atractiva la readmisión y encarecer la opción de la extinción indemnizada, lo que resulta coherente con una política de ahorro de costes de las arcas públicas en prestaciones y subsidios de desempleo.

6. LOS DESPIDOS NULOS: DE LA READMISIÓN AL DERECHO DE OPCIÓN PARA LA PERSONA TRABAJADORA

La calificación de improcedencia del despido sólo procederá cuando no deba declararse el despido nulo, ya que esta calificación prevalece sobre la improcedencia. Partiendo de que la regla general en caso de ilegalidad del despido es la de improcedencia, tanto en caso de omisión por defectos formales en el despido como por falta de justificación de la causa de despido, la declaración de nulidad queda reservada para determinados casos de ilegitimidad reforzada en los que la conducta empresarial vulnera derechos fundamentales.

La justificación de esta calificación deriva de la eficacia de los derechos constitucionales en las relaciones entre particulares y no únicamente frente a los poderes públicos. La sentencia que califica el despido de nulo es a la vez declarativa y de condena, y posee efectos *ex tunc*, esto es, desde el momento inicial en que se realizó el despido, reestableciendo el contrato y haciendo desaparecer la situación ocasionada por el acto nulo. Los supuestos de despido así calificado conllevan la condena al empresario a la inmediata readmisión del trabajador con el abono de los salarios dejados de percibir desde la fecha del despido hasta que la readmisión tenga lugar (Arts. 55.6 del ET y 113 de la LJS).

No obstante, esta impecable construcción dogmática plantea algunos inconvenientes prácticos. Y es que en los casos en que se ha producido un despido nulo, pero la persona trabajadora no está interesada en el principal efecto de la nulidad, su readmisión, se vea abocada a buscar un acuerdo en conciliación preprocesal o judicial o a no alegar en su demanda los motivos que podrían provocar la calificación de nulidad, a riesgo en este último caso, el órgano judicial pueda determinar de oficio pese a ello, dicha nulidad (STS de 19 de julio de 1990).

De ahí, la conveniencia a nuestro juicio de prescindir de ortodoxias dogmáticas y reformar esta cuestión, admitiendo la posibilidad de la sustitución de la readmisión como consecuencia principal del despido nulo, por una extinción indemnizada si la persona trabajadora la prefiriera. Esta posibilidad ya existe, aunque limitada.

Sin embargo, la legislación no lo ha admitido con carácter general, si bien la LJS introduce expresamente la posibilidad de optar por la extinción de la relación laboral con las consiguientes consecuencias indemnizatorias, pero limitándolo a supuestos donde la parte trabajadora es víctima de acoso o de violencia y en trámite de ejecución de sentencia (Art. 286 de la LJS).

Una deseable reforma legal debería generalizar el derecho de opción previsto excepcionalmente en el Art. 286.2 de la LJS, corrigiendo de paso, la defectuosa sistemática del legislador, al regularlo entre la regulación de la ejecución de sentencias de despidos.

7. LOS DESPIDOS NULOS CUANDO EL RESTABLECIMIENTO DE LA RELACIÓN NO ES POSIBLE: UN TERCER ELEMENTO PARA ADECUAR LA NORMATIVA ESPAÑOLA A LA CARTA SOCIAL EUROPEA

La síntesis de las conclusiones 2023 del Comité Europeo de Derechos Sociales sobre la conformidad del derecho español con la Carta Social Europea ha declarado la no conformidad con el Art. 2 de la Carta en los despidos por responsabilidades familiares previstos en el Art. 55.5 ET y en el Art. 53.4 ET. El motivo que se aduce es que cuando el restablecimiento no es posible existen límites al importe de la indemnización que se puede conceder tras un despido durante el embarazo o baja por maternidad.

Por consiguiente, de seguirse para algunos el *"mandato vinculante"* (SALCEDO BELTRÁN, MOLINA NAVARRETE) y para otros la *"recomendación"* del Comité (VIVERO SERRANO, LAHERA FORTEZA), ello exigirá una reforma de la legislación española en el sentido de destopar las cuantías indemnizatorias previstas en el Art. 281.2 LRJS en relación con el Art. 56 ET y prever sencillamente la posibilidad de una indemnización reparatoria del íntegro daño causado por el despido, siempre que se pruebe el mismo.

8. DESTOPAR LAS INDEMNIZACIONES POR DESPIDO INJUSTIFICADO PARA RECUPERAR LA CAUSALIDAD DEL DESPIDO: CRITERIOS PARA REPARAR Y DISUADIR DE LOS DESPIDOS Y, PROTEGER LA CAPACIDAD ECONÓMICA DE LAS EMPRESAS, EN PARTICULAR, LAS MEDIANAS Y PEQUEÑAS

La labor del Comité Social Europeo, claramente denostada por autorizadas voces de la academia y defendida y alabada por otras tantas, va a suponer un revulsivo para modificar o, en tanto no se produzca una reforma, al menos debatir nuestro sistema de indemnizaciones por despidos topadas y vinculadas exclusivamente a la antigüedad. Aunque la reforma está por perfilar es importante contribuir al debate. Y la primera idea base es que es necesario recuperar la causalidad del despido, pues la falta de la misma introduce no sólo perjuicios para las personas trabajadoras, sino también para las propias empresas, ya que produce agravios comparativos entre los empleadores que atienden a necesidades reales de la empresa y aquellos que actúan de manera arbitraria o ejerciendo su poder de autotutela de manera abusiva (ÁLVAREZ DEL CUBILLO).

Un segundo elemento es que la alternativa frente a un sistema indemnizatorio destopado puede ser una opción prioritaria por la readmisión de la persona despedida con salarios de tramitación (en línea con lo defendido más arriba y que ya se defendió años antes, en una anterior edición de la obra) frente a otras alternativas, como una indemnización topada mínima para las personas trabajadoras despedidas con menor antigüedad. Incluso cabría barajar la posibilidad de que fuera la persona trabajadora la que optase por la readmisión o una indemnización si existiera un despido realmente injustificado y no fuera posible aplicar una sanción inferior, lo que evitaría los peligros de una indemnización topada. Asimismo, esta alternativa resultaría una vía para cortar los despidos arbitrarios, burdos y sin causa.

Otro elemento para el debate ha de incidir en vincular sin más el importe indemnizatorio al salario y a la antigüedad de las personas trabajadoras. Ambos elementos, clásicamente alabados por dotar de seguridad jurídica, al ser objetivos, tienen, no obstante, un resultado doblemente contraproducente desde la perspectiva de la valoración o mejor dicho, la repercusión social del despido. Y es que ambos penalizan doblemente a las personas trabajadoras con menor antigüedad y menor salario, sometidas a mayor rotación y precariedad.

Algunos sistemas en el derecho comparado han optado por fijar una indemnización mínima y máxima. El sistema de indemnizaciones con un baremo máximo y mínimo, que se calcula sobre la base de la antigüedad en la empresa y fija dos escalas según la empresa emplee más o menos 11 personas trabajadoras en el Derecho Francés (Cfr. Code du Travail L 1235-3), que además ha seguido un interesante evolución normativa y jurisprudencial. En todo caso, ha de advertirse que el sistema francés no se adecuaría a la CSE, adecuación que no habría sido exigida por la *Cour de Cassation*, ni por el gobierno francés (VIVERO SERRANO).

Ahora bien, si se busca una mayor aproximación a lo manifestado por el Comité de la Carta Social Europea, debería optarse por seguir la directriz de este en cuanto a indemnizaciones destopadas. Y normalmente cuando se ha aludido a cómo reformar el sistema indemnizatorio del despido injustificado hacia indemnizaciones destopadas se ha aludido a tres niveles:

1. Un nivel básico, con una suerte de indemnización mínima común para todas las personas trabajadoras o con una indemnización variable calculada según la antigüedad en la empresa (ÁLVAREZ DEL CUVILLO).
2. Un nivel complementario, en función de daños y perjuicios acreditados por la persona trabajadora.
3. Un tercer nivel, con daños punitivos.

En punto a estos últimos, convendría trazar legislativamente algunos elementos que convendría tomar en cuenta para moderar o incrementar la indemnización debería atenderse a la valoración de aspectos sociales del despido, el grado de estabilidad de la plantilla o, por el contrario, el nivel de rotación de mano de obra en la plantilla, la subcontratación o el empleo directo de mano de obra y, sobre todo, el tamaño de la empresa, pero con una importante puntualización. Las indemnizaciones por despido deberían tomar en consideración no sólo aspectos fijos ligados a la relación de trabajo desde la perspectiva laboral, sino también desde la perspectiva empresarial. Se trataría de establecer indemnizaciones por despido disuasorias de despidos injustificados que tomen en cuenta una realidad evidente: no es lo mismo hacer frente a este tipo de despidos en empresas con mucha solvencia económica que en otras empresas mucho más débiles. El Derecho del Trabajo y de la Seguridad Social parte de un concepto de empresa que se correspondería en una imagen ideal con la gran empresa fordista, de manera que las empresas más potentes serían las que tendrían mayor número de personas empleadas por cuenta ajena dentro de nuestro territorio. Así, conforme al típico modelo de empresa taylorista o fordista, la idea imperante, que subyace en el criterio preferido por el legislador, es la de que una empresa con una gran capacidad económica se corresponde con un alto número de personas empleadas en el país. El problema de este criterio es que está pasado de moda. Muchas empresas están constituidas como grupos, localizan las matrices fuera o recurren a la externalización y, por tanto, pueden aprovechar las ventajas de las pequeñas. En este sentido, voces críticas ya han llamado la atención sobre que en la actual era tecnológica, el criterio del número de personas trabajadoras no sólo no traduce este paralelismo de capacidad económica y empleo, sino que, por el contrario, plantea especiales problemas en cuanto a su cómputo, problemas que se concretan en tres cuestiones: qué personas trabajadoras deben contabilizarse, en qué momento y en qué ámbito, no sólo con la dualidad tradicional empresa o centro, sino también si han de tenerse en cuenta las redes de empresas contratistas o las empresas del grupo, más aún si estas localizadas en otro país o si las matrices no tienen empleados directos. El ordenamiento laboral ha permanecido ajeno a esta realidad y siguiendo el esquema clásico ha medido el tamaño de la empresa (o más frecuentemente, del centro de trabajo) y ha establecido determinadas obligaciones para las empresas que superan un determinado número de personas empleadas. Debería prescindirse en algunos casos, y en otros complementarse el criterio del número de personas empleadas como criterio de diferenciación y buscar otros elementos para medir el tamaño de una empresa. Y en este punto, ha de estarse a la capacidad económica. Pero ¿cómo medir esta capacidad a nivel nacional en un contexto de globalización económica y libertad de movimiento de capitales? Permítasenos la obviedad, justamente el criterio económico que habría de tomarse como referencia no debería ser el de los beneficios declarados en nuestro país a través del impuesto de sociedades. Para no hacernos trampas conviene partir de la realidad: existen los paraísos y los pseudoparaísos fiscales. Es relativamente frecuente que los ingresos tributarios de las empresas que dominan un mercado no reflejen su posición de dominio.

Si los beneficios, o la falta de ellos, no evidencia la capacidad económica de las empresas, las ventas o cifras de negocio puede tomarse como referencia. Y aquí viene el punto de engarce con las estrategias de deslocalización de capitales y de elección a la carta del domicilio social en función de criterios tributarios. Y es que una empresa que opere en España sea esta nacional o transnacional, puede utilizar herramientas para ahorrar al máximo en las cantidades por las que tributa. No tomar en cuenta esta idea es vivir ajeno a la realidad. También puede producir en otro lugar del mundo que le resulte favorable, con menos estándares laborales, fiscales o medioambientales, y luego comprar y distribuir en España. Sin embargo, debe tenerse en cuenta que la mayor parte de las empresas generan sus ingresos en países occidentales, pero no necesariamente ubican su domicilio social en estos. Los criterios de diferenciación de las obligaciones (laborales y de Seguridad Social) de las empresas han de partir de la realidad de la globalización, y medir la capacidad económica (y esta no por los beneficios declarados) y teniendo en cuenta otros elementos, como la cifra de negocios y la realidad de empresas estructuradas en grupos o que recurren a la externalización, de manera que por ejemplo, se compute en la plantilla (si se optara por el criterio clásico de número de personas empleadas por cuenta ajena), al personal que trabaje más del 75 por 100 (o el porcentaje que se determine) de su tiempo para una sola empresa cliente.

En todo caso, volviendo a la valoración del tamaño de las empresas por criterios distintos de la mano de obra empleada o los beneficios declarados, ha de señalarse que aparecen en algunas normas otros criterios para medir el tamaño de las emrpesas. En este sentido, recuérdese que la legislación europea más moderna atiende al volumen de negocios. Por ejemplo, este criterio aparece en la Ley de Mercados Digitales, como una de las tres condiciones necesarias para que una empresa entre el ámbito de aplicación de la Ley de Mercados Digitales (Art. 3 DMA). Así una de las condiciones viene referida al tamaño de la empresa medida en la cifra de negocios, exigiéndose que la empresa alcance un volumen de negocios anual en el Espacio Económico Europeo (EEE) igual o superior a 7.500 millones de euros en cada uno de los tres últimos ejercicios, o si su capitalización media de mercado o su valor justo de mercado equivalente ascendió al menos a 75.000 millones de euros en el último ejercicio, y presta un servicio básico de plataforma en al menos tres Estados miembros. En este reglamento comunitario en materia de competencia y que, no se olvide, trata de evitar los desequilibrios en el mercado creados por las grandes empresas de plataforma se parte de la misma idea, a saber: de atender al tamaño de estas compañías sobre la base de su cifra de negocio y, además establecer una regulación asimétrica, de manera que las empresas de plataforma grandes quedan sujetas a obligaciones diferentes de las pequeñas.

9. LA EXTINCIÓN DEL CONTRATO POR CAUSAS OBJETIVAS: UN REPLANTEAMIENTO NORMATIVO DE ALGUNAS CAUSAS

A nuestro juicio, convendría mejorar la redacción de la causa del despido objetivo referida a la ineptitud del trabajador conocida o sobrevenida con posterioridad a la colocación efectiva en la empresa y a las medidas de adaptación de trabajadores discapacitados.

En efecto, en el despido objetivo uno de los tradicionales focos de conflictividad es la falsa identificación entre ineptitud e incapacidad permanente parcial y la operatividad de esta causa extintiva en relación con las obligaciones de adaptación de los puestos de trabajo. Así, la incapacidad permanente parcial, según la norma de Seguridad Social para el Régimen General, se define como la que, sin alcanzar el grado de total, ocasione a la persona trabajadora una disminución no inferior al 33 por cien en su rendimiento normal para dicha profesión, sin impedirle la realización de las tareas fundamentales de la misma. Para que se admita la extinción del contrato por ineptitud sobrevenida de la persona trabajadora (Art. 52 a) del ET) se debe acreditar debidamente por la empresa que, aun cuando la persona trabajadora no ha alcanzado determinados grados de invalidez permanente, resulta incapaz para la realización de su trabajo ordinario. De esta manera, la carga de la prueba de la ineptitud, así como su conocimiento o sobreveniencia, recae en el empresario.

Aún con exigencias probatorias, que van a ser estrictas, creemos que la postura jurisprudencial que permite acudir al Art. 52.a) del ET en caso de incapacidad permanente parcial debería matizarse a la luz de lo dispuesto en el Art. 1 del RD 1451/1983, de 11 de mayo, en el que, en desarrollo de la Ley 13/1982, de 7 de abril, se regula el empleo selectivo de los trabajadores minusválidos, se estableciendo la posibilidad de una movilidad funcional por disminución de la capacidad del trabajador, que puede implicar o no, un cambio de centro de trabajo y aún de residencia. Este precepto contempla dos supuestos distintos:

1º) Si la incapacidad permanente parcial declarada afectase al rendimiento normal de la persona trabajadora en el puesto de trabajo que ocupaba antes de incapacitarse, deberá el empresario, una vez acreditada la disminución en el rendimiento, ocupar al trabajador en "*un puesto de trabajo adecuado a su capacidad residual*" y, si no existiera, podrá reducir proporcionalmente el salario, sin que en ningún caso, la disminución pueda ser superior al 25% ni que los ingresos sean inferiores al salario mínimo interprofesional cuando realice jornada completa (Art. 1.1 del RD 1451/1983).

2º) Si los trabajadores que hubieran sido declarados en situación de incapacidad permanente parcial, después de haber recibido prestaciones de recuperación profesional, recobrarán su total capacidad para su profesión habitual, tendrán derecho a reincorporarse a su puesto de trabajo originario, si el que viniese ocupando fuese de categoría o grupo inferior, siempre que no hubiesen transcurrido más de tres años en dicha situación. La reincorporación se llevará a cabo en el plazo de un mes contado a partir de la declaración de aptitud por el organismo correspondiente (Art. 1.2 del RD 1451/1983).

La obligación de la empresa de destinar a la persona trabajadora disminuida a un puesto de trabajo más adecuado a sus condiciones se hace depender de que existan puestos disponibles. Una primera cuestión que se plantea es a quién corresponde la valoración sobre la existencia de los mismos. En principio, la determinación de los puestos disponibles corresponde a la empresa. No obstante, determinados convenios colectivos precisan que *«la adaptación a nuevo puesto de trabajo se dará si hay acuerdo entre el trabajador y la empresa»*. La normativa convencional suele establecer una serie de condicionantes para causar derecho a la movilidad: que no se trate de una enfermedad o accidente provocados por la persona trabajadora, que se demuestre tal situación de incapacidad mediante informe médico y que no reúna las condiciones necesarias para la jubilación.

Se ha discutido la naturaleza discrecional u obligatoria de la medida movilizadora. Hay quien entiende que, aunque se formule de manera dudosa en los convenios colectivos, el Art. 1 del RD 1451/1983 no deja lugar a dudas al hablar de un "*derecho a la reincorporación en las condiciones siguientes*". Pero, pese al tenor de la norma reglamentaria, la obligatoriedad en la práctica es difusa ya que la obligación legal de destinar a la persona trabajadora disminuida a un puesto de trabajo más adecuado se hace depender de que existan puestos de trabajo disponibles. Dicha obligatoriedad se puede reforzar si la negociación colectiva entra en esta cuestión, limitando la exclusiva valoración de la empresa sobre qué puestos están disponibles, por ejemplo, atribuyendo a un organismo paritario la valoración de los mismos.

En cuanto a los efectos sobre la relación laboral, la casi totalidad de los convenios colectivos admiten la posibilidad de aplicar al trabajador a funciones no incluidas en su grupo profesional, con la consiguiente reclasificación profesional. Respecto a los derechos económicos, la persona trabajadora movilizada tendrá el salario correspondiente al trabajo que efectivamente realice. Los convenios colectivos suelen respetar, no obstante, el salario base anterior. Por otra parte, los convenios colectivos pueden ser una vía adecuada para regular detalladamente las fases de adaptación al nuevo puesto de trabajo de la persona trabajador-disminuida, así como para establecer criterios de prioridad para su reubicación en la empresa.

Se hace necesario por todo lo anterior aclarar en la ley el alcance de la causa objetiva de extinción contractual referida a la ineptitud, que cabría interpretar como genérica falta de aptitud, en supuesto tales como carencia de titulación para la realización de trabajo, afectación de la salud o de la capacidad del trabajador cuando no sea posible la movilidad funcional.

10. LA NECESIDAD DE REINTERPRETAR LAS CAUSAS ORGANIZATIVAS Y PRODUCTIVAS EN LOS SUPUESTOS DE EXTERNALIZACIÓN DE SERVICIOS

Por otra parte, uno de los problemas más actuales se refiere a los ajustes empresariales en supuestos de descentralización productiva, siendo particularmente espinosa dentro de los despidos por causas empresariales las causas organizativas cuya potencialidad puede ser muy amplia. Más concretamente, el hecho de que la causa organizativa no dependa de otras variables, como la innovación tecnológica, una previa inversión empresarial o una situación económica negativa, sino de una decisión empresarial de reorganización de los servicios, trae como consecuencia que la causa organizativa haya sido considerada la más compleja y la que, según ha precisado la doctrina judicial de suplicación, exige "*mayor esfuerzo argumental y probatorio*" (por todas, STSJ de Castilla-La Mancha, de 19 de junio 1998, AS/ 2574).

En los supuestos de descentralización productiva, como ejemplo típico de medidas de gestión externas, se parte no tanto de la amortización de un puesto de trabajo disfuncional, donde existe un hecho objetivo, constatable, que justifica el despido (por ejemplo, el alumnado en colegios (SS.TSJ de la Comunidad Valenciana, de 19 de enero y de 15 de septiembre de 1999, AS/279 y 359), sino de que al empresario le resulta más rentable la supresión de un puesto de trabajo y la contratación externa de la actividad que antes se venía desarrollando en la empresa. Y es que, ciertamente, en estos casos, la terminación de la relación laboral depende de una decisión empresarial de reorganización de los servicios, que puede obedecer a una estrategia de reducción de costes y de mejora de la productividad, fines perfectamente legítimos, pero también y a la vez, al deseo de hacer desaparecer puestos de trabajo. Aunque en nuestro ordenamiento se ha reconocido que la descentralización productiva es una opción empresarial legítima (por todas, STS de 27 de octubre de 1994, Rec. 3724/1993), ha sido mucho más controvertida su justificación como causa de despido, pues mediante la contratación externa se logra normalmente una mayor eficiencia en la prestación de los servicios y una reducción de los costes, pero ello se hace a costa de la sustitución de la plantilla.

La postura del Tribunal Supremo en el caso Meliá (STS de 20 de noviembre de 2015, Rec. 104/2015), habría abierto un nuevo frente, pues consideraría que la externalización del servicio de limpieza de dos hoteles de la famosa cadena hotelera sería causa organizativa justificada en una disminución del nivel de ocupación. Cabe destacar que la sentencia incide en el planteamiento tradicional de que la extinción de contratos y la externalización no constituyan un "*simple medio para lograr un incremento del beneficio empresarial*", tomando en cuenta aparentemente el carácter no especulativo de la medida, que la única lógica no sea la de obtener mayores beneficios. El voto mayoritario juzga que la externalización era la respuesta más idónea para atajar el problema del incremento de costes de personal, facilitando la actividad de gestión en la contratación y ajustando los costes de limpieza a la facturación. La causa organizativa se vincula a la mejora de gestión puesto que se ajusta a los picos ocupacionales, eliminando el problema de que la empresa deba realizar contrataciones en los días de mayor ocupación o rescindirlos en los de baja.

El criterio es extraordinariamente simple, pero potencialmente demasiado abierto. Se requeriría posiblemente un elemento adicional para justificar las extinciones del contrato, esto es, que no deberían estar puramente ligados a los beneficios en términos de costes de personal de la externalización del servicio. Acaso, debería valorarse incluso la posibilidad de continuidad de la relación laboral en el caso de establecimiento de una red de empresas contratantes, a través de la subrogación empresarial.

Por otra parte, sería deseable una reforma del Art. 42 del ET que estableciera una responsabilidad solidaria no sólo ceñida a deudas salariales y de seguridad social, sino también a las indemnizaciones por despido.

11. DE LA VALORACIÓN DE LA CONTINUIDAD DE LA RELACIÓN LABORAL EN LOS DESPIDOS POR NECESIDADES EMPRESARIALES Y, EN PARTICULAR, EN LOS GRUPOS Y REDES DE EMPRESA

Un tema ausente de la valoración judicial de los despidos objetivos y, en general, en los despidos por causas empresariales, es la posibilidad de continuidad de la relación laboral con la recolocación de la persona trabajadora despedida, en particular en las empresas de cierto tamaño. Se trata de una ausencia llamativa y necesitada de un replanteamiento legal por tres razones. La primera, porque el legislador se aparta de otras soluciones del Derecho Comparado donde este elemento es esencial. La segunda, porque la posibilidad de recolocación permite aprovechar estructuras empresariales de un cierto tamaño, como los grupos de empresas o las redes de empresas. Y la tercera se relaciona con el hecho de que el prescindir de este elemento en un país con un elevado nivel de desempleo no resulta lógico.

En el Derecho Comparado existen referencias interesantes que sitúan el punto de mira en las posibilidades de recolocación de las personas trabajadoras. Un referente que posee un interés obvio es el Derecho alemán. La economía alemana se caracteriza porque su sector industrial tiene un peso mucho mayor que en otros países como España y no es intrascendente añadir que el tamaño de las empresas alemanas triplica como media las ibéricas. Y ello tiene una incidencia en la regulación de los despidos por causas empresariales.

Sintéticamente, podría señalarse que en el sistema de relaciones laborales alemán se entiende que, si una unidad empresarial se cierra total o parcialmente, cabe la terminación de los contratos de trabajo por razones de negocios. En estos casos, son de aplicación las normas generales que regulan el despido, la llamada Ley de Protección contra el Despido de 1951 (*Kündigungsschutzgesetz*). Entre otros rasgos singulares, dicha ley alemana se caracteriza por fijar de forma genérica las causas que justificarían el despido: unas, basadas en la persona o conducta de la persona trabajadora; y otras, en las necesidades empresariales urgentes que impidan que la persona trabajadora continúe prestando sus servicios en ella. Si bien la definición de las causas es notablemente abierta, y ello se proyecta en lo que aquí interesa, en los despidos por necesidades empresariales urgentes la ley alemana focaliza la atención en la selección de la persona trabajadora despedida.

Dicho sistema ha merecido una valoración positiva por los iuslaboralistas, admiración acrecentada en los últimos años por la buena resistencia de su mercado laboral a la peor crisis económica europea después de las de la postguerra mundial, con unas cifras notablemente bajas de incremento del paro. Interesa en este sentido poner de manifiesto que las soluciones del Derecho alemán responden a parámetros particulares de protección para las personas trabajadoras, pero a la vez de tutela de los intereses empresariales. Esta ambivalencia es patente en el tratamiento de los fenómenos de despidos por necesidades empresariales. Así, si el despido por necesidades empresariales urgentes es un concepto muy amplio y flexible, ello no implica que éste esté automáticamente justificado, ni que las personas trabajadoras afectadas sean redundantes *per se*.

Conviene recordar en este sentido que, con carácter general, se requieren tres requisitos para que la extinción del contrato por razones empresariales esté justificada:

1º) Una "*management decision*", de forma que el empleo ya no sea posible, por ejemplo, porque han desaparecido las funciones al externalizarse éstas y adjudicarse a una empresa o cuando la empresa se reorganiza con trabajadores autónomos.

2º) Que no sea posible la continuidad de la relación laboral, por ejemplo, mediante la recolocación en otros puestos vacantes en la empresa, el traslado o la reducción de jornada.

3º) El respeto a los criterios de selección social, de forma que, en la elección entre varios empleados comparables, el empresario haya considerado criterios sociales en la determinación de las personas trabajadoras despedidas (elección a los trabajadores más jóvenes, con menores cargas familiares, sin discapacidad, etc.). La idea fuerza es que la selección de las personas trabajadoras que deben ser despedidos debería conducir a elegir a los que puedan afrontar mejor las consecuencias del despido.

Si bien, se admitiría la justificación de los despidos basados en decisiones empresariales, lo interesante es que los sindicatos y el comité de empresa tratarán de evitar los efectos perversos de la decisión empresarial mediante medidas alternativas o, en su defecto, tratarán de obtener una indemnización u otras compensaciones a través de un plan social. Desde la perspectiva española, con un sistema jurídico centrado en la valoración de las causas económicas, técnicas, organizativas y de producción y en las responsabilidades empresariales económicas de los despidos, llama la atención esta flexibilidad en la valoración de las razones empresariales y a la vez que el foco se sitúe en el agotamiento de las posibilidades de recolocación y en la selección de los trabajadores despedidos. Ello obedece a factores diferenciales de muy diverso tipo: la potencia de la industria, el alto grado de cualificación y formación de las personas trabajadoras alemanas y a que las cifras de paro son bajas. Pero, sobre todo, al particular sistema de relaciones colectivas alemán, con procedimientos de flexibilidad interna articulados frecuentemente por la vía del consenso y procedimientos auténticos de información y consulta, que tienen gran importancia en los casos de reestructuración.

Es importante resaltar que en la jurisprudencia alemana domina la idea de que las decisiones empresariales organizativas y de gestión no se pueden controlar en sede judicial, al menos en cuanto a su oportunidad por chocar con la libertad de empresa. Por ejemplo, en cuanto a los despidos derivados de decisiones empresariales, el control judicial de los jueces alemanes se centraría en la constatación de una cesión organizativa y la decisión extintiva, en los aspectos procedimentales y de selección de los afectados. El control causal se efectuaría con carácter previo por los representantes de las personas trabajadoras.

12. EL APROVECHAMIENTO DE DETERMINADAS ESTRUCTURAS EMPRESARIALES PARA FAVORECER LA CONTINUIDAD DE LA RELACIÓN LABORAL

Es un hecho que los grupos de sociedades, las redes empresariales y otras formas de organización empresarial se han convertido en un fenómeno habitual y natural en la realidad socioeconómica. Sin embargo, estas estructuras empresariales sólo son valoradas desde la perspectiva de los despidos en relación con las causas y los procedimientos de información y consulta.

Las medidas de recolocación han sido un tema aparcado, cuando deberían tener una posición central. Como parte del plan social puede tener especial importancia en los grupos de empresas, pues esta estructura empresarial presenta ventajas. Y es que el perímetro o tamaño de las empresas es determinante a veces de la posibilidad de establecer diversos criterios para la selección de las trabajadoras afectadas y no directamente el cierre, medidas reorganizativas paliativas, recolocaciones de las personas trabajadoras en otras empresas del grupo, traslados, cómputo más amplio del perímetro empresarial para los planes de recolocación.

Sin embargo, en España nos hemos limitado a copiar formalmente una referencia en la ley al plan social existente en otros ordenamientos del Derecho Comparado, pero sin desarrollarlo (aquí entre las medidas sociales de acompañamiento a los despidos pueden estar las obligaciones de recolocación *"externa")*. Así, en el Derecho francés, en una interesante evolución jurisprudencial, se ha extendido el ámbito de la obligación de recolocación a las empresas del grupo que por sus características de actividad, organización o lugar de explotación puedan permitir una permuta de personas trabajadoras. Además, la lista de puestos disponibles se incorpora a la documentación del plan social.

En España, el tema de la recolocación necesitaría de un profundo desarrollo legal, pues no está resuelto legalmente cómo exigir jurídicamente los compromisos de recolocación y las actuales previsiones son muy limitadas:

1º) En primer lugar, se exigen sólo en despidos colectivos (Arts. 51.10 del ET y 9 del RD 1483/2012) y no en los despidos objetivos.

2º) En segundo lugar, sólo rigen para los despidos que afecten a más de cincuenta personas trabajadoras en empresas no concursadas o para personas trabajadoras cuyos contratos de trabajo se hubieran extinguido por iniciativa de la empresa, o por iniciativa de empresas del mismo grupo, en virtud de motivos no inherentes a la persona del trabajador, con exclusión de la extinción por expiración del tiempo convenido o realización de la obra o servicios contratados en un período de noventa días.

3º) Y, en tercer lugar, se trata de un plan de recolocación externa, donde se contrata a una empresa especializada y autorizada conforme al RD 1796/2010, de 30 de diciembre, que regula las agencias de colocación.

Por si ello no fuera suficiente, la pobreza del plan social no ha sido castigado por los Tribunales, sobre la base de entender que el plan social tendría carácter de propuesta y que era labor de los representantes de las personas trabajadoras proponer alternativas, y no centrar el debate en el período de consultas en la cuantía indemnizatoria (SAN de 13 de mayo de 2013, proc. 89/2013).

Sin embargo, en Francia las posibilidades de recolocación entran en el examen de la razonabilidad o adecuación de la medida, mientras que en Alemania es un tema controlado esencialmente por los representantes de las personas trabajadoras. En contraposición, las cuantías indemnizatorias de los despidos y la posibilidad de prejubilaciones han focalizado el debate en período de consultas en empresas y corporaciones frente a las medidas de recolocación.

Pero las posibilidades de continuidad de la relación laboral también pueden darse en otras estructuras empresariales como las redes de empresa, dentro de una economía servindustrial, en la que todas o casi todas las actividades productivas pueden ser prestadas a modo de servicios por otras empresas. La externalización permite crecer adelgazando la estructura empresarial, pero a la vez, ofreciendo oportunidades de recolocación. Por ejemplo, cabría la posibilidad de extender la subrogación de las personas trabajadoras, que podría preverse para las empresas contratistas trasladando al ámbito privado la previsión existente en la Ley de Contratos del Sector Público del 2017 (cfr. Art. 130).

Por otra parte, habría que tener en cuenta que, en otros países, como Alemania, se facilita la cesión de personas trabajadoras entre empresas para evitar el despido.

El ordenamiento alemán regula con amplitud la actividad de préstamo laboral *[Leiharbeit]*. Esta actividad constituye una excepción a la regla del Derecho común —explicitada en el parágrafo 613 (rotulado *"Intransmisibilidad")* del Código Civil alemán, que no permite la cesión individual a otro, sin consentimiento de la persona trabajadora afectada, de la prestación laboral. Pero existen notables e interesantes excepciones de actividades que, no obstante, ser semejantes a un préstamo de personas trabajadoras, no se someten al régimen de la ley de 1972 reguladora de las agencias de trabajo temporal, y pueden realizarse libremente por los empresarios. Entre éstas cabría destacar las tres siguientes:

a) No se considera cesión prohibida la que se produce entre empresas del mismo ramo para evitar reducciones de jornada o despidos colectivos y así esté estipulado en el convenio colectivo común.

b) Cabe la cesión de personas trabajadoras entre miembros de un consorcio o grupo empresarial.

c) No se necesita recurrir a una empresa de trabajo temporal el empresario con menos de 50 empleados que ceda una persona trabajadora a otro empresario para evitar la reducción de la jornada o el despido, hasta un máximo de 12 meses, si ha anunciado previamente por escrito la cesión a la Agencia Federal de Empleo.

13. LA VALORACIÓN DE LA ESTRUCTURA EMPRESARIAL DE LAS EMPRESAS DE PLATAFORMA Y SUS CONTRATISTAS EN LOS DESPIDOS EN RELACIÓN CON MEDIDAS DE FLEXIBILIDAD INTERNA

Es un hecho que las empresas de plataforma se han convertido en un fenómeno habitual y natural en la realidad socioeconómica de nuestro día. En el mundo contemporáneo de las redes digitales, la intermediación en internet es dominada por unas cuantas empresas de dimensiones globales que centralizan casi todas las operaciones, como Amazon, Google, Airb&b, etc. Aparte de su posición de dominio en el mercado en el que operan, y la utilización de potentes algoritmos, cabe destacar otra característica común de estas empresas de plataforma. Todas ellas tienen una organización empresarial representada por un rompecabezas de filiales y agrupaciones de estas ubicadas en varios países. Junto con esta estructura vertical, las empresas de plataforma tienen otra estructura horizontal, que se superpone, de redes de empresas contratistas dependientes de las diferentes filiales.

Esta compleja organización empresarial, tiene un difícil encaje en los esquemas clásicos de aprehensión de la empresa desde el punto de vista jurídico-laboral, y una de sus principales manifestaciones se produce en el ámbito de los despidos, donde la respuesta de los Tribunales manifiesta incoherencias a nuestro juicio. En muchos casos, no se ha analizado la red de empresas, partiendo de enjuiciar despidos con una visión contractualista en lo que parece que lo único que importa es ver la causa extintiva de la relación de trabajo, sin embargo, en muchos casos, el dejar de analizar el origen de la causa extintiva en una empresa y las vinculaciones empresariales constituye un error. Esta visión miope, que se desentiende de las vinculaciones empresariales y, más aún si estas requieren conocimientos sobre la ley aplicable y la jurisdicción competente internacionalmente, conduce a interpretaciones no ajustadas porque simplemente ni las filiales, ni las empresas contratistas de la red de las empresas de plataforma son empresas autónomas. Esta falta de autonomía genera fenómenos de interposición, en que las personas trabajadoras pueden verse perjudicadas ante la falta de atención a los vínculos empresariales.

Conviene evidenciar estas ideas sobre la base de un ejemplo, acaecido además en la pandemia, y donde se valoraban causas organizativas y productivas de un despido en relación con las medidas de expedientes de regulación temporal de empleo. En el caso resuelto en la STSJ de Cataluña de 11 de diciembre de 2020, Rec. 50/20, la empresa de plataforma Airbnb había externalizado en España el servicio de *Contact-Center* para comunicaciones entrantes y salientes, para dar soporte a anfitriones, huéspedes, por vía telefónica, *email*, chat, y otros medios. Durante los primeros meses del confinamiento producido por la emergencia de la pandemia en los que la situación impedía operaciones turísticas, la empresa de plataforma decidió finalizar su contrato mercantil con la empresa de *contac-center* ubicada en España, la cual a su vez procedió a despedir colectivamente a las casi 1.000 personas trabajadoras que prestaban este servicio. Se daba la circunstancia de que la normativa española había apostado por los expedientes de regulación temporal de empleo para mantener los puestos de trabajo durante la crisis sanitaria.

El sindicato impugnante consideraba que el despido colectivo efectuado traía su causa del estado de alarma por causa del COVID-19 y las restricciones de todo tipo derivadas de la crisis sanitaria, y que, dada la normativa laboral aprobada para hacer frente a las consecuencias, la empresa de atención telefónica venía obligada a afrontar la situación mediante un ERTE y se había vulnerado la prohibición de despedir contenida en el Art. 2.2. del RDL 9/2020.

Por su parte, la empresa contratista aducía que la empresa de plataforma cliente había procedido a rescindirle definitivamente la contrata y que dada la situación no era posible que operase la garantía prevista en el Art. 18 del convenio del sector de atención telefónica para tratar de garantizar el recurso a las mismas personas trabajadoras por una nueva empresa contratista.

La sentencia del Tribunal Superior de Justicia catalán dio la razón a la empresa contratista, considerando que la causa *"directa"*, en el adjetivo que utiliza la propia sentencia para limitar su indagación, del despido colectivo, era la resolución del contrato de prestación de servicios mercantiles de Airbnb, no la pérdida de actividad por consecuencia del COVID-19. La sentencia tuvo un voto particular. El voto disidente, del magistrado Joan Agustí Maragall, ponía énfasis en la autoceguera de no contemplar las causas en su conjunto:

> *«La posición que mantuve en mi propuesta de ponencia, y que mantengo ahora es que, sentado que la causa de la rescisión de la contrata por parte de Airbnb ha sido el Covid-19 (lo cual admite, ni que sea como "causa última y mediata", la sentencia de la mayoría, en su tercer fundamento jurídico), y que dicha rescisión es el fundamento de las causas productivas y organizativas invocadas por CPM para justificar el despido colectivo, resulta obvio y manifiesto concluir que dichas causas están "relacionadas con el COVID-19"(...), conclusión que —por consiguiente— determinaba la aplicación de las medidas de flexibilidad temporal».*

En nuestra opinión, el voto particular estaba más acertado que la decisión mayoritaria. Sin embargo, el Tribunal Supremo en sentencia de 20 de abril de 2022, Rec. 241/22, sin ningún voto particular, no lo vió así e insistió en no analizar más allá de la rescisión de la contrata. El punto nuclear de la sentencia es que «...*constatada la rescisión de la contrata, y siendo los afectados por la rescisión de la contrata, 924 trabajadores/as, de los cuales 908 es personal adscrito a la contrata y 16 personal de "estructura" (de soporte a dicha contrata o que se considera "sobrante" por la pérdida de la misma); es claro que el art. 2 del Real Decreto-Ley 9/2020, en tanto que la causa que sustenta la decisión del despido colectivo, no tiene por causa directa la pérdida de actividad por consecuencia del COVID-19, sino que la causa directa es la rescisión del contrato de prestación de servicios mercantiles a la empresa Airbnb que dio lugar al despido colectivo operado con efectos del 12 de junio de 2020*» (Fundamento de derecho tercero, *in fine*).

Pero, la cuestión no debe ventilarse con la fácil crítica a la sentencia comentada, sino que merece alguna reflexión sobre la ausencia de valoración de la decisión de la empresa de plataforma y la forma en que se producía el empleo para esta.

No parece razonable que pueda eludirse la prohibición de despedir y colocar en mejor posición a las empresas de plataforma, que como Airbnb no tienen base física para su negocio de apartamentos turísticos y recurren a externalizar a los trabajadores que precisan para su gestión, que a las empresas del sector de hostelería que optan por la contratación directa de los empleados a su servicio. Si la actividad esencial de la empresa de plataforma es la de intermediar en el alquiler de apartamentos turísticos, debe quedar vinculada por las mismas reglas de juego que las de las empresas del sector. En caso contrario, se corre el riesgo de favorecer a unas empresas (las de plataforma que intermedian) sobre las empresas con estructuras físicas (hoteles) que pelean en el mismo espacio. Obsérvese que no se trataba de competir sobre la base de la mejor oferta, ni de que unas empresas sean más creativas que otras en sus servicios de alojamiento, sino de que unas empresas han quedado sometidas a controles institucionales, que no han regido para las que se han organizado con un negocio sin base física, y recurriendo a la externalización cuando era imprescindible contar con personal a su servicio, del que se prescinde sin mayores responsabilidades.

Una idea obvia, pero que como vemos no apareció en el voto mayoritario de la sentencia de instancia ni en la que resolvió el recurso, es que las firmas deben quedar sometidas a los mismos controles institucionales, si se organizan en red o si se organizan como empresas autosuficientes. En caso contrario, la supervisión estatal queda sorteada con una estructura en red, que permite que se les apliquen reglas diferentes, con menores garantías laborales para las personas trabajadoras de la red, porque sólo se toma en cuenta la empresa emergente, la que contrata a los trabajadores, no la que se beneficia de este trabajo, en particular si esta empresa es una empresa de plataforma con una estructura difusa.

14. LA EXTINCIÓN DEL CONTRATO POR VOLUNTAD DE LA PERSONA TRABAJADORA

Razones de seguridad jurídica aconsejan en unos casos perfilar más claramente algunas causas extintivas y, en otros, recoger las soluciones sostenidas por la jurisprudencia, que viene desempeñando en esta materia un papel esencial no solo por su capacidad de interpretar la norma sino también de integrarla. En este sentido, la casación para unificación de doctrina no es siempre un mecanismo ideal de cierre del sistema, pues muchas cuestiones resueltas a golpe de sentencia no han conseguido evitar del todo la inseguridad jurídica en determinadas materias. De ahí, la relevancia de que el legislador asuma la mejora de una regulación que tiene consecuencias económicas importantes tanto para las empresas como para las personas trabajadoras. Así:

a) La posible asunción de tres criterios jurisprudenciales en materia de dimisión de la persona trabajadora. El Art. 49.1.d) del ET condiciona la dimisión de la persona trabajadora a la observancia del plazo de preaviso que señalen los convenios colectivos o la costumbre del lugar. A falta de indicación, la jurisprudencia viene aplicando por analogía el plazo de preaviso de quince días fijado en el Art. 49.1.c) del ET (STS de 29 de junio de 1989). Sería, a nuestro juicio, por tanto, recomendable que esta posición se asumiera legalmente, sin perjuicio de dispositivizar dicho plazo para la negociación colectiva.

   Por otra parte, tradicionalmente se había venido entendiendo que el preaviso era un acto vinculante e irrevocable. Sin embargo, la jurisprudencia ha cambiado de interpretación, admitiendo la posibilidad de la revocabilidad de la decisión extintiva durante el período de preaviso, al entender que la persona trabajadora habría hecho un mero anuncio de la rescisión del contrato (por todas, (SS.TS de 1 de julio de 2010, Rec. 3289/2010 o de 17 de julio de 2012, Rec. 2224/2011).

   De otro lado, creemos que debería mejorarse la definición legal de la dimisión diferenciándola del abandono del trabajador, como manifestación clara y terminante de dar por terminado el contrato de trabajo sin respetar el plazo de preaviso.

En este caso, serían conveniente establecer los consabidos efectos en cuanto a la obligación de la persona trabajadora de indemnizar al empresario los días de salarios correspondientes a los días de preaviso incumplidos, admitiéndose el correspondiente en la liquidación salarial sin necesidad de acreditar perjuicios, como ha señalado la jurisprudencia (por todas, STS de 14 de noviembre de 1990), si bien, podría apuntarse que cabe una indemnización mayor si se acreditaran daños superiores.

b) El replanteamiento de la eliminación de los perjuicios a la formación profesional como causa del art. 50.1.a) del ET y la mejor definición de los retrasos o impagos en el abono de los salarios. La extinción del contrato por voluntad de la persona trabajadora basada en un incumplimiento grave y culpable de la persona trabajadora del Art. 50.1 a) del ET fue modificada en la reforma laboral del 2012. Dicha reforma eliminó incomprensiblemente los perjuicios a los derechos de formación profesional de la persona trabajadora. Con ello, se privó de entidad a este bien protegido que, sin embargo, tiene una importancia fundamental para la mejora de la productividad empresarial y de la estabilidad en el empleo de la persona trabajadora y es un derecho básico de toda persona trabajadora (Art. 4.2.b) del ET).

También entendemos conveniente legalmente quedaran plasmados los criterios jurisprudenciales ya consolidados en esta materia. Entre ellos, los más interesantes serían los siguientes:

a) En cuanto al impago del salario, estimar concurrente el requisito de la gravedad inherente a la causa de resolución del contrato (STS de 22 de diciembre de 2008, Rec. 294/2008), que suele hacerse coincidir con el plazo previsto en el Art. 33 del ET como límite de cobertura del Fondo de Garantía Salarial.

b) No exigir culpabilidad por parte del empresario, de manera que resulte irrelevante a estos efectos que el retraso o el impago de salarios venga o no determinado por la situación económica de la empresa (STS de 3 de noviembre de 2009, Rec. 453/2009).

15. LA TERMINACIÓN DEL CONTRATO POR CAUSAS QUE AFECTAN A LA PERSONA DE LOS CONTRATANTES

Algunas causas extintivas han permanecido al abrigo de las continuas reformas laborales, con una regulación prácticamente inalterada desde la versión inicial del Estatuto de los Trabajadores de 1980, y aún con anterioridad. Éste es el caso de las causas extintivas que afectan a la persona del trabajador o del empresario persona física, que ya se contemplaban en la Ley de Contrato de Trabajo de 1931 y en la Ley de Contratos de Trabajo de 1944. En algunos casos, los cambios en estas causas no han venido de la mano del legislador sino de la interpretación jurisprudencial que ha adquirido un marcado protagonismo.

Así, sucede que la muerte de la persona trabajadora puede dar lugar a prestaciones de seguridad social de muerte o supervivencia o a mejoras voluntarias, premios o contratos de seguro que pudieran haberse establecido a favor de los causahabientes, pero desde el punto de vista estrictamente laboral, el ET no prevé ninguna indemnización legal por la extinción del contrato por esta causa, aunque sí se contempla alguna indemnización en determinada relación laboral especial (Art. 13.d) del RD 1006/1985, sobre deportistas profesionales).

Pese a lo dicho anteriormente, un Decreto de 2 de Marzo de 1944, BOE del 16, desarrollado por la OM de 16 de Febrero de 1946, establece que en los casos de muerte *"debida a causa natural"* (esto es, no derivada de accidente de trabajo o enfermedad profesional), determinados parientes próximos de la persona trabajadora (por orden de prelación, la viuda, los descendientes legítimos o naturales reconocidos menores de 18 años o inútiles para el trabajo, los hermanos huérfanos menores de 18 años que estuviesen a su cargo y los ascendientes pobres sexagenarios o incapacitados para el trabajo) tendrán derecho a una indemnización de 15 días del salario que disfrutase el causante en el momento de la muerte.

Aunque no ha sido derogada expresamente esta normativa, su vigencia resulta muy discutible por varias razones. En primer lugar, por tratarse de una norma con una redacción adaptada a un determinado momento histórico. A este respecto, ha de tenerse en cuenta que la norma desarrollaba la Ley de Contrato de Trabajo de 1944, y establecía un auxilio para familiares de la persona trabajadora fallecida en supuestos no cubiertos por el sistema. En segundo lugar, la norma referida es de aplicación difícil pues en su regulación contiene referencias asistenciales de carácter histórico, tales como la alusión a *"los ascendientes pobres"* no bien definidas. Y, en fin, también contiene discriminaciones por razón de sexo y de parentesco incompatibles con el ordenamiento constitucional.

Pese a estos razonamientos, la vigencia de la norma ha sido defendida por algún autor con apoyo en la no derogación expresa y formal por parte del ET (MIRANDA BOTO). En la práctica, no obstante, la norma ha ido cayendo en desuso o en el olvido y en el terreno judicial son pocos, y además contradictorios, los pronunciamientos que abordan la cuestión sobre la vigencia de esta normativa. Así, en la STSJ de Cataluña, de 19 de abril de 2002, Rec. 6531/2001, se consideró que la norma no era aplicable desde la entrada en vigor del ET que declaró derogadas las disposiciones anteriores que se opusieran a él y previó que la extinción del contrato por muerte de la persona trabajadora no daba derecho a indemnización, salvo lo dispuesto en convenio colectivo o contrato individual. En cambio, en otra doctrina judicial de suplicación, esta normativa ha sido considerada vigente y exigible (SS.TSJ del País Vasco, de 10 de mayo de 2005, Rec. 3/2005 y de 12 de febrero de 2008, Rec. 2955/2007).

Acaso resultaría de interés aclarar definitivamente la vigencia de esta normativa.

En otro orden de cosas un rasgo característico de estas causas en la regulación histórica, que no ha desaparecido en la regulación actual, lo constituye la fijación de un régimen particularmente ventajoso para dichos supuestos de terminación del contrato derivados de la persona del empleador. El innegable dato de que en nuestro tejido productivo subsisten muchas pequeñas empresas regidas por empresarios personas físicas, aunque dicho fenómeno está claramente en retroceso frente a la configuración de la empresa como persona jurídica, dota de particular importancia a estas causas extintivas.

El precepto estatutario no dispone un plazo concreto para la adopción de la decisión de extinguir los contratos por muerte, jubilación o incapacidad del empresario. Pese a alguna opinión doctrinal en contra (MONEREO PÉREZ), se ha considerado mayoritariamente que los herederos pueden disfrutar de un plazo prudencial tras la muerte del empresario para liquidar el negocio.

En este sentido, la jurisprudencia ha admitido que no es necesaria una absoluta coincidencia o inmediatez entre la muerte, la jubilación o la incapacidad del empresario y la extinción de los contratos, permitiendo un ínterin prudencial de actividad empresarial tras estas circunstancias, tanto para que los herederos decidan si quieren continuar la actividad empresarial o no, como para que, adoptada esta última decisión, puedan proceder al cierre de la empresa, sin liquidarla precipitadamente.

La finalidad de este plazo según consolidada jurisprudencia es facilitar la liquidación y cierre del negocio, no pudiendo fijarse reglas generales en cuanto a su duración, "*al depender de las circunstancias concurrentes en cada caso y la complejidad que la liquidación de la empresa exija*" (por todas, SS.TS de 26 de mayo de 1986 o de 24 de octubre de 1988).

Ello, no obstante, acaso sería conveniente fijar en la ley un plazo orientativo que contribuyera a dotar de seguridad jurídica a esta cuestión, en particular, en los casos de llevanza del negocio durante unos meses por los familiares del empresario para la liquidación de éste. Lo que se puede plasmar en diversos indicios (colocación de carteles sobre próximo cierre, devolución de los pedidos, reintegro de mercancía, liquidación de facturas y proveedores, etc.). Este plazo debería ser un "*plazo prudencial*" para liquidar el negocio, sin perjuicio, de que pudiera flexibilizarse en atención a las circunstancias concretas de cada empresa (complejidad del negocio, evitación de perjuicios a clientes por cese abrupto del negocio, etc.).

16. CONCLUSIONES CRÍTICAS ACERCA DE LAS LIMITACIONES DE UNA TUTELA IUSPRIVATISTA DE LA TERMINACIÓN DEL CONTRATO DE TRABAJO

La regulación de la extinción del contrato de trabajo se ha articulado desde una visión contractual y reparadora de la parte perjudicada por una extinción injustificada. Estas técnicas clásicas, que se centran en la cuantía de las indemnizaciones y en flexibilizar el control judicial para combatir los abusos en la extinción de los contratos, resultan limitadas. Se trata de técnicas que funcionan *"ex post"* y en terrenos casi estrictamente iusprivatistas.

Sin embargo, partiendo de que una terminación del contrato injustificada o fraudulenta no sólo daña a la persona trabajadora afectada, sino a la sociedad en su conjunto, deberían a nuestro juicio establecerse tutelas desde la perspectiva de Derecho público. Sería necesario introducir controles de legalidad *"ex ante"*, que refuercen la causalidad de la contratación y de la terminación de los contratos de trabajo. Por ello, convendría debatir las siguientes propuestas:

1°) En primer lugar, replantear el sistema de bonificaciones. Convendría penalizar a las empresas que realicen despidos calificados judicialmente de improcedentes o extinciones por mutuo acuerdo.

2°) En segundo lugar, debería también penalizarse la práctica de negociar la amortización de puestos de trabajo mediante despidos acordados individualmente. Ello ha sido una huida propiciada por la dificultad de definir las causas de las extinciones del Art. 52.c) del ET o por la extraordinaria complicación del cauce para los procesos de reestructuración empresarial con los procesos de información y consulta o por evitar los costes indirectos a resultas de un pleito judicial. Con elevada frecuencia la terminación del contrato de trabajo se cierra con un acuerdo privado entre la persona trabajadora y el empresario o en conciliación administrativa o en sede judicial, sin que se haya corregido esta práctica, sino que, por el contrario, se ha facilitado su uso al abaratar las indemnizaciones y suprimir parcialmente los salarios de tramitación. El legislador debería dificultar y no facilitar estas prácticas.

3º) Finalmente, frente a lo anterior, cabría bonificar a las empresas que no realizasen despidos improcedentes o extinciones por mutuo acuerdo. Es decir, las bonificaciones no se recibirían por *"contratar"*, ni siquiera indefinidamente, sino por mantener el empleo, dando estabilidad a la plantilla.

XVII. La reforma de la normativa reguladora de los despidos colectivos

Tomás Sala Franco
Catedrático Emérito de Derecho del Trabajo y de la Seguridad Social
Universidad de Valencia
Estudio General

Ángel Blasco Pellicer
Catedrático de Derecho del Trabajo y de la Seguridad Social (S.E.)
Universidad de Valencia
Estudio General
Magistrado del Tribunal Supremo (Sala de lo Social)

Sumario: 1. Consideraciones preliminares. 2. El régimen jurídico actual de los despidos colectivos: aspectos sustantivos. 2.1. La configuración del concepto de despido colectivo. 2.2. La fase colectiva del procedimiento. 2.3. La fase individual de los despidos colectivos. 2.4. Previsiones especiales. 3. El régimen jurídico actual de los despidos colectivos: Aspectos procesales. 4. Valoración crítica y propuestas de modificación.

1. CONSIDERACIONES PRELIMINARES

En la reforma laboral de 2012, el núcleo central en materia de extinción del contrato fue, sin duda, la nueva regulación de los despidos colectivos, por cuanto que se proyectó sobre dos cuestiones neurálgicas del sistema vigente hasta la entrada en vigor la Ley 3/2012: la configuración de las causas y la desaparición de la autorización administrativa que venía constituyendo la *"clave de bóveda del sistema español"* de los mecanismos básicos de la reorganización productiva. Se operó así sobre las dos principales deficiencias que mostraba el sistema tradicional de regulación colectiva de empleo. En primer lugar, la deficiente configuración de las causas y de su operatividad como parámetro de valoración de la decisión empresarial; y, en segundo lugar, se actuó sobre un procedimiento que cabía calificar de lento, burocrático y que propiciaba que la certeza o no de la bondad de la medida empresarial se dilatase tanto en el tiempo que, en demasiadas ocasiones, resultaba ineficaz y distorsionador.

Las normas reformadoras partieron de un diagnóstico crítico sobre el sistema extintivo anterior, sistema al que el preámbulo de la Ley 3/2012 tachaban de contrario a la celeridad necesaria cuando se trata de acometer reestructuraciones empresariales; de propiciar la monetización del período de consultas olvidando las posibilidades sociales; y, por lo que se refiere a la configuración causal y al control judicial de la misma, de ofrecer escasa o nula seguridad jurídica.

Algunos años más tarde el sistema ha revelado algunas deficiencias cuya corrección parece necesaria para garantizar la seguridad jurídica, los derechos de las personas trabajadoras y las necesidades de las empresas en situación de crisis. La aplicación del nuevo régimen jurídico, tras su aplicación por los tribunales, ha demostrado que su reforma puede resultar conveniente.

La actual regulación de los despidos colectivos se centra en tres preceptos legales y en normas reglamentarias. Los preceptos legales son el Art. 51 del ET, el Art. 124 de la LJS y el Art. 64 de la Ley Concursal, complementados, básicamente, por el RD 1483/2012, de 29 de octubre, por el que se aprueba el Reglamento de los procedimientos de despido colectivo y de suspensión de contratos y reducción de jornada (en adelante, RPDC).

2. EL RÉGIMEN JURÍDICO ACTUAL DE LOS DESPIDOS COLECTIVOS: ASPECTOS SUSTANTIVOS

2.1. La configuración del concepto de despido colectivo

En nuestro ordenamiento jurídico, siguiendo la Directiva 98/59/CE de 20 de julio de 1998, el concepto de despidos colectivos se construye sobre la base de las causas que justifican la extinción y sobre el número de personas trabajadoras afectadas en un determinado espacio temporal.

Comenzando por esta última cuestión, el Art. 51.1 del ET establece unos umbrales numéricos mediante los que se fija la frontera entre los despidos objetivos, individuales o plurales, del Art. 52.c) del ET y los despidos colectivos. De esta forma, cuando el empresario, en un período de noventa días, realice un número de extinciones inferiores al umbral legalmente establecido según el tamaño de su plantilla, podrá utilizar el procedimiento que para las extinciones objetivas establece el Art. 53 del ET. Si, por el contrario, el número de extinciones alcanza o supera el umbral, la ley establece que se está en presencia de un despido colectivo y, por tanto, el empresario deberá, antes de proceder a la extinción, seguir el procedimiento colectivo establecido en el Art. 51 del ET.

Tal es la regla general que se complementa con dos afirmaciones. Por un lado, por lo que se refiere al cómputo total del número de personas trabajadoras de la empresa, el entendimiento correcto es que dicho cálculo debe realizarse teniendo en cuenta la totalidad de las personas trabajadoras de la empresa en el momento del inicio del procedimiento, esto es, con independencia del carácter temporal o indefinido de la contratación y, asimismo, al margen de que la relación sea común o especial. Por otro lado, la delimitación del espacio físico y material en donde hay que realizar los cómputos, con independencia del lugar sobre el que se proyecten (unidad productiva autónoma, centro de trabajo o empresa) es la empresa.

El entendimiento de la reseñada regla general debe ser, sin embargo, matizado por imperativo legal, dado que el propio Art. 51.1 del ET introduce algunas precisiones que vienen a modularla y a condicionar su literal aplicación.

La primera matización la proporciona el párrafo tercero del Art. 51.1 del ET, al señalar que se entenderá igualmente como despido colectivo la extinción de los contratos de trabajo que afecten a la totalidad de la plantilla de la empresa, siempre que el número de personas trabajadoras afectadas sea superior a cinco, cuando aquél se produzca como consecuencia de la cesación total de su actividad empresarial fundada en las mismas causas anteriormente señaladas.

La segunda matización la configura el párrafo cuarto del Art. 51.1 del ET, cuando establece que para el cómputo del número de extinciones de contratos a que se refiere el párrafo primero del Art. 51.1 del ET, se tendrán en cuenta asimismo cualesquiera otras producidas en el período de referencia por iniciativa del empresario en virtud de otros motivos no inherentes a la persona del trabajador distintos de los previstos en el párrafo c) del apartado 1 del Art. 49 del ET, siempre que su número sea, al menos, de cinco.

El último párrafo del Art. 51.1 el ET dispone que *«cuando en períodos sucesivos de noventa días y con el objeto de eludir las previsiones contenidas en el presente artículo, la empresa realice extinciones de contratos al amparo de lo dispuesto en el Art. 52.c de esta ley, en número inferior a los umbrales señalados, y sin que concurran causas nuevas que justifiquen tal actuación, dichas nuevas extinciones se considerarán efectuadas en fraude de ley y serán consideradas nulas y sin efecto»*. Se pretende con ello evitar la actuación fraudulenta del empleador consistente en la elección de la vía de los despidos objetivos en aquellas circunstancias en las que las causas y el número de extinciones le obligaban a seguir la vía de los despidos colectivos Art. 51 del ET.

Por lo que se refiere a las causas, el Art. 51.1 del ET las configura de la siguiente forma: se entiende que concurren causas económicas cuando de los resultados de la empresa se desprenda una situación económica negativa en casos tales como la existencia de pérdidas actuales o previstas, o la disminución persistente de su nivel de ingresos o ventas. En todo caso, se entenderá que la disminución es persistente si durante tres trimestres consecutivos el nivel de ingresos o ventas de cada trimestre es inferior al registrado en el mismo trimestre del año anterior.

Se entiende que concurren causas técnicas cuando se produzcan cambios, entre otros, en el ámbito de los medios o instrumentos de producción; causas organizativas cuando se produzcan cambios, entre otros, en el ámbito de los sistemas y métodos de trabajo del personal; y causas productivas cuando se produzcan cambios, entre otros, en la demanda de los productos o servicios que la empresa pretende colocar en el mercado. De la letra de la norma se desprende que este tipo de causas, a diferencia de las económicas, no se proyectan directamente en el plano de la rentabilidad, al que sólo se refieren mediatamente, sino en el plano de la productividad y de la eficiencia empresarial. Quiere esto decir que tales causas se pueden presentar de forma independiente, esto es, desvinculadas de la existencia de pérdidas o resultados económicos desfavorables.

La redacción del Art. 51.1 del ET se limita a definir las causas, prescindiendo de consideraciones sobre la razonabilidad de la medida extintiva o sobre la viabilidad del proyecto empresarial. Sin embargo, eso no significa que el poder del empresario sea absoluto e ilimitado. Una cosa es que se le permita, de manera amplia, gestionar las crisis, adoptando al efecto las decisiones que estime más oportunas y adecuadas para sus necesidades, decidiendo qué tipo de intervención realiza y con qué alcance; y, otra bien distinta, es que ello le confiera un poder absoluto de intervención en las condiciones de las personas trabajadoras y en la propia subsistencia de los vínculos contractuales. La decisión empresarial queda sujeta, por un lado, como se desprende de los propios textos normativos, al respeto a los derechos fundamentales de las personas trabajadoras y al principio de no discriminación. Pero, por otro lado, juegan los límites genéricos de la buena fe contractual (entendida como actuación ajustada a los esenciales deberes de conducta que deben presidir la ejecución de la prestación de trabajo y la relación entre las partes) y, especialmente, los relativos al abuso de derecho y el fraude de ley que establecen los Arts. 6 y 7 del CC.

El problema de la afectación de las causas se centra en determinar si las mismas han de concurrir en la empresa en su conjunto o, por el contrario, si basta que concurran en un concreto centro de trabajo o en una determinada unidad productiva autónoma.

La problemática ha sido resuelta de manera clara en el orden jurisdiccional social con motivo de la aplicación del Art. 52.c) del ET. En efecto, la STS de 14 de mayo de 1998 (Rec. 3539/1997) unificó la doctrina en el sentido de considerar que la existencia de una situación económica negativa comporta, para la determinación de su concurrencia, la valoración del estado económico de la empresa en su conjunto.

En cuanto al ámbito de afectación de las causas técnicas, organizativas o productivas, también el Tribunal Supremo ha unificado doctrina (por todas, STS de 21 de diciembre de 2012, Rec. 199/12) en el sentido de que pueden actuar tanto en el ámbito de la empresa en su conjunto como en un solo centro de trabajo o en una unidad productiva autónoma. Así, cuando lo que se produce es una situación de desajuste entre la fuerza del trabajo y las necesidades de la producción o de la posición en el mercado, que afectan y se localizan en puntos concretos de la vida empresarial, pero que no alcanzan a la entidad globalmente considerada, sino exclusivamente en el espacio en que la patología se manifiesta, el remedio a esa situación anormal debe aplicarse allí donde se aprecia el desfase.

2.2. La fase colectiva del procedimiento

El despido colectivo deberá ir precedido de un periodo de consultas con los representantes legales de las personas trabajadoras de una duración no superior a treinta días naturales, o de quince en el caso de empresas de menos de cincuenta personas trabajadoras.

La consulta con los representantes legales de las personas trabajadoras deberá versar, como mínimo, sobre las posibilidades de evitar o reducir los despidos colectivos y de atenuar sus consecuencias mediante el recurso a medidas sociales de acompañamiento, tales como medidas de recolocación o acciones de formación o reciclaje profesional para la mejora de la empleabilidad. Lo que el Art. 51 del ET regula, en realidad, es un verdadero proceso de negociación sobre la autenticidad causal de un proyecto de despidos, sobre las posibilidades de atenuarlos o evitarlos y sobre las consecuencias que los mismos provocarán.

La comunicación de la apertura del período de consultas se realizará mediante escrito dirigido por el empresario a los representantes legales de las personas trabajadoras, una copia del cual se hará llegar, junto con la referida comunicación, a la autoridad laboral. En dicho escrito se consignarán los siguientes extremos: a) La especificación de las causas del despido colectivo. b) El número y clasificación profesional de los trabajadores afectados por el despido. c) El número y clasificación profesional de las personas trabajadoras empleadas habitualmente en el último año. d) El periodo previsto para la realización de los despidos. e) Los criterios tenidos en cuenta para la designación de las personas trabajadoras afectadas por los despidos. La referida comunicación deberá ir acompañada de una memoria explicativa de las causas del despido colectivo y de los restantes aspectos relativos a las posibilidades de integrar medidas sociales de acompañamiento (Art. 8 del RPDC), así como de la documentación contable o pericial que acredite la concurrencia de la causa alegada (Arts. 3 a 5 del RPDC).

Recibida la comunicación, la autoridad laboral lo comunicará a la entidad gestora de las prestaciones por desempleo y recabará, con carácter preceptivo, informe de la Inspección de Trabajo y Seguridad Social sobre los extremos de la comunicación y sobre el desarrollo del período de consultas. El informe deberá ser evacuado en el improrrogable plazo de 15 días desde la notificación a la autoridad laboral de la finalización del período de consultas y quedará incorporado al procedimiento.

La intervención como interlocutores ante la dirección de la empresa en el procedimiento de consultas corresponderá a las secciones sindicales cuando éstas así lo acuerden, siempre que tengan la representación mayoritaria en los comités de empresa o entre los delegados de personal; y, si no lo hacen, serán los representantes unitarios los titulares de las consultas. En los supuestos de ausencia de representación legal de las personas trabajadoras en la empresa, éstos podrán atribuir su representación para el período de consultas a una comisión designada conforme a lo dispuesto en el Art. 41.4 del ET.

Durante el periodo de consultas, las partes deberán negociar de buena fe, con vistas a la consecución de un acuerdo.

El papel de la autoridad laboral en este nuevo escenario queda limitado a velar por la efectividad del periodo de consultas pudiendo remitir, en su caso, advertencias y recomendaciones a las partes que, en ningún caso, supondrán la paralización ni la suspensión del procedimiento. Igualmente podrá ejercer labores de mediación previa petición de las partes.

Transcurrido el período de consultas el empresario comunicará a la autoridad laboral el resultado del mismo. A partir de este momento se abren dos posibilidades que giran en torno a la existencia o no de acuerdo entre los interlocutores de las consultas:

a) Si se hubiera alcanzado acuerdo, la ley ordena al empresario que traslade copia del mismo a la autoridad laboral, que podrá impugnar los acuerdos adoptados en el periodo de consultas cuando estime que estos se han alcanzado mediante fraude, dolo, coacción o abuso de derecho, así como cuando la entidad gestora de la prestación por desempleo hubiese informado que el acuerdo pudiera tener por objeto la obtención indebida de las prestaciones por parte de las personas trabajadoras afectadas por inexistencia de la causa motivadora de la situación legal de desempleo.

Esta actuación de la autoridad laboral puede producirse de oficio o a instancia de parte, aunque la decisión corresponde en todo caso a la autoridad laboral. Se sigue, entonces un procedimiento judicial (regulado en los Arts. 148-150 de la LJS) ante el órgano competente del orden jurisdiccional social en el que son partes, además, los firmantes del acuerdo.

b) En el caso de que las consultas hayan concluido sin acuerdo, el empresario remitirá a los representantes de las personas trabajadoras y a la autoridad laboral la decisión final de despido colectivo que haya adoptado y las condiciones del mismo.

Suprimida la autorización administrativa y cumplido el procedimiento descrito que, como se ha comprobado, descansa sobre la negociación del proyecto empresarial de extinciones colectivas, es la decisión del empresario la que determinará los diferentes aspectos del despido colectivo que se ha decidido realizar. Materialmente, debe contener la especificación detallada de las medidas extintivas que se propone llevar a cabo, con expresión del número de personas trabajadoras afectadas, del plazo en el que va a hacer efectivas dichas extinciones y de las demás medidas de acompañamiento social que van a ser implementadas.

2.3. La fase individual de los despidos colectivos

El acuerdo con los representantes o, en su ausencia, la decisión empresarial sobre los despidos colectivos, al igual que ocurría antes con la autorización administrativa, no determina por si sola la extinción de los contratos de las personas trabajadoras incluidas en el despido colectivo. Es necesario que el acuerdo o la decisión se proyecten sobre cada persona trabajadora a través de una nueva comunicación individual y particular del empresario.

Se abre así lo que puede denominarse fase individual de los despidos colectivos que se encuentra regulada en el nuevo apartado 4 del Art. 51 del ET en los siguientes términos: *«Comunicada la decisión a los representantes de los trabajadores, el empresario podrá notificar los despidos individual-*

mente a los trabajadores afectados en los términos establecidos en el Art. 53.1 del ET. Lo anterior no obstante, deberán haber transcurrido como mínimo 30 días entre la fecha de la comunicación de la apertura del periodo de consultas a la autoridad laboral y la fecha de efectos del despido».

La remisión que el Art. 51.4 del ET hace al Art. 53.1 del mismo cuerpo legal es total, esto es, se refiere a los aspectos materiales y formales que este último precepto exige para las extinciones por causas objetivas. Se produce, de esta forma, una asimilación plena entre el procedimiento de la fase individual de los despidos colectivos y el previsto para los despidos objetivos. En la práctica, esta igualación procedimental determina que una vez adoptada la decisión colectiva, el empresario cumpla, respecto de todos y cada uno de las personas trabajadoras afectadas, de manera individual, con los requisitos que incorpora el Art. 53.1 del ET.

La ley establece el derecho de las personas trabajadoras afectadas a una indemnización de 20 días de salario por año de servicio, prorrateándose por meses los períodos de tiempo inferiores al año, con el tope máximo de 12 mensualidades salvo que un convenio colectivo o contrato individual hubiese fijado cantidad superior, y a las correspondientes prestaciones de desempleo.

El abono de la indemnización debe ser simultáneo a la adopción de la decisión extintiva.

2.4. Previsiones especiales

En el caso de despidos colectivos que afecten a más de cincuenta personas trabajadoras, las empresas deberán ofrecer a las personas trabajadoras afectadas un plan de recolocación externa a través de empresas de recolocación autorizadas.

Dicho plan, diseñado para un periodo mínimo de 6 meses, deberá incluir medidas de formación y orientación profesional, atención personalizada a la persona trabajadora afectada y búsqueda activa de empleo, que se encuentran desarrolladas en el Art. 9 del RPDC.

La ley adopta, también, una serie de previsiones concretas: a) La exigencia del plan de recolocación no será de aplicación en las empresas que se hubieran sometido a un procedimiento concursal. b) El coste de la elaboración e implantación de dicho plan no recaerá en ningún caso sobre las personas trabajadoras. c) El incumplimiento de la obligación establecida respecto del plan de recolocación o de las medidas sociales de acompañamiento asumidas por el empresario, podrá dar lugar a la reclamación de su cumplimiento por parte de las personas trabajadoras, sin perjuicio de las responsabilidades administrativas que procedan por el incumplimiento y que se han visto reforzadas con la reformulación del apartado 14 del Art. 8 de la LISOS que considera infracción muy grave: el incumplimiento por el empresario de la obligación establecida en el apartado 10 del Art. 51 del ET o de las medidas sociales de acompañamiento asumidas por el empresario en el marco de los procedimientos de despido colectivo.

El Art. 51.9 del ET prevé que, cuando se trate de expedientes de regulación de empleo de empresas no incursas en procedimiento concursal y que incluyan a personas trabajadoras con 55 o más años de edad (y que no fueran mutualistas el 1 de enero de 1967), existirá la obligación de abonar las cuotas destinadas a la financiación de un convenio especial respecto de esas personas trabajadoras.

Dicha obligación se regula en la Disposición Adicional Décimotercera de la LGSS, la cual prevé que se debe cotizar entre el cese (o, en su caso, la finalización del desempleo contributivo) y la fecha en que la persona trabajadora cumpla la edad ordinaria de jubilación. Hasta los 63 años o hasta los 61 cuando la causa sea económica, la cotización es a cargo de la empresa; a partir de los 63 o 61, a cargo de la persona trabajadora. A fin de fomentar la permanencia en la vida activa del trabajador, se establece que, si durante la cotización a cargo del empresario la persona trabajadora realizase alguna actividad por la que se cotice a la Seguridad Social, las cuotas del empresario coincidentes con el período de actividad se aplicarán al pago del convenio especial durante el período a cargo de la persona trabajadora.

El Art. 51.11 del ET establece que las empresas que realicen despidos colectivos de acuerdo con lo establecido en dicho precepto, y que incluyan a personas trabajadoras de 50 o más años de edad, deberán efectuar una aportación económica al Tesoro Público de acuerdo con lo establecido legalmente.

Esta genérica previsión que tiene por finalidad hacer más gravosos los despidos colectivos en determinadas empresas si incluyen personas trabajadoras de 50 o más años en las que concurran las siguientes circunstancias: a) Que sean realizados por empresas de más de 100 personas trabajadoras o por empresas que formen parte de grupos de empresas que empleen a ese número de personas trabajadoras. b) Que afecten a personas trabajadoras de 50 o más años de edad. c) Que, aun concurriendo las causas económicas, técnicas, organizativas o de producción que los justifiquen, las empresas o el grupo de empresas del que forme parte hubieran tenido beneficios en los dos ejercicios económicos anteriores a aquél en que el empresario inicia el procedimiento de despido colectivo.

La cuantía exacta que deberá ser ingresada en el Tesoro Público se obtiene de la aplicación de un tipo establecido en función tres circunstancias: el porcentaje de personas trabajadoras de 50 ó más años afectados por el despido colectivo; el porcentaje de beneficios sobre los ingresos de la empresa y el número de personas trabajadoras de éstas, de acuerdo con lo previsto en la Disposición Adicional Décimosexta de la Ley 27/2011, de 1 de agosto. La previsión se encuentra desarrollada en el RD 1484/2012, de 29 de octubre, sobre las aportaciones económicas a realizar por las empresas con beneficios que realicen despidos colectivos que afecten a personas trabajadoras de cincuenta o más años.

Conforme al Art. 64.1 de la Ley Concursal, los expedientes de *«extinción colectiva de las relaciones laborales, una vez declarado el concurso, se tramitarán ante éste por las reglas establecidas en el presente artículo»,* al igual que los expedientes de modificación sustancial de condiciones de trabajo y los de suspensión colectiva. De este modo, una vez declarado el concurso, las extinciones colectivas pasan a tramitarse ante el juez de lo mercantil. Esa extinción colectiva puede ser solicitada por la administración concursal, el deudor o las personas trabajadoras de la empresa concursada a través de sus representantes legales.

Respecto de la tramitación del expediente, recibida la solicitud, el juez convocará a los representantes de las personas trabajadoras y a la administración concursal a un período de consultas, a cuya finalización (o antes, si se consigue un acuerdo), ambas partes, la administración concursal y los representantes de las personas trabajadoras comunicarán al juez el resultado de las consultas. Tras dicha comunicación, el secretario judicial recabará informe de la Autoridad Laboral sobre las medidas propuestas (si no hay acuerdo) o sobre el acuerdo alcanzado.

Terminados dichos trámites, el juez resolverá en el plazo de 5 días, mediante auto. De haberse alcanzado acuerdo, aceptará las medidas propuestas en el mismo, salvo que aprecie fraude, dolo, coacción o abuso de derecho. Si no hay acuerdo, el juez determinará lo que proceda conforme a la legislación laboral. Lo que proceda, hay que entender, será autorizar la extinción colectiva si se ha acreditado causa justificativa de la misma y la razonabilidad de las medidas propuestas.

Una vez que el juez haya adoptado la resolución de que se trate, contra dicho auto cabe interponer, ante la jurisdicción social, recurso de suplicación. De todos modos, el auto es ejecutivo, no teniendo los recursos efectos suspensivos sobre la tramitación del concurso ni de los incidentes concursales.

3. EL RÉGIMEN JURÍDICO ACTUAL DE LOS DESPIDOS COLECTIVOS: ASPECTOS PROCESALES

La decisión empresarial de despidos colectivos (precedida o no de acuerdo) podrá impugnarse a través de las acciones previstas para este despido de conformidad con el Art. 124 de la LJS que distingue dos tipos de impugnaciones: en primer lugar, la impugnación de la decisión empresarial colectiva de despidos; y, en segundo lugar, la impugnación de la decisión empresarial de despido que, amparada en la anterior colectiva, realice el empresario de manera particular sobre cada uno de las personas trabajadoras afectadas.

La impugnación colectiva podrá interponerse por los representantes de las personas trabajadoras, o en su defecto, por la comisión *ad hoc* que haya intervenido en las consultas (STS de 18 de marzo de 2014, Rec. 114/2013) y fundarse en los siguientes motivos: a) Que no concurre la causa legal indicada en la comunicación escrita. b) Que no se ha respetado lo previsto en el Art. 51.2 del ET, esto es, que existen vicios procedimentales relativos, especialmente al período de consultas y a la información. c) Que la decisión extintiva se ha adoptado con fraude, dolo, coacción o abuso de derecho. d) Que la decisión extintiva se ha efectuado vulnerando derechos fundamentales y libertades públicas.

La impugnación colectiva suspenderá el plazo de caducidad de las demandas individuales y, si estas ya hubiesen sido interpuestas, los procedimientos se suspenderán hasta la resolución de la impugnación colectiva.

Cuando la decisión extintiva no haya sido impugnada por los representantes de las personas trabajadoras, el empresario podrá interponer demanda con la finalidad de que se declare ajustada a derecho su decisión extintiva.

La competencia para conocer, en única instancia, de este tipo de impugnaciones radica en la Sala de lo Social del Tribunal Superior de Justicia de la Comunidad Autónoma cuando los despidos colectivos extiendan sus efectos a un ámbito territorial no superior a una comunidad autónoma; y a la Sala de lo Social de la Audiencia Nacional cuando la decisión empresarial de los despidos colectivos extienda sus efectos a un ámbito superior al de una comunidad autónoma. Las sentencias dictadas por tales órganos son susceptibles de Recurso de Casación.

El contenido de la sentencia puede ser triple: a) Declarar ajustada a derecho la decisión extintiva cuando el empresario, habiendo cumplido lo previsto en el Art. 51.2 del ET, acredite la concurrencia de la causa legal esgrimida. b) Declarar nula la decisión extintiva cuando no se haya respetado lo previsto en el Art. 51.2 del ET así como cuando la medida empresarial se haya efectuado con vulneración de derechos fundamentales y libertades públicas o con fraude, dolo, coacción o abuso de derecho. c) Declarar no ajustada a derecho la decisión extintiva colectiva cuando el empresario no haya acreditado la concurrencia de la causa legal indicada en la comunicación extintiva.

Con independencia de que la decisión colectiva hubiese sido o no impugnada por los sujetos legitimados a través de la modalidad procesal reseñada en el apartado anterior, cada trabajador individual tiene derecho a impugnar judicialmente su propio despido. Precisamente por ello, el Art. 124.9 de la LJS dispone que cuando el objeto del proceso sea la impugnación individual de la extinción del contrato de trabajo ante el Juzgado de lo Social, se estará a lo previsto en los Arts. 120 a 123 de la propia LJS, indicando que tal remisión se llevará a efecto con unas especialidades que el propio precepto incorpora. Ello implica que la competencia para resolver estas impugnaciones corresponde a los Juzgados de lo Social. Hay que destacar la sentencia colectiva despliega efectos de cosa juzgada que sobre los procesos individuales.

4. VALORACIÓN CRÍTICA Y PROPUESTAS DE MODIFICACIÓN

La Directiva 98/59/CE, de 20 de Julio de 1998, permite configurar a cada Estado miembro el concepto de despido colectivo en función de una doble posibilidad:

a) Cuando el número de despidos sea para un período de 30 días:
   - Al menos igual a 10 en los centros de trabajo que empleen habitualmente más de 20 y menos de 100 personas trabajadoras.
   - Al menos el 10 por 100 del número de las personas trabajadoras, en los centros de trabajo que empleen habitualmente como mínimo 100 y menos de 300 personas trabajadoras.
   - Al menos igual a 30 en los centros de trabajo que empleen habitualmente 300 personas trabajadoras, como mínimo.

b) O bien, cuando el número de despidos sea para un período de 90 días, al menos igual a 20, sea cual fuere el número de las personas trabajadoras habitualmente empleadas en los centros de trabajo afectados.

Desde siempre nuestra legislación interna ha combinado las dos posibilidades que ofrece la Directiva ya que por un lado ha asumido la escala de la primera posibilidad, pero la ha proyectado sobre un período de referencia de 90 días. Obviamente tal forma de proceder siempre ha sido considerada por la práctica totalidad de la doctrina como más favorable para las personas trabajadoras por lo que nuestra legislación interna era perfectamente incardinable en la norma europea.

Sin embargo, dado que nuestro ET refiere los cómputos numéricos al ámbito de la empresa y la Directiva al ámbito del centro, pueden existir supuestos residuales en los que según la normativa española no habría despido colectivo, pero si existiría en aplicación de la reiterada Directiva. Así se pronunció la STJUE de 13 de mayo de 2015 (C-192-13, Asunto Rabal Cañas). Este pronunciamiento, lógicamente ha incidido en la jurisprudencia posterior, al punto de que la STS de 17 de octubre de 2016 (Rec. 848/2016), al objeto de salvar la redacción del Art. 51.1 del ET se pronunció en el sentido de que tal normativa interna no excluye el centro de trabajo como ámbito adecuado para proyectar los parámetros de personas trabajadoras afectadas y período temporal establecido por la legislación vigente, en el bien entendido caso de que tales proyecciones sólo podrán aplicarse cuando se trate de centros de trabajo siempre que éstos cuenten con 20 personas trabajadoras. Cuestión esta última ratificada posteriormente por la jurisprudencia (STS de 10 de octubre de 2017, Rec. 86/2017). Para llegar a tales conclusiones y poder salvar la bondad de la literalidad del Art. 51.1 del ET, el Tribunal Supremo recurre a la interpretación conforme de tal precepto con la Directiva.

Lo expuesto evidencia la debilidad de la configuración del concepto de despido colectivo en atención al número de personas trabajadoras afectadas en un determinado espacio temporal y en un ámbito concreto (empresa y centro de trabajo). Sería deseable, por tanto, a nuestro juicio, que una eventual intervención legislativa adecuase definitivamente nuestra normativa a la comunitaria, bien eligiendo cualquiera de las posibilidades que ofrece la Directiva, bien construyendo una propia que se adecuase plenamente a las exigencias de aquélla. Ello evitaría la inseguridad jurídica que se deriva del hecho de que el concepto real descanse en una determinada y concreta interpretación jurisprudencial.

Una de las cuestiones problemáticas en torno a la configuración del propio concepto de despido colectivo consiste en la delimitación del espacio temporal que sirve de referencia para el cómputo de las extinciones. La ley prevé *«un período de noventa días»*, sin ninguna otra referencia a la forma de cómputo o a la fecha de inicio o final del período.

Para concretar estos extremos la jurisprudencia (Por todas, STS de 23 de Enero de 2013, Rec. 1362/2012) ha unificado doctrina en el sentido de considerar que el período de cómputo de los noventa días debe fijarse hacia atrás desde la fecha del despido que se contempla; de forma que cada extinción contractual exige observar si en el período inmediatamente anterior de noventa días se han producido extinciones contractuales que, sumadas a la examinada, superan los umbrales numéricos del Art. 51.1 del ET. Si así sucediese, las que superasen los umbrales reseñados deberían reconducirse al procedimiento de despidos colectivos. No cabe, por tanto, el cómputo de los ceses posteriores, salvo supuestos fraudulentos.

Nuevamente estamos ante un criterio jurisprudencial que configura un aspecto básico de la institución que se examina y, obviamente también, debería ser la ley la encargada de delimitar con precisión y claridad la forma de cómputo del ámbito temporal de referencia para el cómputo de las extinciones que dan lugar a la existencia de un despido colectivo.

Una importante matización a las extinciones que computan a efectos de la construcción del concepto de despido colectivo la configura el párrafo cuarto del Art. 51. 1 del ET cuando establece que para el cómputo del número de extinciones de contratos a que se refiere el párrafo primero del Art. 51.1 del ET, se tendrán en cuenta asimismo cualesquiera otras producidas en el período de referencia por iniciativa del empresario en virtud de otros motivos no inherentes a la persona del trabajador distintos de los previstos en el Art. 49.1 c) del ET, siempre que su número sea, al menos, de cinco.

Algunos problemas plantea esta compleja y disfuncional redacción:

1°) El primero de ellos consiste en decidir a qué extinciones se refiere el precepto cuando fija el umbral de cinco: si a *"las otras extinciones"* o a las derivadas de causas técnicas, organizativas, productivas o económicas. La interpretación literal parece clara, pues tal como está redactado el precepto, el número de cinco se refiere, en buena lógica gramatical, a las *"otras extinciones"*, lo que lleva a la conclusión de que, para el cómputo de los personas trabajadoras despedidas en el período referencial de tiempo deberán tenerse en cuenta todas las debidas a causas económicas, técnicas, organizativas y productivas; a dicha suma se agregarán otras extinciones cuando alcancen, en dicho período referencial, al menos la cifra de cinco.

A falta de unificación jurisprudencial, la doctrina judicial ofrece variados supuestos en los que se sustenta esta tesis. Sin embargo, parte de la doctrina advierte que, una vez más, estamos ante una deficiente transposición de la Directiva Comunitaria y que una correcta cohonestación entre la misma y la normativa interna exige interpretar el párrafo que comentamos del Art. 51.1 del ET en sentido diferente del literal y acorde con la Directiva de la que trae causa: de esta forma, el número de cinco se estaría refiriendo a las extinciones por las causas empresariales que prevé el Art. 51 del ET y, alcanzado dicho umbral, computarían, también las otras extinciones por causas no inherentes a la persona del trabajador, puesto que, en caso contrario se estaría posibilitando un incumplimiento de la Directiva en este punto. Esta postura también cuenta con pronunciamientos de suplicación que defienden esta interpretación.

Así pues, sería deseable una intervención legislativa que aclarase el precepto en línea con la configuración que, al respecto, efectúa la Directiva.

El Art. 51.2 del ET y, en su desarrollo, el Art. 4 del RD 1483/2012, imponen al empresario que con la comunicación del período de consultas acompañe a los interlocutores del mismo una serie de documentación cuya finalidad es que los representantes de las personas trabajadoras tengan una información suficientemente expresiva para conocer las causas de los despidos y poder afrontar el periodo de consultas adecuadamente, permitiendo que los representantes puedan abordar con mínimas garantías el periodo de consultas o, de manera aún más elemental, conocer documentalmente la situación económica real de la empresa sobre la que se justifican los despidos.

Teniendo en cuenta tal finalidad, la jurisprudencia (por todas, STS de 16 de junio de 2015, Rec. 273/2014) ha venido señalando que no todo incumplimiento de las previsiones contenidas en aquel precepto puede alcanzar la consecuencia de nulidad que se pueda desprender del Art. 124 de la LJS, sino tan sólo aquel que sea trascendente a los efectos de una negociación adecuadamente informada ya que la enumeración de documentos que hace la norma reglamentaria no tiene valor *ad solemnitatem*, y no toda ausencia documental por fuerza ha de llevar a la referida declaración de nulidad, sino que de tan drástica consecuencia han de excluirse razonablemente aquellos documentos que se revelen *"intrascendentes"* a los efectos que la norma persigue, teniendo en cuenta, además, que el carácter instrumental de los requisitos formales obliga a efectuar un análisis caso por caso. La nulidad del despido por esta causa vendrá ligada a la carencia de garantías del derecho a negociar, pues el periodo de consultas no puede entenderse efectuado si la falta de información suficiente impide que sirva a los fines del Art. 51 del ET.

Con independencia de la bondad de la doctrina jurisprudencial apuntada, dos reflexiones se derivan, a nuestro juicio, de la misma:

1ª) En primer lugar, que la redacción de la norma y su interpretación generan un espacio de inseguridad jurídica porque la regularidad en el cumplimiento de una exigencia capital en la tramitación de los despidos colectivos, cual es la entrega de la documentación, sólo podrá acreditarse tras el examen caso por caso a efectuar por el tribunal que controle tal procedimiento.

Para salvarlo la norma debería crear una *"zona de seguridad"* estableciendo la entrega de una documentación tasada necesaria en todo caso y estableciendo a la vez, una zona particular de cada supuesto en la que la entrega de la documentación no prevista como imprescindible se sujete a términos claros (solicitud expresa, posibilidad real, etc.).

2ª) La segunda reflexión deriva del momento de entrega de la documentación que la Ley refiere al inicio de las consultas y que, en la práctica, pude ser entregada, al menos la que se solicita por los interlocutores, durante las consultas. Ello obliga a que convivan temporalmente dos operaciones diferentes: el análisis y estudio de la documentación con la celebración de las negociaciones inherentes a las consultas.

Por ello sería también deseable que se estableciera un plazo delimitado para el estudio de la documentación al que deberían seguir las consultas.

El problema del ámbito de afectación de las causas en los despidos colectivos se ha planteado, especialmente, en los supuestos de los grupos empresariales; cuestión sobre la que existen diversos pronunciamientos judiciales que no siempre son enteramente coincidentes, probablemente porque la proyección a los supuestos de reorganización productiva de la consolidada construcción doctrinal y jurisprudencial sobre los grupos de sociedades plantea perfiles específicos.

Como es sabido la organización grupal de varias empresas es una opción legítima que se ampara en el principio de libertad de empresa consagrado en el Art. 38 de la Constitución y, consecuentemente, el hecho de la existencia de un grupo de empresas en nada afecta a las relaciones laborales, conservando cada empresa las suyas propias y las responsabilidades que de ellas deriven, sin que se produzca comunicación de responsabilidades ni de obligaciones laborales no siendo suficiente que concurra el mero hecho de que dos o más empresas pertenezcan al mismo grupo empresarial para derivar de ello, sin más, una responsabilidad solidaria respecto de obligaciones contraídas por una de ellas con sus propias personas trabajadoras. Cuestión diferente son los grupos empresariales en los que se aprecie una utilización desviada del fenómeno grupal y, consecuentemente quepa aplicar la responsabilidad solidaria de todas las empresas integrantes del grupo empresarial, al aparecer conjuntamente o separadamente varios de los requisitos exigidos por la jurisprudencia (funcionamiento unitario de las organizaciones de trabajo de las empresas del grupo; prestación de trabajo común, simultánea o sucesiva, en favor de varias de las empresas del grupo; creación de empresas aparentes sin sustento real; confusión de patrimonios; apariencia externa de unidad empresarial y unidad de dirección).

Para el primero de los supuestos, el Art. 4.5 del RPDC trata de regular la documentación a acompañar cuando la empresa solicitante forme parte de un grupo de empresas que funciona como tal y en el que cada empresa conserva realmente su propia identidad. La referencia del precepto al grupo de empresas, mejor, al supuesto de que la empresa que inicie el procedimiento forme parte de un grupo de empresas fue ampliamente analizada por la STS de 27 de mayo de 2013 (Rec. 78/2012) concluyendo en que, cuando no pueda constarse que el grupo empresarial conforma un único empresario a efectos laborales, la exigencia documental reglamentaria no altera los tradicionales criterios sobre la responsabilidad del grupo, y su más que probable finalidad es meramente informativa acerca de la *«limpieza»* de relaciones entre la empresa matriz y sus filiales En ningún caso se pretende con la exigencia de aportación de documentación la extensión de la responsabilidad para las empresas del grupo, salvo que se den las circunstancias que la jurisprudencia viene exigiendo para considerar al grupo como una única empresa a efectos laborales. En efecto, la inserción en un grupo empresarial no significa, por sí misma, una responsabilidad unitaria de todo el grupo frente a las personas trabajadoras de una de las empresas; aun cuando exista una dirección comercial única en un grupo de empresas, ello no implica, necesariamente, su confusión ni tampoco que el grupo se configure como una sola unidad económica.

En cambio, en los fenómenos de grupos de empresas en los que puede identificarse un único ámbito de dirección y, por tanto, una unidad empresarial a los efectos del artículo 1.2 ET, lo relevante es determinar, al menos, el ámbito de afectación de las causas. Al respecto, la jurisprudencia contencioso administrativa optó, decididamente, por referir el ámbito de afectación de las causas a cada empresa concreta, pero de manera muy matizada ya que venía exigiendo que se ponderase, también, la existencia de los factores de crisis tecnológica o económica en todas las empresas que forman parte del grupo en que deba considerarse integrada la solicitante, ya que ni la simple justificación de una crisis que afecte, en general, a todas las empresas que constituyen una agrupación económica es suficiente para relevar a cada una de las que lo integran de demostrar cómo y en qué medida le afecta en particular el motivo organizativo, tecnológico, económico o productivo en que base su solicitud de regulación de empleo ni puede considerarse que la integración en un grupo económico de la empresa que en concreto promueva el expediente de regulación comporta la obligación de demostrar, formal y exhaustivamente, la realidad efectiva de la crisis afectante al grupo en que se integra, bastando con que haya puesto a disposición de los representantes de las personas trabajadoras los elementos de juicio necesarios para que hayan podido compulsar la realidad de esa crisis generalizada.

En síntesis, parece claro que, para la jurisprudencia el ámbito de afectación no resulta predeterminado por la ley; al contrario, ésta, a pesar de la utilización de la expresión empresa, permite que, en cada caso, la virtualidad de las causas y su incidencia en el entorno grupal determine el espacio de afectación, permitiendo que, en atención a las circunstancias concurrentes, ese sea una empresa del grupo o éste en su conjunto. Obviamente en aquéllos supuestos en los que el grupo sea una mera apariencia formal que intenta ocultar una burda situación de fraude, o cuando la influencia dominante del grupo ha sido la causa directa o indirecta de la situación negativa de la empresa en los supuestos de prestaciones laborales indiferenciadas de las personas trabajadoras afectadas, la acreditación de las causas deberá referirse a la totalidad de las empresas del grupo.

Todas estas cuestiones deberían quedar clarificadas en la normativa aplicable, en aras de la necesaria seguridad jurídica en un tema tan trascendente y sensible como el de las reestructuraciones empresariales. La idea sería dar certeza a los operadores jurídicos cuando se aprecia el fenómeno grupal en los despidos colectivos. El reglamento clarificó las exigencias documentales cuando el grupo empresarial no puede ser configurado como el empresario laboral, pero no aclaró si esa exigencia documental trasciende al ámbito causal, lo que debería delimitarse en sentido negativo. Nada dice la ley cuando el grupo es un fenómeno jurídico que, por sus relaciones internas y externas, cabe calificar como empresario único. En tales supuestos lo lógico es pensar que la causa económica debe afectar al grupo como tal mientras que el resto de causas deberían poder ser constatadas en una empresa concreta o en el conjunto indistintamente; pero eso debería decirlo el legislador y no el intérprete.

El Art. 51 ET exige que, con el escrito de inicio del período de consultas, se acompañen "*los criterios tenidos en cuenta para la designación de los trabajadores afectados por los despidos*". La expresión gramatical es harto confusa, pues no se entiende que se hable de criterios "*tenidos en cuenta*" y no de criterios "*a tener en cuenta*", cuando la designación aún no se ha producido. Es por ello que parece oportuno establecer la siguiente distinción: sí la solicitud incluye relación nominativa de las personas trabajadoras afectadas, a la misma habrá que acompañar los criterios que el empresario ha manejado para su confección; si, por el contrario, la solicitud únicamente incorpora el número y categoría de los trabajadores afectados lo que el precepto parece exigir es la enumeración de los criterios que deberán ser tomados en consideración en el momento extintivo, cuando hayan finalizado las consultas con acuerdo o sin acuerdo y el empresario haya comunicado su decisión extintiva.

Los criterios de selección pueden y debe ser abordados en las consultas y constituyen —o, al menos, deberían constituir— parte esencial de las mismas. La atención que generalmente ha venido prestándose a los criterios de selección, al margen del respeto a las preferencias legal o convencionalmente establecidas, ha sido escasa en la medida en que, tradicionalmente, el problema de los criterios no se ha planteado en torno a la titularidad del poder de decisión sobre qué concretas personas trabajadoras debían ser despedidas, aspecto éste que siempre ha estado claro puesto que tal poder decisorio pertenece al empresario. La cuestión estriba en determinar si dicho poder de elección está limitado y en concretar cuales son dichos límites, sobre todo partiendo del dato cierto de la ausencia de criterios normativos aplicables a la selección de las personas trabajadoras, al margen de la preferencia atribuida a los representantes legales de las personas trabajadoras, y de la exigencia legal de que se incluyan los criterios. Sin embargo, la inexistencia en el ordenamiento jurídico español de reglas legales de selección no puede ser entendida como equivalente al reconocimiento a favor del empresario de una libertad absoluta de elección de las personas trabajadoras que han de ser despedidas, no sólo por el necesario respeto a las preferencias aludidas, sino, también, por la exigencia del establecimiento de criterios de selección que deben quedar incorporados al acuerdo de consultas o a la decisión extintiva del empresario en los casos en los que no haya acuerdo.

Es un dato notorio que, con carácter general, los criterios se delimitan en atención a los intereses empresariales, de suerte que en su configuración suelen primar los criterios de eficiencia, rendimiento, experiencia o compromiso de los trabajadores afectados. Ello resulta lógico en la medida en que la finalidad última de la reestructuración pretendida es, claramente, la supervivencia de la empresa y su mayor competitividad y eficiencia futura en el mercado lo que, sin duda, contribuirá a mantener el empleo que sobreviva al despido colectivo y, en un futuro, aumentarlo.

Sin embargo, se echa en falta la atención a los aspectos sociales de la elección de afectados; especialmente los vinculados a la futura empleabilidad de la persona trabajadora y a su situación personal o familiar o a las exigencias del principio de igualdad, especialmente, por lo que al sexo se refiere. Igualmente, trasciende que en la negociación de los despidos colectivos suele importar mucho más el número de afectados que los concretos afectados y que las reivindicaciones están más ligadas a las compensaciones económicas o a la verificación de la causa que a otro tipo de compensaciones y, singularmente, a los criterios de selección; al contrario de lo que ocurre en otros países de la Unión.

Es por ello que una futura reforma del régimen de los despidos debería contemplar necesariamente un replanteamiento de la configuración y condicionamientos de los criterios de selección y de su juego en el ámbito de los despidos colectivos; especialmente, en las medianas y grandes empresas.

Con la Reforma de 2012 la posición de la Autoridad Laboral en los despidos colectivos sufrió un cambio rotundo: de ser el principal actor en la medida en que a ella le correspondía la autorización o no del proyecto de despido ha pasado a tener un simple cometido de vigilancia en la regularidad del procedimiento y, en algunas ocasiones de mediación (Art. 51.2 antepenúltimo párrafo del ET).

Ello no obstante, conserva, al igual que antes, la posibilidad de impugnar los acuerdos adoptados en el periodo de consultas cuando estime que estos se han alcanzado mediante fraude, dolo, coacción o abuso de derecho a efectos de su posible declaración de nulidad, así como cuando la entidad gestora de las prestaciones por desempleo hubiese informado de que la decisión extintiva empresarial pudiera tener por objeto la obtención indebida de las prestaciones por parte de las personas trabajadoras afectadas por inexistencia de la causa motivadora de la situación legal de desempleo.

Al servicio de estas facultades de la Autoridad Laboral, el Art. 51.2 del ET dispone que, una vez recibida la comunicación del inicio del período de consultas la autoridad laboral recabará con carácter preceptivo, Informe de la Inspección de Trabajo y Seguridad Social sobre los extremos de la comunicación a que se refieren los párrafos anteriores (se refiere la ley a los extremos documentales que deben constar en la comunicación de apertura del período de consultas) y sobre el desarrollo del periodo de consultas. El Informe deberá ser evacuado en el improrrogable plazo de quince días desde la notificación a la autoridad laboral de la finalización del periodo de consultas y quedará incorporado al procedimiento. El recto entendimiento de esta previsión legal y de su desarrollo reglamentario (Art. 7 del RD 1483/2012, de 29 de octubre) lleva a la conclusión de que el objeto del Informe serán los extremos de la comunicación empresarial y el desarrollo de las consultas, de acuerdo con las pautas y criterios que en los citados preceptos se establecen.

De esta manera, el Informe:

a) Constatará que la documentación presentada por el empresario en relación con las causas del despido se ajusta a la exigida reglamentariamente en los Arts. 4 y 5 en función de la concreta causa alegada para despedir Se limitará, por tanto, a constatar que la documentación contable se ha aportado completamente, que la memoria figura debidamente adjuntada; pero no podrá valorar ni los resultados que se deduzcan de la contabilidad ni el contenido de la memoria.

b) A efectos de la posibilidad de impugnación del acuerdo informará cuando compruebe que concurre fraude, dolo, coacción o abuso de derecho en la conclusión del acuerdo adoptado en el periodo de consultas. Además, si considerase que el acuerdo tiene por objeto la obtención indebida de prestaciones por desempleo por parte de los trabajadores, así se hará constar en el informe, para su valoración por la entidad gestora de las prestaciones por desempleo.

c) Constatará la inclusión del resto de los extremos contemplados en el Art. 3 del RPDC, es decir, nuevamente se limitará a comprobar que los extremos reseñados en el apartado 1 del mencionado precepto figuran incluidos en la comunicación empresarial de inicio del procedimiento.

d) Verificará que los criterios utilizados para la designación de las personas trabajadoras afectadas por el despido no resultan discriminatorios por los motivos contemplados en el Art. 17.1 del ET.

e) Deberá informar sobre el contenido de las medidas sociales de acompañamiento que se hayan podido prever y, en especial, comprobará que las empresas obligadas a ello han presentado el plan de recolocación externa y que éste cumple los requisitos exigidos en dicho artículo.

No hay, por tanto, posibilidad de informar sobre los aspectos materiales del despido y, en concreto, sobre las causas. Sin embargo, la STS (Sala de lo Contencioso) de 2 de noviembre de 2016, Rec. 2578/2016, validó una Instrucción de la Subdirección de la Inspección de Trabajo del País Vasco en la que se consideró que las funciones asignadas por dicha instrucción para que el Informe de la Inspección de referencia deba comprobar que concurren las causas alegadas a tenor de los documentos presentados por el empresario no vulneran las normas legales y reglamentarias antes examinadas. En consecuencia, en una parte del territorio nacional, el Informe de la Inspección puede contemplar aspectos que no se contemplan en el resto del Estado.

Resulta evidente, por tanto, la necesidad de que una futura reforma del régimen jurídico de los despidos colectivos se pronunciase al respecto, bien abriendo o bien cerrando la posibilidad de que el Informe pudiera contemplar la concurrencia de las causas alegadas en el despido colectivo.

El denominado principio de actualidad de la causa, tal como fue formulado clásicamente por la doctrina científica, se refería a la necesidad de la concurrencia de la causa en el momento de la adopción de la iniciación del expediente de regulación de empleo —en la actualidad del procedimiento del despido colectivo— y de sus efectos.

Con su aplicación se evitan, entre otras, dos cuestiones: que una situación económica sucedida en el tiempo con mucha anterioridad pudiera justificar extinciones muy posteriores desvinculadas de aquella situación que se pretendía paliar; e impedir la adopción de medidas para solucionar situaciones de futuro que se consideraban inciertas. Ciertamente, esta segunda finalidad ha quedado bastante relativizada con la actual redacción del Art. 51.1 del ET que permite, en determinadas circunstancias, la consideración de causa económica a las pérdidas previstas.

Ahora bien, lo que nunca impidió ni puede impedir en la actualidad el principio de actualización de la causa es que la acreditada situación económica negativa pueda ser combatida con medidas extintivas que se prolonguen durante un período razonable de tiempo, de suerte que se vayan escalonando en el inmediato futuro las extinciones contractuales previstas en el despido colectivo. Además, esa solución cuando ha sido pactada en el seno de las consultas puede proporcionar indudables ventajas ligadas no sólo a los intereses de ls personas trabajadoras afectadas sino, también, a intereses colectivos vinculados a planes de acompañamiento social o a medidas empresariales de futuro dirigidas a una adecuada ordenación de la actividad productiva.

Esta es la jurisprudencia actual que ha declarado que el plazo de ejecución de un acuerdo extintivo alcanzado en el período de consultas que se extiende prácticamente durante tres años y medio a partir de haberse alcanzado dicho pacto, puede resultar razonable cuando la causa que justifica el despido colectivo acordado se ha contemplado por los negociadores y se presume que va a perdurar durante toda la vigencia pactada de aplicación del acuerdo, por lo que no se vulneraría el principio de actualidad causal (por todas, SS.TS de 24 de noviembre de 2015, Rec. 154/2015 o de 18 de mayo de 2017, Rec. 71/2016).

Nuevamente nos encontramos ante un aspecto central del régimen jurídico de los despidos colectivos —la posibilidad de establecer medidas que se prolonguen durante un espacio de tiempo dilatado— cuya posibilidad descansa, exclusivamente, en una determinada y, a la vez, contingente interpretación jurisprudencial, con la consiguiente inseguridad jurídica que ello puede provocar, por lo que se estima necesario, en un contexto de potenciación del acuerdo en el seno de consultas, que la norma vigente permitiese expresamente medidas diferidas cuando se desprendan de la concurrencia de la causa y resulten razonables para la superación de la crisis.

El Art. 51.4 del ET dispone que, comunicada la decisión a los representantes de las personas trabajadoras, el empresario notificará los despidos individualmente a los trabajadores afectados en los términos establecidos en el Art. 53.1 del ET.

La literalidad de la norma implica que la remisión que el Art. 51.4 del ET hace al Art. 53.1 del mismo cuerpo legal es total, esto es, que se refiere a los aspectos materiales y formales que este último precepto exige para las extinciones por causas objetivas. Se produciría, de esta forma, una asimilación plena entre el procedimiento de la fase individual de los despidos colectivos y el previsto para los despidos objetivos. En la práctica, esta igualación procedimental determinaría que, una vez adoptada la decisión colectiva, el empresario debería cumplir, respecto de todos y cada uno de los trabajadores afectados, de manera individual, con los requisitos que incorpora el Art. 53.1 del ET (especificación concreta de la causa, puesta a disposición de la indemnización simultáneamente a la entrega de la carta de despido y comunicación a los representantes de las personas trabajadoras). Sin embargo, la jurisprudencia ha hecho una interpretación radicalmente opuesta a la literalidad de la norma.

En efecto, en primer lugar, por lo que se refiere a la plasmación de la causa en la carta de despido, se mantiene su exigencia, pero en términos menos exigentes que en los despidos colectivos que se realizan fuera de los colectivos.

La razón de ello es la previa existencia de la entrega de la comunicación a los representantes, el contenido de las consultas y de la decisión extintiva colectiva en donde deben haber quedado plasmadas la totalidad de los aspectos que configuran las causas alegadas por el empresario. Así se ha reseñado que la necesidad de formal de comunicación de la causa al trabajador afectado queda atemperada precisamente por la existencia de la propia negociación, hasta el punto de que se debe "*conectar lo acaecido en el periodo colectivo con la comunicación individualizada, rebajando las exigencias interpretativas que valen para los casos de extinciones objetivas individuales o plurales, de manera que en todo caso el contenido de la carta de despido puede ser suficiente si se contextualiza*" (STS de 23 de septiembre de 2014, Rec. 231/13); y que de esta manera ha de admitirse la suficiencia de la comunicación extintiva efectuada a las personas trabajadoras, cuando la misma refiere el acuerdo alcanzado con sus representantes legales en el marco de un ERE, del que aquellos informan al colectivo social (STS de 2 de junio de 2014, Rec. 2534/2013).

En segundo lugar, también se ha flexibilizado la necesidad de incorporar a la comunicación individual los criterios de selección y baremación que al trabajador corresponde en función de ellos —o las circunstancias específicas que determinan la selección del trabajador— porque no lo exige la ley y porque la negociación previa del proyecto de despido colectivo y el mandato de representación de los negociadores hacen presumir su conocimiento; y, en su caso, han de acreditarse —los criterios de selección y baremación individual en el proceso de impugnación individual del despido, sin que el trabajador sufra en su derecho de defensa, al poder solicitarlos previamente al proceso mediante diligencias preliminares, actos preparatorios y aportación de prueba por la demandada (por todas, STS de 24 de febrero de 2016, Rec. 2507/2014).

En tercer lugar, la jurisprudencia ha determinado que en las extinciones contractuales derivadas de un despido colectivo no opera la necesidad de entregar copia de la carta de despido individual a la representación legal de las personas trabajadoras (STS de 16 de marzo de 2016, Rec. 832/2015).

Por último, la exigencia de la puesta a disposición de la indemnización de manera simultánea a la entrega de la comunicación escrita del despido individual ha quedado bastante difuminada en función del acuerdo alcanzado en las consultas. En efecto, la jurisprudencia (por todas, STS de 7 de julio de 2016, Rec. 323/2014), cuando se ha cuestionado si la simultaneidad en la puesta a disposición de la indemnización en caso de despido por causas objetivas respecto de la entrega de la comunicación extintiva *"ex Art. 53.1 del ET"* es una norma dispositiva para los firmantes de un acuerdo colectivo extintivo, es decir, si el empresario viene obligado a poner a disposición la indemnización o si puede prevalecer el acuerdo con los representantes de las personas trabajadoras de dilación de dicha puesta a disposición, tras recordar que las normas referentes a la indemnización mínima en los supuestos de despido colectivo son de derecho necesario relativo y, por tanto, son mejorables para las personas trabajadoras, ha venido entendiendo que cabe la posibilidad de acuerdo siempre que sea más favorable y respete la indemnización mínima legalmente exigible, y que la exigencia de simultanear la comunicación del cese con la puesta a disposición no es de derecho necesario y que en la negociación colectiva previa se puede convenir el aplazamiento de su pago, siempre que no sea desproporcionado, quedando la empresa liberada de probar su falta de liquidez, y constituyendo esta posibilidad una herramienta útil para la negociación colectiva.

En el fondo de esta corriente jurisprudencial late la puesta en valor del período de consultas y, especialmente, del acuerdo logrado en las mismas, al punto de convertir éste en pauta de regulación de las medidas a implementar, en concreto, los despidos individuales que se pacten incluyendo, también, la regulación formal de los mismos. Sin embargo, la mayor parte de los pronunciamientos expuestos contienen votos particulares discrepantes.

Ello evidencia, más aún que en otros supuestos aquí examinados, la necesidad de una intervención normativa que establezca las facultades del pacto en el seno del despido colectivo en relación a la forma y condiciones en las que deberían llevarse a cabo las subsiguientes extinciones individuales, desde una perspectiva clarificadora que conjugue la potenciación del acuerdo sin merma de derechos para las personas trabajadoras afectadas.

Según los Arts. 124 y 148.1.b) de la LJS, la decisión empresarial sobre el despido colectivo puede ser impugnada por tres vías diferentes:

a) En primer lugar, por los representantes legales o sindicales de las personas trabajadoras, estableciendo en este último caso, que los representantes sindicales deberán tener implantación suficiente en el ámbito del despido colectivo.

b) En segundo lugar, por la Autoridad Laboral cuando ésta apreciara fraude, dolo, coacción o abuso de derecho en la conclusión de los acuerdos de suspensión, reducción de la jornada o extinción a que se refiere el Art. 51.6 del ET, y los remitiera a la autoridad judicial a efectos de su posible declaración de nulidad; o cuando la entidad gestora de la prestación por desempleo hubiese informado que la decisión extintiva de la empresa pudiera tener por objeto la obtención indebida de las prestaciones por parte de las personas trabajadoras afectadas, por inexistencia de la causa motivadora de la situación legal de desempleo.

c) En tercer lugar, por el propio empresario, cuando la decisión extintiva no se haya impugnado por los representantes de las personas trabajadoras con la finalidad de que se declare ajustada a derecho su decisión extintiva.

Esta pluralidad de legitimados, así como la especial regulación que la LJS hace de cada uno de ellos y del momento de interposición de la demanda plantea graves problemas de coordinación. Así:

a) Respecto de la legitimación de los representantes de las personas trabajadoras, cuando la ley se refiere a la representación sindical lo hace de manera indeterminada pues exige que tal representación tenga *"implantación suficiente"* en el ámbito del despido colectivo, pero no explica la norma que entiende por *"implantación suficiente"*.

Ante las diferentes interpretaciones, el Tribunal Supremo ha tenido que concretar la expresión saliendo al paso de pronunciamientos reduccionistas estableciendo que la expresión aludida debe ser entendida acudiendo a la legitimación de las propias secciones sindicales para interponer conflictos colectivos, teniendo en cuenta, además, que el legislador tiene una actitud *"proactiva"* respecto a la intervención procesal de los sindicatos, cuando de intereses colectivos se trata, para favorecer el cumplimiento de su función constitucional (STS de 20 de julio de 2016, Rec. 323/2014).

Sería conveniente, por tanto, que el legislador concretara tan indeterminada expresión y lo hiciera concretando y delimitando qué debe entenderse por implantación suficiente (por ejemplo, contar con representantes en los órganos de representación legal en el ámbito del despido).

b) Respecto de la legitimación de la Autoridad Laboral en los supuestos examinados parece obvia. Sin embargo, no existe previsión normativa alguna en cuanto al momento en que tal acción puede ser ejercitada, de forma que la ley no permite determinar cuando la actividad administrativa de impugnación del acuerdo alcanzado en las consultas está temporáneamente ejercitada.

A nuestro juicio, se trata de una cuestión que no puede dejarse en la indeterminación legal por razones de seguridad jurídica y de la posible consolidación de situaciones individuales ajenas en la mayoría de los casos a las posibles irregularidades en la conformación del acuerdo. De nuevo ha tenido que ser el Tribunal Supremo el que ha determinado unos plazos que no existen en la ley sosteniendo que se debe exigir también la misma garantía de seguridad jurídica que surge de la perentoriedad de la impugnación de la decisión, predicable en todo caso pues sostener que la autoridad laboral no está limitada temporalmente para ejercitar la acción del Art. 148 b) de la LJS supondría poner en riesgo la efectividad de tal seguridad y generaría una incertidumbre para los afectados que no resulta jurídicamente admisible.

Por ello, una interpretación sistemática y homogeneizadora del régimen de impugnación de estos procesos colectivos de flexibilidad interna o de despido colectivo nos debe conducir a entender aplicable el mismo plazo de caducidad de 20 días señalado con carácter general para cualquier tipo de acción destinada a contrarrestar este tipo de medidas del empresario (sean unilaterales o adoptadas tras el pacto), sin distinción alguna para el caso de que la impugnación provenga de la autoridad laboral en alguna de las dos facultades conferidas por el citado Art. 148 b) de la LJS (STS de 23 de junio de 2017, Rec. 271/2016).

Nuevamente se trata aquí de una sentencia que cuenta con votos particulares, lo que acredita, una vez más, la provisionalidad de decisiones que deben ser normativas y no jurisprudenciales pues no se trata de aplicar la ley sino más bien de suplir la inactividad del legislativo.

En cuanto a las relaciones entre la impugnación del despido colectivo y la de los despidos individuales derivados de aquél, normativamente está establecido, por una parte, que la sentencia firme o el acuerdo de conciliación judicial tendrán eficacia de cosa juzgada sobre los procesos individuales, por lo que el objeto de dichos procesos quedará limitado a aquellas cuestiones de carácter individual que no hayan sido objeto de la demanda colectiva, lo que delimita en gran manera el objeto de la impugnación individual; y, por otra, que la sentencia que establezca la nulidad del despido declarará el derecho de las personas trabajadoras afectados a la reincorporación a su puesto de trabajo. Esta última afirmación posibilitó que el Tribunal Supremo haya mantenido la ejecutabilidad directa de las sentencias colectivas que declaren el despido nulo (STS de 18 de enero de 2017, Rec. 108/2016).

Ello, en principio, haría innecesaria la impugnación individual de los despidos de las personas trabajadoras afectadas por la decisión colectiva declarada nula. Sin embargo, la solución no está exenta de problemas en la medida en que, en numerosas ocasiones, el órgano judicial no puede ejecutar por falta de elementos básicos ya que resulta perfectamente posible que en un proceso de impugnación de la decisión colectiva empresarial no aparezcan datos tan relevantes como el salario o el grupo profesional de cada persona trabajadora e, incluso, que no figuren las concretas personas trabajadoras afectadas por aquella decisión colectiva.

Consecuentemente, el legislador debería modificar las relaciones entre la impugnación colectiva y la impugnación individual, excluyendo la posibilidad de ésta última cuando la nulidad de la extinción colectiva fuera firme, porque en el proceso individual ya no podrían alterarse los efectos consecuencias de tal decisión (readmisión y abono de salarios de tramitación).

Paralelamente, resultaría a nuestro juicio imprescindible reformar el contenido de la demanda de impugnación colectiva para exigir que en la misma figurasen las circunstancias necesarias para una eventual ejecución de la sentencia, al modo como lo hace el Art. 247 de la LJS para la ejecución de las sentencias de conflicto colectivo.

XVIII. La reforma de la normativa reguladora de la relación laboral especial del personal laboral de las administraciones públicas

TOMÁS SALA FRANCO
Catedrático Emérito de Derecho del Trabajo y de la Seguridad Social
Universidad de Valencia
Estudio General

Sumario: 1. Una relación laboral especial de empleo público. 2. El alcance objetivo de la relación laboral especial de empleo público. 3. El alcance subjetivo de la relación laboral especial de empleo público. 4. La normativa aplicable al personal laboral de las Administraciones Públicas. 5. La negociación colectiva del personal laboral. 6. Los derechos individuales y colectivos del personal laboral. 7. La duración del contrato y las modalidades de contratación laboral. 8. El acceso al empleo público. 9. La ordenación de la actividad profesional y, en especial, la clasificación profesional, la provisión de puestos de trabajo y la movilidad del personal laboral. 10. La carrera profesional y la promoción del personal laboral. 11. Las retribuciones del personal laboral. 12. El tiempo de trabajo. 13. Los deberes del personal laboral. 14. Las situaciones laborales del personal laboral. 15. El régimen disciplinario. 16. La extinción de la relación laboral. 17. Los procedimientos de solución extrajudicial de conflictos. 18. El derecho de participación institucional. 19. El derecho de reunión.

1. UNA RELACIÓN LABORAL ESPECIAL DE EMPLEO PÚBLICO

La necesidad de regular las especialidades del régimen jurídico de los empleados públicos con contrato laboral es una consecuencia natural de la inseguridad jurídica derivada de la tensión existente entre los principios del derecho laboral y del derecho administrativo aplicables a las relaciones laborales de los empleados públicos.

El Art. 2.1.i) del ET establece que *"se consideran relaciones laborales de carácter especial (...), cualquier otro trabajo que sea expresamente declarado como relación laboral especial por una Ley"*.

Si bien es cierto que el EBEP no manifiesta expresamente en ningún precepto de su articulado que crea una nueva *"relación laboral especial"*, lo cierto es que, sin decirlo, regula materialmente una nueva relación laboral especial para el *"personal laboral al servicio de las Administraciones Públicas"* que, pese a lo anterior, bien podríamos denominar *"relación laboral especial de empleo público"*.

Sin embargo, la falta de reconocimiento y regulación expresa como relación laboral especial, potencialmente conlleva un innecesario margen de inseguridad jurídica, pudiendo llegar a plantear problemas puntuales —tal sucede con la obligación de cotizar al Fondo de Garantía Salarial, cuando sus trabajadores nunca podrán ser beneficiarios al no caber la insolvencia de la Administración (Art. 11.1 del RD 505/1985, regulador del Fondo de Garantía Salarial)—, además de que su reconocimiento como tal ayudaría a realizar una regulación más rigurosa y exhaustiva que la actual.

En definitiva, sin que esta cuestión tenga una trascendencia importante a nivel práctico, sería deseable a nuestro juicio que la ley dejara más clara su naturaleza de relación laboral de carácter especial *"ex Art. 2.1 ET"*.

2. EL ALCANCE OBJETIVO DE LA RELACIÓN LABORAL ESPECIAL DE EMPLEO PÚBLICO

A la vista de la literalidad de los Artículos 1.2, 2.1, 4 y 7 del EBEP, no está claro el ámbito de aplicación de esta relación laboral especial: si abarca al personal laboral de todas las Administraciones Públicas o si quedan algunas excluidas.

Por una parte, el Art. 1.2 establece que el EBEP *"tiene por objeto determinar las normas aplicables al personal laboral al servicio de las Administraciones Públicas"* y el Art. 7, referido a la *"normativa aplicable al personal laboral"*, señala que *"el personal laboral al servicio de las Administraciones Públicas se rige, además de por la legislación laboral y por las demás normas convencionalmente aplicables, por los preceptos de este Estatuto que así lo dispongan"*, pareciendo que ambos preceptos incluyen dentro de la relación laboral especial al personal laboral *"al servicio de las Administraciones Públicas,"* sin exclusión alguna.

Por otra parte, el Art. 2.1, referido al ámbito de aplicación del EBEP, señala que *"este Estatuto se aplica al personal funcionario y en lo que proceda al personal laboral al servicio de las siguientes Administraciones Públicas"*, enumerando una serie de Administraciones y sectores públicos (Administración General del Estado —Civil, Militar y de Justicia—, Administraciones de las Comunidades Autónomas y de las Ciudades de Ceuta y Melilla, Administraciones de las Entidades Locales, Organismos Públicos, Agencias y demás Entidades de Derecho Público con personalidad jurídica propia, vinculadas o dependientes de *"cualquiera de las Administraciones Públicas"* y Universidades Públicas) y dejando al margen a otras Administraciones y sectores públicos (Administraciones Legislativas de las Cortes Generales y de las Comunidades Autónomas, Órganos Constitucionales del Estado y Órganos Estatutarios de las Comunidades Autónomas y Banco de España y Fondos de Garantía de Depósitos en Entidades de Crédito), pareciendo que excluye del régimen jurídico de la relación laboral especial al personal laboral de las Administraciones Públicas no enumeradas en el Art. 2.1.

A mi juicio, sin embargo, los Arts. 1.2 y 7 del EBEP deben ser interpretados en un sentido totalizador y comprensivo del personal laboral de todas las Administraciones Públicas, con inclusión del personal laboral que trabaje en esas Administraciones y sectores públicos no enumerados en el Art. 2.1, dado que el Art. 4, cuando habla del *"personal con legislación específica propia"*, se refiere exclusivamente al personal funcionario y no laboral. No obstante, resultaría oportuna una redacción del precepto que evitase la inseguridad interpretativa que el actual texto egal conlleva.

Realmente sólo queda expresamente excluido por el EBEP de la *"relación laboral especial de empleo público"* en él regulada el personal laboral de la Sociedad Estatal Correos y Telégrafos, que según dispone el legislador de forma expresa y directa, se regirá *"por la legislación laboral y demás normas convencionalmente aplicables"* (Art. 6).

No obstante, la Disposición Adicional Cuarta del EBEP establece indirectamente otra excepción por cuanto, aunque formalmente hace referencia a la *"aplicación de este Estatuto a las autoridades administrativas independientes de ámbito estatal"*(Entidades de Derecho Público reguladas en los Arts. 109 y 110 de la Ley 40/2015), éstas se regirán *"por la forma prevista en sus leyes de creación"*, optando la mayoría de ellas por el régimen laboral común.

A la vista de lo expuesto, se puede decir que la Administración Pública a efectos del EBEP se configura como una organización especial y compleja en distintos ámbitos —tanto territoriales, como funcionales— no respondiendo al concepto de *"sector público"* en su dimensión más amplia, aunque sí al de Administraciones Públicas, dándose la circunstancia añadida de que el EBEP extiende su ámbito de aplicación —al menos supletoriamente (Art. 2.5 del EBEP)— a toda la Administración Pública, incluida o no, en su ámbito de aplicación. Así, aunque no sea absolutamente preciso, podemos referirnos al personal laboral al servicio de las Administraciones Públicas cuando hablamos del personal sometido al EBEP, sin perjuicio de su potencial y debida aplicación a otros ámbitos del denominado sector público y de los poderes constitucionales.

No obstante, a la vista de la alambicada y compleja regulación que plantea el actual texto de la norma, parecería oportuno una regulación más clara y rotunda del alcance objetivo del EBEP, comprensivo de todo el personal laboral de todas las Administraciones Públicas y de todos los sectores públicos en los que existe una financiación pública.

3. EL ALCANCE SUBJETIVO DE LA RELACIÓN LABORAL ESPECIAL DE EMPLEO PÚBLICO

El concepto de *"empleado público"* utilizado por el EBEP viene a ser un reflejo directo del objetivo de la norma: regular de forma conjunta, sin perjuicio de sus especificidades, las bases del régimen jurídico del personal al servicio de las Administraciones Públicas. Sin embargo, ese nuevo concepto jurídico que introduce el EBEP, se limita al personal que presta servicios en entidades con personalidad jurídico-pública, sometidas a su ámbito de aplicación, esto es, al personal que presta servicios en las Administraciones Públicas, entendidas como Administraciones territoriales e institucionales (Art. 2.1 del EBEP).

No obstante, el Art. 2.1 del EBEP, al describir su ámbito de aplicación, introduce un matiz al señalar que "*este Estatuto se aplica ....en lo que proceda al personal laboral al servicio de las siguientes Administraciones*", lo que significa que el EBEP se aplicará al personal laboral al servicio de las Administraciones que entran en su ámbito de aplicación, pero solo en la medida en la que el propio EBEP establezca, aplicándose en caso contrario la "*legislación laboral*" común (Art. 7 del EBEP), por remisión directa o tácita a la misma.

Por su parte, el Art. 2.2 y 3 del EBEP, también trata de forma particular a dos grupos de personal: al investigador —que quedará también bajo la regulación del EBEP en los términos que la norma que los regule indique— y al personal docente y estatutario de los Servicios de Salud, respecto de los que, farragosamente, el legislador indica que se regirán por su legislación específica (autonómica y estatal) y supletoriamente por el EBEP —con exclusión expresa del Capítulo II del Título III, relativo al "*derecho a la carrera profesional, promoción interna y evaluación del desempeño*"—, menos los Arts. 20 —referente a la evaluación del desempeño—, 22.3 —complementos—, y 84,—movilidad—, que sí les serán de aplicación.

En cuanto al personal de las Entidades Locales, el EBEP indica que se regirá por la legislación estatal de aplicación a estos, por el EBEP y la legislación de las Comunidades Autónomas (Art. 3 del EBEP). La Policía Local se regulará por la Ley Orgánica 2/1986, de Fuerzas y Cuerpos de Seguridad, por el EBEP y por la legislación de las Comunidades Autónomas (Art. 3 del EBEP).

Por otra parte, el Art. 4 del EBEP añade una expresa referencia al "*personal con legislación específica propia,*" en referencia a los órganos constitucionales y otros ámbitos de la Administración con naturaleza especial que, por tal razón, no entran de forma directa en su ámbito de aplicación. No obstante, su especial regulación, pueden optar por remitirse al EBEP en algunos aspectos de su regulación o en su totalidad, sin perjuicio de la aplicación supletoria del éste vía Art. 2.5 del EBEP.

Pero este Art. 4 del EBEP resulta especialmente confuso porque en ocasiones hace referencia al personal "*funcionario*" y en otras al "*personal*" en general. Cuando la norma hace referencia expresa al personal funcionario, lleva a pensar que el personal laboral de las Cortes y demás Asambleas Legislativas de las Comunidades Autónomas, de los Órganos Constitucionales del Estado y de los Órganos Estatutarios de las Comunidades Autónomas no se excluyen, y que por tanto figurarían como personal laboral sometido al EBEP. En cambio, cuando se hace referencia a todo el personal, permite dudar de si la exclusión del ámbito del EBEP se refiere también al personal laboral, que se regiría según lo que determinen sus normas específicas (EBEP o ordenamiento laboral común).

Por último, el personal de la Sociedad Estatal de Correos y Telégrafos (Art. 5 EBEP), compuesto por funcionarios y personal laboral, se regirán, respectivamente, por su normativa específica y por el derecho laboral común ("*la legislación laboral y demás normas convencionalmente aplicables*": Art. 5.2 del EBEP), de tal forma que los empleados laborales de esta Sociedad resultan ser los únicos directamente excluidos del EBEP. No obstante, hay que recordar que, conforme al Art. 2.5 del EBEP, éste será norma supletoria también para este personal.

También resulta clara la Disposición Adicional Primera del EBEP, referida a los empleados de las "*entidades del sector público estatal, autonómico y local, no incluidos en el artículo 2 del EBEP y que estén definidas así en su normativa específica*". El personal de estas entidades sería el ejemplo de exclusión relativa del EBEP, regulándose por el derecho laboral común, pero con la exigencia de ajustar su actuación a códigos de conducta (Art. 52 del EBEP), los principios éticos (Art. 53 del EBEP), y de conducta (Art. 54 del EBEP), principios rectores del acceso al empleo público (Art. 55 del EBEP), y los relativos a las personas con discapacidad (Art. 59 del EBEP).

Respecto al concepto de "*personal laboral*" que recoge el Art. 11.1 del EBEP, se refiere de forma simplista al que "*en virtud de contrato de trabajo formalizado por escrito, en cualquiera de las modalidades de contratación de personal previstas en la legislación laboral* (fijos, por tiempo indefinido o temporales, a tiempo total o a tiempo parcial), *presta servicios retribuidos por las Administraciones Públicas*".

Nada que objetar a la *"inútil"* definición legal que del *"personal laboral"* hace el EBEP.

Por otra parte, se introduce la figura del *"personal directivo profesional"*, que según el Art. 13.1 del EBEP hace referencia al que *"desarrolla funciones directivas profesionales en las Administraciones Públicas, definidas como tales en las normas específicas de cada Administración"*. Cuando el personal directivo reuniera la condición de personal laboral estará sometido al régimen aplicable a la relación laboral especial de alta dirección y no a la relación laboral especial de empleo público regulada en el EBEP (Real Decreto 1382/1985, de 1 de agosto, que regula la relación laboral especial de alta dirección) (Art. 13.4).

El Art. 13 del EBEP, al introducir la figura del alto directivo, abre la puerta a la regulación específica de estos empleados públicos, separándolos del personal eventual y estableciendo unos principios mínimos informadores de su regulación, pretendiendo con ello contribuir a la modernización administrativa. Sin embargo, ni proporciona una definición precisa, ni una mínima delimitación de funciones que le sean propias.

Lo cierto es que la norma básica debió haber sido más explícita en la regulación de los directivos profesionales, porque la elección de esta técnica legislativa de mínimos está llevando a la inoperancia del precepto, pudiendo llegar a darse la circunstancia de que, en la normativa de desarrollo, las Administraciones decidiesen no regularlo, o hacerlo deficitariamente, dejando así sin efecto la configuración de la tan ansiada figura.

Lo que sí hace el Art. 13 del EBEP es configurar la dualidad de modelos *"funcionarial" y "laboral"*, reguladores para el personal directivo. Efectivamente, los directivos se reclutarán o bien entre funcionarios públicos, o bien entre profesionales del sector privado o entre empleados públicos no funcionarios, mediante contrato laboral especial de alta dirección (Art. 13.4 del EBEP). Aunque el EBEP no mencione qué puestos deberán ser cubiertos por unos u otros profesionales, consideramos que, al igual que sucede con las contrataciones laborales en general, las funciones que impliquen el ejercicio de potestades públicas o de soberanía del Art. 9.2 del EBEP deberán ser cubiertas mediante funcionarios de carrera.

Llama la atención, sin embargo, la remisión del personal directivo laboral a la relación laboral especial de alta dirección, dado el concepto más reducido que del personal de alta dirección tiene en el Art. 1.2 del Real Decreto regulador respecto de la definición del EBEP.

4. LA NORMATIVA APLICABLE AL PERSONAL LABORAL DE LAS ADMINISTRACIONES PÚBLICAS

La normativa aplicable a esta relación laboral especial es la siguiente, conforme con lo previsto en los Arts. 7 del EBEP y 3.1 del ET:

a) En primer lugar, las normas del EBEP, tanto las generales referidas a todos los *"empleados públicos"* (personal funcionario y personal laboral), como las específicas referidas exclusivamente al personal laboral. Desde luego, las disposiciones del EBEP relativas al personal laboral poseen naturaleza laboral, como señala la Disposición Final Primera: *"Las disposiciones de esta Ley se dictan al amparo del artículo 149.1.7.ª de la Constitución, por lo que se refiere a la legislación laboral"*. Lo que significa que una Comunidad Autónoma no podrá regular esta relación laboral especial de su personal laboral al desarrollar el EBEP con su Ley de Función Pública Autonómica, dado el monopolio normativo exclusivo y excluyente del Estado en materia laboral, al amparo del Art. 149.1 7 de la Constitución.

b) En segundo lugar, la legislación laboral común, esto es, el Estatuto de los Trabajadores y demás normas laborales concordantes.

c) En tercer lugar, los convenios colectivos aplicables.

d) En cuarto lugar, el contrato individual de trabajo y la costumbre local y profesional —habría que añadir— con base en el Art. 3.1.c) y d) del ET.

Sobre esta importante cuestión habría que destacar algunas particularidades:

a) En primer lugar, que una de las características del EBEP es la de reconocer expresamente la coexistencia de normas administrativas y laborales.

b) Que la técnica jurídica del EBEP es la de constituir una legislación básica, a modo de norma marco —actuando en muchos casos como norma mínima— armonizadora para todo el Estado, dejando un importante margen a las normas de desarrollo, (las futuras y/o presentes Leyes de la Función Pública en la Administración Central y Autonómicas).

Esto significa que el personal laboral queda sometido a las mismas normas que los funcionarios en aspectos esenciales de su régimen jurídico marcados por el EBEP, (como los derechos individuales —salvo la inamovilidad— la determinación de las cuantías e incrementos retributivos, la responsabilidad disciplinaria, los principios éticos y de conducta, los principios rectores del sistema de acceso, etc.) y que, en lo no previsto, se aplicará la normativa laboral.

Aunque lo cierto es que, al final, por propia remisión del EBEP, el grueso del contenido del régimen jurídico del personal laboral se rige principalmente por la norma laboral y por los convenios colectivos de aplicación.

En definitiva, el sistema de fuentes del Derecho del Trabajo se aplica al personal laboral de las Administraciones Públicas, pero con importantes matices y limitaciones. En concreto, la autonomía individual de las partes está fuertemente restringida porque no se podrán negociar condiciones laborales distintas de las generales, dado que la Administración se encuentra sometida a los principios de igualdad y legalidad (además del principio de cobertura presupuestaria).

Recapitulando, el cuadro que la compleja ordenación de fuentes y supuestos que encontramos según lo establecido en el EBEP en relación al personal laboral queda de la siguiente forma:

a) Materias cuya regulación se remite directamente a la ley laboral común y, en su caso, a la negociación colectiva (por ejemplo, la clasificación o las situaciones profesionales del personal laboral).

b) Aspectos que son reguladas conforme a la norma administrativa, es decir por el EBEP, y como supletoria la laboral (por ejemplo, el régimen disciplinario).

c) Otras materias en las que el EBEP se remite a la negociación colectiva como primaria y supletoriamente se aplica el EBEP (por ejemplo, la carrera profesional y la promoción, provisión de puestos y la movilidad).

d) Algunas materias importantes se remiten a la normativa laboral (convencional o legal), sin perjuicio de matices o ciertas limitaciones, (así, la negociación colectiva o las retribuciones en cuanto a los límites presupuestarias).

e) Materias en las que se aplica directamente el EBEP sin matices (por ejemplo, los sistemas selectivos o las responsabilidades disciplinarias).

f) Materias en las que se complementan el EBEP y la norma laboral común (por ejemplo, los derechos individuales, o los deberes de los empleados públicos).

De esta previsión legal del EBEP acerca de la normativa aplicable al personal laboral de las Administraciones Públicas, llaman criticablemente la atención varias cosas:

a) De una parte, el que solamente se aluda al EBEP y no a otras normas legales no laborales, igualmente aplicables al personal laboral. Así, por ejemplo, a la Ley 53/1984, de 26 de diciembre, de Incompatibilidades, aunque su ámbito de aplicación se refiera a *"todo el personal, cualquiera que sea la naturaleza de la relación de empleo"*.

b) De otra parte, que se aluda expresamente a los convenios colectivos, alusión ciertamente poco afortunada e innecesaria si se ha remitido previamente a la legislación laboral común y, con ella, a las previsiones que en ella se hacen de la negociación colectiva laboral como fuente de derecho de la relación laboral (Art. 3.1.b) del ET).

c) Especialmente problemática, y por ello mejorable, es la determinación de la norma aplicable al personal laboral de las Administraciones —si la norma administrativa o la norma laboral— como consecuencia de la imprecisión del legislador (por ejemplo, en tema de permisos: Art. 51 del EBEP).

Esta complejidad a la hora de determinar las fuentes de aplicación de las relaciones laborales en las Administraciones conlleva la dificultad y lentitud en la adopción de decisiones y la lógica repercusión negativa en la gestión de este personal.

5. LA NEGOCIACIÓN COLECTIVA DEL PERSONAL LABORAL

El derecho de negociación colectiva del personal laboral de las Administraciones Públicas tiene su fundamento constitucional en el Art. 37.1 de la CE, al igual que sucede en el sector privado.

El Art. 32.1 del EBEP señala que *"la negociación colectiva de los empleados públicos se regirá por la legislación laboral* (Arts. 82 a 91 del ET), *sin perjuicio de los preceptos del EBEP* (Arts. 31, 36, 37 y 38.8) *que expresamente le son de aplicación".*

Las peculiaridades de la negociación colectiva del personal laboral respecto de la negociación colectiva de los funcionarios públicos son las siguientes:

1ª) En cuanto a las partes negociadoras, la negociación colectiva no está absolutamente sindicalizada, pudiendo negociar los representantes unitarios del personal (Delegados de Personal y Comités de Empresa) (Arts. 87 y 88 ET).

2ª) En cuanto a las unidades de negociación, éstas las establecen las partes negociadoras y no vienen prefijadas por la Ley (Art. 89.1 ET).

Ello no obstante, el Art. 36.1 y 2 del EBEP prevé la constitución de una Mesa General de Negociación de las Administraciones Públicas, con representación sindical legitimada en función de los resultados obtenidos en las elecciones a representantes unitarios de funcionarios públicos (Delegados de personal y juntas de personal) y del personal laboral de las Administraciones Públicas (Delegados de personal y comités de empresa), con capacidad para negociar condiciones de trabajo aplicables al personal funcionarial y laboral. Así, esta Mesa General de Negociación será competente para negociar aquellas materias susceptibles de regulación estatal con carácter de norma básica y, en concreto, el incremento global de las retribuciones del personal al servicio de las Administraciones Públicas que corresponda incluir en el Proyecto de Ley de Presupuestos Generales del Estado de cada año.

El Art. 36.3 del EBEP, por su parte, prevé la negociación de todas aquellas materias y condiciones de trabajo comunes al personal funcionario y laboral de cada Administración Pública en Mesas Generales de Negociación a constituir en cada una de las Comunidades Autónomas y Entidades Locales.

3ª) En cuanto a las materias objeto de negociación y sus límites, resulta de aplicación lo dispuesto en el Art. 37 del EBEP, no existiendo en este aspecto peculiaridades.

4ª) En cuanto al procedimiento de negociación, las Leyes de Presupuestos Generales del Estado fijando la obligatoriedad de un informe favorable conjunto del Ministerio para las Administraciones Públicas y de Economía y Hacienda para aceptar o modificar las condiciones retributivas del personal laboral al servicio de la Administración Pública, sancionando la ley con la nulidad los convenios colectivos que se adopten con omisión del informe previo, que obtengan un informe previo desfavorable o que comprendan pactos que impliquen crecimientos salariales para ejercicios sucesivos contrarios a los que determinen las futuras Leyes de Presupuestos.

5ª) La situación de supremacía de una de las partes, reflejada en el Art. 38. 3 y 7 del EBEP —al requerir la validez y eficacia de los acuerdos negociados la aprobación expresa y formal del Pleno de la Administración correspondiente y en el supuesto de fracaso de la negociación—, no tiene correlación en la letra de los Arts. 82 y 90.2 del ET.

6ª) La diferente competencia jurisdiccional para la impugnación de los pactos y acuerdos colectivos de los funcionarios públicos, reservada al orden contencioso-administrativo (Arts. 9.4 y 24 Ley Orgánica del Poder Judicial y 3 e) de la LJS), mientras es competencia del orden social la impugnación de los convenios colectivos del personal laboral (Arts. 9.5 y 25 Ley Orgánica del Poder Judicial).

7ª) La reforma más importante llevada a cabo en los años de crisis en cuanto a la relación laboral especial de empleo público es sin duda la inclusión y sometimiento de los convenios colectivos de este personal a la facultad extraordinaria de modificación de lo pactado por los Gobiernos, ante una situación de grave perjuicio para el interés público derivada de una alteración sustancial de las circunstancias económicas, homogeneizando así la regulación en este punto de la negociación colectiva de los funcionarios y del personal laboral (Art. 32.2 del EBEP).

A su vez, la Disposición Adicional Segunda del EBEP estableció que, a los efectos de lo previsto en el Art. 32, "*concurre causa grave de interés público derivada de la alteración sustancial de las circunstancias económicas cuando las Administraciones Públicas deban adoptar medidas o planes de ajuste, de reequilibrio de las cuentas públicas o de carácter económico financiero para asegurar la estabilidad presupuestaria o la corrección del déficit público*".

A mi juicio resulta criticable la excesiva disponibilidad que se da en esta materia a la Administración. Así, en primer lugar, tendría que haberse limitado a algunos aspectos del contenido de los Convenios, (no a su integridad, como prevé la norma) y con carácter temporal. En segundo lugar, tendrían que haberse previsto de forma más cerrada y detallada las circunstancias en las que se considerará justificada la adopción de dichas medidas. Por último, tendría que haberse establecido un procedimiento para proceder a dicha inaplicación, con la necesaria consulta-negociación con los sindicatos o representantes de los trabajadores negociadores del mismo (no sólo la información a los sindicatos, como establece el Art. 32.2 del EBEP), previo a la adopción de este tipo de medidas, dado que se trata de una excepción a la fuerza vinculante de los convenios colectivos (Art. 37.1 de la CE).

En todo caso, este instrumento, impugnable en el supuesto de vulneración de los principios de la negociación, en sí mismo no tendría por qué ser negativo si su utilización se ajustase a verdaderas situaciones de excepción y como último recurso. El problema es que este mecanismo de inaplicación de la norma convencional pueda convertirse en la vía fácil, y de uso abusivo, que se utilice para cumplir con el excesivo celo en el control del déficit público que exige la Unión Europea.

8ª) Los convenios colectivos firmados por las Administraciones tienen necesariamente la limitación temporal que conlleva la vinculación del contenido retributivo a las normas presupuestarias. Por esta razón no pueden pactarse salarios para periodos superiores al año (aunque para ser más precisos, pueden establecerse, pero a condición de la necesidad de ajustar las cuantías a la posterior norma), sin perjuicio de que el resto de las cláusulas normativas del Convenio puedan tener otra vigencia.

Por otro lado, cabe señalar que resulta de aplicación a estos convenios colectivos —salvo la excepción anterior— lo regulado en materia de vigencia en el Art. 86 del ET. De esta forma, las partes acordarán la duración del convenio y, salvo pacto en contrario, si no existe denuncia, se entenderá prorrogado anualmente. Pero trascendentales son, por una parte, la posibilidad de revisión *ante tempus* del convenio colectivo vigente —si alguna de las partes legitimadas para negociar conforme con lo establecido en los Arts. 87 y 88 del ET lo solicita—, y, por otra parte, la limitación de la ultraactividad del convenio a un año desde que se produce la denuncia "*salvo pacto en contrario*", previéndose la aplicación en estos casos del convenio colectivo de ámbito superior que fuera de aplicación, (si lo hubiere) o, en caso contrario, la desaparición de la norma convencional.

Especialmente conflictivo se presentaba este problema en el ámbito público una vez vencido el plazo del año dadas las dificultades de aplicar convenios colectivos de ámbito superior, si bien el Tribunal Supremo, discutiblemente, ha avalado la denominada "*tesis continuista*", que considera ajustado a derecho que una vez expirado el convenio, en los supuestos en que no exista otro de ámbito superior (que, en el ámbito de las Administraciones, es lo normal, siendo discutible la posibilidad de aplicar convenios sectoriales), procede el mantenimiento de las condiciones de trabajo disfrutadas por los trabajadores hasta ese momento, considerando la incorporación de las mismas a los contratos de trabajo individuales como condiciones contractuales de manera automática (STS UD, de 22 de diciembre de 2014, Rec. 264/14).

9ª) Finalmente, al igual que sucede con la negociación colectiva de los funcionarios públicos, no son admisibles los "*convenios colectivos extraestatutarios*" en las Administraciones Públicas.

6. LOS DERECHOS INDIVIDUALES Y COLECTIVOS DEL PERSONAL LABORAL

Las relaciones de derechos individuales y colectivos establecidas en los Arts. 14 y 15 del EBEP son, en principio, comunes al personal funcionario y laboral (la ley habla de *"empleados públicos"*), salvo, lógicamente, *"en correspondencia con la naturaleza jurídica de su relación de servicio"*, el de *"la inamovilidad en la condición de funcionario de carrera"* (Art.14.a). Así:

a) De un lado, el personal laboral tendrá los siguientes derechos de carácter individual (Art. 14):

  a') Derecho al desempeño efectivo de las funciones o tareas propias de su condición profesional.

  b') Derecho a la progresión en la carrera profesional y promoción interna según principios constitucionales de igualdad, mérito y capacidad mediante la implantación de sistemas objetivos y transparentes de evaluación.

  c') Derecho a percibir las retribuciones y las indemnizaciones por razón del servicio que procedan.

  d') Derecho a participar en la consecución de los objetivos atribuidos a la unidad donde preste sus servicios y a ser informado por sus jefes o superiores de las tareas a desarrollar.

  e') Derecho a la defensa jurídica y protección de la Administración Pública en los procedimientos que se sigan ante cualquier orden jurisdiccional como consecuencia del ejercicio legítimo de sus funciones o cargos públicos.

  f') Derecho a la formación continua y a la actualización permanente de sus conocimientos y capacidades profesionales.

  g') Derecho al respeto de su intimidad, orientación sexual, propia imagen y dignidad en el trabajo, especialmente frente al acoso sexual y laboral.

  h') Derecho a la no discriminación por razón de nacimiento, origen racial o étnico, género, sexo, religión o convicciones, opinión, discapacidad, edad o cualquier otra condición o circunstancia personal o social.

i') Derecho a la adopción de medidas que favorezcan la conciliación de la vida personal, familiar y laboral.

j') Derecho a la libertad de expresión dentro de los límites del ordenamiento jurídico.

k') Derecho a recibir protección eficaz en materia de seguridad y salud en el trabajo, en los términos regulados en la Ley 31/1995, de 8 de noviembre, de Prevención de Riesgos Laborales (artículo 3.1).

l') Derecho a las vacaciones, descansos, permisos y licencias.

m') Derecho a la jubilación según los términos y condiciones establecidas en las normas aplicables.

n') Derecho a las prestaciones de la Seguridad Social correspondientes al régimen que les sea de aplicación.

o') Derecho a la libre asociación profesional.

p') Derecho a los demás derechos reconocidos por el ordenamiento jurídico.

b) De otro lado, el personal laboral tendrá los siguientes derechos individuales ejercidos colectivamente (Art.15):

a') Derecho de libertad sindical.

b') Derecho a la negociación colectiva y a la participación y determinación de las condiciones de trabajo.

c') Derecho al ejercicio de la huelga, con la garantía del mantenimiento de los servicios esenciales de la comunidad.

d') Derecho al planteamiento de conflictos colectivos de trabajo, de acuerdo con la legislación aplicable en cada caso.

e') Derecho de reunión, en los términos establecidos en el Art. 46 del EBEP.

La principal novedad de la actual regulación reside en el hecho de que se reconocen los derechos individuales de forma conjunta para todos los empleados públicos (sea cual sea su naturaleza), sin perjuicio de que el propio legislador advierta de que dichos derechos se reconocen *"en correspondencia jurídica de su relación de servicio"*. Este matiz del legislador es importante porque se traduce en la introducción de particularidades en su reconocimiento, justificados por las diferencias jurídicas de cada vínculo, que supone el que algunos de estos derechos solo tengan efecto para los funcionarios —como es el caso de la inamovilidad del vínculo—, y otros se modulen dependiendo de la relación de que se trate —como sucede, por ejemplo, con los derechos de ejercicio colectivo—.

Se trata, en líneas generales, de los derechos básicos, ya reconocidos con anterioridad al EBEP por la legislación laboral, con escasas diferencias respecto de los reconocidos a los funcionarios públicos. Responden, sin duda, a la filosofía del EBEP de regular unitariamente en la medida de lo posible los regímenes jurídicos funcionarial y laboral.

Aparte del tratamiento único, como principal novedad en materia de derechos, es también novedosa la previsión del Art. 14 del EBEP, con el título genérico de "*derechos individuales*", que aúna en realidad los derechos personales, profesionales (individuales y colectivos, al completarse con el Art. 15 del EBEP) y de protección social de los empleados públicos, que reflejan un conjunto de valores ético-sociales constitucionalmente reconocidos y modulados como derechos, que suponen la superación de la teoría estatutaria de la relación de servicio público.

Al configurarse como un elenco de derechos básicos o mínimos, debe interpretarse que, en todo caso, cabe su ampliación por la legislación de desarrollo del EBEP y, en el caso particular de los empleados laborales, se cuenta además con la posibilidad de su desarrollo y ampliación por la vía de la negociación colectiva.

En definitiva, nada que objetar a esta enumeración legal, si bien debería acaso explicitarse esa voluntad no declarada de aunar, siempre que la naturaleza jurídica de la relación lo permita, las regulaciones laboral especial y funcionarial.

7. LA DURACIÓN DEL CONTRATO Y LAS MODALIDADES DE CONTRATACIÓN LABORAL

En cuanto a la duración del contrato de trabajo del personal laboral de las Administraciones Públicas el EBEP únicamente señala que éste podrá ser contratado *"en cualquiera de las modalidades de contratación de personal previstas en la legislación laboral"*(Art. 11.1). Así pues, *"en función de la duración del contrato, podrá ser fijo* (de plantilla), *indefinido* (no fijo) *y temporal"* (Arts. 8.2 y 11.1 del EBEP y 15 del ET).

La ley se refiere a la figura del indefinido no fijo, figura híbrida entre la contratación temporal e indefinida, que conlleva una indemnización de 20 días de salario por año de servicio con el máximo de 12 mensualidades, tanto si la extinción del contrato se produce por amortización de la plaza como por cobertura reglamentaria (por todas, STS de 28 de marzo de 2017, Rec. 1664/2015). Además, la nueva Disposición Adicional 17ª del EBEP añade que *"las actuaciones irregulares en la presente materia darán lugar a la exigencia de las responsabilidades que procedan de conformidad con la normativa vigente en cada una de las Administraciones Públicas"*. Esta figura contractual ha sido cuestionada por el TJUE en su Sentencia de 222 de febrero de 2014, entendiendo que por si sola no es una medida adecuada a lo dispuesto en la Cláusula Quinta del Acuerdo Marco adjunto a la Directiva 1999/70, con el objetivo de prevenir los avisos en la sucesión de contratos temporales.

La figura contractual del indefinido no fijo se aplica no sólo incide en el ámbito estricto de las Administraciones de base territorial, sino que se extiende a todas las entidades públicas sometidas a derecho privado, pero en las que el acceso se rige precisamente por los principios de igualdad, capacidad, mérito y publicidad, conforme a lo establecido en la Disposición Adicional 1ª del EBEP. Así, por ejemplo, en Radio Televisión Española, Correos y Telégrafos o AENA.

Se admiten, también, las dos modalidades de contratos formativos (el *"contrato de formación en alternancia"* y el *"contrato formativo para la obtención de la práctica profesional adecuada al nivel de estudios"*) (Art. 11 del ET), con sus variantes *"a tiempo completo"* o *"a tiempo parcial"* (Art. 12 del

ET) y de carácter *"presencial"* o *"a distancia (teletrabajo)"* (Art. 47 bis del EBEP) y los contratos fijos discontinuos (Art. 16 del ET).

En particular, de estas previsiones normativas resulta altamente criticable que, sobre uno de los puntos más vidriosos y polémicos en la jurisprudencia aplicativa de la legislación laboral común al personal laboral de las Administraciones Públicas, como es el de las consecuencias jurídicas de la contratación temporal irregular, habiéndose sucedido en el tiempo varias doctrinas interpretativas distintas del Tribunal Supremo, el EBEP haya pasado por encima de la cuestión, abandonándola una vez más a la interpretación y aplicación jurisprudencial, sin más que decir que junto a los trabajadores *"fijos"* habrá unos trabajadores *"indefinidos"*, refiriéndose en el primer caso a los *"trabajadores indefinidos fijos de plantilla"* y en el segundo caso a los *"trabajadores indefinidos no fijos de plantilla"*, sin referencia alguna al régimen jurídico aplicable a estos últimos.

En efecto, se trata de una cuestión en la que se dan cita básicamente dos intereses en juego: de un lado, la necesidad objetiva de combatir la contratación temporal irregular (el mantenimiento de los contratos temporales más allá de la llegada de su término final pactado mediante su prórroga ilegal), por lo demás desgraciadamente frecuente en las Administraciones Públicas; y, de otro, la imposibilidad de aplicar tal cual la presunción *iuris et de iure* del Art. 15.3 del ET de que el contrato laboral en tales casos es de naturaleza indefinida por la existencia de un fraude de ley, dada la existencia del principio constitucional de igualdad de trato absoluta en el acceso al empleo público reconocido en los Arts. 22.3 y 103 de la CE.

8. EL ACCESO AL EMPLEO PÚBLICO

Pese a la denominación del Título IV (*"Adquisición y pérdida de la relación de servicio"*), indicativa más bien de que la regulación en él contenida es de aplicación exclusiva a los funcionarios públicos, la mayor parte de los artículos del Capítulo I, referidos al *"acceso al empleo público y adquisición de la relación de servicio"*, resultan de aplicación también al personal laboral de las Administraciones Públicas. Esto sucede con:

a) El Art.55, sobre los *"principios rectores"* en la selección de personal: principios constitucionales de igualdad, mérito y capacidad y principios de publicidad, transparencia, imparcialidad y profesionalidad, independencia y discrecionalidad técnica, adecuación entre proceso selectivo y funciones a desempeñar y agilidad, sin perjuicio de la objetividad.

b) El Art. 56, sobre los requisitos generales para poder participar en los procesos selectivos: nacionalidad española, capacidad funcional, edad mínima (16 años) y máxima (jubilación forzosa), no haber sido separado del servicio ni hallarse inhabilitado y titulación.

c) El Art. 59, sobre acceso al empleo público de las personas con discapacidad y cupos mínimos de las vacantes en las ofertas de empleo público.

d) El Art. 60, sobre los órganos de selección.

Es más, la delimitación de lo que sea *"sector público"* a los efectos de la aplicación de las normas sobre el acceso al empleo público, es aún más generosa que el ámbito subjetivo de aplicación del EBEP, por cuanto la Disposición Transitoria Primera del EBEP dispone que las normas reguladoras de los Arts. 55 y 59, esto es, los principios rectores y las normas aplicables a las personas con discapacidad respectivamente, serán de aplicación no sólo a las Administraciones Públicas propiamente dichas sino también a *"las entidades del sector público estatal, autonómico y local que no estén incluidas en el Artículo 2 del presente Estatuto"*, que no son otras que las sociedades mercantiles de titularidad pública y las fundaciones de derecho público.

No obstante, existen algunos preceptos que establecen diferencias de régimen jurídico entre los funcionarios y el personal laboral. En este sentido, cabría reseñar:

a) El Art. 57.5, según el cual *"los extranjeros a los que se refieren los apartados anteriores, así como los extranjeros con residencia legal en España podrán acceder a las Administraciones Públicas, como personal laboral, en igualdad de condiciones que los españoles"*. En este precepto se establece la equiparación absoluta entre extranjero y nacional a efectos del acceso a puestos de personal laboral, mientras la equiparación no es absoluta respecto de los puestos funcionariales, por cuanto quedan excepcionados de la misma *"aquellos que directa o indirectamente impliquen una participación en el ejercicio del poder público o en las funciones que tienen por objeto la salvaguardia de los intereses del Estado o de las Administraciones Públicas"*, siendo así que estos puestos necesariamente han de ser funcionariales según el Art. 9.2 del EBEP.

b) El Art. 61.7 se refiere específicamente al personal laboral para indicar que los sistemas selectivos del personal laboral fijo serán los de oposición, concurso–oposición o concurso de valoración de méritos, mientras que los sistemas selectivos del personal funcionario de carrera serán los de oposición y concurso–oposición y sólo excepcionalmente, en virtud de ley, el concurso de valoración de méritos.

c) El Art. 11.2 establece que las Leyes de Función Pública que se dicten en desarrollo del Estatuto establecerán los criterios para la determinación de los puestos de trabajo que pueden ser desempeñados por personal laboral, respetando en todo caso lo establecido en el Art. 9.2 ("el ejercicio *de las funciones que impliquen la participación directa o indirecta en el ejercicio de las potestades públicas o en la salvaguardia de los intereses generales del Estado y de las Administraciones Públicas corresponden exclusivamente a los funcionarios públicos, en los términos que en la ley de desarrollo de cada Administración Pública se establezca"*), dando así libertad a las leyes de función pública autonómicas para funcionarizar o laboralizar más o menos al personal de sus Administraciones.

Esta regulación legal no soluciona sin embargo todos los problemas que plantea el acceso del personal laboral a las Administraciones Públicas.

En cuanto a los principios rectores del acceso al empleo público, partiendo de la realidad de que estos principios no son desgraciadamente observados fielmente en las distintas Administraciones Públicas, prisioneras del *"clientelismo político o sindical"*, de *"endogamias corporativas"*, de *"nepotismo"* o de *"otras formas de favoritismo discriminatorio"*, sobre todo respecto del personal laboral temporal donde la selección es menos estricta, resulta absolutamente necesario extremar las garantías normativas en los procedimientos de selección del personal laboral.

En este sentido, habría que denunciar que en el EBEP se siguen manteniendo criticablemente diferencias entre el acceso a la condición de funcionario público y de contratado laboral y no se concretan suficientemente las necesarias garantías establecidas.

Así, por ejemplo, en cuanto la participación como miembros del órgano de selección de representantes políticos y sindicales, el Art. 60.3 del EBEP establece que *"el personal de elección o designación política (...) no podrán formar parte de los órganos de selección"*, sin hacer referencia expresa a los representantes sindicales. Ello no obstante, de manera calculadamente ambigua, el artículo 60.3 del EBEP señala que *"la pertenencia a los órganos de selección será siempre a título individual, no pudiendo ostentarse ésta en representación o por cuenta de nadie"*, prohibiéndose así, con carácter general, que formen parte de los órganos de selección a los representantes de los distintos sindicatos, colegios profesionales o asociaciones profesionales; lo que lógicamente no impedirá la presencia en los órganos de selección de afiliados a los mismos, si bien a título individual y de libre designación por la Administración convocante.

Cosa distinta es lo previsto en el Art. 61.7, in fine del EBEP cuando señala que *"las Administraciones Públicas podrán negociar las formas de colaboración que en el marco de los convenios colectivos fijen la actuación de las Organizaciones Sindicales en el desarrollo de los procesos selectivos"*.

Así pues, en los órganos de selección no podrán participar los sindicatos, aunque se permite por la Ley que éstos puedan controlar los procesos de selección de acuerdo con lo dispuesto en la negociación colectiva. Se prohíbe así el *"control interno"* (a través de la participación sindical en los órganos de selección) y se admite el *"control externo"* a través de las formas de colaboración de los sindicatos en los procesos de selección que se pacten colectivamente).

Otro ejemplo de esta *"ambigüedad calculada"* en la ley sería la afirmación en el Art. 61.2 del EBEP sin otra explicación del importante *"principio de adecuación entre el contenido del proceso de selección y las funciones a desarrollar"*. En este sentido, cabría llamar la atención crítica sobre muchos de los actuales programas de las oposiciones de las distintas AAPP, absolutamente inadecuados a las funciones a desarrollar.

En punto a la libertad de cada Administración Pública para ensayar un modelo distinto (más o menos funcionarizado o laboralizado), una valoración crítica del EBEP arrojaría un resultado ambivalente. Si bien, por un lado, sería positiva en la medida en que permitiría *"ensayar"* y más tarde *"exportar"* en su caso distintos modelos de empleo público, por otro lado, resultaría negativa la falta de claridad y de unidad que ello conlleva, sobre todo cara a la movilidad interterritorial entre CC.AA.

Un elemento de distorsión en este punto reside en las diferencias existentes en la selección de los trabajadores con contrato laboral fijo y con contrato temporal.

Cuando el EBEP incluye en su Título IV (*"Adquisión y pérdida de la relación de servicio")* al personal laboral de las Administraciones no distingue entre fijos y temporales, entendiéndose por tanto que los principios rectores de la selección de personal previstos en el Art. 55 del EBEP son de aplicación directa también a las contrataciones temporales. Sin embargo, los vacíos en la norma en relación con los sistemas de contratación temporal constituyen un problema que debió, y debe, ser evitado por el legislador.

Efectivamente, pese a existir unos principios básicos comunes, el régimen jurídico para la contratación del personal fijo y el temporal se configura legalmente en distintos términos, debido a las especiales exigencias que el legislador prevé para la primera de ellas, siendo ésta una posición criticable, dado que la contratación temporal realizada en términos irregulares se convierte en una puerta de entrada al empleo semi-indefinido para las Administraciones, amparado en la figura de los indefinidos no fijos.

En todo caso, sería necesaria una previsión legal en esta materia, siendo acaso el sistema de bolsas de trabajo el que el legislador tendría que haber reconocido y regulado como prioritario en el ámbito de la contratación temporal. El problema que plantea la actual desregulación se ve reflejada en prácticas irregulares que afectan al proceso de selección, propiciando la vulneración de los principios constitucionales de mérito, capacidad e igualdad, la problemática contratación temporal en cadena de los trabajadores de las bolsas de trabajo que en muchos casos termina siendo una contratación en fraude de ley con la consiguiente transformación en indefinido no fijo del trabajador afectado o la indemnización por despido improcedente al afectado, suponiendo para el trabajador la pérdida de la antigüedad en el puesto de cara a una nueva entrada en bolsa de trabajo, (STS de 23 de marzo de 2011, Rec. 2690/2010).

A pesar de la desregulación existente, conviene recordar que, dado que al personal laboral temporal del EBEP le son de aplicación los principios rectores del acceso al empleo público (Arts. 55 y 60 del EBEP), si no se respeta el sistema de selección previsto convencional o legalmente para cubrir el puesto, publicitado, transparente y con un órgano de selección imparcial y profesional, dicha selección no será legal.

Lo que sí se prevé acertadamente —al menos en la Administración Central—, es la necesaria existencia de un *"informe favorable de los Ministerios de Administraciones Públicas y Economía"* antes de proceder a contratar personal laboral temporal, así como un control posterior consistente en que cada Departamento contará con un Registro de Personal laboral no permanente, cuyas inscripciones y anotaciones deberán comunicarse al Registro Central de Personal.

Así pues, dependiendo del ámbito de la Administración existirá un control, unos procesos, un buen o mal uso de las modalidades contractuales laborales de carácter temporal —especialmente flexible en el caso de la Administración Local— e incluso unas limitaciones en relación con los puestos que podrán ser ocupados usando estos vínculos jurídico-temporales.

9. LA ORDENACIÓN DE LA ACTIVIDAD PROFESIONAL Y, EN ESPECIAL, LA CLASIFICACIÓN PROFESIONAL, LA PROVISIÓN DE PUESTOS DE TRABAJO Y LA MOVILIDAD DEL PERSONAL LABORAL

Las normas referidas a la *"ordenación de la actividad profesional"* de las Administraciones Públicas del Título V del EBEP son, en parte, comunes al personal funcionario y laboral y, en parte, de exclusiva aplicación a los funcionarios públicos.

Así, las que regulan los *«objetivos e instrumentos de la planificación»* (Art. 69), la *«oferta de empleo público»* (Art. 70) y los *«registros de personal y gestión integrada de recursos humanos»* (Art. 71), el *«desempeño y agrupación de puestos de trabajo»* (Art. 73) y la *«ordenación de los puestos de trabajo»* (Art. 74) son comunes.

Al contrario, las normas sobre *«cuerpos y escalas»* (artículo 75), sobre *«grupos de clasificación profesional»* (Art. 76) y sobre *«provisión de puestos de trabajo y movilidad»* (Arts. 78 a 81 y 84) son exclusivas del personal funcionario de carrera.

Por su parte, el EBEP establece dos normas propias y exclusivas del personal laboral. Así:

a) En primer lugar, respecto de la clasificación profesional, *"el personal laboral se clasificará de conformidad con la legislación laboral"* (Art. 77), esto es, de acuerdo con lo dispuesto en el Art. 22.1 del Estatuto de los Trabajadores, que se remite a lo que dispongan los convenios colectivos aplicables.

b) Y, en segundo lugar, *"la provisión de puestos y movilidad del personal laboral se realizarán de conformidad con lo que establezcan los convenios colectivos que sean de aplicación y, en su defecto, por el sistema de provisión de puestos y movilidad del personal funcionario de carrera"* (Art. 83). En todo caso, lo dispuesto en el Art. 82 del EBEP, sobre la movilidad por razón de violencia de género, es de aplicación al personal laboral de las Administraciones Públicas.

Nada que objetar a las normas comunes a funcionarios y personal laboral; ni tampoco a lo dispuesto en el Art. 77 del EBEP sobre la clasificación profesional. Es, sin embargo, respecto de lo dispuesto en el Art. 83, sobre la provisión de puestos de trabajo y la movilidad del personal laboral, donde surgen dudas dada la redacción del precepto legal.

En efecto, como en este caso, a diferencia del Art. 77 sobre clasificación profesional, el EBEP se remite únicamente a *«los convenios colectivos que sean de aplicación»* y no a la *«legislación laboral»*, se plantea la duda interpretativa de si lo dispuesto en los Arts. 39 y 40 del ET, sobre movilidad funcional y movilidad geográfica de los trabajadores, resulta no obstante de aplicación al personal laboral de las Administraciones Públicas (debido, sobre todo, a su carácter mínimo imperativo cara a la negociación colectiva) o si, por el contrario, tal como se deduce de una interpretación literal del EBEP, en caso de ausencia de regulación convencional, serán de aplicación tal cual los Arts. 78 a 84 del EBEP y no el Estatuto de los Trabajadores. La ley debería aclarar, a nuestro juicio, esta cuestión puntual en aras de una mayor seguridad jurídica.

En materia de ordenación del empleo, el personal laboral de las Administraciones queda fuera del ámbito de aplicación de los Arts. 75 y 76 del EBEP, si bien esto no quiere decir que queden exentos de una concreta organización, sino que tienen su normativa, denominación y características propias, independientes del régimen funcionarial. De hecho, en el caso de los laborales, el elemento clave es "*la clasificación profesional*" conforme se regula en las normas dictadas al efecto en el ámbito de la legislación laboral, según consta en el Art. 77 del EBEP, es decir, conforme con lo establecido en los Arts. 22 a 24 del ET y en los convenios colectivos de aplicación en cada Administración.

En esta materia, una de las novedades introducidas por la Ley 3/2012, que aprobó la denominada Reforma Laboral, fue la de la flexibilización del concepto de categoría profesional, con la nueva redacción dada al Art. 22 del ET, para facilitar la movilidad funcional, imponiéndose la prevalencia del concepto de "*grupo profesional*", definido como los que agrupan "*unitariamente las aptitudes profesionales, titulaciones y contenido general de la prestación*", e incluye "*distintas tareas, funciones, especialidades profesionales o responsabilidades*", (Art. 22.2 del ET). En el ámbito del empleo público este nuevo planteamiento del ordenamiento laboral es de aplicación directa al personal laboral, puesto que el Art. 77 del EBEP establece que éstos se "*clasificarán de conformidad con la legislación laboral*".

Sin embargo, hay que tener presente que el Art. 74 del EBEP exige un instrumento de ordenación del personal que no existe en el ámbito privado, que son las Relaciones de Puestos de Trabajo, mediante el que se estructura la organización del personal, en el que deberá constar los puestos de trabajo, grupos de clasificación profesional, cuerpos o escalas a los que estén adscritos, sistemas de provisión de cada uno y retribuciones complementarias.

También existen diferencias entre el empleo público laboral y el laboral común respecto del encuadramiento profesional de los trabajadores, primando en este caso la regulación del EBEP frente a la norma laboral común, que señala el encuadramiento como la asignación a un grupo profesional según acuerdo de trabajador y empresario (Art. 22.4 del ET).

Frente a esto, el Art. 83 del EBEP establece que la provisión de puestos del personal laboral se hará conforme con "*lo que establezcan los convenios colectivos*" y en su defecto conforme a "*el sistema de provisión de puestos y movilidad del personal funcionario de carrera*", que se rigen por el sistema de concurso de méritos y libre designación en convocatoria pública (Art. 78.2 del EBEP).

Este modelo flexible de clasificación profesional, bien utilizado, puede ser útil tanto para la potencial movilidad funcional del trabajador como para hacer efectiva la carrera profesional de los empleados públicos laborales. Así es resaltado en el propio Informe de la CORA (Comisión para la Reforma de las Administraciones), al hablar de la necesaria flexibilización del empleo público de la Administración.

La movilidad funcional prevista en el Art. 39.1 del ET plantea dificultades aplicativas en el ámbito del empleo público en su confrontación con la norma administrativa.

El ET diferencia entre la denominada "*movilidad externa*" o vertical, (Art. 39. 2 y 3 del ET) —es decir movilidad ascendente o descendente, pero en todo caso fuera de las funciones propias del grupo profesional—, y la "*movilidad interna*" u horizontal —que permite al empresario cambiar las funciones del trabajador dentro del respeto al grupo profesional y que es fruto del derecho al "*ius variandi*" del empresario en el desarrollo de la prestación de trabajo—. Esta movilidad funcional interna tiene también su reflejo en el empleo público, en términos generales, en el Art. 73.2 del EBEP, sin exigir ninguna formalidad más allá de la necesaria motivación de la "*necesidad del servicio*" que lleva a tomar dicha decisión, siendo éste el único matiz que lo hace más formalista que la regulación laboral.

En el caso de la movilidad funcional externa el Art. 39.2 del ET, como es lógico, establece de forma más restrictiva las condiciones precisas para proceder a su aplicación, exigiendo que existan causas justificadas —ya sean técnicas u organizativas—, debiendo ser limitadas en el tiempo y sin que puedan afectar a la dignidad, ni a los derechos del trabajador que, de hecho, en cuanto a efectos retributivos, que se ven mejorados en los supuestos de movilidad ascendente.

Por lo demás, el Art. 41 del ET, relativo a la modificación sustancial de las condiciones de trabajo contractuales, no parece que tenga un largo recorrido aplicativo al personal laboral de las Administraciones Públicas por cuanto las decisiones unilaterales de la Administración vienen limitadas por el principio de igualdad de trato absoluto establecido en el Art. 14 de la CE.

10. LA CARRERA PROFESIONAL Y LA PROMOCIÓN DEL PERSONAL LABORAL

Según el EBEP el personal laboral tiene derecho a la promoción profesional, que se hará efectiva a través de los procedimientos previstos *«en el Estatuto de los Trabajadores o en los convenios colectivos»* (Art. 19).

Los *«sistemas de evaluación del desempeño»* a que se refiere el Art. 20 del EBEP serán de aplicación también al personal laboral, dado que en todo momento el precepto se refiere a *«los empleados públicos»* y no solamente al personal funcionario de carrera (párrafos primero y tercero).

Si se tiene en cuenta que el Estatuto de los Trabajadores nada dice en concreto acerca de la promoción profesional de los trabajadores, tratándose de una materia deslegalizada, por cuanto los Arts. 23 (sobre la *«promoción y formación profesional en el trabajo»*), 24 (sobre los *«ascensos»*) y 25 (sobre la *«promoción económica»*) se remiten a los convenios colectivos aplicables, a ellos habrá que estar en cuanto a la regulación de la carrera y promoción profesional del personal laboral de las Administraciones Públicas. En este último sentido, el *"o"* aparentemente disyuntivo del precepto del EBEP sobra.

En definitiva, pese a que el derecho a la carrera profesional y la promoción interna se reconozca a todo empleado público en el Art. 14 c) del EBEP, realmente las normas funcionariales en materia de carrera profesional (Arts. 16 a 18 del EBEP) sólo serán de aplicación al personal laboral si el propio convenio colectivo se remite a ellas, dado que el Art. 19 del EBEP remite en relación a esta materia exclusivamente a la norma laboral.

Esta diferencia en la regulación entre funcionarios y personal laboral lleva a la conclusión de que las distintas y novedosas posibilidades de promoción introducidas en el EBEP (carrera horizontal, carrera vertical, promoción interna vertical y promoción interna horizontal), no son, en principio, de aplicación directa al personal laboral; sin embargo, parece lógico y positivo que a través de la negociación colectiva pueda armonizarse la regulación laboral y funcionarial en esta materia y, más aún, contando con un instrumento como es la negociación colectiva conjunta, de tal forma que se aplique también al personal laboral la carrera profesional vinculada a la evaluación del desempeño, en pro de una política y gestión de personal armonizada.

Por último, hay que hacer constar que el derecho a la carrera profesional y a la promoción de los empleados públicos laborales difiere de los de los trabajadores de la empresa privada, dado que los principios constitucionales administrativos (la exigencia de objetividad de la actuación de la Administración y la necesaria igualdad y derecho a las funciones públicas), además de la prohibición de discriminación del Art. 14 de la CE puesto en relación con los Arts. 23.2 y 103.3 de la CE, en cuanto a los principios de mérito y capacidad, rigen en la configuración de los sistemas de carrera públicos, ya sean para funcionarios o personal laboral, como así consta de hecho en el Art. 14.c) del EBEP.

El Art. 19 del EBEP, que establece que "*el personal laboral tendrá derecho a la promoción profesional*", plantea la duda de si los contratados temporales de las Administraciones quedarían o no, excluidos del derecho a la carrera profesional y a la promoción, sobre todo cuando los funcionarios interinos y los eventuales son excluidos por la norma.

La doctrina jurisprudencial interpreta el Art. 19.1 del EBEP, en relación con el Art. 16.3 del EBEP que atribuye el derecho a la progresión en la carrera profesional y la promoción interna de los empleados públicos, en correspondencia con la naturaleza jurídica de su relación de servicio, concluyendo que los trabajadores temporales quedarían fuera del derecho a la carrera, al igual que los funcionarios eventuales e interinos (STS de 27 de febrero de 2009, RJ/2009/1842).

Considero, sin embargo, que esta es una lectura restrictiva y discriminatoria (no acorde con la Directiva 1999/70/CE), por razón de la duración del contrato, de un derecho que el Art. 19 del EBEP reconoce sin trabas, sin perjuicio de que por su propia naturaleza la carrera profesional de un contratado laboral temporal sea (o debiera ser, si el contrato fuese ajustado a derecho), prácticamente imposible por su corta permanencia en el puesto. Esta cuestión se hace más evidente en el caso de los "*indefinidos no fijos*", que de hecho son una categoría especial de personal laboral temporal, ya que, en tanto no se convoque la plaza que ocupan, pueden permanecer durante años en el puesto, sin derecho reconocido a carrera profesional.

Sobre la evaluación del desempeño, deben hacerse algunas observaciones, dada su especial importancia de cara al futuro de la gestión pública de personal. Las Leyes de la Función Pública deberán concretar los sistemas de evaluación específicos, que deberán ajustarse a las características organizativas y funcionales de los empleados públicos en general y que, conforme con lo previsto en el Art. 20.2 del EBEP, se ajustarán a criterios de transparencia, objetividad, imparcialidad y no discriminación. El principal problema es precisamente el de determinar los mecanismos de evaluación (esto lleva años estudiándose en la empresa privada), los criterios y determinar quiénes deben ser los evaluadores.

La limitación actual en esta materia es común para funcionarios y laborales y radica, una vez más, en el hecho de que la *"evaluación del desempeño"* prevista en el Art. 20.1 del EBEP, no se ha desarrollado en los términos que lo configura el EBEP para las Administraciones. Es cierto que en algunos ámbitos de la Administración existen experiencias con más o menos éxito, (en la Administración militar, Guardia Civil, y en algunos organismos autónomos de la Administración General del Estado). Pero a nivel general carecemos de una técnica de control del rendimiento que se pueda aplicar eficazmente en la carrera profesional, la provisión de puestos, la planificación de la formación y la percepción de retribuciones complementarias (Art. 20.3 del EBEP).

El informe CORA manifiesta sobre este tema lo siguiente: "*La evaluación del desempeño constituye, sin lugar a duda, uno de los ejes básicos sobre los que debe asentarse la reforma de la Función Pública de la AGE, dado que a través del mismo se articula un «sistema» que une y proporciona coherencia a estos tres elementos nucleares: Formación / Carrera / Retribuciones. Pero más allá de un sistema de gestión de personas, se trata de una herramienta vinculada a la dirección de la organización pública por objetivos...*".

Dentro de las propuestas sobre evaluación del desempeño, seguramente las más acertadas son las que abogan por implantar y desarrollar, con carácter previo, un personal directivo profesional, que son los que deben encargarse de implementar y aplicar este mecanismo en términos lo más profesional posible. Otra propuesta que se hace es la creación de agencias o comisiones de evaluación externas a la unidad de los empleados evaluados (que tampoco es mala opción pero que suponen una visión menos integral de la evaluación del personal en una necesaria gestión y planificación de los Recursos Humanos, además de ser más costoso).

Los criterios generales deben ser negociados con los representantes de los trabajadores (negociación conjunta básica), pero su aplicación queda a merced de los responsables de la Administración de que se trate. Deben ser criterios cuantitativos y cualitativos (participación de ciudadanos), y los sistemas de evaluación deben adaptarse al objeto evaluado, y no solo individuales, sino también colectivos (departamentos). El resultado de la evaluación se realizará según los criterios del responsable de aplicarlo, pero deberá ser motivado, y el empleado público podrá impugnarlo como cualquier otro acto en materia de personal.

Los efectos pueden repercutir a nivel de carrera profesional, formación, provisión de puestos y retribuciones (principalmente pero no sólo). También es necesario que pueda afectar negativamente a la provisión de puestos, porque de ello dependerá la continuidad en un puesto obtenido por concurso (Art. 20.4 del EBEP). Esta dimensión negativa en materia de carrera o de concursos, será siempre más fácil de aplicar en el ámbito del personal laboral que en el funcionarial —donde realmente no cabe a efectos de carrera, ya que solo prevé la penalización a estos efectos, vinculado a las infracciones disciplinarias—. Estas cuestiones deben resolverlas las leyes de desarrollo, que en el caso de los empleados laborales no exigiría tantas formalidades como para los funcionarios, (para los que sí se debería hacer mediante procedimiento previo con audiencia al afectado y con resolución motivada). El problema es cómo aplicar este instrumento al personal en sentido de demérito sin que sea un mecanismo disciplinario encubierto, (en todo caso, entendemos que la existencia de dolo diferenciaría la utilización de los mecanismos sancionadores de los efectos de la evaluación negativa del personal).

La escasa evaluación del desempeño que existe actualmente en nuestra Administración va principalmente vinculada al reconocimiento de las retribuciones variables (productividad, y similares), pero no suelen ser el instrumento de gestión del servicio público que preconiza el EBEP. No se trata solo de que tenga repercusiones retributivas, sino que sirva para cumplir los objetivos de la gestión del empleo público vinculado a objetivos, valorando no solo objetivos cuantitativos (trabajo hecho/ ahorro en la gestión), sino también calidad del servicio prestado.

En todo caso, como ya se ha señalado, el elemento clave para hacer real este mecanismo es el desarrollo de la figura del personal directivo profesional, dado que la aplicación de este instrumento exige conocimientos profesionales en gestión de Recursos Humanos, y debe hacerse desde una perspectiva y distancia del personal que no existe en la mayoría de las estructuras de la Administración.

En definitiva, lo que falla no es tanto la ausencia del elemento de flexibilización cuanto la ausencia del necesario desarrollo del EBEP, que ponga en marcha estos instrumentos para llevar a efecto la aplicación de los instrumentos de gestión, sin lo los que es imposible lograr la tan eficacia y eficiencia de las Administraciones.

11. LAS RETRIBUCIONES DEL PERSONAL LABORAL

Las retribuciones del personal laboral se determinarán de acuerdo con (Art. 27):

a) La legislación laboral, esto es, los Arts. 26 a 31 del ET.

b) El convenio colectivo aplicable.

c) El contrato individual de trabajo.

En todo caso, deberá respetarse lo dispuesto en el Art. 21 del EBEP (Art. 27), lo que significa:

a) Que el incremento de la masa salarial del personal laboral deberá reflejarse para cada ejercicio presupuestario en la correspondiente Ley de Presupuestos.

b) Que no podrán acordarse incrementos retributivos que globalmente supongan un incremento de la masa salarial superior a los límites fijados anualmente en la Ley de Presupuestos Generales del Estado para el personal laboral.

Por lo demás, los Arts. 29 y 30 del EBEP, respectivamente referidos a la financiación de planes de pensiones de empleo o contratos de seguros colectivos y a las deducciones en las retribuciones por la parte de jornada no realizada o por el ejercicio del derecho de huelga, resultan de aplicación al personal laboral de las Administraciones Públicas.

Nada que objetar a la regulación general del EBEP sobre las retribuciones del personal laboral.

12. EL TIEMPO DE TRABAJO

En cuanto al tiempo de trabajo (régimen de la jornada de trabajo, de los permisos, de los descansos y de las vacaciones) del personal laboral, según el Art. 51 del EBEP, habrá que estar a lo establecido en los Arts. 47 a 50 del EBEP y en la legislación laboral (Estatuto de los Trabajadores y convenios colectivos aplicables).

Es evidente que, en punto al tiempo de trabajo, no tiene excesivo sentido mantener diferentes regímenes jurídicos para ambos tipos de personal (funcionario y laboral), dado que un régimen bifronte ocasiona serios problemas organizativos a las Administraciones Públicas. Habrá que reconocer, sin embargo, que las tendencias unificadoras pretendidas en el EBEP se han concretado en este caso en una afirmación de difícil interpretación (*«se estará a lo dispuesto en este capítulo y en la legislación laboral»*), dejando en el aire cuál de las dos legislaciones prevalecerá cuando ambas no sean coincidentes o se contradigan abiertamente.

A mi juicio, se debería haber dado un paso más, aplicando sin más la legislación funcionarial sin hacer referencia alguna a la legislación laboral.

En este último sentido, si bien hay preceptos en el EBEP y en el ET reguladores de ciertas materias que coinciden sustancialmente (las vacaciones, por ejemplo), no sucede lo mismo con la regulación de otras materias (jornada laboral, descansos o permisos), lo que planteará sin duda en la práctica difíciles problemas interpretativos para cohonestar ambos preceptos, dado que, aparentemente al menos, las aplicaciones de la legislación funcionarial y laboral sobre estas materias es *«acumulativa»* y no *«sucesiva»* o de *«mínimos»* mejorables por la otra.

Evidentemente, la unificación del régimen jurídico de funcionarios y laborales en materia de jornada, vacaciones y permisos, tendría que ser replanteado o aclarado ante la conflictiva fórmula utilizada por el EBEP, principalmente por las posibles disfunciones en la organización de las propias Administraciones, pero también por razones de igualdad de trato en una materia en la que no existe causa que justifique un trato desigual entre los distintos empleados públicos.

13. LOS DEBERES DEL PERSONAL LABORAL

En cuanto a los deberes del personal laboral, la unificación de los regímenes (laboral y funcionarial) se ha producido al cien por cien. Como valoración global, es posible decir que el legislador dota de un catálogo unificado de deberes y obligaciones a todos los empleados públicos, sin perjuicio de que existan matices en su intensidad dependiendo de la prestación exigible a cada cual, aunque también es cierto que la regulación que se hace no atiende la recomendación en el sentido de definir de forma clara y precisa dichos deberes.

De hecho, los términos en que se plantean estas obligaciones son orientativas, pero también delimitadoras de comportamientos lícitos, que en caso contrario podrán ser objeto de sanción. Estos deberes y principios están inspirado en los fundamentos de actuación de la función pública, que se regulan en el Art. 1.3 del EBEP y responden a los actuales valores constitucionales y al cambio de cultura administrativa.

El EBEP configura los deberes de los empleados públicos como código de conducta o deberes deontológicos, que el legislador divide en "*deberes*", "*principios de conducta*" y "*principios éticos*", pero que de su lectura se deduce que son una misma cosa, incurriendo incluso en repeticiones innecesarias. De hecho, para tener una visión completa de "*los deberes básicos*" (Art. 52 EBEP), hay que realizar su análisis en relación con las infracciones disciplinarias del Art. 95.2 del EBEP, dado que su planteamiento se realiza en términos genéricos, mezclándose con principios éticos y códigos de conducta. Así, el apartado final del Art. 52 del EBEP remite a los principios y reglas del capítulo relativo a deberes como informadores de "*la interpretación y aplicación del régimen disciplinario de los empleados*".

Por su parte, los "*principios de conducta*" (Art. 54 del EBEP) realmente son la unión de los deberes básicos y de los principios éticos que los inspiran. Se trata por tanto de un código de conducta legalmente establecido. No precisa ser determinado o concretado por la Administración empleadora, configurándose como obligaciones jurídicas a cumplir por imperativo legal y, por tanto, directamente aplicables y exigibles jurídicamente, de tal forma que su incumplimiento puede derivar en responsabilidades disciplinarias.

En relación al personal laboral, hay que tener en cuenta, además, que a estos deberes y principios se suma el contenido del Art. 5 del ET, que en nada contradice a los anteriores, resultando complementario de los mismos.

14. LAS SITUACIONES DEL PERSONAL LABORAL

En cuanto a las situaciones del personal laboral, el Art. 92 del EBEP mantiene una postura dubitativa. Si, por un lado, en su párrafo primero se remite a lo dispuesto en el Estatuto de los Trabajadores (Arts. 45 y ss., sobre causas de suspensión del contrato de trabajo y excedencias) y a los convenios colectivos aplicables, por otro lado, en su párrafo segundo señala que *«los convenios colectivos podrán determinar la aplicación de este capítulo* (mejor dicho, del Título VI, sobre las *«situaciones administrativas»* de los funcionarios públicos) *al personal incluido en su ámbito de aplicación en lo que resulte compatible con el Estatuto de los Trabajadores»,* con una clara pretensión unificadora de los regímenes funcionarial y laboral.

Si se tiene en cuenta que el ET no regula precisamente verdaderas y propias *«situaciones»* del personal laboral (paralelas a las *«situaciones administrativas»* de los funcionarios públicos) sino, más bien, *«situaciones suspensivas»* del contrato de trabajo por una serie de causas tasadas legalmente, difícilmente se van a producir *«compatibilidades»* entre una y otra legislación por su falta de *«homologabilidad».* Una regulación distinta del tema se hace por tanto necesaria.

Así pues, al personal laboral de las Administraciones Públicas les serán aplicables los Arts. 45 del ET, sobre los distintos supuestos de suspensión del contrato de trabajo, y 46 sobre las excedencias.

Se hace deseable, por tanto, una clarificación de la normativa aplicable en estas materias.

15. EL RÉGIMEN DISCIPLINARIO

El régimen disciplinario, previsto en Título VII del EBEP (Arts. 93 a 98), es de aplicación indistinta a todos los empleados públicos, sean funcionarios públicos o personal laboral, constituyendo ésta otra de las *«especialidades»* de esta relación laboral especial de empleo público.

Esta regulación se configura como norma básica, que precisa y permite su posterior concreción por las leyes y reglamentos de aplicación del EBEP y por los convenios colectivos, para su adecuada adaptación a las múltiples sectores y colectivos a los que se debe aplicar el EBEP.

Respecto del personal laboral de las Administraciones, el Art. 93.4 del EBEP establece que *"se regirá, en lo no previsto en el presente Título, por la legislación laboral".* Esto denota que el régimen jurídico no está absolutamente unificado, debiendo atender a lo que disponga el EBEP como mínimo común, pero cabiendo en su desarrollo diferencias entre los funcionarios —que verán desarrollar su régimen disciplinario en las Leyes de la Función Pública (Art. 93.1 del EBEP)—, y el personal laboral —que, al ser supletoria la legislación laboral, encontrarán su base —en lo no regulado en el EBEP—, en el ET y, sobre todo, en el desarrollo que de esta materia se haga en la negociación colectiva (Art. 149.1. 7 CE).

No obstante, en algunos aspectos la propia regulación del EBEP remite a la normativa autonómica y a los reglamentos. Por esta razón se podría entender que, en tanto en cuanto no exista previsión en la regulación laboral, las leyes autonómicas y los reglamentos podrán actuar también como normas supletorias de segundo grado. En la práctica, si bien este supuesto es infrecuente, resulta dudosa la legalidad de esta remisión a la regulación autonómica, dada la competencia exclusiva en materia de legislación laboral que tiene el Estado, de acuerdo con el reparto constitucional de competencias del Art. 149.1.7 de la CE.

Así pues, nada que objetar con carácter general a la regulación unitaria del EBEP del régimen disciplinario del personal laboral y del personal funcionarial. No obstante, cabe hacer algunas matizaciones en cuanto a posibles mejoras en algunos aspectos de la actual regulación. En concreto:

a) En primer lugar, respecto de las faltas disciplinarias y su aplicación al personal laboral de las Administraciones, el Art. 95.2 del EBEP recoge las que el legislador tipifica como "*faltas muy graves*", configurándose como una lista abierta, dado que el apartado p) establece que también serán consideradas como tales las tipificadas así "*en la Ley de las Cortes Generales o de la Asamblea Legislativa de la correspondientes Comunidad Autónoma o por los convenios colectivos en el caso del personal laboral*".

Sobre este particular la duda que surge es la de determinar si para el personal laboral pueden considerarse de aplicación, además de las faltas previstas en el EBEP, los incumplimientos contractuales graves o las causas de despido disciplinario previstas en el Art. 54 del ET. Efectivamente, algunos de los motivos de despido no vienen tipificados como faltas en el EBEP. Esto sucede con las ofensas verbales o físicas, con las faltas reiteradas e injustificadas de asistencia o puntualidad al trabajo y con la embriaguez habitual o toxicomanía si repercuten negativamente en el trabajo.

Evidentemente, no habrá problema en los casos en que el convenio colectivo aplicable, como norma supletoria (Art. 95.2 p) del EBEP) las establezca o se remita al ET; encuadrando estas causas de despido del ordenamiento laboral en las faltas *"abiertas"* del Art. 95 del EBEP (apartados g) — "*notorio incumplimiento de las funciones esenciales inherentes al puesto de trabajo*"— o i) —"*desobediencia abierta*"—); o bien, aplicando el ET directamente, por ser norma con rango de ley, actuando como norma supletoria (Art 95.2 p) del EBEP). Si bien habrá que reconocer que la técnica normativa del EBEP no ha sido la mejor en este punto, pudiendo originar conflictos interpretativos.

b) En segundo lugar, respecto de las sanciones a los empleados públicos, el Art. 96.1 b) del EBEP señala el despido disciplinario como sanción, que "*podrán imponerse*" para los supuestos de comisión de faltas muy graves por el personal laboral. Esta medida, además "*comportará la inhabilitación para ser titular de un nuevo contrato de trabajo con funciones similares a las que desempeñaba*".

Se equipara, por tanto, a la separación de servicio que rige para los funcionarios, al ser la máxima sanción que procede ante faltas muy graves; pero, a diferencia de los efectos de la separación de servicio (que impide volver a ser empleado público), el legislador señala una prohibición inconcreta, y a simple vista más benévola que la impuesta a los funcionarios, en el sentido de prohibir volver a ser contratado para las mismas funciones (es decir que, según la literalidad de la norma, podría ser contratado para otro tipo de puesto o funciones, e incluso acceder a la función pública). Esta disonancia entre ambos regímenes no parece adecuada, y tal vez sería oportuno regularlo de forma homogénea y de forma más coherente con el objetivo de la sanción.

c) En tercer lugar, respecto del procedimiento disciplinario, el Art. 98 del EBEP establece que para poder sancionar por una falta muy grave o grave se exigirá la existencia previa de un procedimiento legalmente establecido, siendo suficiente para sancionar por una falta leve con la previa audiencia al empleado afectado. El procedimiento sancionador se basará en los principios de "*eficacia, celeridad, economía procesal, pleno respeto a los derechos y garantías*" de defensa del presunto infractor. Además, se deberá diferenciar entre fase instructora y sancionadora, que corresponderá resolver a órganos diferenciados. Actualmente no contamos con norma de desarrollo del procedimiento. Mientras tanto, para el personal laboral se aplica lo previsto en los convenios colectivos que, a su vez, deben respetar el contenido mínimo del EBEP y del ET en esta materia.

Con seguridad, el EBEP, en su apuesta homogeneizadora de la potestad sancionadora de funcionarios y laborales, tendría que haber aprovechado la ocasión para aproximar el procedimiento sancionador a la regulación laboral. Esto habría ayudado a hacer menos rígido y más efectivo el papel de la capacidad sancionadora de las Administraciones que, tanto con la regulación anterior como con la actual, resulta inoperante.

16. LA EXTINCIÓN DE LA RELACIÓN LABORAL

De la extinción contractual del personal laboral nada dice el EBEP.

Ante el silencio total del Capítulo II del Título IV del EBEP (*«Pérdida de la relación de servicio»*) respecto de la extinción de la relación laboral especial de empleo público, ya que todo él se refiere a los funcionarios públicos, parecería que en esta materia resulta de aplicación la legislación laboral sin matizaciones o especialidades, esto es, los Arts. 49 y ss. del ET.

Sin embargo, antes y después del EBEP, habrá que tener en cuenta el juego aplicativo de los principios constitucionales de igualdad, capacidad y mérito (Arts. 22.3 y 103 de la CE), ya que resultaría indiferente contratar a un trabajador en cumplimiento de los principios de igualdad, mérito y capacidad si, al instante o en un momento posterior, pudiera la Administración despedirlo sin causa justificada alguna. Ello atentaría, sin duda, contra la *«interdicción de la arbitrariedad de los poderes públicos»* y, entre ellos, de las Administraciones Públicas con sus empleados (Art. 9.3 de la CE). Lo que exige lógicamente la supresión respecto del personal laboral de las Administraciones Públicas del despido improcedente y su sustitución en todos los casos de despido injustificado por el despido nulo con readmisión obligatoria del trabajador en todo caso.

No obstante ello, el texto final del EBEP, criticablemente, no recoge claramente esta recomendación, si bien habrá que tener en cuenta lo dispuesto de forma limitada en el Art. 96.2 del EBEP, cuando establece que *"procederá la readmisión del personal laboral fijo cuando sea declarado improcedente el despido acordado como consecuencia de la incoación de un expediente disciplinario por la comisión de una falta muy grave"*, ya que, si bien no llega a calificar explícitamente de nulo al despido improcedente del personal laboral de las Administraciones Públicas por contrariar el principio de igualdad de acceso a la función pública de los Arts. 23.2 y 103 de la CE, sí que establece los efectos propios del despido nulo, esto es, la readmisión del trabajador. Este silencio no impedirá, desde luego, que la jurisprudencia de los tribunales, en aplicación de los principios constitucionales señalados (Arts. 22.3 y 103 de la CE), suprima el despido improcedente y lo sustituya en todo caso por el despido nulo con readmisión obligatoria del trabajador despedido sin causa justificada.

Lo que no acaba de entenderse tampoco en este sentido, y resulta por ello altamente criticable, es que esta disposición se reserve únicamente:

1º) Para el *"personal laboral fijo"*, excluyendo aparentemente al *"personal laboral indefinido"* y al *"personal laboral temporal"*, discriminando injustificadamente a estos últimos por razón de la duración de su contrato.

2º)Y para el *"despido disciplinario"*, olvidando la existencia de *"otras decisiones empresariales extintivas"*declarables igualmente *"improcedentes"* (así, por ejemplo, una extinción por causas objetivas *"ex artículo 52 del ET"*).

También aquí nada impide, a mi juicio, que la jurisprudencia de los tribunales, en aplicación de los principios constitucionales señalados, suprima el despido improcedente y lo sustituya en todos los casos (en todas las extinciones contractuales sin causa) y para todo tipo de trabajadores (temporales, indefinidos y fijos) por el despido nulo con readmisión obligatoria del trabajador despedido sin causa justificada.

Por otra parte, la extinción de los contratos de duración determinada posee peculiaridades de importancia. Así:

a) Existe un sistema de garantía adicional establecido por la Ley 20/2021 para los casos de incumplimiento de la legislación

b) La Disposición Adicional Decimoquinta del ET establece que *"para la aplicación del límite al encadenamiento de contratos previsto en el Art. 15.5 del ET* (la adquisición de fijeza tras más de dieciocho meses en un periodo de veinticuatro meses, con o sin solución de continuidad, en el mismo o diferente puesto de trabajo, mediante dos o más contratos por circunstancias de la producción, sea directamente o a través de su puesta a disposición por empresas de trabajo temporal), *solo se tendrán en cuenta los contratos celebrados en el ámbito de cada una de las Administraciones Públicas sin que formen parte de ellas, a estos efectos, los organismos públicos, agencias y demás entidades de derecho público con personalidad jurídica propia vinculadas o dependientes de las mismas"*.

Por último, cabe plantear si las Administraciones Públicas pueden utilizar los despidos objetivos individuales o plurales *"ex Art. 52 c) del ET"* y los despidos colectivos *"ex Art. 51 del ET"*, por causas económicas, técnicas, organizativas o de producción.

Ciertamente, en el EBEP no hay precepto alguno que impida o modalice la aplicación de la legislación laboral (Arts. 51 y 52 c) del ET) a la que se remite expresamente el Art. 7 del EBEP cuando establece las fuentes de la relación laboral especial de empleo público, si bien es cierto que esta regulación laboral está pensada para garantizar la competitividad de aquellas empresas que realizan su actividad en el mercado, lo que exigirá una *"adecuación"* de la interpretación de tales normas laborales a la realidad de las Administraciones Públicas.

Hasta la Reforma Laboral de 2021, que derogó expresamente la Disposición Adicional 16ª del ET, que regulaba la aplicación de los despidos por causas económicas, técnicas, organizativas o de producción en el sector público, los Arts. 52 c) y 51 del ET, relativos a los despidos objetivos individuales o plurales y a los despidos colectivos por estas causas del personal laboral del sector público se aplicaron sin mayores problemas en los términos allí regulados específicamente.

A partir de la derogación de la Disposición Adicional 16ª del ET, la cuestión reside en determinar si las Administraciones Públicas pueden acudir o no a un despido objetivo *"ex Arts. 51 y 52 c) del ET"*, dado que para el resto de los entes públicos no constitutivos de ser calificados de *"Administración Pública"* continúa rigiendo la normativa anterior que ya permitía su utilización de acuerdo con lo dispuesto en el RD 1843/2012.

Se trata, ciertamente, de una cuestión controvertida, existiendo argumentos jurídicos en favor de una u otra solución. Así:

1ª) A favor de la imposibilidad de acudir a los despidos objetivos *"ex Arts. 51 y 52 c) del ET"* se encontraría la propia Disposición Derogatoria del RDLey 32/2021, pudiendo entenderse que, una vez derogada la disposición legal que explícitamente los regulaba, desapareció con ella tal posibilidad para las Administraciones Públicas de acudir a estos despidos.

2ª) A favor de aplicar la legislación laboral común a los despidos objetivos de las Administraciones Públicas jugaría sobre todo el argumento interpretativo de que, al no haberse derogado el Art. 7 del EBEP, que se remite expresamente al ET, sigue siendo posible aplicar estos preceptos en las Administraciones Públicas.

Cabría, además, aportar tres argumentos más a esta segunda tesis interpretativa:

a) En primer lugar, el hecho de que la Disposición Adicional 17ª del ET prohíba explícitamente a las Administraciones Públicas acudir a los ERTE *ex Art. 47 del ET,* cosa que no sucede con las extinciones por causas objetivas del Art. 52 del ET ni con los despidos colectivos (ERES) del Art. 51 del ET.

b) En segundo lugar, el hecho de que tampoco exista una regla similar para acudir a la modificación sustancial de condiciones de trabajo *"ex Art. 41 del ET"*.

3º) Y, en tercer lugar, el hecho de que durante una serie de años —el tiempo en que ha estado vigente la Disposición Adicional 16ª del ET no se haya cuestionado que la existencia de despidos colectivos atentaba contra la naturaleza misma de las Administraciones Públicas—.

Esta última es sin duda la interpretación más razonable ya que permite a las Administraciones Públicas proceder a los ajustes de personal cuando las circunstancias objetivas así lo requieran, si bien, ante el silencio de la ley, habría que realizar una *"adaptación"* de la legislación laboral común a las peculiaridades de las Administraciones Públicas en tres aspectos fundamentales: las causas justificativas, el procedimiento y sus efectos. Así:

1º) En cuanto a las *"causas técnicas y organizativas"*, son perfectamente aplicables las de los Arts. 51.1 y 52 c) del ET.

En cuanto a las *"causas productivas"*, cabría pensar en su aplicación en los casos en que se produjeran cambios en la demanda de los servicios públicos de las Administraciones Públicas.

Y, en cuanto a las *"causas económicas"* en el sector público, cabe pensar en una *"insuficiencia presupuestaria sobrevenida y persistente para la financiación de los servicios públicos correspondientes"* durante un periodo de tiempo razonable que afectase a *"su capacidad de mantener el volumen del empleo"*.

2º) En cuanto a la determinación cuantitativa del número de despidos necesarios para que se trate de un despido colectivo, aunque el Art. 51 del ET establece que la unidad de referencia es la *"empresa"*, por aplicación de la STJUE de 13 de mayo de 2015 (Asunto C-182/2013), la unidad de cómputo deberá ser el centro de trabajo.

3º) En cuanto al procedimiento a seguir, habrá que seguir el procedimiento de los despidos colectivos establecido en el Art. 51 del ET y en el Título I del RD 1483/2012, si bien teniendo en cuenta las peculiaridades de las Administraciones Públicas como empleadoras.

Así, no habrá especialidades en cuanto a la iniciación del procedimiento y la constitución de la comisión negociadora; sí las habrá, en cambio, en cuanto a la aportación de documentos a la representación de los trabajadores; el informe de la Inspección de Trabajo controlando la legalidad del procedimiento será también de aplicación; el periodo de consultas se realizará en los términos comunes, si bien condicionado por la imposibilidad de pactar *"medidas sociales alternativas a los despidos"*, dado que las reducciones temporales de jornada y las suspensiones contractuales están prohibidas en las Administraciones Públicas (Disposición Adicional 17ª del ET), aunque no los *"planes de recolocación externa"* a llevar a cabo por los Servicios Públicos de Empleo; los periodos de consulta podrán acabar en acuerdo o en desacuerdo, en cuyo caso la Administración decidirá los despidos (previo informe del Ministerio de Hacienda), que deberán ser comunicados a los representantes de los trabajadores y a los trabajadores afectados, pudiendo ser impugnados judicialmente ante la Jurisdicción Social, colectiva o individualmente, si bien la impugnación colectiva será prioritaria sobre las individuales (Arts. 124 y ss. de la LJS).

4º) Finalmente, en cuanto a los efectos de los despidos colectivos, la única especialidad en el caso de los ERES en las Administraciones Públicas deriva de la exigencia constitucional de cumplir con los principios de igualdad de trato y de interdicción de la arbitrariedad, que no solamente impedirán que se seleccione discriminatoriamente a los trabajadores afectados por los despidos sino que exigirá que en la selección se actúe con absoluta transparencia, imparcialidad y objetividad, objetividad que, además, deberá justificarse razonadamente en la resolución extintiva.

En todo caso, serán aplicables las prioridades establecidas en el Art. 51.5 del ET, relativas a los representantes legales de los trabajadores y a los trabajadores integrantes de los servicios de prevención, así como a aquellos otros que hubieran establecido los convenios colectivos aplicables (como trabajadores con cargas familiares, mayores de determinada edad o personas con discapacidad).

17. LOS SISTEMAS DE SOLUCIÓN EXTRAJUDICIAL DE CONFLICTOS

Actualmente, la composición de los conflictos colectivos del personal laboral de las Administraciones suele pasar prioritariamente por las comisiones paritarias de los convenios colectivos, en el caso de conflictos de interpretación y aplicación de aspectos en ellos regulados. Sin embargo, existe una carencia en relación a los medios de solución extrajudicial de los conflictos colectivos e individuales (mediación, arbitraje y conciliación) en el ámbito de las Administraciones Públicas.

Los Acuerdos firmados a nivel nacional y autonómico entre las organizaciones empresariales y sindicales *"ex Art. 83.3 del ET"* resultan de dudosa aplicación a las Administraciones Públicas (cfr. STS de 7 de octubre de 2004, Ar/2167).

Aunque predominan los Acuerdos interprofesionales que expresamente excluyen de su ámbito de aplicación los conflictos del personal laboral de las Administraciones Públicas, en algunos Acuerdos autonómicos sobre sistemas de solución extrajudicial de conflictos se admite la posibilidad de plantear conflictos colectivos que afecten al personal laboral de la Administración (Andalucía, Baleares, Cantabria o Canarias).

Por otra parte, el Art. 45 del EBEP (*"solución extrajudicial de conflictos colectivos")* sienta las bases de un futuro sistema de solución extrajudicial de conflictos en el ámbito del empleo público, si bien dirigido exclusivamente al personal funcionario. En concreto —y sin perjuicio del papel de las comisiones paritarias en el Art. 38. 5 del EBEP prevé *"la creación, configuración y desarrollo de sistemas de solución extrajudicial de conflictos colectivos...derivados de la negociación, aplicación e interpretación de los Pactos y Acuerdos sobre las materias señaladas en el Art. 37 EBEP, excepto aquellas en las que exista reserva de Ley"*, que podrán estar integrados por *"procedimientos de mediación y arbitraje"*.

Una vez más, no se da un tratamiento unitario para el personal laboral y funcionarial en materia de derechos laborales colectivos. No obstante, por tratarse el EBEP de una norma básica a desarrollar por las Administraciones territoriales y por su condición de norma mínima, existe la posibilidad de desarrollo por medio de la negociación colectiva, siendo recomendable y previsible que se extienda este mecanismo de solución de conflictos al ámbito público, (con sus correspondientes particularidades), evitando así el vacío existente en las Administraciones Públicas.

18. EL DERECHO DE PARTICIPACIÓN INSTITUCIONAL

Aunque el Art. 31 del EBEP, referido a todos los empleados públicos (funcionarios y personal laboral) establece que *"tienen derecho a la participación institucional para la determinación de sus condiciones de trabajo"*, entendiendo por participación institucional a estos efectos *"el derecho a participar, a través de las organizaciones sindicales, en los órganos de control y seguimiento de las entidades y organismos que legalmente se determine"*, lo cierto es que este precepto no ha sido desarrollado hasta la fecha.

19. EL DERECHO DE REUNIÓN

El derecho de reunión venía regulado hasta el EBEP por distintas disposiciones (la LORAP para los funcionarios y el ET para el personal laboral), si bien el EBEP, con buen criterio, procedió a unificar el régimen jurídico del derecho de reunión de unos y otros en el Art. 46, permitiendo su desarrollo por legislaciones inferiores y por la negociación coectiva.